KB039604

Restorative Justice

회복적 사법의
실천과 과제

조균석 편

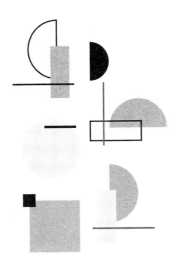

박영사

2000년대 초반 한국피해자학회의 학회지인 「피해자학연구」에 실린 일련의 논문을 통해 우리나라에 회복적 사법의 이념과 제도가 본격적으로 소개되고 논의되었는데, 이는 1998년 우리나라에서 개최된 제12차 세계범죄학대회에서 캐나다·호주 등 외국 학자들이 회복적 사법에 대하여 발표한 것이 그 촉매제가 되었다고 한다. 이후 검찰의 형사조정제도와 같이 회복적 사법의 이념을 형사사법 실무에 접목하려는 시도가 있었지만, 학계나 실무계에서 널리 공감대를 형성하지는 못하였다.

이러한 상황 속에서 회복적 사법에 대한 체계적인 연구를 바탕으로 실제 실무에서 활용할 수 있는 프로그램을 마련하고, 회복적 사법의 이념을 널리 확산시킬 목적으로, 2010년 10월 19일 회복적 사법포럼(Restorative Justice Forum, 이하 'RJ 포럼'이라 한다.)이 창립되었는데, 이는 회복적 사법에 대한 저변이 매우 좁았던 당시의 현실에 비추어 볼 때, 매우 의미 있고 시의적절한 일이었다.

RJ 포럼은 지금까지 특별한 사정이 없는 한 매달 진행되어 왔는데, 학계는 물론, 법원·검찰·경찰·보호관찰·소년보호·교정 등 형사사법 분야와 민간의 다양한 연구자와 실무전문가들이 참여하고 있다. 또한, 일본·미국·독일·대만 등 외국의 전문가들도 참여하는 국제포럼을 개최하는 등 외국과의 교류도 적극 추진하고 있다.

이처럼 회복적 사법을 소개하고 정착시키기 위하여 앞만 보고 달려온 RJ 포럼은 2020년 10주년을 맞이하게 되었다. 2020년은 회복적 사법이 우리나라에 본격적으로 소개된 지 20주년이 되는 해이기도 해서 더욱 뜻깊은 해였다.

지난 10년 동안의 우리나라에서의 회복적 사법 동향을 회고해 보면, 정말로 강산도 변할 정도로 크게 변화하였음을 알 수 있다. 이러한 변화의 한가운데에 RJ 포럼이 있었다는 사실에 큰 자부심을 느낀다.

실제로 RJ 포럼의 지난 10년 간의 활동은 우리나라에서의 회복적 사법 관련 연구와 실천의 저변을 넓히는 데 많은 기여를 하였다. RJ 포럼의 회원들은 각자의 전문영역에서 학교폭력, 청소년 문제, 이웃 간 분쟁 등 우리 사회에 대두한 여러 형사정책적 과제들을 해결하는 데 있어 회복적 사법의 이념에 기반한 해결방식과 실천프로그램을 직·간접적으로 소개하고 제공하였다. 최근에는 회복적 사법프로그램을 도입하여 실천하고 있는 실무 및 민간단체의 관계자들을 교육·평가하는 역할도 수행하고 있다.

　　이처럼 활발하게 활동하였던 RJ 포럼의 지난 10년 동안의 회복적 사법 실천의 성과와 앞으로의 과제를 한 권의 책으로 엮어 본서를 발간하게 되었다. 이 책은 전적으로 일본 RJ 연구회를 이끌어 가는 타카하시 노리오(高橋則夫) 일본 와세다대학 교수님의 뜻밖의 제안과 애정 어린 관심에 힘입어 출간되었다. 이 자리를 빌어 교수님에게 깊은 감사를 드린다.

　　RJ 포럼으로서도 그간의 노력과 성과를 정리하여 국내·외에 소개할 필요성을 느끼고 책자 발간을 기획하고는 있었지만, 선뜻 실행에 옮기지 못하고 있던 중에, 타카하시 교수님으로부터 일본에서 책을 발간하여 우리나라의 회복적 사법의 동향을 소개해주면 좋을 것 같다는 제안을 받게 되었다. 그래서 우리나라와 일본 양국에서의 동시 발간을 목표로 일을 진행하게 되었는데, 여러 사정으로 발간까지 많은 시일이 걸려 이제서야 먼저 우리나라에서 발간하게 되었다. 그러나 전화위복이랄까 이러한 의도치 않은 지연으로 인해 오히려 RJ 포럼 창립 10주년, 회복적 사법 소개 20주년을 기념하는 출간이 되어 더욱 뜻 깊은 의미를 가지게 되었다.

　　이 책에서는 우리나라에서의 회복적 사법의 동향을 종합적으로 소개하기 위하여 가능한 한 현재 시도되고 있는 회복적 사법 관련 분야의 많은 주제를 다루었다. 이를 통하여 우리나라에서의 회복적 사법의 과거와 현재를 조망하고, 미래를 전망해 볼 수 있도록 구성하였다. 한 가지 아쉬운 점은 발간 기획 당시 논의되었던 주제인 '성범죄와 회복적 사법'을 다루지 못했다는 점이다. 우리나라에서의 관련 연구와 실천이 아직 미흡하다는 현실적인 문제를 인정하지 않을 수 없다. 개정판에서는 이 주제에 대한 논의도 추가되기를 기대해 본다.

　　어려운 출판계의 사정에도 불구하고 이 책을 출간해 주신 박영사의 안종만 회장님, 조성호 이사님, 그리고 오랜 기간 편집과 교정을 맡아주신 이승현 과장님께 깊은 감사를 드리고, 아울러 발간작업이 지연됨에 따라 법률의 개폐, 제도의 변화, 통계자료의 추가 등의 작업이 수반될 수밖에 없었는데, 그때마다 책의 완성도를 위하여 흔쾌히 수정·보완을 계속하면서 적극 협조해주신 집필자들께도 이 자리를 빌려 다시 한번 감사의 말씀을 드린다.

2021년 10월

RJ 포럼을 대표하여 조균석

Contents

05   경찰에서의 회복적 사법   [김혁]

06   검찰과 회복적 사법 – 형사조정제도   [조균석]

07　형사조정제도에 대한 평가　　　　　　　　　　[이동원·황태정]

08　형사재판과 회복적 사법　　　　　　　　　　　　[임수희]

| 09 | 소년심판과 회복적 사법 | [신한미] |

10 소년법상 화해권고제도의 문제점과 개선방안 [신동주]

11 교도소 단계에서의 회복적 사법 [김영식]

12 사회내 처우와 회복적 사법 [손외철]

01

학교폭력과 회복적 정의

김차연

Restorative Justice
회복적 사법

01장 학교폭력과 회복적 정의

김차연*

I. 서

　본래 '학교폭력'이란 법적인 개념 정의가 있었던 것이 아니라 학문적으로 다양하게 정의되어1 왔는데, 일반적으로 학교폭력에 대한 개입은 가해학생과 피해학생 모두가 그 해결과정에서 신체적·정신적으로 성장하도록 돕는 교육의 영역에 속한다고 이해되어 왔다.

　그런데 학교폭력이 심각한 사회문제로 부각되면서 1995년 국가 차원에서 최초로 「학교폭력 근절대책」을 수립하였고, 2004년에는 「제1차 학교폭력 예방 및 대책 5개년 기본계획」을 수립·시행함과 아울러 학교폭력에 관한 특별법인 「학교폭력 예방 및 대책에 관한 법률(제7119호, 2004. 1. 29. 제정. 이하, '학교폭력예방법'이라 한다.)」을 제정하였다. 학교폭력예방법은 '학교폭력'에 대해 "학교 내외에서 학생을 대상으로 발생한 상해, 폭행, 감금, 협박, 약취·유인, 명예훼손·모욕, 공갈,

---

* 제주법률사무소 진솔 변호사.
1 학문적으로 정의하는 학교폭력의 개념을 살펴보면, 일반적으로 "자기보다 약한 처지에 있는 상대에게 불특정 다수의 학생이 남에게 보이지 않는 장소에서 신체적·심리적인 폭력을 반복하여 행하거나 심각한 공격을 가하는 문제행동", "학교 내·외에서 서로 간에 힘의 불균형이 존재하는 상황에서 상대방에게 신체적 또는 심리적 위해를 가하기 위해 행해지는 학생들 간의 신체·물리적, 심리적, 및 언어적 공격행위", "학교교내, 주변, 등하교길, 집 주변, 학원 주변 등 물리적 장소는 물론이고 교육과 관련된 장소 및 현장에서 부모와 교사를 제외한 모든 사람이 학생에게 행사한 정도가 상당히 심각한 유무형의 모든 폭력" 등으로 정의되지만, 상호주관적 인정관계의 관점에서 "근본적으로 사랑·권리·연대(사회적 가치 부여)에 대한 상호인정관계가 파괴됨으로써 개인의 정체성이 근본적으로 훼손되는 현상"이라는 견해도 있다[김천기(2014), "학교폭력에 대한 인정 이론적 이해와 정책적 함의 탐색", 교육종합연구 제12권, 135쪽].

강요·강제적인 심부름 및 성폭력, 따돌림, 사이버 따돌림, 정보통신망을 이용한 음란·폭력 정보 등에 의하여 신체·정신 또는 재산상의 피해를 수반하는 행위"라고 정의하고 있으며(제2조 제1호), 학교폭력이 발생하면 학교에 대해 독립적인 법적 기구인 학교폭력대책심의위원회(이하, '심의위원회'라 한다.)(제12조)(제정 시에는 학교폭력자치위원회였으나, 2019. 8. 20. 법개정으로 명칭이 변경되었다.)가 일련의 법적 절차를 진행하고 가해학생에 대하여 일정한 징벌적 조치를 내릴 것을 정하고 있다. 이 같은 학교폭력 대응을 위한 법률 제정과 정책의 수립은 이제 더 이상 학교폭력이 교육의 영역에만 머물지 않게 되었다는 것을 의미한다고 할 수 있다.

하지만 여전히 학교란 학생이 교육을 통해 신체적·정신적으로 성장할 수 있는 기회의 장이며, 따라서 학교폭력의 해결 역시 성장의 기회라는 관점에서 다뤄져야 한다. 바로 여기에 학교폭력에 회복적 정의가 실천되어야 할 당위성이 있다. 즉 피해학생은 피해로부터 회복되고 살아갈 힘을 갖게 되는 한편, 가해자는 자신의 잘못을 깨닫고 책임 있는 모습으로 공동체 구성원으로 돌아오게 됨으로써 공동체를 회복되도록 하는[2] 회복적 정의는 학교폭력을 해결하는 철학으로 마땅하며 자연스럽다.

이러한 가치관에 따라 학교폭력에 대한 회복적 정의의 실천이 사법뿐 아니라 교육·복지의 영역에서 다양한 방법으로 모색되고 있다. 다시 말해 국내에서 회복적 정의는 사법의 영역 외에도 다양한 갈등영역에서 발생한 피해 회복, 갈등의 평화적 해결을 의미하는 용어로 사용되고 있는데, 그 대표적인 영역이 학교폭력의 영역이라고 할 수 있다. 따라서 이 글에서는 '회복적 사법'부터 '갈등의 평화적 해결'까지 모두를 포함하는 개념으로 '회복적 정의'를 사용하였다.

아래에서는 먼저 학교폭력 해결에 회복적 정의가 실천되는 것의 의미와 실천원칙을 짚어보고, 법에서 정한 학교폭력 해결과정을 살펴본 후, 회복적 정의의 실천 사례를 소개하고자 한다.

---

2 김천기(주 1), 137쪽.

Ⅱ. 학교폭력에서 회복적 정의 실천의 의미와 실천원칙

1. 학교폭력 해결에 회복적 정의가 실천되는 것의 의미

우선 학교란 무엇인가라는 학교의 의미를 되짚어볼 필요가 있다. 학교는 성장단계의 학생이 교육을 통해 신체적·정신적으로 성장할 수 있는 기회의 장이다. 따라서 학교에서 발생하는 모든 일은 기본적으로 '성장의 기회'라는 관점에서 다뤄져야 하며, 학교폭력 역시 그로 인해 학교에서 탈락되는 것이 아니라 피해를 회복하고, 책임을 지며, 갈등을 해결하는 과정을 통해 피해학생과 가해학생, 그리고 공동체가 모두 성장하는 기회가 될 필요가 있다.

만일 학교가 응보적 관점에서 접근할 경우 학교는 교육기관의 기능을 상실하고 가해학생을 징계하기 위한 사법기관의 기능을 하게 되며, 가해학생은 사법체계와 규범의 대상일 뿐 사건으로 인한 폐해를 바로잡는 피해회복을 위한 주체가 되지 못한 채 그 노력을 자신에게 닥칠 처벌을 최소화하는 데 두게 되어 자신이 하는 행위로 인해 피해를 입은 사람들의 아픔이나 필요를 채우는 데 초점을 맞추지 못하게 된다.[3] 이는 결과적으로 사건은 종결되었지만 당사자들과 학교공동체를 해결되지 못한 갈등의 부정적 영향 안에서 살아가도록 방조하고, 그것은 그 자체로 학교의 위기로 작동한다.[4]

이에 대해 갈등해결의 과정에서 어느 한쪽의 편에 서는 것이 아니라 각각의 색을 지니면서도 전체적으로 그림을 그릴 수 있는 철학을 가진 회복적 정의는 학교폭력 문제를 해결하기 위한 또 하나의 철학으로 충분하다.[5] 회복적 정의의 관점에서 바라보는 잘못된 행동(또는 범죄)은 학칙이나 법을 위반한 행위만이 아니고 '관계를 훼손한 것'을 의미하는데, 학교폭력의 경우에는 가해자와 피해자가

---

3 이재영(2013), "2012 학교폭력에 대한 회복적 접근", 좋은교사운동 학교폭력 대안 마련을 위한 연속 토론회 3 자료집, 4쪽.
4 서정기(2011), "학교폭력에 따른 갈등경험과 해결과정에 대한 질적 사례연구: 회복적 정의 (restorative justice)에 입각한 피해자-가해자 대화모임(victim-offender mediation)을 중심으로", 연세대학교, 196쪽.
5 이유진·이창훈·강지명(2014), 학교폭력 해결을 위한 회복적 정의모델 도입방안 연구, 한국형사정책연구원, 26쪽.

폭력 이후에도 계속적인 관계를 유지하는 경우가 많기 때문에 재통합을 목표로 하는 회복적 정의는 매우 중요한 의미를 지니고 있다고 할 수 있다.[6] 회복적 정의의 실천 과정에서 피해자는 피해로부터 회복되고 살아갈 힘을 갖게 되는 한편, 가해자는 자신의 잘못을 깨닫고 책임 있는 모습으로 공동체 구성원으로 돌아오게 됨으로써 공동체는 회복되기 때문이다.[7] 또한 회복적 정의는 사회적 관계에 영향을 주는 힘의 불균형을 변형하고자 하는 시도라는 점에서, 집단 내 관계에서 발생하는 힘의 권력적 남용인 학교폭력의 대응 방식으로 매우 적합하다.[8] 조사에 의하면 피해자가 가장 원하는 문제해결방식 역시 '처벌'이나 '금전배상'이 아니라 '가해자의 진정한 반성과 사과', 즉 회복적 정의에서 말하는 '재통합적 수치심'으로 나타났다.[9] 다시 말해 학교폭력 이해당사자들이 원하는 해결방식 역시 회복적 정의의 실천인 것이다. 그리고 이러한 해결은 다른 한편 안전한 학교환경을 만들어 내는 데에도 기여할 수 있다.

2. 학교폭력에 대한 회복적 정의 실천의 원칙

하워드 제어는 회복적 정의의 세 가지 원칙을 설명하였다.[10] 먼저 잘못된 행위에 의해 발생한 피해를 원래의 상태로 회복시키는 것이다. 두 번째는 피해를 회복하고 그에 따른 적절한 책임을 지는 것이다. 그 다음은 참여이다. 가해자와 피해자 외에도 피해를 입은 당사자들 모두가 회복이 필요하기 때문이다.[11] 이러

---

6 강욱·이주락·정석진(2013), "학교폭력에 대한 경찰의 대응방안: 회복적 정의와 응보적 정의의 관점에서", 한국범죄학 제7권, 39쪽.

7 김천기(주 1), 137쪽.

8 학교폭력은 힘의 체계적인 남용으로 정의되어 왔고, 회복적 정의는 사회적 관계에 영향을 주는 힘의 불균형을 변형하고자 하는 시도라고 볼 때, 지역사회의 지지와 책임성의 메커니즘을 강화함으로써, 그리고 건강한 수치심 관리의 메커니즘을 통해서 피해자에게 힘을 부여하는 회복적 정의는 학교폭력의 대응 방식으로 적합하다[김천기(주 1), 144쪽].

9 김천기(주 1), 138쪽.

10 H. Zehr/조균석 외 역(2015), 회복적 정의 실현을 위한 사법의 이념과 실천(The Little Book of Restorative Justice), KAP 참조.

11 이대성(2013), "학교폭력문제의 사회과교육적 접근의 가능성과 한계", 사회과교육연구 제20권, 72쪽.

한 원칙을 학교폭력에 적용해보면, 첫째, 학교폭력이 발생한 경우 피해를 원래 상태로 회복하여야 한다. 이는 단순히 치료나 금전적 보상을 넘어 학교폭력 피해자가 학교생활에 정상적으로 복귀할 수 있도록 하는 것을 말한다. 둘째, 가해자가 적절한 책임을 질 수 있도록 하여야 한다. 책임은 진실한 반성을 반드시 전제해야 한다. 마지막으로, 피해자와 가해자 외에 학교공동체를 회복하기 위한 노력을 기울여야 한다. 이 과정에서 중요한 것은, 당사자들이 참여를 통해 자신들에게 필요한 것을 발견하고 그에 따라 실질적인 피해가 회복되어야만 갈등이 해결될 수 있다는 점이다. 따라서 학교폭력 피해자의 요구가 적극적으로 반영될 수 있도록 하여야 한다.

그리고 학교폭력 대응절차에 도입될 회복적 정의는 '피해학생 중심적 접근, 가해학생 중심적 접근, 공동체 중심적 접근' 가운데 그 어느 하나만의 접근법을 사용할 수 없다는 점에서, '균형적인 회복적 정의'에 주목할 필요가 있다. 균형적 회복적 정의는 균형적인 접근계획과 회복적 정의의 철학에 근거하여 소년범죄자에 대한 공동체의 감독을 보다 발전시키려는 모델이다. 회복적 정의의 철학과 공동체사법원칙을 결합하여 그 가치를 소년사법체계에 적용시키는 일종의 통합 모델로서 미국 법무부의 소년사법 및 범죄예방정책국(OJJDP)에서 1999년 제시한 소년사법의 모델이다.[12] 소년사법 및 범죄예방정책국에서 강조한 세 가지 개입 목표는 첫째, 회복책임(accountability)이다. 회복책임이란 피해자에 대한 피해회복의 책임과 공동체의 피해에 대한 피해회복의 간접적 책임을 말한다. 가해학생으로 하여금 자신의 행위가 초래한 피해에 대한 물질적이고 정신적인 책임을 지게 하는 것이다. 둘째, 자질개발(competency development)이다. 가해학생이 회복적 정의 실천 프로그램의 과정에서 사회의 구성원이 될 수 있는 능력과 자질을 개발하는 것은 중요하게 다루어져야 할 문제이다. 셋째, 공동체의 안전(community protection)이다. 공공의 안전을 위해서 응보적 사법제도는 범죄자의 격리를 기본 원칙으로 해왔다. 그러나 회복적 정의는 공동체 중심의 가해학생 관리 및 처우 시스템을 통해서 가해학생의 시간과 역량을 공동체를 위해서 생산적으로 사용할

---

12 OJJDP. U. S. Department of Justice(1999), Office of Justice Program: Balanced and Restorative Justice; Program Summary.

수 있게 해준다. 이를 통해서 가해학생은 지역공동체의 골칫거리가 아니라 지역공동체의 안전과 발전을 도모하는 역할도 하게 된다.[13]

Ⅲ. 학교폭력의 해결절차와 방법

1. 학교폭력 예방 및 대책에 관한 법률상의 학교폭력 해결절차

학교폭력예방법 제1조는 "학생의 인권을 보호하고 학생을 건전한 사회구성원으로 육성함"을 목적으로 한다고 규정하여, 동법의 목적이 학생의 보호와 교육에 있다는 점을 분명히 하고 있다. 다시 말해 동법의 세부적인 내용에 가해학생에 대한 징계가 포함되어 있다고 하여도 동법은 기본적으로 교육법을 지향한다고 볼 수 있다.

하지만 몇 차례의 심각한 학교폭력 사건이 발생하면서 '학교폭력에 대한 온정주의적 시각으로 인해 학교폭력을 해결하지 못하고 있다'는 비판이 제기되었고, 그에 따라 학교폭력예방법은 즉효성의 원리와 엄벌주의에 근거한 징계법의 경향이 짙어졌다. 즉, 가해자에 대한 엄벌과 피해자에 대한 보호, 가해자의 감형과 피해자의 보상금 보전을 위한 형사합의와 같은 범죄해결원리가 학교폭력에 적용되게 되었다.[14]

학교폭력예방법에서 규정한 학교폭력의 해결과정은 크게 사실 여부 확인, 조치결정, 사후조치의 세 단계로 나누어 볼 수 있다. 가장 먼저 사실확인 단계이다. 누구든지 학교폭력 현장을 보거나 그 사실을 알게 된 자는 학교 등 관계 기관에 이를 즉시 신고하여야 하는데(제20조 제1항), 그에 따라 학교의 장이 학교폭력 사태를 인지하면 학교의 장은 지체 없이 전담기구(교감, 책임교사, 학부모 등으로 구성되는 학교폭력문제를 담당하는 전담기구) 또는 소속 교원으로 하여금 가해 및 피해 사실 여부를 확인하도록 하고, 전담기구로 하여금 학교의 장의 자체해결(제13조의2) 부의 여부를 심의하여야 한다(제14조 제4항). 다음은 조치결정 단계로, 사실 여부가 확인되면 심의위원회가 개최되고 심의위원회는 가해학생에 대하여 피해학생

---

13 이유진·이창훈·강지명(주 5), 27쪽.
14 이유진·이창훈·강지명(주 5), 14쪽.

에 대한 서면사과에서 퇴학처분에까지 이르는 9개의 조치 중 하나에서 수 개에 이르는 조치를 할 것을 교육장에게 요청한다(제17조 제1항). 더불어 심의위원회는 피해학생의 보호를 위하여 필요하다고 인정하는 때에는 피해학생에 대하여 학내외 전문가에 의한 심리상담 및 조언 등의 조치를 할 것을 교육장에게 요청할 수 있다(제16조 제1항). 마지막 사후조치로는 교육장은 심의위원회의 요청에 따라 가해학생 및 피해학생에 대하여 조치를 내리게 되고(제17조 제6항, 제16조 제3항), 학교의 장은 이러한 조치의 이행에 협조하여야 한다(제19조 제1항). 이때 가해학생에 대한 조치사항은 교육부 훈령 「학교생활기록 작성 및 관리지침」(이하, '지침'이라 한다.)에 근거하여 학교생활기록부에 기재되는데, 다만 학교폭력예방법 제17조 제1항의 제1호, 제2호, 제3호, 제7호의 조치사항은 학생의 졸업과 동시에 삭제되고, 제4호부터 제6호 및 제8호의 조치사항은 학생이 졸업한 날로부터 2년이 지난 후에는 삭제된다(지침 제18조 제4항·제5항).[15]

2. 학교의 장의 자체해결 조항 신설

경미한 수준의 학교폭력 사안이고 피해학생이 원하지 않음에도 심의위원회의 심의대상이 되는 경우 생활지도를 통한 교육적 해결이 곤란하다는 지적에 따라, 2019년 8월 20일 피해학생 및 그 보호자가 심의위원회의 개최를 원하지 아니하는 일정한[16] 경미 학교폭력의 경우에는 심의위원회를 개최하지 않고 학교의 장으로 하여금 학교폭력사건을 자체적으로 해결할 수 있다는 내용의 조문이 신설되었다(제13조의2). 다만, 이 경우 학교의 장은 지체 없이 이를 심의위원회에 보고하여야 한다(동조 제1항). 자체해결 조항의 신설에 따라 앞으로 회복적 정의의 실천이 보다 적극적으로 실천될 수 있을 것이라고 기대되는데, 한편으로 자체해결 과정에서 회복적 정의가 실천될 수 있도록 하는 제도적 보완이 절실하다.

---

15 다만, 제4호부터 제6호 및 제8호의 조치사항도 해당 학생의 반성 정도와 긍정적 행동변화 정도를 고려하여 졸업하기 직전에 학교폭력예방법 제12조 제1항에 따른 심의위원회의 심의를 거쳐 학생의 졸업과 동시에 삭제할 수 있다(지침 제18조 제4항 단서).

16 ① 2주 이상의 신체적·정신적 치료를 요하는 진단서를 발급받지 않은 경우, ② 재산상 피해가 없거나 즉각 복구된 경우, ③ 학교폭력이 지속적이지 않은 경우, ④ 학교폭력에 대한 신고, 진술, 자료제공 등에 의한 보복행위가 아닌 경우 모두에 해당하여야 한다.

3. 학교폭력 관계회복 프로그램과 학교폭력화해·분쟁조정센터

징계법적 경향의 학교폭력예방법이 학교폭력을 궁극적으로 해결해주기 어렵다는 비판이 제기됨에 따라 국가차원의 대책 또한 엄벌주의 패러다임에서 회복적 정의 패러다임으로 조금씩 변화하였다. 2013년의 '교우관계 회복기간제'의 도입이 대표적인데, 교우관계 회복기간제란 학교폭력이 발생한 경우 4주의 회복기간을 부여하고 그 기간 동안 화해프로그램을 운영하는 것으로 처벌보다 관계회복에 역점을 두는 제도이다. 최근에는 학교폭력 사안 처리 전 과정에서 필요 시 '학교폭력 관계회복 프로그램'을 운용하고 있다.

또한 교육부는 현장의 학교를 지원하기 위해 푸른나무재단(구 청소년폭력예방재단)과 업무협약을 체결하여 화해·분쟁조정서비스를 제공하고 있다. 이를 위하여 위 재단에서는 '학교폭력화해·분쟁조정센터'를 운영하여 학교폭력 피해학생과 가해학생의 관계회복을 통한 심리·정서적 건강 회복을 돕고 학교폭력 사안으로 인한 갈등 발생 시에 객관적이고 중립적·전문적인 개입을 통해 학생들의 갈등상황을 극복하고, 안전하게 학교에 복귀할 수 있도록 지원하고 있다. 세부적인 서비스로는 관계회복 프로그램, 분쟁조정 프로그램과 갈등관리·코칭 프로그램이 있다.[17]

Ⅳ. 학교폭력에서의 회복적 정의 실천 사례

1. 피해자 – 가해자 대화모임

피해자 – 가해자 대화모임은 학교폭력이 발생하면 피해학생과 가해학생 양측이 한 공간에 모여서 전문조정자의 진행에 따라 대화를 통해 각자의 이야기를 털어놓음으로써 문제를 해결해가는 과정이다. 이 과정을 통해 피해학생과 가해학생은 서로의 상처를 이해하고, 진심으로 사과하는 한편 재발을 방지함으로써 학교 및 지역사회로 건강하게 복귀하게 된다.

---

17 상세는 위 재단 홈페이지 소개 참조(http://www.schooljikim.net/basic/pages/page10).

학교에서 실시되는 피해자－가해자 대화모임은 사법단계로 넘어가기 전 단계에서,[18] 사법단계 이전에 피해학생과 가해학생 모두 용서 및 화해를 통해 일상의 평화를 되찾고 다시 학교에 건강하게 복귀·재통합할 수 있는 기회를 갖게 된다는 데 의미가 있다. 사법절차는 매우 엄격하고 장벽이 높은 점에 비추어 될 수 있는 한 처음 단계인 학교에서 대화모임으로 신속하게 가해·피해자 갈등을 해소하고 관계를 회복할 필요가 있다.[19] 대화모임의 형식이 어려운 경우, 워크숍 방식으로도 회복적 문제해결을 도울 수 있다.

피해자－가해자 대화모임 절차

학교, 경찰·검찰, 법원 등이 외부전문조정기관에 사건 의뢰 → 조정자가 양 당사자를 각각 만나 모임참가 동의를 받고 사건과 해결방안 등에 대한 의견을 들음(개별적 예비조정 면담) → 대화모임 계획수립 → 대화모임(회합) → 의뢰기관의 최종결정

대화모임(회합) 진행 방식

준비단계 → 소개 및 인사 → 범죄사실 설명 → 가해학생의 이야기 → 피해학생의 이야기 → 피해학생 가족의 이야기 → 가해학생 가족의 이야기 → 사건과 영향에 대한 논의 → 피해학생의 느낌 → 가해학생의 느낌 → 합의점 논의 → 결론 → 합의문 서명·날인

피해자－가해자 대화모임이 일단 시도되면, 본조정 성사나 합의와 관계없이 당사자들이 조정자와의 만남을 통해 그간 사건을 통해 겪었던 억울함이나 분노 등을 털어놓으면서 감정이 가라앉거나 부정적 감정이 해소되고, 가해학생이 사과하고 책임을 지려고 노력하는 것이 피해·가해학생 모두에게 긍정적 변화의 계기가 되는 것으로 평가되고 있다.[20]

학교폭력에 피해자－가해자 대화모임이 본격적으로 적용되기 시작한 것은

---

18 참고로 사법단계에서의 피해자-가해자 모임이라고 할 수 있는 제도는 2007년 소년심판절차에 도입된 화해권고제도가 대표적이다.
19 김이문(2019), "학교폭력에 대한 회복적 사법 적용의 한계와 개선방안", 한세대학교, 65쪽.
20 평화를만드는여성회 부설 갈등해결센터(2013), 갈등해결센터 10년 기록하고 기억하다, 43쪽.

2006년의 일이다. 한국형사정책연구원과 외부조정전문기관인 평화를만드는여성회 부설 갈등해결센터는 피해자－가해자 대화모임이 학교폭력을 예방하고 해결하는데 어떻게 기여할 수 있는지를 밝히기 위해 2006년부터 2008년까지 2년에 걸친 시범사업을 진행하였다. 구체적으로 2006년에는 모의역할극을 통해 실험연구를 진행하였고, 이를 토대로 2007년 5월에는 경찰단계의 다이버전 방안으로서의 활용가능성을 타진하기 위해 학교폭력자진신고 기간에 맞춰 3개월 동안 경미소년범에 대한 회합(family conferencing)을 운영했으며,[21] 2008년 6월에는 법원의 화해권고제도의 실효성을 담보하기 위하여 9월까지 3개월 동안 ‘피해자－가해자 대화모임’을 시범운영하였다.[22]

이후 시범사업의 성과와 과제를 함께 논의하기 위해 개최된 토론회에서 시범사업의 참가자들은 대화모임을 통해 가해자와 피해자, 혹은 그 부모가 서로 상대를 고통받고 상처받을 수 있는 사람으로 인식하게 된 것이 큰 성과라고 꼽았으며, 피해자가 자신의 고통과 상처를 이야기함으로써 피해를 회복하고 가해자의 재발방지에도 효과가 있다고 평가했다.[23]

그리고 현재는 경찰 및 법원과 여러 학교에서 피해자－가해자 대화모임을 시도하고 있다. 그중 학교에서 실시되는 피해자－가해자 대화모임은 통상 학교에서 외부조정전문기관에 직접 의뢰하여 협력하는 방식으로 운영되고 있는데, 일례로 남양주시의 경우 2011년에 3개의 초중고 학교를 ‘회복적 통합시스템 학교’로 지정하여 회복적 생활교육을 진행하는 한편, 학교폭력이 발생한 경우 남양주청소년상담복지센터, 한국평화교육훈련원의 전문조정자의 도움을 받아 ‘회복적 대화모임’을 열었다. 다만 피해자－가해자 대화모임은 또래조정과 달리 제도적·정책적으로 실시된 것은 아니며, 개별 학교에서 자체적으로 진행되고 있다는 점에서 차이가 있다.

---

21 위 시범운영기간에 의뢰받은 총 10건의 사건 중에 6건이 회합을 통해 당사자 간 합의를 이루었으며, 1건은 이미 합의를 이룬 건으로 사안의 부적절성으로 회합이 이루어지지 않았다[평화를만드는여성회 부설 갈등해결센터(주 20), 32쪽].

22 위 시범운영기간에 의뢰받은 총 14건의 사건 중에 11건이 합의(9건) 또는 부분합의(2건)에 도달했다[평화를만드는여성회 부설 갈등해결센터(주 20), 59쪽].

23 평화를만드는여성회 부설 갈등해결센터(주 20), 29쪽.

한편 의정부교육지원청, 동두천양주교육지원청, 고양교육지원청 등 지역교육 지원청에서 학부모조정가훈련과정을 진행하였으며, 학교 자체의 조정능력 향상을 위하여 서울시교육청은 2005년부터 2007년까지 '갈등해결과 또래중재'를 주 제로 생활지도부장·상담부장을 대상으로 한 30시간 연수를 진행하였고, 인천지역교육청과 충남교육청은 2012년에 또래조정 지도교사 연수를 각 15시간(3회)과 30시간(1회) 실시하였는데, 앞으로 피해자－가해자 대화모임이 점차 활성화될 것 으로 전망된다.

2. 분쟁조정

학교폭력예방법 제18조는 '학교폭력과 관련하여 분쟁'이 있는 경우 심의위원 회에서 그 분쟁을 조정할 수 있도록 하는 분쟁조정 제도를 두고 있다(제1항). 이 때 '학교폭력과 관련한 분쟁'이란 '피해학생과 가해학생 간 또는 그 보호자 간의 손해배상에 관련된 합의 조정과 그 밖에 심의위원회가 필요하다고 인정하는 사 항'을 말한다(제3항).

분쟁조정의 구체적인 절차를 살펴보면, 심의위원회가 분쟁조정을 하고자 할 때 심의위원회는 분쟁조정을 하겠다는 점을 피해학생, 가해학생 및 그 보호자에 게 통보하여야 하며(제5항), 심의위원회는 분쟁조정을 위하여 필요하다고 인정하 는 경우 관계 기관의 협조를 얻어 학교폭력과 관련한 사항을 조사할 수 있다(제4항). 한편 분쟁조정기간은 1개월을 넘지 못한다(제2항). 그리고 시·도교육청 관할 구 역 안의 소속 교육지원청이 다른 학생 간에 분쟁이 있는 경우에는 교육감이 직 접 분쟁을 조정하고(제6항), 관할 구역을 달리하는 시·도교육청 소속 학교의 학 생 간에 분쟁이 있는 경우는 피해 학생을 감독하는 교육감이 가해학생을 감독하 는 교육감과의 협의를 거쳐 직접 분쟁을 조정한다(제7항).

이러한 분쟁조정은 기본적으로 갈등해결을 목표로 하고 있으므로 그 과정에 회복적 정의가 적용된다면 분쟁조정 역시 학교폭력의 회복적 정의의 실천 사례 로 들 수 있다. 분쟁조정은 학교폭력예방법에 규정되어 있으므로 제도화된 회복 적 정의의 실천사례로서의 의미도 가진다. 다만, 아직까지 분쟁조정에서 회복적 정의가 제대로 실천되는 사례는 많지 않다. 분쟁조정의 목표가 가해학생 및 피해학생의 갈등해결이 아닌 금전적 합의에 대한 조정에 그치는 경우가 많으며, 피해학생 등이 관련된 학교폭력에 대하여 가해학생을 고소·고발하거나 민사상 소송을 제기한 경우에 분쟁조정을 중지할 수 있어(학교폭력예방법 시행령 제28조 제1항 제2호), 제도의 취지와 달리 실제로는 갈등해결의 기능보다 사법대체적 기능을 하고 있는 제도라고 볼 수 있기 때문이다. 또한 대개의 경우 '일체의 형사상의 고소·고발을 하지 않겠다'는 것이 분쟁조정 합의서에 포함되어 있는데, 이는 오히려 피해자에게 정당한 사법에의 호소권한을 심리적으로 박탈하는 역할을 하고 있다. 즉, 현재 분쟁조정은 갈등해결을 통한 학교공동체의 정상화가 아닌 보호자의 경제적 능력에 따른 배상금 합의와 가해학생의 사법처리를 막는 데 이용되고 있다고 평가된다.[24] 하지만 분쟁조정은 갈등해결을 목표로 한 제도화된 절차이고, 분쟁조정이 회복적 정의 프로그램으로 운영되도록 하기 위한 지속적인 연구와 시도들이 이뤄지고 있으므로 앞으로 분쟁조정의 활용을 기대할 수 있다.

3. 또래조정

또래조정이란 갈등의 두 당사자가 '또래'인 조정자의 진행에 따라 대화를 통해 스스로 문제를 해결하는 과정이다. 또래조정은 학교폭력이 발생한 후 처리하기보다는 학교폭력이 발생하기 이전에 학생들 간에 일어날 수 있는 갈등에 개입하여 대화와 토론을 통해 학생 스스로 문제를 예방할 수 있도록 하고, 나아가 학교 내에 평화문화를 정착시키는 것이 보다 근본적인 문제해결 방식일 것이라는 점을 그 배경으로 하고 있다. 즉 학교에 다양한 형태의 사회적 문제가 반영되어 학교폭력이나 학교문제 같은 형태로 학생 간의 갈등이 노정되어 있기 때문에, 그동안 정치·사회적 수준에서 시도되었던 조정기법을 학생들에게 적용해보는 것이 또래조정인 것이다.[25] 또래조정은 사례에 따라 회복적 서클의 한 방법

---

24 이유진·이창훈·강지명(주 5), 55쪽.
25 Cremin, Hilary, Peer Mediation/Citizenship and social inclusion revisited, Berkshire: Open University press, 2007[강순원(2015), "또래조정은 평화적 학교문화조성에 기여하는가", 또래조정 시범사업 성과와 의미, 발전방향을 중심으로 토론회 자료집, 25쪽에서 재인용].

으로 실시되기도 하며, 그 자체로 또래조정자 교육을 통해 학생 스스로의 갈등해결역량을 증진시키는 교육적 활동으로 이해되기도 한다.

〈또래조정 절차〉

갈등/분쟁 → 조정요청자[26]가 조정신청서를 작성하여 제출 → 또래조정자가 양 당사자들을 각각 만나 조정에 대한 동의를 받고 그 밖의 정보를 수집 → 양 당사자들이 만나기를 희망하는 경우 조정계획을 수립 → 조정초청장을 작성하여 대상자에게 발송 → 조정일 조정

또래조정은 앞서 본 피해자－가해자 대화모임과 달리 학교폭력에 이르기 전 갈등단계에서의 예방적 활동에 보다 중점을 두고 있다는 점을 그 특징으로 한다. 또한 학생들의 주체적·자율적·참여적 갈등해결방식을 취하고 있는데, 이러한 방식은 학생의 자체적인 문제해결 역량 및 평화적 감수성에 기반한 비폭력적 갈등해결역량, 또래 간 대화의 힘에 대한 신뢰를 필수요건으로 한다.

또래조정은 1990년대에 미국을 비롯한 유럽 각국에서 학교폭력에 대응하는 평화적 방법으로 도입되었는데, 상대적으로 그 효과가 높은 것으로 평가되고 있으며, 또래조정을 실시한 학교는 미실시 학교에 비해 보다 더 민주적이고 학생들의 자기주도성이 높았으며, 학교문화도 우호적인 것으로 나타났다.[27]

우리나라에서 또래조정이 논의되기 시작한 것은 1990년대 후반으로, 평화를 만드는여성회 부설 갈등해결센터, 한국갈등해결센터, 비폭력평화물결, 한국비폭력대화센터와 같은 시민사회단체에서 처벌(엄벌, 힘) 위주의 해결방식에 대한 대안이자 '평화로운 학교문화 만들기'의 일환으로 시작하였다. 학교 단위에서의 또래조정 도입은 학교의 의지가 있을 때에 가능하다. 예를 들어 선도적으로 또래조정반을 운영한 여주중학교의 경우, 학교가 체벌을 없애고 비폭력적 선도방향을 '비폭력 학교' 선언 등을 통해 학생들 사이의 대화를 통한 문제해결 시스템을 만

---

26 조정요청자의 범위는 갈등당사자, 교사, 학부모, 친구, 또래조정자 등 다양하다.
27 Bickmore, 2002: Cowie, Helen & Wallace, 2000: Hale, 2007: Harris, 2005: Noaks & Noaks, 2009[강순원(주 25), 25~26쪽에서 재인용].

들려는 의지가 있었기 때문에 가능하였다. 또한 선행초등학교의 경우 2014년부터 한국비폭력대화센터에서 비폭력대화 교육 및 회복적 서클을 진행하였는데, 2016년에는 동 센터와 업무협약을 맺고 '회복적 정의를 실천할 수 있는 학교폭력예방 및 대책'을 세웠으며, '기린마을'[28]이라는 회복적 서클 전용공간을 마련하여 운영하고 있다.

또래조정이 정부차원에서 도입된 것은 2011년으로, 경기도교육청은 「2011년도 경기학생 생활인권 교육 기본계획」을 근거로 해외의 peer mediation 프로그램을 벤치마킹하여 경기도 내 10개 중·고등학교를 대상으로 '또래중조(仲調)'라는 이름의 시범사업을 실시하였다. 그리고 2012년에는 전국적으로 확산되기 시작했는데, 2012년 교육부는 「학교폭력 근절 종합대책」의 일환으로 시·도 교육청 및 갈등해결전문 민간기관(평화를만드는여성회 부설 갈등해결센터, 경실련 갈등해소센터)과 협조하여 79개 시범학교(총 1,304명의 학생)를 대상으로 또래조정 시범사업을 실시하였다. 2013년 기준 정부차원에서 운영하는 90개 학교 외에 학교 자체적으로 또래조정을 실시하는 수까지 포함하면 또래조정 운영학교는 전국 1,448개교에 이르렀다.[29]

2013년에 한국청소년정책연구원이 학생 6,124명을 대상으로 실시한 설문조사 결과에 따르면, 60% 이상의 학생이 또래조정이 학교폭력 예방에 도움이 된다고 응답하였으며, 특히 갈등당사자로 또래조정에 참여한 학생들의 경우 갈등이 해결되고 관계가 회복되는 경험을 하면서 또래조정에 대한 높은 만족도를 나타냈는데,[30] 3년 동안의 시범사업이 학교폭력 예방과 평화문화 정착에 도움이 되었다고 평가할 수 있다.

> "이전엔 학교 처벌 방식으로 선생님께 불려갔다면, 지금은 또래조정 선에서 해결이 되니 더 오해나 불신이 없어요."
>
> – 고등학생 A

---

28 중재자가 상주하고, 중재와 회복적 서클을 진행할 수 있는 공간을 '기린마을'이라고 칭한다.
29 정부에서 선정한 시범학교의 수는 2012년 79개교, 2013년 90개교, 2014년 115개교이며, 이들 시범학교를 포함하여 또래조정을 실시한 학교의 수는 2013년 1,448개교, 2014년 845개교이다.
30 양계민·김지경·김지연·이종원(2013), 또래조정사업 결과보고서, 한국청소년정책연구원, 141~153쪽.

"저희 반에 괴롭힘 당하던 친구가 더 이상 괴롭힘 당하지 않아요."

- 중학생 B

한편 국회에서 2015년 3월 시범사업의 성과와 의미를 돌아보고 발전방향을 모색하기 위한 '학교폭력 예방을 위한 자율적 갈등해결의 발전 방향'이라는 제목의 토론회가 개최되었으며, 법원에서도 또래조정 사업에 적극적으로 협력하고 있다. 예를 들어, 2013년에 부천교육지원청은 인천지방법원과 '1법관 1학교 또래조정 멘토링' 프로그램을 실시한 바가 있다. 한편 또래조정은 '회복적 정의 교육'을 전제하지 않고서는 실질적인 효과를 거두기 어려운데, 또래조정을 실시하는 학교들의 대부분은 회복적 정의 교육을 함께 진행하고 있다.

4. 회복적 정의 교육

1993년 유네스코 총회에서 인준된 '평화, 인권, 민주주의 교육에 관한 선언' 제9조는 "교육은 비폭력적으로 분쟁을 해결할 능력을 개발해야 한다. 그래서 학생들 마음에 내적 평화의 발전을 촉진해 관용, 동정심, 공유, 배려의 자질을 더 확고히 형성할 수 있도록 해야 한다."고 선언하고 있는데,[31] 갈등해결 내지 회복적 정의에 대한 교육의 중요성을 강조하고 있다. 또한 앞서 본 피해자-가해자 대화모임과 또래조정은 '회복적 정의 교육'을 전제하지 않고서는 실질적인 효과를 거두기 어려운데, 참여자 모두가 평소 회복적 정의에 대한 이해, 평화에 대한 감수성이 있을 때에 가능하기 때문이다. 회복적 생활교육은 학교 구성원 모두가 학교 공동체의 일원으로서 합의와 존중에 바탕으로 한 상호 호혜적 관계를 만들어 간다.[32] 이러한 배경에서 2005년 유네스코한국위원회가 주관하여 1년간 갈등해결교육 방안을 시범운영한 바 있으며, 현재 피해자-가해자 대화모임, 또래조정과 함께 회복적 정의 교육이 통합적으로 운영되고 있다.

먼저 국가 차원에서의 노력으로 교육부는 학교폭력예방교육의 내용에 회복적 정의를 반영하려는 시도를 하고 있으며, 2014년 「제3차 학교폭력 예방 및 대책 기

---

31 강순원(주 25), 30쪽.
32 김이문(주 19), 107쪽.

본계획」에서는 교육의 대상에 부모를 포함하여 보다 근본적으로 학교폭력을 예방하고자 하는 노력을 기울이고 있다. 교육청은 '회복적 생활교육 매뉴얼'을 발간하여 각급 학교에 배포하기도 하였다. 한편 모든 학교에서 상담지원을 활성화하기 위하여 전문상담교사를 지속적으로 확대하고 있는데, 이때 전문상담사의 역할로서 학교 현장에 회복적 생활교육의 개념을 도입하고 실천하는 것이 강조되기도 한다.[33]

다음으로 평화를만드는여성회 부설 갈등해결센터는 2009년도부터 '가정, 학교, 지역사회가 함께 하는 평화커뮤니티 만들기'를 핵심 사업으로 운영하고 있는데, 이 사업은 세 영역, 즉 전교생을 대상으로 하는 '갈등해결과 평화교육'과 또래조정반 운영, '피해자—가해자대화모임'으로 구성되어 있다. 한국평화교육훈련원은 몇 개의 초중등학교와 업무협약을 체결하고 '회복적 정의에 기초한 평화학교 공동체 만들기' 프로젝트를 진행하였는데, '평화학교 공동체 만들기'란 학교 공동체 전반의 변화를 위해 교사연수, 학부모 연수, 또래조정훈련, 가족캠프 등 다양한 회복적 정의/회복적 생활교육 훈련을 약 1년에 걸쳐 진행하는 프로그램이다. 또한 한국비폭력대화센터는 2003년부터 교사 및 학부모를 대상으로 비폭력대화를 꾸준하게 교육하고 있으며, 2016년에는 학교전담경찰관을 대상으로 회복적 서클을 교육하기도 하였다.

그 밖에 교사들 역시 자발적으로 회복적 정의 교육을 실시하고 있는데, 대표적으로 사단법인 좋은교사운동의 '회복적 생활교육 운동'을 들 수 있다. 사단법인 좋은교사운동은 2011년부터 학교폭력 해결에 중점을 둔 학교폭력 대책차원을 넘어 교과교육 중심에서 협력과 관계 회복 중심의 생활교육이 더 강조되어야 한다고 제안하였고, 다양한 민간단체와 협력하여 관계의 회복과 평화로운 학교 만들기에 초점을 둔 '회복적 생활교육 운동'을 전개하고 있다.[34]

---

33 이인곤(2018), "학교폭력예방 및 대책으로서 회복적 사법제도에 관한 연구", 법이론실무연구 제6권 제3호, 285쪽.
34 임종화(2015), "관계 회복 중심의 평화로운 학교만들기를 위한 제언", 또래조정 시범사업 성과와 의미, 발전방향을 중심으로 토론회 자료집, 57쪽.

V. 결론 및 제언

앞에서 살펴본 바와 같이 최근 우리나라에서는 학교폭력의 해결에 회복적 정의를 적용하려는 시도가 점차 늘어나고 있다. 학교는 학생이 성장할 수 있는 교육의 장이며, 따라서 학교폭력의 해결 역시 학생이 성장할 수 있는가라는 교육적 관점에서 접근되어야 한다고 볼 때, 이러한 변화는 긍정적으로 평가할 수 있다. '사건의 처리'를 넘어 피해를 회복하고, 공동체를 회복하여 안전한 학교를 만들고, 나아가 가해학생을 학교공동체의 구성원으로 재통합시키고 건강한 사회구성원으로 성장할 수 있도록 하는데 이보다 더 나은 방법은 없어 보인다.[35]

다만, 이 같은 시도가 학교에 뿌리내리기까지는 갈 길이 멀어 보인다. 특히 심각한 학교폭력 사건이 발생·보도될 때마다 등장하는 엄벌주의적 여론과 대책은 회복적 정의의 실천에 장애가 되고 있다. 하지만 학교폭력의 원인이 단순히 개인에게 귀속한다기 보다는 개인적인 면과 함께 가정환경, 교우관계, 학교환경, 사회·경제적 환경까지 복합적으로 작용한다는 점에서, 설사 문제행동을 하는 학생의 경우에도 학교와 사회는 그를 건전한 사회구성원으로 교육해야 하는 책임을 가지고 있다.[36] 따라서 정부와 학교는 학교폭력을 처벌보다 교육이 필요한 문제로 바라보고, 회복적 정의를 실천하려는 노력을 지속할 필요가 있다. 회복적 정의의 실천이란 모름지기 '애씀'을 요하는 것이기 때문이다.

---

35 김천기(주 1), 138쪽.
36 전종익·정상우(2013), "「학교폭력 예방 및 대책에 관한 법률」 개선 방안 연구: 교육과 예방 및 회복 기능을 중심으로", 교육법학연구 제25권, 215쪽.

02

살인범죄와 회복적 사법

강지명

Restorative Justice
회복적 사법

02장 살인범죄와 회복적 사법

강지명*

I. 서론

살인범죄 피해자의 피해는 회복이 불가능한 영역이다. 그럼에도 불구하고 살인범죄에서도 회복적 사법을 논하는 이유는 '살인'이라는 범죄로 인해서 범죄피해자인 사망자 외에도 피해를 받은 사람들이 있고, 이들의 피해도 회복하는 것이 회복적 사법이 추구하는 정의인 '잘못된 것을 바로 잡는 것'이기 때문이다. 극단의 갈등인 범죄 중에서도 살인이 야기하는 피해와 영향의 범위를 피해회복의 대상으로 본다면, 피해회복의 범위는 기존의 형사사법에서 다루는 피해의 범위보다 넓어지게 된다. 그래서 피해자유족과의 프로그램 진행이 가능하고 그들의 피해회복이 중요해진다.

아래에서는 먼저 기존의 회복적 사법의 이론들이 '살인'이라는 범죄유형과 어떻게 접점을 이룰 수 있는지 살펴볼 것이다. 그리고 시설내 처우를 받고 있는 살인범들에게 회복적 사법프로그램을 어떻게 적용할 수 있었는지에 대해서 살펴보고자 한다. 그래서 2001년과 2012년에 이루어진 살인범죄에 대한 회복적 사법 프로그램의 시범적용에 대해서 살펴볼 것이다.

* 경상남도 교육청 사무관, 법학박사.

II. 살인범죄와 회복적 사법

1. 회복적 사법의 개념정의와 살인범죄

(1) 회복적 사법 연구와 시범 적용

회복적 사법에 관한 초기연구는 '원상회복'이라는 용어로 이루어졌다. 1990년대 회복적 사법 연구는 독일의 상황은 어떠한지, 형사사법의 제재로서 적격성은 있는지 등과 같이 기존의 형사사법의 범위 안에서 '새로운 형사제재'로서의 의미와 기능이 주로 연구되었다.[1] 독일의 '원상회복'이라는 용어는 피해보상, 갈등해결, 화해, 가해자－피해자－조정, 손해의 급부 등과 동의어로 사용되었고,[2] 각 제도가 '형사제재'라는 기준에 부합하는지 연구되었다. 그래서 회복적 사법제도가 기존의 형사제재의 일환으로 도입되어야 할지에 관한 연구에서는 '원상회복'이라는 용어가 사용되었다.[3]

그 후에 형벌시스템 내의 하나의 제재로 포섭될 수 있는 것인지 여부에 대한 연구를 넘어, 형사사법의 패러다임 차원에서 사법이념의 하나로 다룬 연구가 나타나기 시작했다. 특히 하워드 제어 교수의 '렌즈 바꾸기'[4]를 비롯한 회복적 사법의 개념 정의 시도들을 국내에 소개하면서 원상회복을 형벌의 목적의 차원에서 다룬 '형벌 패러다임과 원상회복'[5]이라는 논문이 1999년 등장하였다. 동 논문은 원상회복을 형사제재의 일환으로만 바라볼 것이 아니라 형벌패러다임의 변환 수준에서 다루어야 한다는 시각을 전면에 내세웠다.

---

1 장규원(1992), "독일형사법에서의 손해원상회복", 피해자학연구 제1권; 김일수(1993), "원상회복의 형사제재로서의 의미와 기능", 피해자학연구 제2권; 김성돈(1997), "원상회복의 형사제재로서의 적격성과 형법의 과제", 피해자학연구 제5권; 배상오·박광섭(1997), "원상회복의 형법적 성격", 법학연구 제8권; 이호중(1997), "형법상의 원상회복에 관한 연구", 서울대학교 박사학위청구논문 등.
2 김성돈(주 1), 133쪽.
3 이진국(2015), "환경범죄에 대한 새로운 형사제재로서 원상회복명령", 한국환경법학회 환경법연구 제37권 제2호, 61쪽에서 '원상회복은 … 회복적 사법의 맥락에서 이해된다.'라고 서술하고 있다.
4 Zehr, H.(1995), Changing Lenses: A New Perspective of Crime and Justice. 손진 역(2011), '회복적 정의란 무엇인가', KAP로 번역출간되어 있다.
5 손진(1999), "형벌 패러다임과 원상회복", 경북대학교 석사학위청구논문.

사실, '범죄'를 다루는 관점 자체를 바꾸어야 한다는 글은 1995년 '21세기를 향한 새로운 도전: 회복적 정의(Restorative Justice)'라는 논문을 통해서 한국에 처음 등장하였다. 동 논문을 발표한 배임호 교수는 안양교도소와의 협조로 2001년 회복적 사법프로그램을 시범적용하였고, 그 일부에 살인범죄유형이 포함되었다고 한다.6 하지만 동 논문은 교정복지 차원의 사회복지학에서도 새로운 논문이었고, '형사사법' 패러다임의 전환을 전면에 내세우고 있지는 않아서 형사사법학계와 연계되지는 못하였다.

형사법계에서는 2000년 '회복적 사법과 피해자 보호'라는 논문에서, '회복적 사법'이라는 용어가 처음 등장하였다.7 피해자보호에서는 "기존의 형사사법체계가 무엇을 '더' 할 필요성이 있는 것이 아니라, 이제는 무엇인가를 '달리' 해야할 필요성이 있다."는 '형사사법 패러다임 차원의 문제제기'를 회복적 사법 내지 광의의 의미에서의 원상회복(restorative justice)의 문제라고 동 논문에서는 규정하고 있다.8 이후 형사사법 패러다임 전환의 차원에서 접근하는 논문들이 속속 나타나면서 초기에는 회복적 사법이라는 용어 외에 수복적 사법을 사용하기도 하였으나,9 최근에는 일본 논문을 번역할 때에도 수복적 사법으로 번역하지 않고 회복적 사법으로 번역하고 있다.10

(2) 회복적 사법의 다양한 지칭용어들과 살인범죄

살인범죄에 적용하기 위해서는 회복적 사법이라는 용어가 적절하지 않을 수

---

6 당시 시범적용의 mediator였던 배임호 교수와의 전화인터뷰에서, 배 교수는 당시 내용을 공개하지 않는 조건으로 유족들과 프로그램을 진행하였기 때문에 자세한 내용을 밝힐 수는 없으나, 사망피해자의 모친이 프로그램 이후 처음으로 숙면을 취할 수 있었다고 전해들었다고 하였다.

7 박미숙(2000), "회복적 사법과 피해자보호", 피해자학연구 제8호, 203쪽.

8 박미숙(주 7), 203쪽.

9 마에노 이쿠조(前野育三), 민영성(역)(2002), "수복적 사법(restorative justice) - 일본의 현상과 전망 = Restorative Justice: Perspective of Japan," 법학연구 제43권 제1호, 부산대학교 법학연구소; 이훈동(2005), "피해자관계적 형벌론과 수복적 사법의 가능성 = Penal Theory Related with Victims and Possibility of Restorative Justice," 비교법학연구 제5권, 한국비교법학회; 마에노 이쿠조, 강경래(역)(2005), "수복적 사법이란", 피해자학연구 제13권 제2호, 한국피해자학회.

10 오타 타츠야(Ota Tatsuya)(2010), "일본의 회복적 사법의 현황과 과제(日本における修復的司法の現状と課題)", 법학논집 제15권 제1호, 이화여자대학교 법학연구소.

있다. 사망피해자는 회복될 수 없기 때문이다. 사실, 회복적 사법이라는 단어가 회복적 사법의 이념과 프로그램들을 오롯이 담고 있는 유일한 용어는 아니다. 회복적 사법은 일종의 대표용어라고 할 수 있다. 관계적 사법(relational justice), 긍정적 사법(positive justice), 재통합적 사법(reintegrative justice), 변환적 사법(transformative justice), 회복시키는 사법(reparative justice), 만족의 사법(satisfying justice), 공동체 사법(community justice), 사회적 사법(social justice), 평화사법(강화/화해/화친사법 peace justice) 등과 같은 회복적 사법의 다른 이름이 존재한다.[11] 모두 자신들이 추구하는 방향과 맞는 프로그램을 구축하고 실천하면서 각기 명명하고 있다. 살인범죄의 경우, 이해관계자가 사회에서 잘 살아갈 수 있도록 기능하는 것에 무게중심을 두게 된다. 즉, '피해자유족의 치유'와 출소 살인자의 사회재통합에 무게중심을 둔 재통합적 사법(reintegrative justice)이라는 용어가 더 알맞을 수 있다.

(3) 회복적 사법제도의 핵심원리

전 세계적으로 회복적 사법이라는 용어에 대해 확립된 개념정의는 아직까지 없다고 하며, 회복적 사법을 권장하고 있는 UN보고서[12]에서도 명확한 용어의 정의를 회피하고 있다. 이러한 개념정의에 대한 어려움은 다양한 프로그램과 이에 따른 회복적 사법을 지칭하는 다양한 용어사용으로 나타난다. 이는 제도로 정착되는 단계에서 새로운 아이디어나 형식 등이 지속적으로 창출되고 있다는 의미로 이해될 수 있다.[13] 가장 많이 이용되고, 이해하기 쉬운 회복적 사법에 대

---

11 Carolyn Hole and Richard Young(2002), Restorative Justice, - Aessing the prospects and pitfalls -, The Handbook of the criminal justice process, Oxford university press, p. 527.

12 2000년 4월 10일부터 17일까지 비엔나에서 열린 UN의 제10차 범죄예방 및 범죄자처우에 관한 회의에서는 각 회원국에 회복적 사법의 프로그램을 적극적으로 활용할 것을 권고하는 '비엔나 선언'을 채택하였다. "Basic principles on the use of restorative justice programs in criminal matters", E/2000/INF/2/Add.2, pp. 35~40.

13 이백철(2002), "회복적 사법: 대안적 형벌체제로서의 이론적 정당성", 한국공안행정학회보 제13호, 142쪽; 윤옥경(역)(2009), 유엔형사사법핸드북 회복적 사법 프로그램(Handbook on Restorative Justice Programes, 2006), 한국형사정책연구원, 14쪽.

한 설명은 응보적 정의와 비교·대조의 방법을 사용한 제어의 개념정의이다.[14]

전통적인 응보적 형사사법에서는 범죄자의 유무죄가 중요하다. 이는 '책임에 상응하는 형벌부과'라는 장치를 통해서 문제를 해결하기 때문이다. 범죄자에게 형벌이라는 해악[15]을 부과하는 것이 정의실현의 내용이다. 재판에서의 승패는 이러한 응보적 정의실현을 전제하기 때문에 형사사법에서는 공격과 방어의 전투적 양상을 띨 수밖에 없다. 행위자도 심적으로는 미안하지만 재판에서 질까봐, 피해자에게 사과는 할 수 없는 상황에 이른다. 당사자들도 자신들의 이야기를 나누는 의사소통이 아니라 재판에서 승소하기 위해서 움직인다.

형사사건처리절차에서 범죄자는 국가에 비해 약자로 간주되기 때문에 피고인의 인권은 매우 강조된다. 그래서 어떨 때에는 형사사법은 응보적 정의를 실현하는 결과보다는 절차적 정당성의 의미에 더 비중을 두게 되기도 한다. 그러나 이 모든 과정은 당사자들이 아니라 제3자가 해결권한을 가진다.

이에 비해 회복적 사법은 해결과정을 당사자의 갈등에 기인한, 당사자들의 의사소통으로 바라본다. 그래서 형사사법제도가 운영되는 과정에서의 회복적 사법프로그램도 당사자들의 의사소통이 중요하게 여겨진다. 특히 피해자의 피해회복 니즈(Needs)와 가해자의 피해회복책임을 확인하는 데 중점을 둔다. 이 과정에서 국가, 정부, 사법은 당사자들의 의사소통을 독려하고 뒷받침하고 보조하는 역할을 하게 된다.

(4) 회복적 사법의 실천모델에 따른 개념정의

회복적 사법을 명확하게 정의하는 것은 어렵지만 크게 두 가지로 구분해 볼 수는 있다. 이것은 실천모델에서, 기존의 형사사법과의 관계를 설정하는 과정에서 나타난 대립적인 정의개념이다. 절차(과정)에 중점을 두는 것과 확대 보급에 중점을 두는 것으로 나뉠 수 있는데, 이에 대해서는 순수론과 확장론의 의견대립에서 장단점을 살펴볼 수 있다.

순수론의 입장에 의하면, 범죄의 직접적인 관계자인 피해자, 가해자, 커뮤니티

---

14 Zehr, H.(주 4) 참조.
15 정의실현의 최후의 수단인 9가지 형벌 중에 그 자체로, 해악이 아닌 것은 없다.

가 함께 모여, 상호협력에 의하여 결과의 취급을 결정하는 과정을 통하여 각각의 요구를 충족해야 하고 그에 의하여 피해자, 가해자 기타 사람들의 재통합이 가능하다고 한다. 즉 피해자의 물질적, 정신적 요구가 충족되고, 피해자와 범죄자 간의 모든 종류의 분쟁해결, 피해자 또는 범죄자와 그 가족 또는 지역사회 간에 존재하는 분쟁해결의 기회가 관계자들에게 제공되고, 또한 범죄자에게 사죄와 회복활동을 통하여 용서받을 기회가 부여된다고 한다.[16] 즉, 순수론 입장에서는 회복적 사법의 핵심원리로 ① 범죄로 인한 피해의 회복 ② 이해당사자의 자발적이고 능동적인 참여와 화해의 절차 ③ 사회커뮤니티의 주도적 역할을 들고 있다.[17]

확장론은 과정도 중요하지만 결과가 회복적이라면, 회복적 사법의 범주에 넣을 수 있다는 입장이기 때문에 강제적인 회복적 제재도 회복적 수단에 포함시킨다. 이러한 회복적 사법모델을 확장모델 또는 최대화모델(maximalist model)이라고 한다.[18] 이들은 순수론자의 정의가 회복적 사법을 대화나 대면 절차라고 단순하게 보고, 지나치게 좁게 해석하여 '대화, 대면'이라는 과정을 거치지 않은 것들을 회복적 사법에 넣지 않고 있다고 비판을 한다. 그리고 그들은 회복적 사법조치가 '특정한 범죄의 이해당사자'가 모이지 않고도 수행될 수 있다고 본다. 확장론자들은 가해자가 관여하는지 여부와 관계없이 피해자에게 제공되는 일부 서비스도 회복적 사법에 포함되는 것으로 보는 것이다. 그래서 확장론자의 회복적 사법의 개념 폭은 순수론자들보다는 더 넓어지게 되고 이러한 정의를 광의의 회복적 사법정의라고 표현하기도 한다.[19]

살인범죄는 사망피해자가 참여하기 불가능하고, 유족들이 해당살인자를 보기 싫어하는 경우, 살인자가 유족과 만나기 싫어하는 경우도 있기 때문에 순수론보다는 확장론의 개념정의가 더 적합하다고 할 수 있다. 이러한 실천관점의 개념정의는 Lode Walgrave 등이 주장한 것으로, 회복적 사법은 '범죄로 야기된 손해를

---

16 조현지(2008), "형사상 화해조정에 관한 연구", 이화여자대학교 박사학위청구논문, 49쪽.

17 이호중(2004), "회복적 사법이념과 형사제재체계의 재편 - 트로이목마의 투입? 값싼 형벌신상품의 개발?", 형사법연구 제22호 특집호, 501~503쪽.

18 순수모델을 협의의 회복적 사법, 확장론을 광의의 회복적 사법라고 표현하기도 한다(김용세(2005), "형사제재시스템과 회복적 사법 - 회복적 사법의 이념과 형사제재체제의 개편(이호중)에 관한 의견을 겸하여", 형사법연구 제23호, 226~231쪽).

19 김용세(주 18), 226~227쪽.

회복함으로써 정의를 이루는 데 주된 목적이 있는 모든 행동'이라고 정의된다.

순수론자, 확장론자 모두 피해자, 가해자, 커뮤니티 등의 사건 당사자들이 자율적으로 참여하여 대화를 통해서 합의를 모색해가는 자율적 협동절차를 통하여 회복적 사법이 가장 잘 구현될 수 있다는 점에서는 이의가 없다.[20]

확장론의 맥락에서는 자발성이 축소될 수도 있다. 결과가 회복적 사법의 목표와 가치를 실현할 수 있으면 그 결과가 절차를 정당화시킬 수도 있다는 입장이기 때문이다. 절차가 결과에 이르기 위한 수단임을 부인할 수 없다면, 회복적 결과의 실현이라는 결과적 정의를 실현하기 위해 절차적 정의의 한 요소인 자발성을 어느 정도 축소시키더라도 궁극적으로는 회복적 가치체계와 모순되지 않는다는 의견도 있다.[21]

2. 피해의 범위와 당사자

형사사법의 중점을 범죄 그 자체가 아니라, 그로 인하여 발생된 피해에 둔다는 관점은 회복적 사법을 이해하는 핵심적 내용이다. 이 점에서 회복적 사법은 응보적/특별예방적 형사사법과 구별된다.[22] 범죄로 인한 피해가 중점적으로 고려되어야 하고, 범죄에 대한 국가(정부)의 대응도 처벌이나 재사회화가 아니라 피해회복이 된다. 그래서 피해의 범위와 피해자의 범위가 중요한데, 회복적 사법에서 이것은 누가 별도로 정해두는 것이 아니라 당사자가 정하게 된다. 형사사

---

20 이호중(2007), "한국의 형사사법과 회복적 사법 - 과거, 현재, 그리고 미래", 형사법연구 제19권 제3호, 312쪽.
21 '이러한 차원에서 보면 피해회복을 통한 피해자 만족이라는 결과적 정의를 위해 가해자로 하여금 조정절차에의 참여를 일정부분 강제하는 것도 가능하다고 한다. 회복적 결과를 위해 조정을 기소유예의 조건으로 부과하는 것과 선고유예의 조건으로 부과하는 것이 이러한 차원의 가치조절이라고 한다. 하지만 집행유예의 경우에도 조정을 조건으로 부과할 수 있도록 구상할 수는 없다고 하는데, 이는 어떤 의미에서 보더라도 조정을 가해자에게 직접 강제하는 형사제재의 일종으로 만들기 때문이라고 한다. 이는 자발성이라는 절차적 정의의 요청과 정면으로 충돌하는 것으로 축소가 아닌 자발성의 부정이 되기 때문이다.' 김성돈(2008), 새로운 범죄대응전략으로서 화해조정체계구축 (Ⅰ), 형사사법체제내 형사조정제도 도입에 따른 법이론적 문제점 및 개선방안, 한국형사정책연구원, 121~122쪽.
22 김성돈(주 21), 25쪽.

법에서 유의미하게 논의되는 피해는 가해자의 가해행위에 따라 달라지게 되는 것임에 비해서, 회복적 사법에서는 당사자들의 의사소통과정에서 피해가 논의되고 피해회복의 범위로서의 피해가 산정·확정된다.

피해의 범위와 관련하여, 피해를 산정하게 되는 당사자도 직접적인 범죄피해자를 넘어 가해자로, 그리고 이들 당사자들을 넘어 공동체로, 매우 광범위해지기도 한다. 살인범죄의 유형의 경우, 피해자는 사망하였기 때문에 직접 당사자들의 의사소통을 전제한 피해의 산정과 회복은 불가능하다. 따라서 살인범죄유형에서는 유족이 피해의 당사자의 지위에서 피해와 그 회복에 대해서 의사소통을 진행하게 된다.

3. 교정단계에서의 회복적 사법 도입

회복적 정의를 사법에 도입하고자 하는 방법론은 피해회복 범위의 산정, 당사자의 범위, 피해의 범위와 관련하여 크게 3가지로 각기 그 무게중심을 달리한다. 첫째는, 잘 알려진 방식으로, 피해자 중심의 도입이고, 다른 하나는 피해자와 공동체 중심의 도입, 나머지 하나는 피해자와 공동체 그리고 가해자 모두를 균형있게 다루자는 관점에서의 도입이다.

회복적 사법의 핵심을 피해의 회복이라고 본다면, 피해자의 피해회복, 피해자와 공동체의 피해회복, 피해자－공동체－가해자 모두의 피해회복이 각각의 관점이 지향하는 피해회복의 당사자 범주이다. 이중에서 가해자의 피해회복도 회복적 사법의 피해회복 범주라고 넣는 대표적인 회복적 사법의 이론이 소년에 대한 적용이론[23]이다. 균형적 회복적 사법에서는 피해자들의 피해는 물론이고, 가해소년 본인의 범행이 본인의 건전한 성장과정에 피해를 주었기 때문에 건전한 성장도 피해회복의 범주에 넣고 접근한다. 회복적 사법 프로그램의 피해회복 책임인수 과정을 가해자의 반성프로그램의 일환으로 보기도 한다.

---

23 자세한 내용은 강지명(2011), "소년법상 회복적 사법의 실현에 관한 연구", 성균관대학교 박사학위청구논문 참조.

Ⅲ. 2001년, 2012년 회복적 사법프로그램의 사례

1. 안양교도소 소년수형자 집단프로그램

안양교도소 소년수형자에 대한 2001년 집단프로그램[24]은, 2001년 1월 20일
(토)부터 매주 토요일 오전 09:30분부터 12:00까지 2시간 반 동안 종교교육실에서
총 7회가 진행되었다. 가해자의 경우 안양교도소의 추천으로 7명이 프로그램에 참
가하였으며, 폭력을 제외하고, 다양한 범죄양상을 갖고 있는 대상자들이 선정되었
다. 피해자의 경우는 해당피해자가 아니라, 당시 범죄 피해경험이 있는 대상자 중
에서 5명이 임의 선정되어 참가하였는데, 가해자와 피해자 모두 기독교인이었다.[25]

기독교인으로 구성한 데는 회복적 사법프로그램이 기독교적 신앙관에서 범죄
자인 가해자에게 행동의 책임을 언급하고 일깨워줄 수 있다고 보았기 때문인 것
으로 보인다.

이 프로그램은 Chupp이란 학자가 제안한 만남프로그램의 4단계[26]에 따라
이루어졌다고 한다. 첫 단계는 인테이크(intake), 자료수집(screening), 조정자에 의
한 승인(assignment), 두 번째 단계는 예비적인 모임, 세 번째 단계는 피해자와 가
해자가 직접적인 만남, 네 번째 단계는 보고(reporting), 모니터링(monitoring), 사
후조치(follow - up)로 이루어졌다.

구체적으로 1주차 소개하기, 2주차 범죄란 무엇인가, 3주차 책임감, 4주차 고
백과 반성·용서하기, 5주차 손해배상과 화해, 6주차 손해배상 실행하기, 7주차
축하와 예배, 종결 의식으로 진행되었다.[27]

공통적으로 매주 시작 시간에는 집단 내에 편안한 마음과 신뢰감을 갖도록
돕고 지난 주 모임 내용을 복습하였으며, 마무리 시간에는 집단 성원들이 배운

---

24 교정단계 최초의 회복적 사법 시범 프로그램으로서 'Sycamore Tree 프로그램'이라고 한다.
25 당시 박도석 안양교도소 소장과 배임호 교수는 교정시설 내에서 수형자를 대상으로 피해자·가
   해자 대화 프로그램을 처음 시행하였다.
26 Chupp, M.(1989). Reconciliation procedures and rationale. In Martin Wright and
   Burt Galaway (Eds.), Mediation and criminal justice: victims, offenders and community.
   London: Sage Publication.
27 이에 대한 상세는 본서 제11장 교도소 단계에서의 회복적 사법 참조.

점을 이해하여 모임 목표를 강화하도록 하고, 기도회를 통해 서로를 위해 기도하고 특별한 간청을 나눌 수 있는 기회를 부여하면서 마치도록 하였다.

프로그램을 통하여 얻고자 했던 가해자 및 피해자의 인식 변화의 범주는

① 범죄(자)에 대한 태도
② 상대방에 대한 감정
③ 과거 행동(피해자로서 경험)에 대한 느낌
④ 범죄(피해) 후 일상생활에 대한 느낌
⑤ 피해자가 용서할 것인가에 대한 생각(가해자에 대한 용서)
⑥ 범죄(자)의 재범에 대한 생각
⑦ 행동변화에 대한 기대

총 7가지 내용으로 7점 리커트 척도를 통해 인식의 변화를 프로그램 사전, 사후 두 차례 측정하였다. 그 결과 피해자와 가해자 모두 ①~④ 범주는 사전 부정에서 사후 긍정으로 바뀌었으며, ⑤ 및 ⑥은 본래 긍정 상태였으나 더욱 긍정적으로 상향되었다고 한다.

대체로 프로젝트 첫 시행의 결과는 진행팀이 주도한 평가결과에 따르면 매우 고무적인 결과를 얻었으며, 프로젝트가 종료된 후 몇 명은 피해자들을 만나 용서를 구하겠다는 표시를 하기도 했다고 한다.

2. 서울남부교도소 성인수형자 대상 Sycamore Project 시행

기독교적 관점에서 진행되었던 '뽕나무 프로그램(Sycamore Tree Program)'이 안양교도소에서 2001년 첫 시범 시행 이후 다시 진행된 것은 11년이 지난 2012년이었다. 7월 16일부터 20일까지 서울남부교도소에서 이루어졌는데, 전원 살인범을 대상자로 시범 적용하였다.[28] 법무부 사회복귀과에서 총괄하고, 공동진행을 맡은 한국평화교육훈련원과 기독교세진회, 천주교 사목위원회의 피해자 자조모임의 협력으로 우리나라의 상황에 맞게 진행되었다.

---

28 김영식(2013), "교정단계 회복적 사법 적용 사례에 관한 연구", 교정담론 제7권 제1호, 아시아교정포럼 참조.

'회복을 위한 여정(A Journey Toward Restoration)'이란 모토로 '비종교적'인 내용으로는 처음으로 시범 시행되었다. 참여 가해자는 모두 죄명이 살인인 장기 수형자로서 무기징역형을 선고받거나 중형을 선고받아 형기의 반 이상을 복역한 4명이 참가하였으며, 전체 5일 프로그램에 모두 참석하고 과제를 수행하는 것을 원칙으로 하였다. 참여한 대리 피해자는 연쇄 살인범의 한 사건에서 '모친과 아내, 아들' 세 명의 가족을 잃었다. 주진행자 2명, 보조진행자 2명, 평가자(관찰연구자) 2명으로 구성하였으며, 모두 피해자-가해자 조정·화해 프로그램 전문과정을 이수하였거나 전문위원으로 활동한 경험이 있는 사람으로 구성하였다. 진행 내용은 [표 2-1]과 같다.

표 2-1 프로그램의 진행 내용

일차	대상	주제	내용
사전	피해자 가해자	여정을 위한 준비 I	프로젝트에 대한 개괄적 소개 프로그램 참여를 위한 준비 기대와 우려 나누기
1일차	가해자	여정을 위한 준비 II	프로젝트에 대한 개괄적 소개 프로그램 참여를 위한 준비 회복적 정의란 무엇인가? "나는 누구인가?" 정체성 이미지 활동
2일차	가해자 피해자	공감과 공유	피해자가 자신의 경험과 감정을 나눔 질문과 궁금한 점 나누기 가해자의 경험과 감정 나눔 "트라우마 서클" 활동
3일차	가해자	자발적 책임	피해자의 이야기를 듣고 느낀 점과 새롭게 알게 된 점 나누기 진정한 의미의 책임이란 무엇을 말하는가? "내가 회복을 위해 할 수 있는 일은 무엇인가?"
4일차	가해자 피해자	용서와 화해	가해자의 깨달음 나누기 피해자와 가해자의 필요 들여다보기 "내려놓기" 활동 용서와 화해의 여정에 참여한다는 의미
5일차	가해자 피해자 관계자 (소장 등)	새로운 여정을 향하여	4일간의 프로그램을 통해 배운 것은? 나의 각오와 미래 "나에게 쓰는 편지, 그에게 쓰는 편지" 활동 축하와 축복
사후	모두	점검 모임	프로그램 참여자의 영향과 변화 관찰 참가 수형자(가해자) 개별 면담

이 프로그램을 통하여 얻고자 했던 수용자의 인식 변화의 범주는 ① 피해자들의 아픔과 상처에 대해 이해, ② 자발적 책임이란 의미 인식, ③ 진정한 반성과 사과의 동기, ④ 회복적 정의의 가치의 이해, ⑤ 피해자의 회복을 위한 본인의 역할 인식, ⑥ 사회와 이웃, 가족에 대한 인식, ⑦ 재범을 하지 않으려는 의지와 행동 변화 등이었다.

4명의 수형자의 종교는 불교 2명, 천주교 1명, 없는 경우 1명이었으며, 종교적 내용이 아닌 중립적 내용으로 진행하였다. 다만, 참여 피해자는 종교(천주교)를 통해 범죄피해의 고통을 극복하고 용서의 동기가 생겼다고 고백하였으며, 그 외에는 종교적 내용을 피력하지 않았다.

참여한 수형자들의 인식 변화의 정도는 대부분 매우 높은 수준의 긍정적 변화가 나타났다. 지금까지 피해자의 입장을 진지하게 생각하지 않고 잊고 살았는데, 피해자 가족에게 진심으로 사죄하고자 하는 마음이 들었으며, 만나지 못하더라도 사회구성원으로 열심히 살아가며 소득의 상당부분을 피해자 가족을 돕는 단체에 기부하는 등 배상의 의욕을 보였다.

피해자는 수형자들이 프로그램을 통해 변화되는 모습을 볼 때 힘을 얻었으며, 이들이 위로해 줘서 고맙고, 대리 피해자이지만 자신의 깊은 상처를 어느 정도 치유되는 경험을 느꼈다고 했다.

진행자들은 5일 동안 변화되는 것에 한계가 있으리라 예상했는데, 이들이 대리 피해자를 만나 첫 대화를 나눈 날 큰 충격을 받고 시간이 갈수록 깊은 만남이 진행되는 것을 보고 진정성이 느껴졌으며, 수형자에게는 직접 피해자를 바로 만나기 보다는 먼저 간접 피해자를 통해 자신의 죄를 객관적으로 바라보게 하여 회복적 사법을 이해하도록 선행하는 것이 효과적일 수 있다는 의견을 나누었다.

참관 자원봉사자들은 일반인들은 상상할 수 없는 수형자들의 안타까운 성장환경을 들으면서 이들도 한편은 '피해자'라는 생각이 들었으며, 프로그램이 진행되는 과정에서 회복적 정의의 가치들인 인간존중, 자발적 책임, 관계회복이 관찰될 수 있었다고 하였다. 자칫 가해자의 처벌만으로 끝날 수 있는 사건을 피해자와 가해자가 중심이 되어 문제를 파악하고, 자율적으로 매듭을 풀고 진정으로 사죄하고 갈등을 풀어 감으로써 관계가 회복될 뿐만 아니라 위로하고 용기를 줄수 있는 관계로 발전할 수 있는 가능성을 보았다고 피력하기도 하였다.

Ⅳ. 결론

살인범죄에 회복적 사법프로그램을 적용함에 있어 기존의 회복적 사법원리들을 적용하기에는 무리가 있다. 특히, 관계회복을 지향하거나 피해자와 가해자가 직접 대면하여 대화하는 과정을 진행하는 것은 불가능하다. 하지만 확장론의 관점에서, 피해당사자의 범위가 유족으로 확대되고, 피해회복의 범위가 살인가해자와 유족의 의사소통을 통해서 산정되고 확정된다면 순수론의 관점에서 중요하게 생각하는 대화와 대면도 충분히 실천될 수 있는 것이다.

2012년 시범운영의 의의는 순수론자들의 관점에서는 피해당사자의 사망으로 인해 절대 회복적 사법프로그램이 적용될 수 없다는 살인범죄를 그 대상으로 하였다는 것이다. 그리고 교정단계에서 피해자와의 대면·대화를 통한 피해의 진술과 피해회복이 논의되지 않기 때문에 회복적 사법프로그램이 범죄자 재사회화 프로그램으로 변질되고 있다는 순수론자들의 비판에 맞서, 피해자유족과 그러한 과정이 가능하다는 것을 보여준 것이다. 피해자유족도 대리살인범을 대면하였는데, '피해 및 영향' 진술, 용서의 과정은 직접적인 살인범이 아니었지만 피해자유족 치유로 이어지게 해주었다. 일부 살인범의 경우, 피해진술 이후 죄책감으로 힘들어 하면서 프로그램을 일시적으로 거부하기도 하였으나, 본인이 유족의 피해회복을 위해서 프로그램에 참여해야 한다는 방식으로 피해회복책임을 받아들이기도 했다.

회복적 사법프로그램 유형도 '써클'과 '가해자－피해자 대화' 유형이 모두 사용되었고, 진행자는 전문적인 회복적 사법프로그램 진행자였다. 수형생활 중인 살인범과 피해자유족 모두 심적으로 큰 변화를 느끼게 되었고, 회복적 사법프로그램에 대하여 긍정적인 평가를 하였다.[29]

---

29 부록 - 2012년 살인범죄 회복적 사법프로그램에 대한 평가 참조.

2012년 살인범죄 회복적 사법프로그램에 대한 평가

1. 수용자(살인범)

- 지금까지 나는 가해자이기만 했었지, 피해자 생각을 못해봤다. 피해자의 입장을 생각하는 것에 대해 많이 느꼈다.
- 출소 후에 피해자 가족들을 만나 용서를 빌어야겠다는 생각을 했었다.
- 피해자분이 슬픔을 극복하시고, 기도하시는 모습을 보면서 빛을 보았다.
- 피해자분 앞에서 내가 나체로 서있는 부끄러움이 있었다. 얼굴보기가 힘들었다. 죄송하다.
- 제 입장에서 제일 중요한 것은 책임을 져야 할 부분이 피해자 분들에게 용서받는 것이 아닌 사죄드리는 것이다.
- 아침·저녁으로 기도하고, 피해자 분들을 위해 기도해야 할 것이다.
- 전과자로서의 피해의식에서 벗어나고, 사회구성원으로 열심히 살아가면서 자발적 책임을 지는 것이다.
- 건강한 시민으로서 소득의 일부를, 삶의 일부를 피해자들을 위해 나누는 것이다.
- 가해자의 가족들도 건강한 삶을 살 수 있도록 우리 가족에게 성실한 삶을 보여주는 것도 중요하다.
- 피해 이야기를 들으면서 피해자 분의 아픔을 통해 피해자 분들의 어려움, 아픔을 조금이나마 알게 되었다.
- 부모님께 감사하다. 저로 인해 부모님이 지셨을 삶의 무게가 느껴진다.
- 내가 너무 피해자들을 잊고 살았다는 걸 깨달았고, 피해자들에게 지은 죄를 갚지 못한다는 것을 알고, 기억하면서 살겠다.

2. 피해자

- 수용자들을 만난 것이 다행이라고 생각된다. 얼굴들을 보니까 너무 변화된 모습이 있고, 저런 짓을 저질렀을까 싶다.
- 나를 위로해 줘서 고맙다.
- 형제(가해자)의 변화된 모습을 지켜보도록 하겠다. 고맙다.
- 수용자들의 변화된 모습에 고맙고, 한 사람이 변화된 모습을 볼 때 힘을 얻는다. 여기 참여하게 되어서 고맙다.

3. 진행팀

- 기대보다 많은 감동을 받았고, 돌아볼 수 있는 계기가 되었다.
- 시간이 갈수록 깊은 만남이 이루어지는 것 같다. 진정성이 있어서 기쁘다.
- 대리 피해자로 프로그램을 진행하면 얼마나 효과가 있을지 의문이었는데, 생각보다 좋았다. 직접 피해자들과 마주하면 오히려 너무 위험할 것 같다.
- 피해자의 이야기를 들을 때, 몇몇 가해자가 눈물을 보였는데, 그때에 가해자의 심정을 바로 듣는 것이 좋을 것 같다. 가해자가 느끼는 감정에 대해 듣는 것이 피해자에게도 도움이 될 것 같다.
- 자리배치나 장소 등이 프로그램에 집중하는 것을 방해했다.
- 수용자들의 의사표현이 자유로웠다. 진정성이나 스스로의 의지가 없었으면 나오기 어려운 표현들이 많았다.
- 5일 동안 변화되는 것에는 한계가 있겠지만, 큰 충격이고 경험이었을 것이다.
- 프로그램에 필요한 물품, 선물 등이 미리 결정되어 교도소에 반입가능한 물건들에 대한 확인이 세심하게 필요할 것이다.
- 피해자와 진행팀과의 사전 교감이 더욱 필요할 듯하다.

4. 참관 자원봉사자

- 피해자와 가해자가 합의를 하고, 회복이 될 수 있는 범위 안에서 처벌을 하는 것이 진정한 정의인지를 생각해 보았다.
- 나는 수용자들을 위한 나의 역할을 찾지 못했다. 내가 할 수 있는 것은 그들의 이야기를 듣는 것 밖에 할 수 없었다.
- 그들은 내가 상상하지도 못했던 그런 어린 시절을 보냈다. 그런 이야기를 들으면서, 이들도 한편으로 '피해자'라는 생각이 들었다. 모든 어려운 환경에 있는 사람이 범죄자가 되는 것은 아니지만, 그 어려운 환경 속에서 자신을 방어하고, 그 환경에 대항할 수 있는 것이 그들에게는 비행이고, 범죄였다는 사실이 안타까울 따름이었다.
- 이번 참관을 통해 이들도 사람이며 이들 나름의 회복의 시간이 필요하다는 생각을 하게 되었다.
- 누군가 이들에게 회복의 의미를 진정으로 받아들일 수 있도록 지속적인 격려를 통하여 또 다른 교화의 모습으로 이들을 만나는 시간이 더하였으면 하는 바람을 갖게 되었다.
- 교정자원봉사자는 이들의 옆에서 평소와 같이 이야기를 하며 지내는 것, 그들을 위해서 억지로 움직이려 하기보다 있는 그대로, 그 존재를 이해해 주는 역할이 중요하리라 생각한다.
- 이러한 프로그램이 지속성을 띨 때에 하나의 팀 접근을 통하여 교도소라는 곳을 보다 가까이 접할 수 있는 기회가 많아질 것이라는 희망을 보았다.
- 강의에서 들었던 회복적 정의의 여러 가치인 인간존중(피해자, 가해자 모두를 위한), 자발적 책임, 관계회복에 더 많은 관심을 갖게 되었다.
- 교정자원봉사자로서 이번 참여는 교정 수용자들의 다른 면을 볼 수 있는 중요한 계기가 되었다고 판단된다.
- 본인들이 책임을 질 수 있는 상상을 말하는 점에서 참여자로서 진실성을 느껴진다.
- 가해자들이 피해자들의 입장에서 당한 피해사실에 대해 실제적으로 들

으며 느낀 충격 때문에 프로그램을 계속 참석해야 할까 고민해야 했다는 말에서 응보적 정의의 한계를 실감했다.

- 교정자원봉사자의 역할은 내가 무엇인가 봉사하고 기여한다기보다 피해자와 가해자가 중심이 되어 문제를 파악하고 그들이 자율적으로 매듭을 풀고 진정으로 자신과 화해하고 서로 간의 갈등을 풀고 진정 관계가 회복되게 하는 데 있어 함께 공감하고 격려하고 지지하고 축하하는 역할을 하는 것이라 생각했다.
- 처벌만으로 끝날 수 있는 피해자와 가해자의 관계가 서로 이해하고 위로하고 용기를 줄 수 있는 관계로 발전할 수 있는 가능성을 본 것 같다.
- 응보적 정의에 대하여 의견을 나눌 기회가 생기면 회복적 정의에 대해 이야기를 나눠볼 수 있을 것 같다.
- 죄는 미워해도 사람을 미워하지 말자라는 말이 떠올랐다.
- 서로를 위해 용서와 화해가 필요하다는 생각이 들지만 결코 쉽지 않다는 것을 느끼게 되었다.

03

가정폭력과 회복적 사법

김재희

Restorative Justice

회복적 사법

03 장

가정폭력과 회복적 사법

김재희*

I. 들어가는 글

가정폭력범죄에 대응하기 위해 제정된 「가정폭력범죄의 처벌 등에 관한 특례법(제5436호, 1997. 12. 13. 제정)」(이하, '가정폭력처벌법'이라고 한다.)은 "이 법은 가정폭력범죄의 형사처벌 절차에 관한 특례를 정하고 가정폭력범죄를 범한 사람에 대하여 환경의 조성과 성행의 교정을 위한 보호처분을 함으로써 가정폭력범죄로 파괴된 가정의 평화와 안정을 회복하고 건강한 가정을 가꾸며 피해자와 가족구성원의 인권을 보호함을 목적으로 한다."고 그 목적을 밝히고 있다(제1조). 이것은 가정폭력범죄에 대응하는 우리 형사사법의 입장과도 일치한다.

일반범죄와 달리 가정폭력범죄의 대응에 있어서는 가해자와 피해자가 가정이라는 공동체를 함께 구성하고 있다는 점에서 처벌이 있은 후 다시 가해자와 피해자가 가족 관계를 계속 지속하는 경우까지 고려해야 한다. 즉, 가정의 안정을 회복하고 건강한 가정을 가꾸는 것과 함께 지속적인 폭력과 학대로 인한 피해자의 인권보호라는 측면도 매우 중요하게 다룬다. 따라서 형법적 대응 이외에 가정보호사건으로 보호처분을 할 수 있는 길을 열어두고 있다.

회복적 사법은 범죄가 발생하였을 때, 어떤 피해가 발생하였는지, 누가 피해를 입었는지를 확인하고, 이로부터 어떤 피해회복을 위한 책임을 누가 부담할 것인지를 밝히는 절차에 주목한다. 이점에서 회복적 사법은 가정폭력범죄, 특히 가정보호사건으로 다루어지는 사건에 효과적인 대응이 될 것이다. 회복적 사법이 우리나라에 소개된 이래 예상 외로 빠르고 넓게 확산되어 갔다.[1] 이에 우리

---

* 성결대학교 파이데이아학부 교수, 서울중앙지방검찰청 형사조정위원.
1 김성돈(2018), "형사재판에서의 회복적 사법 이념의 실현과 양형", 양형연구회 창립 기념 심포지엄 자

형사사법절차에서 시도되는 회복적 사법의 대응이 가정폭력범죄에 대하여 어느 정도 시도되고 있는지를 살펴본다.

Ⅱ. 가정폭력범죄에 대한 형사사법적 대응

1. 가정폭력범죄 및 피해자의 특성

'가정폭력'이란 가정구성원 사이의 신체적, 정신적 또는 재산상 피해를 수반하는 행위를 말한다(가정폭력처벌법 제2조 제1호). 이때 '가정구성원'이란 배우자(전 배우자 포함), 자기 또는 배우자와 직계존·비속관계이거나 이었던 자, 계부모와 자녀관계, 적모와 서자관계에 있거나 이었던 자, 동거친족 등을 포함한다. 가정폭력처벌법은 가정폭력과 구별하여 '가정폭력범죄'를 규정하고, 형법상의 폭행뿐만 아니라 광범위한 범죄(명예훼손, 재물손괴 등, 신체적·정서적·성적·경제적 폭력을 포함)를 행하게 되면 가정폭력'범죄'가 된다(제2조 제3호)고 규정하여, 일반적으로 사용하는 가정폭력의 범위보다 더 넓은 갈등의 영역을 포함하는 것으로 규정하고 있다. 이는 폭력범죄뿐만 아니라 명예훼손 등 가정을 해체하고 가족의 안전한 공동체 생활을 방해하는 형법상 범죄들을 특히 가정폭력범죄로 규정함으로써 가족구성원의 인권을 보호하고, 가정의 평화와 안전을 지키고자 하는 것이 가정폭력처벌법의 목적임을 명시한 것이다(제1조).

가정폭력의 특징으로는, '은폐되는 폭력'으로 가정 내에서 은밀하게 일어나 사회적으로 묵인되고, '반복되는 폭력'으로 지속적이고 반복적으로 발생하며, '반복되는 폭력'은 세대간 전이, 대물림되어 폭력을 경험한 피해자는 독립하여 가정을 이룬 뒤에 다시 폭력의 가해자가 되는 경우가 상당히 있다는 것을 들 수 있다. '반복되는 폭력'의 특징은 배우자, 자녀, 부모에 대한 폭력의 성격을 갖는다는 것을 꼽을 수 있다.[2] 또한, 가정이라고 하는 울타리 안에 가해자와 피해자가 공간적·경제적 공동체를 형성하고 함께 생활하고 있어 가족, 부부[3] 사이에 갈등

료집 - 형사재판 양형을 통한 회복적 사법 이념 구현과 양형인자로서 합의, 대법원 양형위원회, 4쪽.
2 경찰청(2014), '14년 가정폭력 대응 매뉴얼, 경찰청, 4쪽.

이 매개가 된다는 점도 그 특징으로 꼽을 수 있다.

이처럼 가정폭력범죄는 관계지향적인 성격을 지니므로, 그 피해의 영향력이 가정 내 구성원에게 매우 크다. 다양한 가정폭력의 원인과 피해수준에도 불구하고 가정폭력범죄로부터의 피해자 보호와 가정의 유지를 양자택일의 선택지로 받아들이고 있다. 그런 까닭에 다수의 피해자는 침묵을 선택하기도 한다. 2019년의 조사에 의하면, 배우자로부터의 신체적/성적 폭력 피해 경험자 중에서 해당 폭력으로 상처를 입은 횟수가 여성은 3~5회(1.8%), 6회 이상(0.9%)의 피해로 나타났으며, 그로 인해 의약품을 구입한 경험은 신체 상해를 입은 여성의 46.6%, 남성의 23.9%에서 나타났다.[4] 이처럼 폭력의 피해가 있었음에도 불구하고 자녀들에 대한 고려, 경찰이 도와줄 수 없을 것이라는 인식, 신고해도 나아질 것 같지 않다는 생각, 신고 후 보복이 우려될 경우 경찰에게 도움을 청하지 않는 등의 이유로 피해자는 소극적 의사를 표현하기도 한다. 결국 피해자의 표면적 의사에 의존한 사건처리는 가해자에 대한 마땅한 제재와 피해자의 안전확보를 포기하는 것이며, 가정폭력의 재발을 예방하는 데 도움이 되지 못한다.[5] 가정폭력범죄는 다양한 특징에 따라 다양한 유형의 폭력과 가족관계가 조성되므로, 그 대응 또한 다양화할 필요가 있다. 이러한 점에서 현행 가정폭력범죄에 대응한 정책들이 부족한 대책이라는 지적을 면하기 어렵다.

3 표 3-1 2019년 배우자에 의한 폭력 피해 경험 [단위: %(명)]

폭력 구분	신체적/성적 폭력			경제적	정서적	통제	피해율 (계)
	신체적	성적	피해율 (소계)				
여성 (분석대상수)	2.1 (2,976)	4.6 (2,980)	5.9 (2,980)	1.2 (2,978)	8.3 (2,980)	25.4 (2,979)	28.9 (2,976)
남성 (분석대상수)	0.9 (2,838)	0.6 (2,843)	1.3 (2,843)	0.8 (2,840)	0.6 (2,843)	24.5 (2,547)	26.0 (2,838)

1. 출처: 여성가족부·한국여성정책연구원(2019), 「2019년 가정폭력 실태조사」 〈표 5-8〉 여성 부분(86쪽) 및 〈표 5-19〉 남성부분(96쪽).
2. 유형별 피해율은 각 유형에 해당하는 폭력 행동들 중 하나라도 경험한 비율임.
4 여성가족부·한국여성정책연구원(주 3), 204~205쪽.
5 여성가족부·한국여성정책연구원(주 3), 208쪽.

2. 현행 형사사법의 대응

현행 가정폭력정책들은 '피해자 보호와 안전'에 치중되어 가해자와 피해자의 격리와 엄벌화에 집중되어 있다. 그리고 피해자가 결혼생활의 유지를 희망하고 보호시설에서 다시 가정으로 돌아가고자 할 때, 피해자를 위한 보호장치가 부족하다. 나아가 형사절차에 피해자의 참여가 충분히 보장되지 못하고 있는 상황에서 피해자의 요구에 유연하게 대처하는 데에도 한계를 갖는다.

가정폭력정책이 피해자의 보호와 안전에 치중되어 있는 것은 그동안 피해자가 당한 생명의 위협과 피해가 매우 컸으며, 그에 대한 보완이 필요하다는 목소리가 컸기 때문이다. 반면에, 피해자가 가정폭력에서 벗어나기 위한 '피해회복'의 방법과 피해자의 필요에 대한 고려는 여전히 부족해 보인다. 사회적으로도 가정폭력에 대응한 엄벌화가 요구되고 있음을 반영하여 2018년 여성가족부 등 관계부처 합동으로 '가정폭력 현행범 즉시 체포, 접근금지를 위반하면 징역형에 처할 것, 상습·흉기사범은 원칙적으로 구속영장 청구' 등을 골자로 한 가정폭력 방지 대책을 발표하여[6] 엄벌화 대응을 발표하였다. 그럼에도 불구하고 현재의 가정을 유지하기 위한 피해자의 가해자 처벌불원의사를 이유로, 검사가 불기소 처분을 하는 사례도 많이 있다. 2019년 1년간 검찰에서 처리한 사건 중 기소된 사건을 분석해 보면 총 9.4%에 불과하였다.[7]

---

[6] 여성가족부 등 관계부처 합동 '가정폭력 방지 대책' 발표 보도자료 중, 2018. 11. 27. 발표 여성가족부 〉 뉴스·소식 〉 보도자료
http://www.mogef.go.kr/nw/rpd/nw_rpd_s001d.do?mid=news405&bbtSn=706009(최종 방문검색: 2019. 12. 30.)

[7] 표 3-2 2019년 가정폭력사건 접수·처분 현황   (단위: 명)

접수	처분				
	계	구공판	구약식	불기소	기타
53,396	53,243 (100%)	1,844 (3.5%)	3,153 (5.9%)	25,440 (47.8%)	22,806 (42.8%)

※ 불기소: 혐의없음, 기소유예, 죄가안됨, 공소권 없음, 각하
※ 기 타: 기소중지, 참고인중지, 보호사건송치, 타관이송
출처: 대검찰청 〉HOME 〉정보공개 〉사전정보공표 〉 사전정보공표대상〉 가정폭력사건
http://www.spo.go.kr/site/spo/ex/announce/AnnounceInfo.do# 대검찰청 사전정보공표에

이는 가정을 유지하고자 하는 피해자의 의사가 대상사건의 죄질이나 형벌의 필요성을 압도하는 기준이 되어, 결국은 피해자의 의사에 의하여 처벌 여부가 좌우되는 것을 보여준다.[8] 따라서 피해자의 표면적 의사에 기한 가해자에 대한 다이버전의 대응은 가정폭력 피해자와 범죄의 특성을 고려해 본다면 좀 더 신중해야 한다. 오랜 폭력으로 인해 생긴 신체적·정신적 특수한 양상을 띠는 가정폭력 피해자의 특성과 이로 인한 문제들을 고려할 때, 전문가에 의한 접근으로 2차 피해를 방지하는 것도 중요하다.[9]

가정폭력범죄에 대한 효과적인 대응을 위해서 범죄의 특성과 해당 사건에서 고려되는 피해자에 대한 이해가 필요하다. 즉 가정폭력범죄의 특징과 함께 피해자의 특성에 대한 검토와 가정의 평화와 회복을 위해 당사자들에게 필요한 사항을 파악하고,[10] 이러한 니즈(needs)를 바탕으로 효과적인 대응을 고려한 다양한 접근이 필요하다.

Ⅲ. 가정폭력사건에 대한 회복적 사법 도입의 검토

1. 회복적 사법 도입에 대한 찬반론

가정폭력에 회복적 사법을 적용하고자 할 때 우려의 목소리들, 특히 젠더법

서 공표한 가정폭력사건 중 2019년 1월~2019년 12월, 1년간 가정폭력사건에 대한 통계를 발췌하였음(최종방문검색일: 2020. 1. 30.).

8 보다 자세한 내용은 이호중(2005), "가정폭력사건의 상담조건부 기소유예제도에 대한 비판적 분석", 형사정책연구 제16권 제2호(통권 제62호), 181쪽. 김은경 박사도 상습성이 있고 위험한 도구를 사용하여 폭행하는 등 죄질이 나쁜 경우에도 단지 피해자가 처벌을 원하지 않는다는 이유만으로 형사사건으로 처리되지 않으며, 기소유예나 기껏해야 가정보호사건으로 처리되는 경향이 있음을 지적한다[김은경(2001), "가정폭력범죄의 형사절차상 위기개입방안 연구", 한국형사정책연구원, 198쪽].

9 현재 보호관찰소에서 시행하고 있는 가정폭력 치료프로그램의 목표 또한 "폭력행위자의 가정폭력에 대한 문제의식을 인식하게 하고, 자존감을 회복시켜 자신의 폭력행위에 대한 책임을 수용하게 하며, 가정폭력으로 손상된 자신과 가족 및 사회관계에 대한 통찰력을 함양시켜 폭력 없는 변화된 삶을 유도하고 재범을 예방한다"는 것을 목표로 명시하고 있다(대전보호관찰소 내부자료, "2015년 제7차 가정폭력 치료 프로그램 집행 계획 – 쥐면 폭력, 펴면 화목한 가정" 중에서).

10 김은경 박사도 가정폭력범죄에 대한 효과적 대응은 무엇보다고 가정폭력 행위자에 대한 적절한 분류처우에 기초한다고 지적한다[김은경(2003), 가정폭력범죄 대응동향과 정책 제언, 한국형사정책연구원, 12쪽].

학적 견해는 당사자 중심의 자율적 문제해결 방식을 주된 내용으로 하는 회복적 사법이 자칫 '가정폭력'이라고 하는 문제를 용서와 화해로 끝내는 가벼운 문제로 다루거나, 피해자 보호에 구멍이 생겨 피해자를 위험에 빠뜨릴 수 있음을 지적한다. 그러나 이러한 문제제기는 가정폭력 문제에 기존 형사사법적 대응을 배제하고 회복적 사법으로만 대체하는 것을 전제로 할 때 적절한 지적이 된다.

그러나 국가가 주도적 입장을 갖는 형사사법에 회복적 사법이념을 구현하는 제도를 도입하고자 하는 견해 중에 극단적으로 형사사법을 대신하여 회복적 사법으로 대체할 것을 주장하는 견해는 현재 우리 학계에서는 찾아보기 어렵고, 대체로 회복적 사법이념을 형사사법 시스템 속에서 최대한 실현하고자 하는 '회복적 형사사법 시스템'[11]을 주장한다. 즉, 명백하고 심각한 상황의 가정폭력범죄까지 아우르는 대안적 방식으로가 아닌 기존의 이원화된 체계상에서 가정보호사건으로 분류되는 사안 중에서 적합한 사안을 선별하여 가정을 평화롭고 건강한 가정으로 회복하여 유지할 수 있는 방안으로 검토하는 것은 유의미하다.

다양한 가정폭력 유형의 이해와 차별적 대응이 현행 가정폭력에 대한 법적 대응에도 부합한다고 본다. 가정폭력범죄를 유형화하여 회복적 사법의 적용이 최적화된 사례와 피해자의 격리와 보호, 가해자의 엄벌이 필요한 경우는 다양하게 존재한다. 그러므로 가정폭력에 대한 다양한 대응 중 한 방법으로 회복적 사법의 대응을 검토할 실익이 있다고 본다.

2. 회복적 사법 적용의 실익

가정폭력사건에 대한 회복적 사법의 적용과 관련하여, 다수의 연구들은 피해자로 하여금 공적인 공감을 얻을 수 있는 환경에서 여러 번 반복해서 진술함으로써 자신의 분노·트라우마를 극복한 경험담과 사례들을 제시한다. 피해자가 자신의 피해경험을 가해자에게 이야기하고, 가해자로 하여금 자신의 행동이 초래한 피해의 영향을 이해할 수 있게 하는 것이 중요하다고 설명한다.[12] 이러한 점

---

11 대표적으로 김성돈 교수는 형사사법의 발전적 모습으로 '회복적 형사사법'을 제안하고 있다[김성돈(주 1), 39쪽 이하].

12 피해자의 의견진술의 의미에 관한 자세한 내용은 김재희(2013), "양형절차에서 피해자진술권의

에서 회복적 사법이 범죄에 효과적으로 대응하기 위하여 회복적 프로그램이 갖추어야 하는 절차에 주목해 볼 필요가 있다. 회복적 프로그램이 갖추어야 할 항목으로, ① 잘못의 시인(사실이야기), ② 피해효과를 함께 나누고 이해(감정 표현), ③ 회복에 대한 합의가 이루어짐(회복에 동의), ④ 미래 행동에 대한 이해 도달(변화 성립)이라는 4가지 과정을 포함할 것을 요구[13]하는 주장은 회복적 사법의 본래 의미에서 도출된다. 이러한 과정을 통해 당사자의 관계와 피해의 회복을 지향하는 것이 회복적 사법이 목표로 하는 점이다.

물론 가정폭력을 가정 내적 문제로부터 사회 내 문제로 인식시키고, 처벌의 강화 및 가해자로부터의 피해자 격리 등 피해자에 대한 강력한 보호를 주장하면서, 형벌적 요소가 다소 약한 회복적 사법의 도입을 반대하는 부정적 견해도 상당히 있다.[14] 이러한 반대 견해들의 바탕이 되는 것은 중한 가정폭력사건에 대한 인지 부족 또는 성차별적 인식으로 인한 가정폭력범죄에 대한 미온한 대처가 불러일으킨 비극적 사건들이다.

그러나 한 가지 염두에 둘 것은 가정폭력사건은 신체적 폭행·협박에서부터 재물손괴에 이르기까지 상당히 넓은 범위를 포괄하는 것이며, 형사사법절차상으로도 형사법원과 가정법원의 영역을 오가는 경계가 모호한 범죄란 점이다. 무엇보다 가해자와 피해자가 가정이라는 공동체를 형성하고 관계를 지속하기를 원하는 경우에 대한 고려가 요구될 때, 특히 피해회복과 회복을 위한 책임이 중요하다. 즉 사안이 중대하여 피해자의 보호와 인권보장을 위해 격리와 엄벌화가 필요한 경우도 있으나, 처벌보다는 건강한 가정의 회복에 중점을 두는 것이 중요한 경우도 있다. 후자의 경우, 충분한 안전장치를 통해 2차 피해를 예방하고 최소화하는 노력이 함께 요구된다.

회복적 사법의 궁극적인 목표는 범죄로 인하여 발생한 정신적 또는 물질적 피해를 복구하고 법공동체의 평화를 회복하는 데 있다. 범죄로 인하여 가장 피해를 입은 사람들의 손에 가장 중요한 결정권을 쥐어주는 것, 사법을 보다 치유

역할 - 형사소송법 제294조의2를 중심으로", 피해자학연구 제21권 제1호 참조.

13 김성돈(주 1), 29~39쪽.

14 L. Presser, E. Gaarder(2000), "Can restorative justice reduce battering? Some preliminary considerations", Social Justice Vol.27. No.1, pp. 175~195.

적이고 이상적인 것으로 만들고, 장차 공격의 가능성을 감소시키는 것이[15] 그 목표인 것이다. 또 이러한 목표의 성취를 위해서는 피해자들이 만족스럽고 안전하게 그 과정에 참여할 수 있어야 하고, 가해자들이 그들의 행위가 다른 사람들에게 어떤 영향을 주었는지 깨닫게 하고 그러한 행위들에 대해 책임을 지게 해야 하며, 당사자들이 택한 결과들이 발생한 침해를 바로잡을 수 있어야 하고 침해(가해행위)의 이유에 대하여 다룰 수 있어야 한다.[16] 이러한 과정을 통하여 행위의 당사자인 피해자와 가해자 외에 그들이 속한 공동체의 회복도 꾀할 수 있다는 점 또한 회복적 사법을 가정폭력에 적용시키는 긍정적 효과로 꼽을 수 있다. 특히 청소년의 가정폭력 경험과 외상 후 스트레스와의 관계 및 이와 관련한 용서의 역할을 다룬 연구[17]에 따르면, 단순한 대화의 정도를 넘어 이들의 용서가 외상 후 스트레스를 완화시킴을 알 수 있다. 또한 가정법원에서 시행되는 '화해권고'로서 '가해자－피해자 대화모임'이 활용되고 있는데, 대화모임의 회복적 사법 실천모델로서의 효과성[18]에 대하여도 주목할 필요가 있다.

IV. 형사절차상 가정폭력사건에 대한 회복적 사법의 접근

1. 경찰단계의 대응

가정폭력사건을 가장 먼저 접촉하는 공식적 기관은 경찰이다. 이때 사건 현장에 출동한 경찰의 초기대응은 매우 중요하다. 미흡한 대응은 가해자와 피해자가 공동체 생활을 한다는 가정폭력의 특성상 경찰이 돌아간 뒤 보복폭행으로 이어질 위험이 크기 때문이다.

이에 경찰은 정부의 4대 사회악 척결에 보조를 맞추어 '4대 사회악 근절 추

---

15 Zehr, H.(2002), The Little Book of Restorative Justice, Good Books, p. 37.

16 Zehr, H.(주 15), 37~38쪽.

17 박경미·고재홍(2013), "청소년의 가정폭력 경험과 외상 후 스트레스간의 관계: 용서의 역할", 청소년상담연구 제21권 제1호, 257~274쪽.

18 김은경(2009), "회복적 사법 실천모델의 효과성 연구", 형사정책연구 제20권 제3호(통권 제79호), 239~272쪽.

진본부'를 출범시키고 가정폭력 전담인력을 구성하는 등 각고의 노력을 기울이고 있으며, 가정폭력에 대응하는 전략 매뉴얼[19]을 마련하여 활용하고 있다. 그런데 현재 경찰단계에서 할 수 있는 조치는 응급조치(가정폭력처벌법 제5조)[20]·임시조치(제6조) 신청(검사에게 가정법원에 임시조치를 하도록 신청) 외에 긴급임시조치(제8조의2)[21]가 있는데, 이러한 조치는 단기간 가해자를 피해자로부터 격리시키는 역할을 한다.[22] 경찰관이 가정폭력에 대하여 가지고 있는 관점은 현장접근의 과정에서 주의력의 수준을 결정하고, 가해자를 체포할 것인지 여부를 결정하거나 피해자에 대한 신변안전 확보 조치 등에 영향을 미치게 된다.[23] 과거 가정폭력범죄에 대한 경찰의 대응은 수사권 독립이 이루어지고 있지 않은 상황에서는[24] 무엇보다 '피해자의 안전확보'에 집중될 수밖에 없었다.

그런데 2019년 경찰청이 '회복적 경찰활동'을 선언하고 회복적 사법을 도입하여 갈등범죄에 대한 초기대응을 시범적으로 실시하고 있어 주목할 만한 행보를 보이고 있다. 회복적 경찰활동이란 지역사회 갈등, 분쟁 및 범죄로 인해 초래되는 피해를 회복하고 장기적인 관점에서 피해자와 가해자, 그리고 지역사회를

---

19 경찰청(주 2) 참조.
20 가정폭력처벌법상 가정폭력범죄에 대응한 경찰의 응급조치로는 다음의 조치가 있다(동법 제5조).
　　1. 폭력행위의 제지, 가정폭력행위자, 피해자의 분리
　　1의 2. 형사소송법 제212조에 따른 현행범인의 체포 등 범죄수사
　　2. 피해자를 가정폭력 관련 상담소 또는 보호시설로 인도(피해자가 동의한 경우만 해당)
　　3. 긴급치료가 필요한 피해자를 의료기관으로 인도
　　4. 폭력행위 재발 시 제8조에 따라 임시조치를 신청할 수 있음을 통보
　　5. 제55조의2에 따른 피해자보호명령 또는 신변안전조치를 청구할 수 있음을 고지
21 사법경찰관은 응급조치에도 불구하고 가정폭력범죄가 재발될 우려가 있고, 긴급을 요하여 법원의 임시조치를 결정할 수 없을 때에는 직권 또는 피해자(그 법정대리인)의 신청에 의하여 가해자의 퇴거 및 피해자로부터 접근금지 등 격리(통신장비 등 포함)조치를 할 수 있다(가정폭력처벌법 제8조의2 제1항, 제29조 제1항 제1호 내지 3호).
22 이러한 경찰의 현장출입 및 조사와 긴급임시조치를 거부하거나 위반한 때에는 과태료를 물릴 수 있다(가정폭력처벌법 제65조, 제66조). 그러나 과태료의 처분으로 가해자의 보복폭행을 유발할 수 있고, 가해자에 대한 경제적 압박은 공동체생활을 하는 피해자에 대한 압박이 될 수도 있다는 문제가 있다.
23 Nancy K.D. Lemon(2001), *Domestic Violence Law*, American Casebook Series, West Group, p.492[김재민(2013), "경찰의 가정폭력 대응과 피해자보호", 경찰법연구 제11권 제1호, 40쪽. 주 12 재인용].
24 2020년 개정 형사소송법은 경찰의 수사권 독립을 내용으로 담고 있어서, 향후 가정폭력범죄에서도 보다 다양한 발전적 제도들이 구축되어 활용되기를 희망한다.

위한 최선의 해결점을 찾기 위해 회복적 이념과 기술을 활용하여 경찰, 시민, 지역사회가 함께 문제를 해결해 나가는 방식이자 패러다임을 말한다. 사실 경찰에서는 2007년 '가족회합 프로그램'을 실시한 바 있고(총 10건 의뢰 중 6건 화해조정 성립), 2014년에는 강원지방경찰청에서 17개 경찰서가 참여한 'With You 프로그램'을 실시한 바 있다(총 111건의 대화모임 중 108건 화해조정 성립). 이러한 시도들이 바탕이 되어, 경찰단계에서의 회복적 사법이 2019년 본격적으로 실시되기에 이르렀다. 회복적 경찰활동은 2019년 15개 경찰서에서 시범운영을 실시하였고, 2020년부터 점차적으로 운영경찰청을 늘려가고 있다. 2019년 10월까지 시범운영한 총 60건 중 가정폭력사건 6건에 대하여 대화를 통하여 상호 화해 및 재발방지·가족관계 회복의 약속, 사과편지 등을 이끌어냄으로써 6건 모두 화해가 성립하였다.[25]

2. 검찰단계에서의 대응

경찰로부터 가정폭력사건을 송치받은 검찰이 할 수 있는 대응은 크게 두 가지가 있다. 하나는 해당사건을 형사사건으로 공소제기하거나, 가정법원에 가정보호사건으로 송치하는 것(가정폭력처벌법 제29조)이고, 다른 하나는 가정폭력행위자에 대한 상담조건부 기소유예(제9조의2)를 하는 것이다. 후자는 가정폭력범죄의 혐의는 명백하나 가정폭력행위자의 성행교정을 위하여 가정폭력상담소의 상담을 조건으로 기소유예처분을 하는 것으로, 가정의 유지와 평화회복 및 피해자보호를 목적으로 한다. 그리고 가정폭력이 재발되어 피해자보호가 필요한 경우 검사는 직권 또는 사법경찰관의 신청에 의하여 법원에 임시조치를 청구할 수 있다(가정폭력처벌법 제8조).

피해자가 가해자에 대하여 처벌불원의 의사를 표시하여 검사가 기소유예처분을 하는 데에는 피해자의 처벌의사 내지 합의 여부가 주요한 변수로 작용하고 있는데, 이것은 가정폭력의 특성을 간과한 문제로 지적된다.[26] 가정폭력범죄의

---

25 이에 대한 상세는 본서 제6장 경찰에서의 회복적 사법 참조.
26 이호중(주 8), 181쪽. 이호중 교수도 피해자의 가정유지의사가 대상사건의 죄질이나 형벌의 필

경우는 상당수 장기간에 걸쳐 반복된 경우가 많아 재범의 위험성이 여전히 존재하고, 피해자의 처벌불원의사는 자의적이라기 보다는 가해자의 폭력이 무서워서 또는 가정을 지키기 위하여 표시하는 것으로 사실상 그 진의 여부를 알 수 없기 때문이다. 따라서 검찰의 기소유예나 가정보호사건으로 가정법원으로 이송하는 경우에도 이러한 위험을 염두에 두고, 피해자의 보호장치와 함께 단순한 형사절차의 종결이 아닌 보다 근본적인 해결을 위한 조치를 할 필요가 있다.

현재 운용되고 있는 검사의 '상담조건부 기소유예'도 단순한 합의와 기소유예로 종결하는 것이 아니라 가정폭력상담소의 상담을 '조건'으로 하고 있다. 이 상담을 당사자 간의 대화와 갈등해결의 기회로 활용하고자 노력하고 있는데, 이 과정에서 재범의 위험성은 상당히 제거될 것으로 기대된다.

그런데 검사가 가정보호사건으로 송치하는 경우 현행 가정폭력처벌법상 형사사건으로 처리하는 경우와는 달리 검사가 사건에 관여할 가능성은 없어지게 되는데, 이러한 점은 검사가 가정폭력을 가정보호사건으로 송치하는 것에 대한 소극적인 배경으로 설명되기도 한다.[27]

검찰단계에서 회복적 사법을 가정폭력에 적용하는 또 하나의 방안은 당사자의 의사를 확인하여 '형사조정'에 회부하는 것이다.

형사조정제도는 검사가 피의자와 범죄피해자(이하, '당사자'라 한다.) 사이에 형사분쟁을 공정하고 원만하게 해결하여 범죄피해자가 입은 피해를 실질적으로 회복하는 데 필요하다고 인정하면 당사자의 신청 또는 직권으로 수사 중인 형사사건을 형사조정에 회부할 수 있도록 하는 제도이다(범죄피해자 보호법 제41조 제1항).[28]

요성을 압도하는 기준이 되어, 가정폭력처벌법의 '피해자의사존중'의 규정은 가정폭력범죄가 소위 친고죄나 반의사불벌죄가 아님에도 불구하고 결국은 피해자의 의사에 의하여 처벌 여부가 좌우되는 경향을 낳게 된다고 문제를 제기한다. 김은경 박사도 상습성이 있고 위험한 도구를 사용하여 폭행하는 등 죄질이 나쁜 경우에도 단지 피해자가 처벌을 원하지 않는다는 이유만으로 형사사건으로 처리되지 않으며 기소유예나 기껏해야 가정보호사건으로 처리되는 경향이 있음을 지적한다[김은경(2001), 가정폭력범죄의 형사절차상 위기개입방안 연구, 한국형사정책연구원, 198쪽]; 이호중(주 8), 주 12 재인용.

27 이에 대한 자세한 설명은 이호중(주 8), 182~184쪽.

28 우리나라 형사조정 운영의 성과는 국제검사협회에서 검찰에 의한 범죄피해자와 가해자 조정(VOM) 가이드라인을 마련하는 데 주도적인 기여를 하였다[IAP(International Association of Prosecutors), Guidelines For prosecutors For Victim-Offender Mediation, 2018.

당사자가 주도적 분쟁의 해결을 논의하고 회복하는 과정을 함께 한다는 점에서 회복적 사법이념을 담고 있다고 본다.[29] 형사조정에 회부할 수 있는 범죄는 범죄피해자 보호법 시행령 제46조에 규정하고 있는데, 사실상 분쟁해결에 적합하다고 인정되는 고소사건은 모두 형사조정의 대상이 될 수 있으며, 사안이 가볍다고 평가되는 사건이나 이혼 중인 부부의 원만한 이혼절차의 진행을 위해 서로 형사조정에 회부되기도 한다. 형사조정위원이 가정폭력에 대한 특성을 파악하고 있는 경우라면, 그 본래의 취지와 회복적 사법의 이념에 근거하여 당사자의 니즈를 중심으로 한 문제해결이 가능할 것이다.

3. 법원단계에서의 대응

법원은 가정폭력범죄에 대하여 직권 또는 검사의 청구(경찰의 신청 포함)에 의해 재발의 위험성이 있다고 판단될 때 임시조치[30]를 취할 수 있다(가정폭력처벌법 제29조, 제8조).

아울러 검사가 가정폭력범죄의 사건의 성질, 동기, 결과 등 여러 상황을 고려하여 보호처분이 적절하다고 인정하여 가정보호사건으로 하는 경우나 법원이 일반 형사사건 심리 중에 가정보호사건으로 처리하는 것이 적절하다고 판단하는 사건은 가정법원으로 송치할 수도 있다(제11조, 제12조). 가정보호사건으로 보낸 경우에도 판사는 행위자를 심리한 결과 가정폭력의 정도가 심각하여 보호처분이 필요하다고 인정하는 경우 보호처분[31]을 결정할 수 있다(제40조 제1항). 반면에 가

---

11. 7. https://www.iap - association.org/News/New - guidelines - IAP - Guidelines - for - the - Victim - Offen].
29 김용욱(2008), "한국의 형사조정: 회복적 사법 프로그램인가?", 형사정책연구 제74호.
30 법원이 행하는 임시조치로는 다음 조치가 있다(제29조 제1항, 제5항).
　　1. 피해자 또는 가정구성원의 주거 또는 점유하는 방실(房室)로부터의 퇴거 등 격리(2개월 이내)
　　2. 피해자 또는 가정구성원의 주거, 직장 등에서 100미터 이내의 접근 금지(2개월 이내)
　　3. 피해자 또는 가정구성원에 대한 「전기통신기본법」 제2조 제1호의 전기통신을 이용한 접근 금지
　　4. 의료기관이나 그 밖의 요양소에의 위탁(1개월 이내)
　　5. 국가경찰관서의 유치장 또는 구치소에의 유치(1개월 이내)
　　6. 상담소 등에의 상담위탁(1개월 이내)
31 보호처분의 내용은 다음과 같다(제40조 제1항).

정법원은 보호사건으로 처리하는 것이 부적당한 사건에 대하여는 일반 형사사건으로 처리하도록 검사에게 송치할 수도 있다(제37조 제2항 제1호).[32]

법원도 회복적 사법이념을 법원단계에서 적용하기 위해 노력하고 있다. 2013년 부천지원은 형사재판에 회복적 사법을 적용하기 위한 시범실시를 하였고, 이를 근거로 몇몇 판사는 피해회복이 필요한 재판에 회복적 재판을 적용하기 위한 시도를 하고 있다.[33] 또한 2018년 양형위원회는 출범 10주년을 맞이하여 양형기준 설정·변경 과정에 반영하기 위하여 산하연구기관인 '양형연구회'를 창립하면서 그 첫 번째 심포지엄에서 '형사재판 양형을 통한 회복적 사법 이념 구현과 양형인자로서 합의'를 주제로 채택하였다.

V. 나오는 글

가정폭력범죄에 대한 사법절차는 그 진행이 더디고, 피해자가 적극 참가하기 어려우며, 가해행위자를 처벌하기 위한 것에 편중되어 있다. 따라서 가해자 처벌에 편중된 일련의 절차들이 진행되는 과정에서 가정폭력의 가해자를 감정적으로 자극함으로써 보복행위로 나아가는 경우도 있으며, 더욱이 피해자의 의사를 존중하여 대응 절차가 중단되는 경우 피해자는 다른 어떤 범죄보다 철저히 소외되고 위험에 내몰리게 된다.

---

1. 가정폭력행위자가 피해자 또는 가정구성원에게 접근하는 행위의 제한
2. 가정폭력행위자가 피해자 또는 가정구성원에게 「전기통신기본법」 제2조제1호의 전기통신을 이용하여 접근하는 행위의 제한
3. 가정폭력행위자가 친권자인 경우 피해자에 대한 친권 행사의 제한
4. 「보호관찰 등에 관한 법률」에 따른 사회봉사·수강명령
5. 「보호관찰 등에 관한 법률」에 따른 보호관찰
6. 「가정폭력방지 및 피해자보호 등에 관한 법률」에서 정하는 보호시설에의 감호위탁
7. 의료기관에의 치료위탁
8. 상담소등에의 상담위탁

32 이 경우 형사사건의 기소권은 검사가 독점(기소독점주의)하고 있으므로 법원은 바로 형사법원에 송치할 수 없으며, 보낸 기관인 검사에게 송치하게 된다.

33 인천지방법원 부천지원(2013), 부천지원 형사재판 회복적 사법 시범실시 종합평가 합동포럼 - 사재판절차에의 회복적 사법 도입에 관한 논의(합동포럼 자료집, 인천지방법원 부천지원 대회의실).

    이미 오랜 기간 폭력에 노출되어 수동적이고 위축된 피해자가 가정의 파탄을 원치 않을 때 양자택일의 상황에서 자포자기한 심정으로 그나마 법에 따른 보호를 포기할 수밖에 없는데, 이처럼 가정이라고 하는 특수한 상황에서 사법절차는 전적으로 존중되는 방향으로 피해자의 의사가 진행될 수밖에 없다. 물론 사안이 심각하여 피해자의 보호를 위하여 가정으로부터 피해자를 격리하는 것이 바람직한 경우도 상당수 존재한다.

    이러한 가정폭력사건에서 회복적 사법은 획일적으로 적용될 것은 아니고, 가정의 유지를 원하는 가해자와 피해자의 해결을 위하여 적용될 수 있을 것이다. 이를 통하여 가해자의 보복감정을 완화시키고 가해자로 하여금 자신의 잘못을 인지하도록 함으로써 재범의 위험을 제거함과 동시에, 자칫 가정폭력범죄가 사법절차가 진행되는 동안 남아있는 피해자보호의 문제도 해결할 수 있을 것이다.

04

피해자지원과 회복적 사법

김혜정

Restorative Justice
회복적 사법

04장 피해자지원과 회복적 사법

김혜정*

Ⅰ. 들어가는 말

과거 형사사법체계에서는 피의자·피고인의 인권존중에 관심이 집중되어 왔기 때문에 범죄피해자는 형사사법 논의의 중심에 서지 못하고 상대적으로 소홀하게 다루어져 왔다는 것을 부인할 수 없을 것이다. 그것이 20세기 중반에 접어들면서 '피해자학'이라는 새로운 학문영역이 관심의 대상으로 부상하게 되면서 형사사법영역에서 범죄피해자에 대한 주체적인 논의가 시작되었다. 이러한 피해자에 대한 활발한 논의는 자연스럽게 범죄피해자 보호를 강구하는 추세로 변화를 가져왔고, 전 세계적으로 많은 나라들에서 이러한 모습을 발견할 수 있다.[1]

우리나라(한국)에서도 피해자에 대한 관심이 상당히 증가하고 있음을 형사사법체계의 다양한 곳에서 발견할 수 있다. 그 한 예로 지난 2003년 하반기 검찰의 주도 하에 범죄피해자 일반에 대한 종합적인 지원·보호 대책이 마련되기 시작하면서, 같은 해 9월 '김천·구미지역 민간 범죄피해자지원센터'가 설립된 것을 기점으로 2020년 현재 전국에 59개 범죄피해자지원센터가 개소되어 범죄피해자지원 업무를 수행하고 있다.[2]

그런가 하면 지난 2004년 9월 법무부에서 '범죄피해자 보호·지원강화를 위

---

* 영남대학교 법학전문대학원 교수, 한국형사법학회 회장.

1 김혜정(2006), "범죄피해자보호의 영역에서 '被害者 - 加害者 和解制度'의 의미에 관한 고찰 - 피해자 - 가해자 화해제도'와 '회복적 사법'의 개념을 중심으로 - ", 법조 통권 제595호, 78쪽.

2 http://kcvc.kcva.or.kr/page/center_find.php?ccode=kcvc&page_idx=38&category idx=70 : 2020. 11. 19 최종검색).

한 종합대책'을 발표하면서 2005년 범죄피해자의 권리장전이라고 할 수 있는 「범죄피해자 보호법」이 제정되었고, 2010년 범죄피해자구조법을 통합하여 전면 개정함으로써 범죄피해자 기본법으로서의 기능을 수행하고 있다.

최근 우리나라에서 다양한 피해자 보호 내지 지원을 위한 법제도나 형사정책이 만들어지는 과정에서 형사사법시스템의 변화를 추구하면서도 피해자 관점을 시종일관 유지하고 동시에 피고인의 권리와 균형을 맞추며 보다 넓은 커뮤니티의 요구까지도 반영하려는 움직임의 하나로 '회복적 사법'이 자리매김하고 있다.[3] 비록 회복적 사법 이념이 태동된 배경은 매우 다양하지만, 회복적 사법 이념은 범죄피해자의 보호와 직접적인 관련성을 맺고 있다는 점에서, 범죄피해자의 보호는 회복적 사법 이념이 탄생되는 데 핵심적인 원인을 제공해 주었다고 할 수도 있다.[4]

이에 피해자지원과 회복적 사법의 관계를 살펴보기 위하여, 먼저 회복적 사법의 개념에 대해 간략하게 살펴본 후, 피해자보호의 관점에서 회복적 사법이 우리나라에서 어떻게 발전되어 왔는지, 그리고 회복적 사법의 이념을 바탕으로 현재 우리나라 법제도에 마련되어 있는 범죄피해자 지원제도에 대하여 조망해보도록 한다.

Ⅱ. 회복적 사법과 피해자

1. 회복적 사법이란?

1977년 Albert Eglash가 피해자보호라는 측면에서 '회복적 사법'이라는 개념을 처음 주장하면서, 사법모델을 전통적인 형벌에 기초를 둔 응보사법(restitutive justice), 범죄자의 치료적 처우에 기초를 둔 배분적 사법(distributive justice), 그리고 원상회복에 기초를 둔 회복적 사법(restorative justice) 등 세 가지로 유형화하였

---

3 김성돈(2008), "범죄피해자보호·지원을 위한 회복적 패러다임의 실천방안", 피해자학연구 제16권 제1호, 13쪽.
4 이진국(2007), "범죄피해자와 회복적 사법", 형사법연구 제19권 제3호, 36쪽.

다. 그 후로 회복적 사법에 대한 다양한 개념들이 주장되고 있으나, UN 비정부기구동맹(Non Governmental Organization)이 1995년 산하기구로 결성한 '회복적 사법에 관한 실무단(Working Party on Restorative Justice)'이 채택한 개념에 의하면 "회복적 사법이란 특정범죄에 이해관계가 있는 당사자들이 함께 모여서 범죄의 결과와 그것이 장래에 대하여 가지는 의미를 어떻게 다룰 것인지를 해결하는 과정"이라고 한다. 여기서 특정범죄에 이해관계가 있는 당사자들이란 일반적으로 가해자와 피해자뿐만 아니라 그들의 가족과 지역사회의 구성원들까지 넓게 포함한다. 그런 관점에서 회복적 사법은 가해자, 피해자와 함께 지역사회공동체를 범죄문제 해결의 능동적 주체로 끌어들임으로써 가해자와 피해자 사이의 화해를 위한 절차적 과정을 중시하는 특징[5]을 잘 드러내고 있다. 그렇기 때문에 회복적 사법은 종종 '피해자 – 가해자 화해제도'와 같은 의미로 이해되기도 한다.[6]

최근에는 회복적 사법이 사법체계에 한정된 개념이 아니라 분쟁이나 범죄와 같은 부정의(injustice)로 인해 야기된 피해를 치유하기 위한 원리, 실천, 프로그램들을 포괄적으로 지칭하는 용어로 사용되고 있기도 하다. 이때 회복적 사법은 특정한 절차적 방식을 지칭한다기보다는 접근방식에 대한 이념과 관점을 의미하는 개념으로, 부정의로 인해 발생한 피해를 교정하기 위해 피해자의 필요를 충족하고 행위자에게 책임을 지우는 것에 중점을 두는 방식을 의미한다.[7]

회복적 사법의 옹호론자들 중에는 이해관계자의 자발적 참여를 전제로 일정한 만남과 치유의 과정이 일어나는 비공식적 절차만을 상정하는 순수모델의 회복적 사법을 정의하기도 하면서, 자발성이나 절차의 비공식성이 전제되지 않더라도 회복적 사법의 원칙과 철학을 실천하는 것이 가능하도록 확장해서 회복적 사법을 정의하는 견해도 있다. 즉 회복적 사법이라는 용어가 사용되는 경우에

---

5 Acorn은 회복적 사법이 기존의 응보사법이나 재활사법과 다른 가장 큰 차이점, 즉 핵심은 가해자, 피해자, 범죄로 해악을 입은 관계자나 지역사회에서 올바른 관계정립(right - relation)을 추구하는 것으로 단언하였다[이순래(2005), "회복적 사법의 몇 가지 문제점", 회복적 사법연구회 발표자료(미발간), 2쪽 참조].

6 이호중(2001), "회복적 사법 - 이념과 법이론적 쟁점들", 피해자학연구 제9권 제1호, 29쪽 이하 참조.

7 장다혜·조성현·나진녀(2017), 공동체 규범 및 분쟁해결절차와 회복적 사법의 실현방안 (II): 직장 괴롭힘을 중심으로, 한국형사정책연구원, 318쪽.

따라 절차가 강조되기도 하고, 또 다른 한편에서는 회복되어야 할 결과에 초점이 맞추어지기도 한다. 이 때문에 회복적 사법에 관한 정의는 상당히 많고, 회복적 사법이라는 용어에 대한 정의가 통일적이라고 보기 어렵다. 그러나 다양한 정의에서 찾을 수 있는 공통점은 회복적 사법은 범죄에 의해 가장 영향을 받은 자들에게 문제해결의 열쇠를 맡기고, 사법절차를 치유와 변화의 과정으로 만듦으로써 장래의 범죄를 감소시키려는 목표를 가지고 있는 사법에 관한 철학이라는 것이다.[8]

이처럼 회복적 사법이란 피해자와 가해자 또는 지역사회 구성원 등 범죄사건 관련자들이 사건 해결과정에 능동적으로 참여하여 피해자 또는 지역사회의 손실을 복구하고 관련 당사자들의 재통합을 추구하는 일체의 범죄대응 형식을 의미하므로,[9] 회복적 사법은 형벌의 부과와 집행 또는 손해배상명령과 강제집행처럼 일방적으로 진행되는 것이 아니라, 특정한 불법행위와 그로 인해 발생한 피해에 관하여 이해관계 있는 자들이 주체적으로 참여하여 적절한 대응방안과 재발방지 대책을 모색해 가는 일련의 과정으로 이루어진다. 따라서 회복적 사법 실무는 관련자들 사이에 형성되는 사회적 관계에 따라 탄력적으로 운용될 수밖에 없다.

전통적인 형사사법체계가 범죄자와 국가를 양 축으로 하여 오로지 범죄자의 처벌에 초점이 맞춰져 있는 반면에, 회복적 사법의 이념은 범죄자와 피해자, 더 나아가 범죄문제에 대하여 일정한 이해관계를 갖고 있는 지역사회공동체까지 범죄사건의 해결주체로 끌어들이고, 그들 사이의 상호 이해와 화해 및 피해배상을 통하여 사회공동체의 평화의 회복을 화두로 내걸고 있는 것이다. 결국 회복적 사법이란 전통적인 형사사법의 정당성과 효율에 대한 반성에 기초하여 범죄 문제 해결을 위한 새로운 방법을 실험하는 과정에서 고안된 새로운 사법모델이라고 볼 수 있다. 이러한 회복적 사법은 국가의 무의미한 형사개입을 중지하고 가족 및 지역사회가 적극적으로 개입하여 범죄로 인하여 파괴된 범죄자와 피해자 및 지역사회의 관계를 복원하는 것을 중요시한다.[10]

---

8 김성돈(주 3), 14쪽 이하.

9 김용세·박광섭·도중진(2001), 형사화해제도 도입을 위한 입법론적 연구, 한국형사정책연구원, 11쪽 참조.

10 김혜정(주 1), 82쪽 이하.

특히 회복적 사법이 지향하는 회복(restoration)이란 피해자 또는 공동체의 손해를 배상하거나 사죄함으로써 범죄로 인한 정신적·물질적 피해를 회복하는 피해자지원만을 의미하는 것이 아니라, 가해자에 대해 규범합치적 행동양식을 회복하고 다시 공동체에 복귀하도록 촉구하는 특별예방과 함께 일반시민에 대해서도 공동체 질서의 실존을 증명하는 일반예방적 의미를 동시에 지닌다고 볼 수 있다.[11]

비록 회복적 사법의 정의가 명확하지 않은 부분이 있다고 하여 회복적 사법에 대해서 회의적인 태도를 취할 필요는 없을 것이다. 이는 회복적 사법의 정의를 둘러싼 논쟁이 회복적 사법의 전개뿐만 아니라 현행 형사사법과의 비교를 필연적으로 수반하기 때문에 형사법상의 다양성과 중요성을 재고하는 계기를 부여할 수 있다고 보기 때문이다.

오히려 회복적 사법의 문제는 ① 회복적 사법에서 논의의 중점이 과정에 있는가 아니면 그 결과에 있는가, ② 회복적 사법은 현행 형사사법체계에서 볼 때, 대체적 제도인가 아니면 '다이버전'인가, ③ 회복적 사법에서는 강제적 요소가 전적으로 배제되어야 하는가 아니면 회복적 제재도 포함되는가, ④ 회복적 사법에서는 지역사회가 본질적 요소인가 아니면 지역사회를 반드시 포함할 필요는 없는가 하는 쟁점을 해결하는 데 있다고 본다.[12]

2. 회복적 사법과 피해자의 관계

회복적 사법은 피해자, 가해자 및 지역사회가 범죄문제 해결의 능동적 주체로 참가하여 합의 가능한 방안을 도출하는 과정을 중시한다는 점에서 앞에서 언급한 바와 같이, 종종 회복적 사법과 '피해자—가해자 화해(Victim - Offender Reconciliation)'[13]

---

11 김용세·박광섭·도중진(주 9), 13쪽 참조.
12 박상식(2005), "범죄피해자와 회복적 사법의 모델", 피해자학연구 제13권 제1호, 134쪽 이하 참조.
13 'Victim - Offender Reconciliation'이라는 용어를 '피해자 - 범죄자 화해'로 사전적 의미에 충실하게 번역하는 경우도 있으나, 여기서는 피해자의 상대개념이라는 관점에서 범죄자 대신에 가해자로 표현하기로 한다.

를 같은 의미로 보기도 한다. 그렇지만, '피해자-가해자 화해'는 회복적 사법의 이념(철학)을 바탕으로 하는 하나의 제도라는 점에서, 양자를 구별하는 것이 필요하다. 즉 '회복적 사법'은 하나의 이념 내지 철학의 관점에서 이해한다면, '피해자-가해자-화해'는 그러한 철학을 바탕으로 한 제도적 표현으로 이해해야 할 것이다.[14]

회복적 사법의 또 다른 개념으로 언급되는 것으로 '원상회복'을 들 수 있다. 원상회복의 개념에는 민법상의 손해배상 내지 절취한 물건의 단순한 반환 등과 같은 물질적인 급부뿐 아니라 가해자-피해자-화해도 포함되는 것으로 이해하면서, 가해자-피해자-화해에서 중요한 의미를 차지하는 것은 범행관련적 갈등 이해에 그 근거를 두고 있는 개인 간의 상호작용, 즉 범죄행위에 관여했던 당사자들 간의 상호접촉, 피해자 고통에 대한 가해자의 책임승인, 그리고 쌍방 간의 화해 등의 형식으로 나타난다는 점에서 형사제재체계에서의 원상회복은 민법상의 원상회복과는 구별되는 회복적 사법의 의미를 가진다고 보기도 한다.[15]

실제로 가해자에 대한 형사처벌과 관련한 조사에서 피해자는 가해자에 대한 처벌보다는 피해에 대한 원상회복 내지 피해회복(Schadenswiedergutmachung)을 희망하고 있다고 한다.[16] 피해회복을 바탕으로 하는 화해는 범죄와 처벌이라는 고착된 도식이 아닌 새로운 관점에서 형사사법운용을 기할 수 있다는 점에서 형사정책적으로 중요한 의미를 가진다고 볼 수 있다. 이러한 '화해'의 핵심내용은 훈련받은 중재자(mediator)의 조력(중재)을 얻어 사건 관계자들이 직접 대화함으로써 분쟁을 종식하고 법공동체의 재통합을 추구하는 것이다. 화해의 과정에서 또는 그 결과로서 행해지는 협의(conference), 조정(mediation), 합의(agreement) 등은 화해성립을 위한 여러 조건 중 일부에 불과하며, 가해자의 재사회화도 진정한 화해가 이루어졌을 때 얻어지는 부수적 효과인 동시에 법공동체의 항구적인 평화회복을 위해 필요한 요소일 뿐이다. 따라서 화해는 회복적 사법의 이념을 구현

---

14 김혜정(주 1), 87쪽.
15 원혜욱(2003), "한국과 독일 사법상의 원상회복제도", 비교형사법연구, 제5권 제1호, 196쪽. 그러나 이 역시 '회복적 사법'과 동일개념으로 이해하기는 어렵다고 본다.
16 Jehle(2001), "Neue Entwicklung der Viktimologie in Deutschland", 피해자학연구 제9권 제2호, 42쪽.

하기 위한 중요한 실천원리의 하나이다.[17]

　이처럼 회복적 사법의 보다 궁극적인 목표는 피해자와 가해자 그리고 지역사회가 가해자의 범죄행위로 인해 발생한 손실을 복구하고 그들 사이에 존재하는 갈등을 극복(화해)함으로써 법적 평화를 회복하고 재통합(reintegration)을 이루어 내는 것으로, 피해자-가해자-화해는 그 제도적 표현으로서의 의미를 지닌다고 볼 수 있다.[18]

　회복적 사법이념은 피해자의 피해회복에 대한 이익을 고려해야 한다는 요청과 피해자의 회복적 사법절차로서 피해자-가해자-화해의 대표적인 실무프로그램인 형사조정절차에의 참가에 대한 욕구와 밀접한 관련을 갖고 있다. 피해자의 이익은 일차적으로 범죄로 인하여 발생한 손해를 배상받는 것에 있지만, 형사조정절차는 피해자가 배상받을 가능성을 단순한 물질적 손해뿐만 아니라 정신적 손해나 갈등해소와 같은 다양한 요소들까지 포함시키고 있다.[19]

　특히 회복적 사법체계에서는 가해자가 피해자 측에서 요구한 피해를 회복한 경우에 일반적으로 형벌의 감경이나 면제의 혜택이 주어질 수 있기 때문에 가해자에게 적지 않은 매력을 가져다주고, 바로 이런 측면에서 가해자에게 손해배상을 하도록 동기를 제공해 줄 수 있다. 또 형사조정절차는 가해자와 피해자의 자발적인 참여와 대화를 통하여 갈등해소가 이루어진다는 점에서 손해배상과 같은 피해회복 이외에도 사회봉사 등과 같은 피해회복도 피해회복의 한 방안으로 고려될 수 있다. 따라서 형사조정절차는 가해자가 손해를 배상할 능력이 없는 경우에도 피해자를 만족시킬 수 있는 길이 열려 있어 가해자에게 자력이 없는 경우에도 피해회복의 기능을 수행할 수 있다. 또 피해자가 회복적 사법 프로그램인 형사조정절차에서 범죄로 인한 물질적 손해회복 뿐만 아니라 가해자의 자발적인 책임수용태도를 보면서 가해자와의 갈등을 해소함으로써 종국적으로 피해

---

17 김용세·박광섭·도중진(주 9), 14쪽 참조.
18 김혜정(주 1), 87쪽 이하.
19 사실 범죄피해자는 범죄로 인하여 발생한 손해를 민사소송이나 배상명령신청, 재판상 화해를 통하지 않고 형사조정절차 속에서 가해자와 합의함으로써 배상받을 수 있다. 그러나 이러한 절차들은 시일이 지나치게 오래 소요된다거나, 가해자에게 자력이 없는 경우 제대로 기능할 수 없다는 결함을 갖고 있다.

자에게 법질서에 대한 신뢰효과까지도 가져올 수 있다.[20]

Ⅲ. 피해자지원제도의 발전 현황

1. UN 선언과 피해자지원

이러한 회복적 사법이념은 범죄피해자의 보호·지원과 직접적인 관련성을 맺고 있다. 특히 20세기 중반부터 시작된 피해자학에 대한 관심은 전 세계적으로 피해자지원제도의 발전을 이끌어 오고 있다. 대표적인 예로 피해자 권리에 대한 많은 국제적·국내적 기본원칙을 포함하고 있는 1985년의 「범죄와 권한남용으로 인한 피해자 권리구제에 대한 UN 선언」(이하, 'UN 선언'이라 한다.)[21]은 범죄피해자를 위한 권리장전으로 일컬어지기도 한다. UN 선언은 피해자에게 아래와 같은 권리를 부여하고 있고, 이후 피해자 분야의 발전 여부를 판단할 수 있는 기준으로 활용되고 있다.[22]

- 공정한 처우를 받을 권리
- 정보를 제공받을 권리
- 피해자가 자신의 의견을 진술할 권리
- 사법절차가 진행되는 동안 지원을 받을 권리
- 사생활과 신체적 안전을 보호받을 권리
- 비공식적 화해조정을 받을 권리
- 사회적 지원을 받을 권리
- 국가 보상을 받을 권리
- 정부기관, 비정부기관 그리고 지역사회와의 상호유대관계 구축

---

20 이진국(주 4), 371쪽 이하.
21 UN Declaration of Basic Principles of Justice for Victims of Crime and Abuse of Power.
22 Groenhuijsen/한영선 역(2008), "정의와 범죄피해자 지원을 위한 "UN 협약" 초안; 회복적 사법 조항과 관련하여", 피해자학연구 제16권 제2호, 242쪽.

UN 선언의 경우는, 특정 원칙을 천명하고 난 이후 이를 실행하기 위한 후속 조치가 뒤따르지 않는 많은 경우와 달리, 이들 조항들을 효과적으로 적용하기 위한 다양한 노력들을 보여주고 있다. 즉 1989년 총회에서 이들 조치를 진행하기 위한 구체적인 Action plan을 채택하였고, 1994년 사무총장이 회원국을 대상으로 설문조사를 실시했으며, 1997년에는 UN 선언 사용자 매뉴얼과 정책입안자 가이드북을 출간하여 UN 선언을 각국의 형사사법체계 속으로 확산시키기 위한 노력을 시도하였다.[23]

특히 범죄에 대한 비처벌적인 대응에 대해서 1985년 UN 선언에서 "피해자의 피해를 회복하고 화해조정을 촉진하기 위한, 즉 분쟁해결을 위한 비공식적 조치(화해조정, 임의 화해조정 등의 조치를 포함)가 강구되어야 한다"고 짧게 언급되었지만, 2003년 Rio de Janeiro에서 열렸던 세계범죄학회에서 제안된 「정의와 범죄 및 권한남용으로 인한 피해자를 위한 지원에 관한 UN 협약」[24]에서는 다음과 같이 회복적 사법에 대해 보다 구체적인 내용을 담게 되었다.[25]

① 정부기관은 피해자의 이익을 최우선으로 하는 회복적 사법체계를 수립하거나 증진시키도록 노력하여야 한다. 각국은 가해자가 자신의 책임을 받아들이도록 하여야 할 뿐만 아니라 자신의 행동에 의하여 피해자에게 가해자는 부정적인 결과에 대해서도 이해할 수 있도록 하여야 한다.

② 정부기관은 피해자가 국내법에 따라 회복적 사법 조치를 선택하거나 또는 선택하지 않을 권리를 보장하여야 한다. 만약 피해자가 그러한 조치를 선택한다면 해당 조치들은 피해자의 존엄성, 그리고 협약에서 명시하고 있는 각종 권리와 이와 유사한 권리에 부합되어야 한다.[26]

---

23 그럼에도 각 나라의 형사사법절차에 피해자 권리는 만족스럽지 못한 상황으로 평가받고 있다 [Groenhuijsen/한영선 역(주 22), 243쪽].

24 UN Convention on Justice and Support for Victims of Crime and Abuse of Power

25 Groenhuijsen/한영선 역(주 22), 250쪽.

26 이 조항을 통해 회복적 사법 관행이, 즉 화해조정과 회복적 사법의 조치가 강력한 개입방법이라는 점에서 또 강력한 개입은 이해관계자에게 큰 이익을 줄 수도 있지만, 해를 끼칠 수 있는 가능성도 가지고 있다는 점에서, 당연히 범죄피해자의 이익을 위한 것이라는 인식에 변화를 가져오게 되었다[Groenhuijsen/한영선 역(주 22), 250쪽].

2. 피해자보호·지원의 관점에서의 회복적 사법 도입과 발전

우리나라에서 회복적 사법에 관한 논의는 일반적으로 피해자보호에 관한 논의에서 발전되었다고 평가되고 있다.[27] 우리나라에서 피해자학이 소개된 것으로 알려져 있는 1970년대에는 형법의 도그마틱과 피해자 측면을 결부시킨 연구[28]에 집중되면서 형사정책으로서 피해자보호에 관한 연구에 집중되었는데, 범죄피해자에 대한 초기연구의 단계라고 할 수 있다.[29]

이러한 경향은 1980년대에도 그대로 이어졌는데, 다만 1980년대 연구[30]에는 주로 범죄피해자 보상제도의 이론과 정책에 초점이 맞추어져 있었다. 아마도 이러한 이론적 연구의 결과로 1987년 제9차 헌법 개정에서 제30조에 범죄피해자의 구조청구권이 신설되어 범죄피해자에 대한 보상이 헌법적 지위를 갖게 되었고, 헌법 제27조 제5항에는 형사피해자의 재판정진술권이 명시된 것으로 분석된다. 다만, 1970년대와 1980년대의 범죄피해자에 대한 연구는 단편적이고 그 대상도 주로 피해자보상정책에 있었다고 평가된다.[31]

1990년에 들어서면서 범죄피해자에 대한 연구는 양적 증가와 함께 내용적으로도 다양하고 질적으로도 의미 있는 연구가 수행되면서 형사절차상 범죄피해자의 지위강화시기라고 평가된다. 1990년대에도 학계에서는 범죄피해자보상제도에 대한 논의가 지속되었지만, 그와 함께 피해자학의 진정한 연구대상이라고 할수 있는 범죄피해자의 특성과 피해자 유형론에 관한 연구[32]와 형법 및 형사절차상 범죄피해자의 지위를 개선하기 위한 연구도 적지 않았다. 특히 선진외국의 범죄피해자보호에 관한 논의의 활성화는 우리 학계에도 적지 않은 영향을 끼쳤는데, 그 하나로 형사절차에서 피해자의 2차 피해자화 방지나 증인보호를 위하여 형사절차에서 피해자의 지위를 강화하기 위한 제도화에 관한 연구, 또 다른

---

27 김성돈(주 1), 16쪽; 이진국(주 4), 361쪽.
28 권문택(1973), 형법상 피해자측면에 관한 연구, 중앙대학교 박사학위논문 외 다수.
29 김성돈(1999), "우리나라 피해자학의 연구동향", 피해자학연구 제7호, 89쪽. 동 논문에서 피해자학의 발전과정에 대해 1970년대를 제1기(여명기), 1980년대를 제2기(준비기), 1990년대를 제3기(도약기)로 나누기도 한다.
30 박광섭(1988), 범죄피해자 보상에 관한 체계적 연구, 충남대학교 박사학위논문 외 다수.
31 이진국(주 4), 362쪽.
32 조도현(1993), 청소년 성범죄피해자의 특성에 관한 연구, 조선대학교 박사학위논문 외 다수.

하나로 범죄로 인하여 발생한 피해를 효과적으로 배상할 수 있는 방안, 즉 기존의 배상명령절차를 통한 피해배상의 대안이나 자유형의 대체수단으로서 원상회복에 관한 논의 등을 들 수 있다.[33]

그런가하면 1992년 4월 한국피해자학회가 창립되어 범죄피해자에 대한 이론적·실증적 연구결과를 함께 할 수 있는 길이 열리게 되었고, 1980년대 중반기 이후 우리사회에 성숙된 인권의식과 민주의식에 힘입어 1990년대 중반에 접어들면서 범죄피해자를 보호하기 위한 법률이 상당수 탄생하여 피해자 관련연구를 활성화시키는 계기가 되었다고 볼 수 있고, 이러한 피해자 관련 법률은 2000년 이후 현재까지 지속적으로 제·개정되면서 발전되어 오고 있다.[34]

특히 1990년대 범죄피해자에 관한 논의 중 피해자에 대한 물질적 피해의 회복에 관한 논의는 1990년대 말 이후 우리 학계에 등장하게 되는 회복적 사법에 관한 논의의 기초를 형성해 주었다. 즉 1990년대 말 이후로 형사절차상 범죄피해자보호라는 주제에서 한 걸음 더 나아가 새로운 대응양식으로서 회복적 사법이 학계의 논의의 중심이 되었고, 이러한 논의의 활성화는 독일 형사법 관련규정이 우리나라에 소개되는 등 선진 외국의 문헌과 제도들이 우리나라에 소개됨으로써 2000년 이후 우리 학계에서 회복적 사법 내지 회복적 사법과 관련한 실무 프로그램에 관한 많은 연구[35]가 쏟아져 나오면서 2000년대 회복적 사법에 관한 논의를 활성화시키는 계기가 마련되었다.[36]

한편 실무에서 회복적 사법에 관한 대응으로, 법무부가 범죄피해자에 대한 종합적인 보호·지원대책의 필요성에 따라 2004년 9월 「범죄피해자 보호·지원 강화를 위한 종합대책」을 수립·발표하였고, 2005년 범죄피해자 보호법을 제정하는 한편, 2020년 현재 59개 민간지원봉사단체인 범죄피해자지원센터가 설치되었다. 범죄피해자지원센터는 아래의 [표 4 – 1]에서 보는 바와 같이, 범죄피해자에 대한 피해상담, 응급조치나 신변보호, 형사절차 안내 등과 같은 지원활동

---

33 이진국(주 4), 362쪽 이하.
34 이진국(주 4), 364쪽.
35 예컨대 김성돈(2001), "형사절차상 피해자 – 가해자 조정(Victim – Offender Mediation) 제도의 도입방안", 피해자학연구 제9권 제1호, 153쪽 이하; 김용세(2004), "회복적 사법의 개념과 활용가능성에 관한 소고", 피해자학연구 제12권 제2호, 27쪽 이하 등.
36 이진국(주 4), 365쪽.

뿐만 아니라 형사사건에 있어 범죄당사자 사이에 형사조정제도를 실시하고 있기도 하다.[37]

표 4-1 범죄피해자지원센터 활동 실적[38]

[단위: 건(%)]

구분 연도	계	상담	경제· 의료지원	신변보호	기타
2015	60,768(100)	42,108(69.3)	11,773(19.4)	512(0.8)	6,375(10.5)
2016	64,848(100)	45,017(69.4)	12,818(19.8)	408(0.7)	6,597(10.1)
2017	98,030(100)	71,177(72.6)	14,655(15.0)	503(0.5)	11,695(11.9)
2018	107,701(100)	76,173(70.7)	15,817(14.7)	538(0.5)	15,243(14.1)
2019	117,896(100)	82,569(70.0)	17,313(14.7)	485(0.4)	17,529(14.9)

Ⅳ. 회복적 사법의 관점에서의 피해자보호 및 지원제도의 실천

1. 범죄피해자 보호·지원에 관한 기본계획

법무부는 앞에서 언급한 바와 같이, 2004년 「범죄피해자 보호·지원 강화를 위한 종합대책」으로 범죄피해자 보호·지원에 관한 기본계획을 수립·발표하고, 2005년 범죄피해자 보호의 기본법이라고 할 수 있는 범죄피해자 보호법을 제정하였다. 범죄피해자 보호법 제12조에 법무부장관은 범죄피해자 보호·지원에 관한 기본계획을 5년마다 수립하여야 한다고 규정되어 있다. 이에 따라 지난 2007년부터 2011년까지 「범죄피해자 보호·지원에 관한 제1차 기본계획」이 수립되어 수행된 바 있고, 2012년부터 2016까지 「범죄피해자 보호·지원에 관한 제2차 기본계획」이 수립되어 시행되었으며, 2017년부터 2021까지 아래에서 보는 바와 같이, 「범죄피해자 보호·지원에 관한 제3차 기본계획」이 수립되어 시행되고 있다. 「범죄피해자 보호·지원에 관한 제3차 기본계획」은 범죄피해자의 '회복', '참

---

37 이진국(주 4), 366쪽 이하. 그러나 현행 형사조정제도에 대해서는 중립성이 담보되지 않는다는 점에서 회복적 사법이라고 할 수 없다는 지적이 있기도 하다.
38 법무연수원(2021), 2020 범죄백서, 212쪽.

여', '안전'을 목표로 5대 정책영역의 13개 정책과제, 68개 세부추진과제를 수립하여 시행하고 있다.[39]

그림 4-1 제2차·제3차 기본계획 내용

구분	제2차('12~'16) 기본계획	제3차('17~'21) 기본계획
정책 영역	• 3대 기본시책 　− 손실복구 지원 　− 형사절차 참여보장 　− 사생활의 평온과 신변보호	• 5대 정책영역 　− 피해회복 지원 　− 피해에 대한 배상과 보상 　− 형사절차 참여권리 보장 　− 피해자의 정보·신변보호 및 2차 　　피해 방지 　− 정책 추진체계 정비 및 강화
과제 구성	• 9개 정책과제 　− 범죄피해자 조기 지원시스템 확립 　− 상담·진술·치료·손실 복구 지원의 　　통합시스템 구축 　− 의료·주거·취업지원 및 법률지원 　　등 다각적·자립적 자활 지원 　− 범죄피해구조금 제도 개선 　− 범죄피해자 형사절차 참여권 보장 　− 범죄피해자 전문가 조력으로 자유 　　로운 진술 보장 　− 범죄피해자의 정보보호 　− 범죄피해자의 신변안전 보장 　− 형사절차상 2차 피해방지 • 39개 세부추진과제	• 13개 정책과제 　− 사건초기 개입 및 지원 강화 　− 중장기적 피해회복 지원 강화 　− 통합적인 피해회복 지원체계 구축 　− 형사절차상 피해배상제도 활성화 　− 피해자에 대한 국가구조 강화 　− 피해자의 형사절차 참여권리 확대 　　및 강화 　− 조력제도의 확대 및 내실화 　− 피해자의 정보접근권 확대 및 강화 　− 형사절차에서의 2차 피해방지 　− 피해자의 정보보호 강화 　− 피해자의 신변보호 강화 　− 정책 추진 주체의 역량 강화 　− 정책 추진 기반의 정비 • 68개 세부추진과제
추진 기관	• 8개 중앙행정부처 및 지방자치단체 　− 교육부, 법무부, 보건복지부, 여성 　　가족부, 행정안전부, 법원행정처, 　　대검찰청, 경찰청	• 9개 중앙행정부처 및 지방자치단체 　− 교육부, 법무부, 행정안전부, 보건 　　복지부, 고용노동부, 여성가족부, 법 　　원행정처, 대검찰청, 경찰청

39 제3차('17~'21) 범죄피해자 보호·지원 기본계획, 2016, 12쪽.
(http://prism.go.kr/homepage/entire/retrieveEntireDetail.do?cond_research_name=
&cond_research_start_date=&cond_research_end_date=&research_id=1270000 −
201600082&pageIndex=15&leftMenuLevel=160: 2019. 9. 18. 최종검색).

2. 현행 피해자 보호·지원제도 현황

우리나라에서 회복적 사법에 대한 논의는 피해자보호에 관한 논의와 함께 피해자 중심적 형사사법에 대한 논의를 통해 발전하고 있다고 본다.[40] 특히 범죄피해자 보호의 기본법이라고 할 수 있는 「범죄피해자 보호법」(제7731호, 2005. 12. 23. 제정)의 제정을 통해 구체적으로 실현되고 있다. 우선 범죄피해자 보호법 제1조 목적을 보면, "범죄피해자 보호·지원의 기본 정책 등을 정하고 타인의 범죄행위로 인하여 생명·신체에 피해를 받은 사람을 구조함으로써 범죄피해자의 복지 증진에 기여함"을 규정하고 있다. 또 동법은 ① 범죄피해자는 범죄피해 상황으로 빨리 벗어나 인간의 존엄성을 보장받을 권리를 지니고, ② 범죄피해자의 명예와 사생활의 평온은 보호되어야 하며, ③ 범죄피해자는 당해 사건과 관련하여 각종 법적 절차에 참여할 권리를 지닌다는 것 등을 기본이념으로 하고 있다(제2조). 특히 회복적 사법과 관련하여 제2장 범죄피해자 보호·지원의 기본 정책, 제4장 구조대상 범죄피해에 대한 구조, 제6장 형사조정 등의 내용을 담고 있다.[41]

그중 회복적 사법의 이념을 담고 있는 형사조정제도에 대하여 살펴보면, 전체 사건 중 형사조정에 의뢰된 사건이 차지하는 비율이 2014년 3.0%, 2015년 4.5%, 2016년 5.4%, 2017년 5.5%, 2018년 5.5%로 매년 지속적으로 증가하고 있기는 하지만, 매우 낮은 상황임은 아쉬움을 갖게 한다.[42]

피해자의 요구와 이익보호를 위해 회복적 형사사법시스템이 실현해야 할 회복적 사법은 참여와 권한부여를 핵심요소로 하는 '절차적' 회복적 사법과 재통합을 목표로 하는 '결과적' 회복적 사법으로 요약되기도 한다. 절차적 회복적 사법의 실현을 위한 제도로 피해자진술제도, 조정제도, 피해자변호사제도 등을 들수 있고, 결과적 회복적 사법의 실현을 위한 제도로 원상회복명령, 피해자구조기금 납부명령, 피해자구조기금 납부를 위한 노무명령, 국가에 의한 범죄피해자

---

40 김성돈(주 1), 16쪽; 이진국(주 4), 361쪽.
41 오영근(2007), "범죄피해자보호법의 효율적 시행방안", 형사정책연구 제18권 제3호, 1024쪽.
42 2019 범죄백서, 207쪽. 형사조정제도의 상세에 대해서는 제6장 검찰과 회복적 사법 – 형사조정 제도 참조.

구조제도 등을 들 수 있다.[43]

'절차적' 제도와 관련하여, 지난 2007년 형사소송법의 개정을 통해 피해자진술제도(제294조의2)가 도입되었고, 비록 성폭력범죄와 아동학대범죄로 제한적이기는 하지만, 「아동·청소년의 성보호에 관한 법률」 제30조 및 「성폭력범죄의 처벌 등에 관한 특례법」 제27조, 「아동학대범죄의 처벌 등에 관한 특례법」 제16조에 피해자변호사제도가 도입되는 등 제도들이 차근차근 마련되고 있다. 그중 피해자국선변호사의 접수·지정 현황은 [표 4-2]와 같다.

표 4-2 피해자국선변호사 접수 및 지정건수 현황[44]   [단위: 건(%)]

연도	합계		신청기관									
			경찰			해바라기센터			상담소 등			검사	
	접수	지정	접수	가	부	접수	가	부	접수	가	부	접수	지정
2015	16,138	16,106 (99.8)	8,807	8,778	29	6,481	6,479	2	64	63	1	786	786
2016	19,394	19,336 (99.7)	12,170	12,116	54	6,298	6,259	3	37	37	—	889	888
2017	20,048	19,903 (99.2)	12,220	12,077	143	6,872	6,871	1	62	61	1	894	894
2018	22,859	22,755 (99.5)	14,940	14,866	74	7,011	6,981	30	52	52	—	856	856
2019	25,685	25.459 (99.1)	17,702	17,499	203	7,024	7,002	22	39	38	1	920	920

'결과적' 제도와 관련하여, 범죄피해자구조제도는 1987년 제9차 헌법 개정을 통하여 범죄피해자 보상(구조)제도에 관한 근거조항[45]을 마련하였고, 그에 따라 1987년 「범죄피해자구조법」이 제정되었다.[46] 범죄피해자구조제도는 범죄피해자

---

43 김성돈(주 3), 24쪽.
44 2020 범죄백서, 203쪽.
45 헌법 제30조 범죄피해자 구조청구권이 그것이다.
46 비교법적으로 보면, 뉴질랜드와 영국에서는 이미 1964년에 범죄피해자보상법이 제정되었고, 미국에서는 1965년에, 스웨덴에서는 1972년에 제정되었으며, 독일에서도 1976년에 범죄피해자

보호법에 통합되기 20여 년 전에 범죄피해자구조법의 제정을 통해 마련되어 있었지만, 2001년 67건, 2002년 59건, 2003년 57건, 2004년 74건 등 극히 미미한 수준으로 유지되어 범죄피해구조의 낙후성에 대한 문제가 제기되기도 하였다. 범죄피해구조금 지급신청 및 처리 현황은 [표 4-3]과 같다.

표 4-3 범죄피해구조금 지급신청 및 처리 현황[47]   [단위: 건(%)]

구분 / 연도	신청		처리				미제(건)
	건수	금액(천원)	계	지급결정		부지급 결정	
				건수	금액(천원)		
2015	454	13,731,495	416 (100)	382 (91.8)	9,770,720	34 (8.2)	38
2016	353	12,835,313	318 (100)	279 (87.7)	9,257,269	39 (12.3)	35
2017	326	14,088,738	290 (100)	264 (91.0)	9,289,429	26 (9.0)	36
2018	304	15,108,528	268 (100)	248 (92.5)	10,175,047	20 (75)	36
2019	338	14,906,491	331 (100)	305 (92.2)	11,516,297	26 (7.8)	7

「범죄피해자구조법」은 2005년에 제정된 범죄피해자 보호법과 함께 시행되다가, 2010년 5월 전면 개정된 범죄피해자 보호법에 통합되면서 폐지되었다. 그 후 2010년 새롭게 제정된 범죄피해자보호기금법이 2011년 시행됨으로써 범죄피해자구조제도에 대한 새로운 지평이 열리게 되었다.

범죄피해자가 구조를 받는 것은 국민의 기본적인 권리이며, 국가는 이러한 범죄피해자의 고통을 완화하고 피해를 회복시킬 수 있는 실질적인 제도를 마련할 의무가 있다(범죄피해자 보호법 제4조 참조). 따라서 국가는 범죄피해자 구조와 관련하여 단순히 법적 근거를 마련하는데 그칠 것이 아니라 보다 효율적으로 제도

구조법이 제정되었다.
47 2020 범죄백서, 205쪽.

가 운영될 수 있도록 노력할 필요가 있다. 이에 아래에서 범죄피해자구조제도와 관련하여 좀 더 구체적으로 살펴보도록 한다.

3. 범죄피해자 보호법상 구조제도에 관한 주요내용

2010년의 「범죄피해자구조법」과 「범죄피해자 보호법」의 통합에 이어, 범죄피해자를 보호·지원하는 데 필요한 자금을 조성하기 위하여 범죄피해자보호기금을 설치하는 내용의 「범죄피해자보호기금법」(제10284호, 2010. 5. 14. 제정)이 2010년 제정되어 2011년 1월부터 시행되고 있다. 이러한 일련의 입법통합과정을 통해 범죄피해자 보호 및 지원체계의 통일성을 갖춰 범죄피해자 구조금을 지급받을 수 있는 범위 및 혜택을 확대하는 등 범죄피해자 구조제도의 개선을 시도하였다.

현행 「범죄피해자 보호법」에서 구조금을 지급받기 위해서는 먼저 일정한 법적 요건이 충족되어야 한다(제16조). 즉 "대한민국의 영역 안에서 또는 대한민국의 영역 밖에 있는 대한민국의 선박이나 항공기 안에서 행하여진 사람의 생명 또는 신체를 해치는 죄에 해당하는 행위(「형법」제9조, 제10조 제1항, 제12조, 제22조 제1항에 따라 처벌되지 아니하는 행위를 포함하며, 같은 법 제20조 또는 제21조 제1항에 따라 처벌되지 아니하는 행위 및 과실에 의한 행위는 제외한다)로 인하여 사망하거나 장해 또는 중상해"를 입은 경우에 범죄피해구조의 대상이 된다(범죄피해자 보호법 제3조 제1항 제4호).

이러한 구조대상 범죄피해를 받은 사람이 피해의 전부 또는 일부를 배상받지 못하였거나, 자기 또는 타인의 형사사건의 수사 또는 재판에서 고소·고발 등 수사단서를 제공하거나 진술·증언 또는 자료제출을 하다가 구조피해자가 된 경우에 국가는 구조피해자나 그 유족에게 범죄피해구조금을 지급한다(제16조).

다만, 해당 피해자가 이와 같은 요건을 충족하더라도 범죄행위 당시에 구조피해자와 가해자 사이에 부부(사실혼 관계 포함)·직계혈족·4촌 이내의 친족·동거친족에 해당하는 친족관계가 있는 경우에는 구조금을 지급하지 아니하고(제19조 제1항), 그 밖의 친족관계가 있는 경우에는 구조금의 일부를 지급하지 아니한다(동조 제2항).[48]

---

48 범죄피해구조금제도의 도입 당시에는 가해자의 불명이나 무자력 및 피해자의 생계곤란도 그 요건에 포함되어 있었으나, 구조금의 지급 요건이 지나치게 엄격하다는 비판이 제기됨에 따라 이

또 구조피해자가 해당 범죄행위를 교사 내지 방조하거나, 고도한 폭행·협박 또는 중대한 모욕 등 해당 범죄행위를 유발하거나, 해당 범죄행위와 관련하여 현저하게 부정한 행위, 해당 범죄행위를 용인하는 행위, 집단적 또는 상습적으로 불법행위를 행할 우려가 있는 조직에 속하거나 범죄행위에 대한 보복으로 가해자 또는 그 친족이나 그 밖에 가해자와 밀접한 관계가 있는 사람의 생명을 해치거나 신체를 중대하게 침해하는 행위를 한 때에는 구조금을 지급하지 않는다 (동조 제3항).

그 밖에 폭행·협박 또는 모욕 등 해당 범죄행위를 유발하거나 해당 범죄피해의 발생 또는 증대에 가공한 부주의한 행위 또는 부적절한 행위를 한 구조피해자에게도 구조금의 일부를 지급하지 않는다(동조 제4항). 범죄피해구조금의 주요 항목별 지급현황을 살펴보면, 아래의 [표 4-4]에서 보는 바와 같다.

표 4-4 범죄피해구조금 주요 항목별 지급 현황49   [단위: 건(%), 백만 원(%)]

구분 연도	예산	총계		유족구조금		장해구조금		중상해구조금	
		건수	지급액	건수	지급액	건수	지급액	건수	지급액
2014	7,728	331 (100)	7,071 (100)	233 (70.4)	6,057 (85.7)	28 (8.5)	541 (7.7)	70 (21.1)	472 (6.7)
2015	8,899	382 (100)	9,771 (100)	240 (62.8)	8,282 (84.8)	31 (8.1)	510 (5.2)	111 (29.1)	979 (10.0)
2016	9,712	279 (100)	9,257 (100)	198 (71.0)	8,080 (87.3)	26 (9.3)	761 (8.2)	55 (19.7)	416 (4.5)
2017	9,870	264 (100)	9,289 (100)	186 (70.5)	8,014 (86.3)	21 (7.9)	855 (9.2)	57 (21.6)	420 (4.5)
2018	9,870	248 (100)	10,175 (100)	188 (75.8)	9,234 (90.8)	24 (9.7)	736 (7.2)	36 (14.5)	204 (20.0)
2019	9,870	305 (100)	11,516 (100)	185 (60.7)	9,279 (80.6)	34 (11.1)	1,140 (9.9)	86 (28.2)	1,097 (9.5)

요건은 삭제되었다[윤지영(2013), "범죄피해자보상제도에 관한 비판적 고찰", 피해자학연구 제 21권 제1호, 123쪽].
49 2020 범죄백서, 205쪽.

4. 구조금 지급 현황과 개선과제

1987년 「범죄피해자구조법」 제정 당시의 구조금 지급대상 내지 지급요건에 비하면, 2010년 「범죄피해자 보호법」으로 통합된 이후, 구조금 대상이 넓어지고 그 지급요건도 상당히 완화되었을 뿐만 아니라 예산도 증액되었다. 그럼에도 불구하고 구조금의 지급현황은 2012년도에 범죄피해자구조금 예산으로 약 95억원이 편성되었으나, 당해 연도에 약 62억원을 집행하여 집행률이 65%에 불과하여 편성된 예산도 집행하지 못하였고, 구조금의 신속한 지급을 위한 합리적인 절차도 구현되고 있지 못하다는 비판을 받은 바 있다.[50]

그러나 2013년도에는 범죄피해자구조금 예산으로 당초 약 73억원을 편성하였다가 나중에 약 6억원을 추가 편성하여, 당해 연도에 총 79억원을 집행함으로써 집행률이 99.8%에 이르고 있고, 2017년도에도 범죄피해자구조금 예산으로 약 98억이 편성되어 약 93억원을 집행함으로써 집행률이 94.1%에 이르고 있어 과거에 비해 집행률이 상당히 높아지고 있다.

여기에서 한걸음 더 나아가 범죄피해자구조제도와 관련하여서는 피해자의 피해를 사회전체가 분담하기로 하는 넓은 의미의 복지모델로 가거나 피해보상이 국가책임 내지 국가의무임을 전제로 한 권리모델로 바뀌어야 한다는 주장이 제기된다. 특히, 회복적 사법 패러다임의 실천을 위해서는 국가피해구조금의 지급을 결정하는 위원회에 피해자가 참여하여 피해상황 및 의견을 직접 진술하는 기회가 인정되어야 한다고 한다.[51]

이를 위해 중요한 것은 구조기금을 확충하는 것이라고 할 것인데, 앞에서 언급한 바와 같이, 법무부는 2010년 5월 「범죄피해자보호기금법」을 제정하여 범죄피해자를 보호·지원하는 데 필요한 범죄피해자보호기금을 설치하여 운영하고 있다. 범죄피해자보호기금은 동법 제4조에 ① 벌금의 일정 부분,[52] ② 범죄피해

---

50 윤지영(주 48), 129쪽.

51 김성돈(주 3), 31쪽 이하.

52 동법 제정 당시에는 벌금의 100분의 4 이상의 범위에서 대통령령으로 정한 비율을 곱한 금액을 기금에 납입하도록 하였으나, 벌금액의 감소 등으로 기금액이 감소될 수 있어 일정정도의 재원마련을 유지하기 위하여 2014년 개정을 통해 100분의 6 이상의 범위로 상향하였다(제4조 제2항).

자보호법 제21조에 따라 손해배상청구권을 대위하여 취득한 구상금, ③ 기부금, ④ 기금운용에 따른 수익금으로 재원을 마련하도록 되어 있다.

다만 현행 범죄피해자 구조제도를 개선하기 위하여, 먼저 ① 수사나 재판단계에서 범죄피해자 구조제도의 내용과 각종정보의 고지의무를 부과함으로써 동법의 활용을 극대화할 수 있도록 하고, ② 범죄피해자가 외국인인 경우, 상호보증의 예외를 인정함과 더불어 내국인과 관련하여 속인주의를 가미하여 범죄피해자 구조대상의 적용범위를 확대할 필요가 있다. 아울러 ③ 구조금의 지급요건인 보충성의 원칙에 대한 예외조항을 신설하여 국가의 신속한 도움이 필요한 범죄피해자에게 실질적인 도움을 줄 수 있도록 법률을 개정하고, ④ 실질적 평등에 기여할 수 있도록 구조금의 산정방식을 개선하는 것이 필요할 것으로 본다. 또 ⑤ 구체적인 타당성을 제고하기 위하여 구조금의 지급방식을 다양화하여 범죄피해자가 안정적으로 생활을 유지할 수 있도록 지원하도록 하며, ⑥ 구조금지급에 관한 소멸시효의 특례규정을 인정하고 구조금지급의 제외사유를 축소하여 더 많은 범죄피해자가 보호를 받을 수 있도록 논의를 전개해 나가야 할 것 등을 고려해 볼 수 있을 것으로 본다.[53]

V. 맺음말

회복적 사법은 온전히 범죄피해자만을 보호하는 제도라고 할 수는 없다. 그러나 분명한 것은 회복적 사법은 피해자 지향적이라는 것이다. 즉, 회복적 사법 절차는 피해자를 주체의 지위에 상정하고 그 절차가 진행된다는 것이다. 따라서 종래 형사사법 논의의 주체에서 배제되었던 피해자가 논의의 주체 내지 중심이 된다는 점에서 범죄피해자보호제도의 하나라고 할 수 있을 것이다.

진정한 회복적 사법 프로그램이 정착되기 위해서는 회복적 사법의 실천적 의미를 파악해야 하는 것은 물론이고, 형사사법기관의 인식전환도 요구된다. 따라서 형사사법기관은 새로운 사법철학으로 회복적 사법에 대한 이해와 실천의지를 가

---

53 김혜정·강승기(2014), "범죄피해자보호법상 범죄피해자구조제도의 문제점과 개선방안", 영남법학 제38호, 15쪽 이하.

져야 하고, 피해자의 협조가 없으면 형사사법제도가 올바르게 기능할 수 없다는 점에서 권리의 주체로서의 피해자에 대한 책무를 갖는 봉사자로의 역할 변화가 요구되며, 마지막으로 회복적 사법 프로그램들의 성공을 위한 충분한 인적·물적 인프라의 중요성을 인식하고 이를 확보하려는 노력이 필요할 것으로 본다.[54]

---

54 김성돈(주 3), 32쪽 이하.

05

경찰에서의 회복적 사법

－회복적 경찰활동의 시범운영을 중심으로－

김 혁

Restorative Justice

회복적 사법

05장

경찰에서의 회복적 사법
- 회복적 경찰활동의 시범운영을 중심으로 -

김혁*

I. 서론

회복적 사법에 대한 다양한 정의와 입장차가 존재하지만, 범죄나 비행으로 발생한 피해의 회복을 위하여 피해자 및 가해자, 그리고 커뮤니티를 문제 해결의 당사자로 인식한다는 점에 대해서는 어느 정도의 컨센서스(consensus)가 형성되어 있는 듯하다.[1] 분쟁을 효과적으로 해결하기 위해서는 당사자 간의 감정의 골이 깊어지기 전에 가해자에게 회복적 책임을 완수토록 함으로써 피해회복을 도모하는 것이 바람직하다. 이러한 점에서 사법절차 중 경찰단계에서의 분쟁해결은 신속한 피해회복과 사건 당사자의 만족도 향상에 특히 효과적일 수 있다. 경찰은 사건을 최초로 접수하고 처리하는 국가기관일 뿐만 아니라 지역과의 밀착성 등으로 인해 분쟁해결과정에서 이해당사자들의 참여가 상대적으로 용이하기 때문이다.

또한 회복적 사법의 이념은 시민들과의 신뢰 구축이라는 측면에서 경찰활동의 중요한 지침으로 작용할 수 있다. 범죄 발생률 감소나 범인 검거율 증가라고 하는 수치 제시만으로는 시민들로부터의 공감을 이끌어 내는 데에 한계가 있기 때문이다. 특히 최근 높아지는 시민들의 요구수준을 충족시키기 위하여 전통적인 범죄예방이나 수사의 틀에서 벗어나 문제의 해결자(problem solver)로서의 적극적 역할이 강조되고 있다. 회복적 사법의 이념을 반영한 분쟁해결은 이러한 경찰활동의 패러다임 전환의 흐름과도 맥을 같이한다. 즉 회복적 사법을 통한 분

---

*부경대학교 법학과 교수, 전 경찰대학교 교수.
[1] 자세한 사항은 김혁(2011), "회복적 사법의 이념 구현을 위한 경찰의 경미소년사건처리", 경찰학연구 제25호, 63~66쪽.

쟁해결과 피해자 보호 및 지원은 경찰활동의 만족도를 향상시키고, 직무수행과정에서 시민들로부터 원활한 협조를 이끌어 낼 수 있다.

한편, 경찰에서도 2007년 2차례에 걸쳐 서울지방경찰청 소속 경찰서를 대상으로 학교폭력 사건에 대하여 회복적 사법 프로그램인 '회합'을 시범실시한 바 있으며,[2] 2014년에는 강원지방경찰청에서 회복적 대화모임인 '너와 함께' 프로그램을 운영하는 등 그동안 회복적 사법의 이념에 기반을 둔 경찰활동을 수차례 시도한바 있다. 하지만 법률상의 한계, 실무상의 부담 등을 이유로 이러한 시도들이 끝내 실무에 정착하지는 못하였다. 그러한 가운데, 경찰청에서는 2015년 경찰청 감사관실에 피해자보호과를 신설하고 피해자 보호·지원 정책을 적극적으로 시행해 온 데에 이어,[3] 2018년 12월에는 「회복적 경찰활동 도입 추진계획」을 수립하는 등 다시 한번 회복적 사법이 추진 동력을 얻게 되었다.

아래에서는 회복적 사법에 대한 경찰에서 현재 시도하고 있는 회복적 경찰활동의 내용 및 구체적인 추진 방향을 소개하고(Ⅱ), 시범운영의 개요 및 현황을 살펴본 후(Ⅲ), 향후 과제에 대하여 간략히 언급하면서 글을 마무리하고자 한다(Ⅳ).

Ⅱ. 회복적 경찰활동의 도입

1. 의의

일반적으로 회복적 사법의 개념을 설명하면서, 그 정의를 곧바로 내리기 보다는 전통적인 형사사법과의 비교를 통하여 양자의 관점 내지 목표의 차이를 대

---

2 2007년 5월 11일에서 7월 10일까지 5개 경찰서, 7월 14일에서 10월 13일까지 13개 경찰서를 대상으로 실시되었으며, 실제 회합이 개최된 사건은 6건이었다. 그러나 시범운영 후 동제도가 실무에 정착하지는 못 하였다. 한편, 광주지방경찰청에서도 서울청의 사례를 바탕으로 2012년 2월 1일에서 5월 10일까지 100일간 5개 경찰서를 대상으로 '가족회합 프로그램'을 시범 운영하였다. 광주청의 회합 프로그램은 사건조사, 동의 확보, 기일지정 및 통지, 조정, 사건처리의 순으로 진행되었다. 자세한 사항은, 김혁(2013), "경찰의 효과적 학교폭력 대응방안", 경찰교육원 논문집 제29집, 57쪽 이하.

3 경찰청은 주요 업무계획을 통해 2015년을 '피해자 보호 원년의 해'로 선포하고, 경찰청 감사관실에 피해자보호과를 신설하는 한편, 각 경찰서에 피해자전담경찰관을 배치하는 등 피해자 보호 및 지원을 위한 정책들을 적극적으로 시행하기에 이르렀다.

비시키는 방식이 사용되어 왔다. 경찰단계에서의 회복적 사법을 구현하기 위한 활동 역시 마찬가지의 관점에서 바라보는 것이 이해를 돕기 쉬울 것이다. 전통적 경찰활동이 범죄의 진압, 엄격한 법집행, 행정적 책임에 근거하여 이루어지는 것이라면, 회복적 경찰활동은 범죄나 위험으로부터의 안전을 목표로 공동체의 안전을 위협하는 요소에 대한 적극적인 개입을 통하여 민주적 책임을 강조하는 것을 의미하는 것으로 정의할 수 있을 것이다. 경찰은 형사사법시스템으로 이행하기 위한 문지기(gate keeper)로 기능하고 있기 때문에, 경찰단계에서의 회복적 실천들은 형사사법시스템 내에서 문제나 분쟁이 악화되는 것을 방지할 수 있고, 회복적 경찰활동은 지역사회 경찰활동과도 많은 연관성을 가지므로, 회복적 경찰활동은 경찰실무에 구체적인 지침을 제공할 수 있다.[4]

이러한 관점에서 회복적 경찰활동은 예방적·적극적 활동을 통해 사전에 범죄를 예방하고, 피해자의 피해회복을 추구하며, 공동체의 문제를 해결하는 것을 목표로 한다고 볼 수 있다. 먼저, 갈등이 범죄로 발전하기 이전 단계에서 공동체 간 대화 등 회복적 방법을 활용하여 범죄로 비화하는 것을 사전에 예방하는 갈등관리를 도모한다. 범죄가 발생한 때에는 형사절차에서 피해자의 지위와 권리를 강화하고 피해자에 대한 경제적·심리적·법률적 지원을 제공하는 등 실질적인 피해 회복을 추구한다. 이를 바탕으로 형사사법 중심의 사고에서 벗어나, 경찰단계에서의 회복적 종결을 통하여 책임을 강화하고 공동체의 문제를 해결하는 것을 목표로 한다.

경찰청에서는 이와 같이 회복적 경찰활동의 내용을 인식하고, 문제해결 지향 경찰활동 및 공동체 치안과 결합하여 모든 경찰활동에서 회복적 사법의 가치를 실현할 수 있도록 설계하고, 대상 사건을 최대한 확장하면서 경찰단계에서 사건을 종결하거나 법원의 판단에 영향을 줄 수 있도록 구조화하는 것을 추진 방향으로 삼고 있다. 또한 지역사회와 협력하여 선도심사위원회, 경미범죄심사위원회 등 기존의 위원회 제도를 활용하는 방식으로 민주적 정당성을 확보하고, 현장경찰관에게 재량권을 대폭 인정하여 책임 있는 의사 결정이 이루어질 수 있도

---

4 Moor G. L. et al., Restorative Policing/김혁 외 역(2016), 회복적 경찰활동, 경찰대학출판부, 28쪽.

록 제도화·공식화할 수 있도록 추진하는 것을 주된 내용으로 구성화 하였다. 경찰청이 수립한 세부 도입 방안은 아래와 같다.[5]

2. 추진 방향

(1) 범죄 이전 단계

갈등·분쟁 등 비범죄 사건이라고 하더라도 안전의 위험요소로 발전할 가능성이 있는 경우 회복적 경찰업무를 수행하여 범죄를 예방하고 공동체의 안전을 확보하는 것을 목표로 한다. 예를 들어 학교폭력의 경우 학교전담경찰관(SPO)[6]의 상담 및 선도 활동과 연계하여 학생 간 갈등 또는 분쟁에 대해 회복적 개입으로 이를 해결한다. 가정폭력이나 아동학대사건에 있어서는 학대예방경찰관(APO)[7]이 재발위험가정에 대한 지속적 관리 활동 과정에서 지역사회 네트워크와 연계하여 가정 내 갈등요인을 해소하며, 공동체치안 협의체의 운영과정에서 드러난 위험요인, 갈등, 분쟁에 대해서는 범죄예방전문요원(CPO)[8] 또는 정보경찰이 지역사회와 연계하여 원인을 해소하도록 한다. 조직 내 갈등 또는 조직 외부의 민원에 대해서도 회복적 개입을 통해 관계 회복을 도모하는 방안을 제시하고 있다.

경찰청에서는 회복적 경찰활동을 전면적으로 도입할 경우 다음과 같은 업무 변화를 기대할 수 있다고 밝히고 있다.

---

5 이하 내용은 경찰청, 회복적 경찰활동 도입 추진계획, 2018. 12. 20. 참조.

6 학교전담경찰관제도(SPO, School Police Officer)는 2012년 6월 학교폭력 예방 및 신속한 대응을 위하여 도입된 제도이다. 학교전담경찰관은 청소년상담 관련 학위·자격증 소지자 및 소년업무 경력자 등 전문성을 갖춘 경찰관을 대상으로 선발하며, 2014년 12월 현재 총 1,068명이 학교전담경찰관으로 활동하고 있다. 학교전담경찰관 1인당 평균 10.7개교를 담당하고 있으며, 담당 학교를 직접 방문하여 학교폭력의 예방부터 사후관리에 이르기까지 다양한 활동을 실시하고 있다.

7 학대예방경찰관제도(APO, Anti‐abuse Police Officer)는 2016년 새롭게 도입한 제도로 가정폭력과 아동학대, 노인학대를 예방하고 사후관리를 통한 재발방지 업무를 수행하는 등 위기가정으로부터 피해자를 보호 및 지원하는 역할을 하는 경찰관을 말하며, 경찰서 여성청소년과에 배치되어 있다.

8 경찰청에서는 2016년부터 범죄다발지역 및 원인을 진단하여 지방자치단체, 주민 등 지역사회 구성원들과 연계하여 문제해결 방안을 도출하고 적용하는 범죄예방전문요원(CPO, Crime Prevention Officer)을 각 경찰서 생활안전과에 배치·운영하고 있다.

그림 5-1 회복적 경찰활동 도입 시 업무의 변화(예)

구분	도입 전		도입 후
SPO	피해사례 접수 및 가·피해자 상담을 통한 지원 및 선도 (소년업무규칙 제14조)	⇒	학교내 갈등·폭력 발생시 회복적 개입
APO	재발위험대상자 지정 및 지속적 관리, 상담, 경제적 지원, 의료지원 등 복지 서비스 지원 연계(APO 매뉴얼)	⇒	재발위험자 관리 및 원인 해소를 위한 지역사회 지원·연계
CPO	지방자치단체, 경비업체, 협업단체 등 범죄예방 디자인 활성화를 위한 협업체계 구축 (범죄예방진단규칙 제10조)	⇒	위험 요인 해소를 위한 지역 유관기관과 협업
정보	공공안녕 위험의 예방과 대응 관련 정보 수집, 집회현장에서의 갈등 중재(대화경찰)	⇒	공동체 갈등 현장에서의 중재
청문	민원인, 피민원인 등 관련자에 대한 감찰조사(경찰감찰규칙 제15조)	⇒	관련자 간 회합을 통한 화해 및 중재

출처: 경찰청, 회복적 경찰활동 도입 추진계획, 2018. 12. 20.

(2) 형사절차에서의 피해자 권리 강화

형사절차에서는 피해자의 목소리를 반영할 수 있도록 수사절차부터 피해자의 형사절차 참여를 지원하는 방안을 확대할 계획에 있다. 경찰청에서는 2016년부터 강력범죄, 데이트폭력, 스토킹 등 피해 영향이 심각한 피해자를 대상으로 범죄심리전문가가 심리검사 및 면담을 통해 범죄로 인한 심리적·신체적·경제적·사회적·2차 피해를 종합적으로 평가한 후 이를 보고서를 작성하여 사건송치기록에 첨부하는 '범죄피해 평가제도'를 운영해 오고 있다. 범죄피해 평가는 가해자의 구속, 재판에서의 양형 등 이후의 형사절차 및 피해자 보호업무에 있어서의 참고자료로 활용되고 있는데, 2020년 8월 말 현재 166개 경찰서에서 위 제도를 운영하고 있다.[9]

또한 인권 친화적 피해자 조사 매뉴얼을 개발하고 이를 교육에 활용하여 피해자 조사기법을 정착시키도록 하고, 피해자의 권리 및 지원 제도를 안내하는 앱을 제공하는 등 피해자의 권리 고지를 강화하는 한편, 온라인상에서 사건상세

---

9 다만, 위 제도에 법적 근거가 있는 것은 아니다. 관련 문제점은 김혁(2016), "영국 피해자 보호·지원 정책의 최근 동향과 그 시사점", 피해자학연구 제24권 제2호, 199쪽.

정보, 사건진행이력, 중간·결과통지, 지연 내역 결과를 조회할 수 있는 '피해자 지원토털 서비스'를 개발하는 등 수사진행과 관련된 정보제공을 강화하는 작업을 진행하고 있다.[10] 나아가 범죄 직후 피해자에게 신속한 지원이 가능하도록 예산을 편성하고, 공적 지원의 사각지대에 놓여 있는 피해자를 위한 민간 네트워크의 지속적 확장도 도모하고 있다.

(3) 회복적 개념을 도입한 훈방제도 운영

경미범죄 및 무질서 행위 등에 대해서는 현장경찰관의 회복적 관점에서의 의사결정에 기반한 훈방제도를 적극적으로 운영함으로써 경찰의 책임성 강화를 도모하고자 계획하고 있다. 경찰에게 훈방권이 인정되는지에 대해서는 많은 논란이 있는데,[11] 경찰청에서는 훈방의 근거를 헌법상 비례의 원칙,[12] 경찰관 직무집행법,[13] 즉결심판에 관한 절차법[14] 등에서 찾고 있다.

실무상으로 활용되고 있는 훈방을 회복적 개입방식으로 제도화하고 현장 경찰관의 재량권을 보장하는 것을 구체적인 내용으로 하고 있는데, 향후 훈방의 기준을 피의자의 특성보다는 피해 회복에 초점을 두도록 개선함으로써 회복적 훈방제도를 구현할 수 있을 것이다. 즉 즉결심판 대상 사건 중 가해자가 책임을 인정하고 사과하며, 피해자의 처벌의사가 없을 뿐만 아니라, 즉각적인 피해 회

---

10 정보제공의 내용에 관해서는 김혁(2016), "소년사건에서의 피해자의 정보권 보장을 위한 개선방안", 피해자학연구 제24권 제1호, 225~227쪽.

11 훈방권에 대한 법적 논쟁에 관해서는 김혁(2016), "경찰의 경미범죄 처리실무에서의 법적 논쟁에 관한 고찰 - 경미범죄심사위원회와 선도심사위원회를 통한 사건처리를 중심으로 - ", 경찰법연구 제14권 제1호, 196~203쪽.

12 경찰의 사건송치의무는 훈방을 통해 얻게 되는 재범방지, 소송경제, 피해자 보호 등 이익형량을 통해 제한될 수 있다고 한다. 대법원 역시 경미사건의 경우 사법경찰관리에게 훈방의 재량권이 인정된다는 취지로 판시한 바 있다(대법원 1982. 6. 8. 선고 82도117 판결).

13 범죄의 예방·진압 및 수사를 직무의 범위로 규정하고 있는 경찰관 직무집행법 제2조 제2호에서 훈방권의 근거를 도출할 수 있다고 한다.

14 즉결심판에 관한 절차법은 경찰의 훈방권에 대한 명문규정을 두고 있지는 않지만, 동법 제19조에서 "즉결심판절차에 있어서 이 법에 특별한 규정이 없는 한 그 성질에 반하지 아니한 것은 형사소송법의 규정을 준용한다"고 규정하고 있으므로, 이를 근거로 형사소송법 제247조에 따라 검사의 소추재량과 유사한 경찰서장의 훈방권이 도출된다고 한다.

복이 이루어진 경우라면, 현장 경찰의 회복적 대화기법을 통한 직접 중재·조정을 통하여 대상자를 훈방하도록 계획하고 있다.[15]

(4) 수사민원 상담센터의 피해회복 기능 강화

경찰청에서는 2015년부터 고소 접수 전 상담 단계에서 민·형사 전반에 걸친 전문 상담을 실시함으로써 민사사안 성격의 수사민원을 감축하는 것을 목적으로 하는 '수사민원 상담센터'를 운영하고 있다.[16] 경찰서에 설치된 수사민원 상담센터에는 경찰관 2~3명이 근무하고 있으며, 수사민원에 대한 1차 상담 후 형사사건의 경우에는 사건을 수사팀에 인계하고 민사사안의 경우에는 민사적 피해회복 절차를 안내하는 방식으로 운영되고 있다. 또한, 수사민원 상담센터 중에는 변호사가 하루 3시간 정도 상주하며 무료로 상담 서비스를 제공하고 있는 곳도 있다.

이러한 수사민원 상담센터의 경우, 갈등이 심화될 가능성이 큰 사건에 대해서는 형사절차보다는 그 외의 다양한 해결방법을 안내하는 등 피해회복을 위한 대안을 제시할 수 있는 가능성을 가지고 있다. 이를 통해 공식적인 형사절차 진입 전에 피해회복의 측면에 집중하여 상담서비스를 제공하는 것을 시도해 볼 수 있을 것이다.

(5) 경미범죄심사위원회에 회복적 요소 도입

경찰청에서는 2015년부터 사안이 경미하고 재범의 위험성이 없는 사건에 대해서는 경찰단계에서 자체적으로 선별하여 사건을 종결하는 경미범죄심사위원회를 운영해 왔다. 경미범죄심사위원회는 경찰서 생활안전과 생활질서계에서 운영하는 위원회로서, 경찰서장을 위원장으로 하는 경찰 내부위원 2명과 외부 시

---

15 즉결심판제도는 검사의 기소독점주의의 예외로서 경찰서장의 청구에 따라 판사가 20만원 이하의 벌금, 구류, 과료를 선고하는 제도로 경미사건의 신속한 처리를 위하여 운영되고 있는 제도이다.

16 자세한 사항은 김혁(2016), "고소사건처리실무에 대한 비판적 고찰 - 피해자 권리와의 균형적 관점에서 - ", 동아법학 제73호, 57~58쪽.

민위원 2~4명으로 구성되며, 경미사건을 대상으로 피해나 죄질 등을 종합적으로 고려하여 이유가 있는 때에는 다수결에 따라 처분을 감경하는 방식으로 운영되고 있다.[17] 다이버전 중심의 경미범죄심사위원회에 대해서는 회복적 요소를 도입하여 심사 대상을 확대하고 공동체 참여로 종결하는 방식으로의 제도 개선을 도모하고 있다.

경찰청에서는 다음과 같이 제도 개선을 검토하고 있다. 먼저, ① 피해자·가해자 양측이 회복적 사법을 이해하고, ② 피해자가 전통적 형사사법절차를 대체할 수 있음에 동의하며, ③ 가해자가 책임을 인정하고 피해 회복의 의사가 있는 경우를 회복적 개입의 필수요건으로 구성하고, ① 범죄의 동기 및 태양에 있어 성(性)적 측면이 결부된 경우, ② 범죄의 재발 우려가 있어 피해자의 안전을 담보할 수 있는 경우, ③ 범죄의 결과가 중대하여 공식적 형사사법제재가 필요한 경우에는 이를 제외하는 방안을 검토하고 있다. 가정폭력의 경우 재범 가능성을 고려하여 원칙적으로 대상 사건에서 제외하는 것이 바람직하다고 하고 있다.[18] 이와 같이 개선된 경미범죄심사위원회에서는 적정성 검토를 통한 사례선정, 당사자 동의에 기초한 사전조사, 회복적 경미범죄심사위원회를 통한 개입 및 처분 결정, 합의이행 확인 등 모니터링의 순으로 절차를 진행할 수 있을 것으로 기대하고 있다.

(6) 선도심사위원회에 회복적 요소 도입

소년사건의 경우 2012년부터 경찰서장의 재량권을 적극적으로 행사하고 경찰단계에서 비행성 개선을 위한 개입조치를 실시하는 선도심사위원회제도를 운영해 왔다. 경찰은 촉법소년이나 우범소년을 발견한 경우 이를 가정법원이나 지방법원 소년부에 송치하여야 하고(소년법 제4조 제2항), 범죄를 수사하여 범죄의 혐의가 있다고 인정되는 경우에는 지체 없이 검사에게 사건을 송치하고 관계 서류

---

17 김혁(주 11), 191~192쪽.

18 영국에서도 가정폭력사건에 대한 회복적 개입에 신중을 기할 것을 권고하고 있다. 다만, 시범운영과정에서 실제 회복적 대화에 접수된 사건 중에는 가정폭력사건도 적지 않았다. 자세한 사항은 김혁(2017), "영국에서의 다이버전과 회복적 사법의 최근 동향 및 그 시사점", 경찰학연구 제17권 제1호, 21쪽.

와 증거물을 지체 없이 검사에게 송부하여야 하지만(형사소송법 제196조 제4항),[19] 경찰청에서는 비행의 내용 및 요보호성의 정도와 상관없이 경찰단계에서 모든 사건을 일률적으로 송치하는 것은 소년의 실질적인 비행성 개선과 피해자의 피해회복에 도움이 되지 않는다는 인식 하에 동 제도를 운영해 왔다. 동 제도는 기본적으로는 경미범죄심사위원회와 유사하지만, 범죄소년을 대상으로 한다는 점과 단순히 다이버전을 통하여 사건이 종결되는 것이 아니라 소년에 대한 선도 프로그램 등 개선조치가 이루어진다는 점에서 경미범죄심사위원회 제도와 차이점을 가진다.

이러한 선도심사위원회의 운영을 개선하여 전문가에 의한 회복적 프로그램을 통해 화해 및 치유를 유도하고 선도심사위원회에서 처분 또는 송치 시에 활용하는 방식으로 선도심사위원회가 운영된다면, 회복적 사법에 부합하는 제도로 재탄생할 수 있을 것이다. 경찰청에서는 선도심사위원회의 대상을 촉법소년까지 확대하고, 비행동기, 피해자의 의사, 피해회복 가능성 등을 고려하여 회복적 개입이 필요한 경우로 심사요건을 개정하는 방안을 검토하고 있다.

(7) 경찰단계에서의 형사조정제도 도입 검토

범죄피해자 보호법 제6장에 근거하여 운영되고 있는 형사조정제도를 경찰단계에까지 확대하는 방안도 검토하고 있다. 예를 들어 사례선정, 사전조사를 거쳐 조정·협의·대화 등 회복적 개입 절차를 진행하고 이를 토대로 가칭 '시민송치 심사위원회'에서 처분 결정을 한다면, 형사절차의 모든 단계에서 회복적 프로그램의 선택권을 보장할 수 있을 것이다.

---

19 우리나라에는 미죄처분이나 간이송치와 같은 제도가 없다. 또한 촉법 및 우범소년에 대한 복지기관선의주의가 적용되지 아니하며, 범죄소년의 경우 법원선의주의가 아닌 검사선의주의를 취하고 있다. 형사책임연령은 14세이며, 촉법소년은 10세 이상 14세 미만, 우범소년은 10세 이상 19세 미만, 범죄소년의 연령은 14세 이상 19세 미만이다.

Ⅲ. 회복적 경찰활동의 시범운영

1. 개요

경찰청에서는 갈등관리, 피해자의 권리보호 강화, 회복적 종결을 염두에 두고, 2019년 2월 전문가로 구성된 회복적 경찰활동 자문단을 위촉한 후, 동년 3월 경찰청 TF 회의 및 현장 TF 회의를 거쳐 회복적 경찰활동의 실천모델 및 시범운영 방안을 마련하였다.[20] 이를 통해 실적주의로 접근하지 않을 것, 피해자의 피해회복 및 재범방지에 초점을 둘 것, 경찰활동의 모든 단계에서 활용할 수 있도록 설계할 것, 소년뿐만 아니라 성인사건에까지 적용할 것, 경미 사건뿐만 아니라 중한 범죄에까지도 적용할 것, 담당 경찰관의 업무부담은 최소한으로 설계할 것을 기본 원칙으로 설정하였다.

시범운영 기간은 2019년 4월 30일부터 10월 31일까지 6개월이며, 서울·인천·경기남부·경기북부지방경찰청 소속 15개 경찰서를 시범 운영 대상 경찰서로 지정하였다. 운영방식은 15개 경찰서를 4개 권역으로 구분하여 4개의 전문기관이 한 권역씩을 담당하고, 대화활동을 전담하여 진행하는 방식으로 운영하기로 하였다.[21]

2. 추진 내용

(1) 운영절차

프로그램의 운영은 경찰서의 해당 기능에서 가·피해자에게 제도를 안내하는

---

20 경찰청 TF 회의는 피해자보호·감찰·범죄예방·생활질서·여성청소년·형사·수사·교통안전·정보1과로 구성되어 개최되었다. 현장 TF는 유사제도를 운영한 바 있는 강원지방경찰청 담당자, 기타 청문·여성청소년·지역경찰·수사·정보기능에 근무하는 현장 경찰관으로 구성되었다.

21 1권역은 서울 혜화·성동·구로서, 경기남부 부천원미서, 2권역은 서울 용산·은평서, 인천 계양서, 경기북부 고양서, 3권역은 서울 중부·금천서, 경기북부 일산동부서, 4권역은 경기남부 광주서, 경기북부 남양주·동두천·구리서가 담당하였다. 1권역은 갈등해결과 대화, 2권역은 비폭력평화물결, 3권역은 한국비폭력대화센터, 4권역은 한국평화교육훈련원에서 프로그램 진행을 담당하였다.

그림 5-2 프로그램 운영

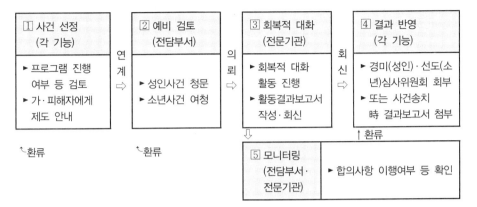

출처: 경찰청, 회복적 경찰활동 시범운영 계획 알림, 2019. 4. 30.

등 사건선정을 하면, 성인사건의 경우 청문기능, 소년사건의 경우 여성청소년기능에서 예비검토를 담당하였다. 예비검토 후에 외부 전문기관에 사건을 의뢰하고, 해당 기관에서는 회복적 대화를 실시한 후 활동 결과보고서를 작성하여 경찰서에 회신하도록 하였다. 다만, 최초 동의에 의해 회복적 사법 프로그램이 진행 중이더라도 가·피해자 등 관련자 중 일부가 프로그램 진행에 더 이상 동의하지 않을 경우 통상적 형사사법절차로 진행하도록 하였다. 이를 통하여 경미한 사건인 경우에는 경미범죄심사위원회 또는 선도심사위원회에 회부하고, 중대 사건인 경우에는 사건송치 시에 결과보고서를 첨부하도록 하였다. 또한 청문·여청 등 전담부서 및 전문기관에서는 합의사항의 이행여부 등을 모니터링 하도록 하였다.

(2) 절차별 세부 내용

① 사건 선정

최초의 사건 선정은 지역경찰 또는 수사부서에서 담당하였다. 대상범죄는 국가적·사회적 법익에 관한 죄, 개인적 법익에 관한 죄 중 법감정 및 국민정서상 가·피해자가 만나는 것이 부적절한 강력·성범죄·학대범죄 등을 제외한 모든 범죄를 그 대상으로 하였다. 지역경찰 및 수사부서에서는 사건 접수 후 조치 조사를 실시하여 단순히 형사절차로 진행하는 것보다 가·피해자 간 대화와 협의를 통한 문제 해결이 바람직하고 가능한지, 당사자의 참여의사가 있는지 등을 판단하도록 하였다. 이때 이웃, 학생, 직장 동료 등 상호 지속적 관계성이 있는 경우, 피해자가 사과를 요구하거나 상호 합의의 의향이 있을 경우에 보다 적합하며, 가·피해관계 등 사건의 사실관계가 어느 정도 명확해진 때에 연계하도록 하였다.

신고접수·내사·수사 등 모든 단계에서 연계할 수 있으며, 연계 시에는 가·피해자에게 '회복적 경찰활동 안내서'를 제공하여 정보 수신 등 개인정보제공 동의 여부를 확인하게 된다. 이때 소속 부서장의 결재를 통해 수사기한을 연장할 수 있도록 함으로써 시간적 제약 때문에 연계가 곤란해지는 사태가 발생하지 않도록 하였다.[22]

② 예비 검토

예비 검토 단계에서는 사안을 검토한 다음 회복적 프로그램에 진행할지 여부를 판단하게 된다. 이러한 역할은 경찰서 청문감사관실 소속 피해자전담경찰관 및 여성청소년과 소속 학교전담경찰관이 담당하도록 하였다. 이들 담당자는 전문기관과 네트워크를 구축하고, 인계받은 사건의 가·피해자 관계, 사건기록 등을 종합적으로 검토하여 대화활동을 진행할지 여부를 결정하게 된다. 대화활동 진행이 부적합한 사안은 담당 부서에 지체 없이 통보하여 통상의 절차대로 진행하고, 대화활동을 진행하기로 한 사건은 전문기관에 정식으로 의뢰하도록 하였다.

③ 회복적 대화 진행

의뢰받은 전문기관은 적합한 진행자를 선정하고, 진행자는 사건 대상자에게 제도의 세부절차를 안내하여 프로그램의 참여 여부를 최종적으로 확인하도록 하였다. 대화활동은 사전모임, 본모임, 사후모임으로 진행되는데, 사전모임에서는 가·피해자와 각각 접촉하여 양자의 관계를 파악하고 의견을 청취하는 등 본모임을 준비하게 된다. 본모임에서는 이해당사자가 모두 모여 진행자가 주관하는 대화 등을 통해 상호 의견을 교환하고 사안해결을 위한 합의 방안 등을 논의하였다. 대화활동의 진행 장소는 경찰관서를 원칙으로 하고, 담당 경찰관의 참여

---

22 2020년 2월 4일 형사소송법 개정(2021. 1. 1. 시행)에 따라, 고소·고발사건은 수리한 날로부터 3개월 이내에 수사를 마쳐야 하며, 기한 내에 수사를 완료하지 못한 경우에는 소속 수사부장에게 보고하고 검사에게 수사기간 연장을 승인받아야 한다(경찰수사규칙 제24조).

여부 및 정도 등은 사안별로 경찰서와 전문기관의 협의 하에 결정하되, 대화활동에 담당경찰관(피해자전담경찰관 또는 학교전담경찰관)이 보조진행자 또는 참관자로 참여하는 방식을 권장하였다. 다만, 본모임에 있어서 처음과 마지막에는 담당경찰관이 참여하여 사건개요 및 처리절차 등을 안내하고 최종 합의사항에 대해 의견을 제출하도록 하였다. 또한 필요 시에는 가·피해자 등 이해당사자가 모여 개선사항을 최종 논의하는 사후모임을 개최하도록 하였다.

전문기관은 대화활동 종료 후 합의여부와 관계없이 활동 과정의 전반적인 내용을 정리한 결과보고서를 작성하여 전담부서에 통보하도록 하였다. 결과보고서에는 모든 형사절차단계에서 참고할 수 있도록 대화결과 뿐만 아니라, 참여자의 태도, 피해회복에 대한 진정성 등도 포함된다. 이러한 절차를 거쳐 청문감사관실 또는 여성청소년과는 전문기관으로부터 결과를 통보 받아 사건을 최초에 연계한 수사부서에 그 내용을 회신하도록 하였다. 이때 수사부서에서 연계 받은 시점으로부터 3개월 내에 회신하는 것을 원칙으로 하되, 사안이 복잡한 경우에는 최장 4개월까지 진행할 수 있도록 하였다.

④ 결과 반영

회신을 받은 수사부서에서는, 활동결과와 불법의 경중, 피해자의 처벌불원의사, 사건진행 단계 등을 종합적으로 검토하여 자체 종결이 가능하다고 판단되는 때에는 사건을 경미범죄심사위원회 또는 선도심사위원회에 회부하도록 하였다. 해당 사건을 회부받은 경미범죄심사위원회 또는 선도심사위원회에서는 회복적 대화활동 결과보고서를 참고하여 감경 결정 등 필요한 처분을 결정하였다.

이와는 달리 송치사안에 해당하는 경우에는 회복적 대화활동 결과보고서를 수사서류에 첨부하여 이후 형사절차에게 해당 내용이 반영될 수 있도록 하였다.

⑤ 모니터링

활동종료 후 피해자전담경찰관 또는 학교전담경찰관 등 담당경찰관 및 해당 사건의 진행자는 상호 협의를 실시하여 모니터링 기간을 설정하고, 이해당사자를 대상으로 유선 또는 대면을 통하여 협의 이행 여부를 확인하도록 하였다. 경찰에서는 피해자의 피해회복을 중심으로 모니터링을 실시하고, 필요한 경우 피해자 지원제도와 연계하도록 하였다. 전문기관에서는 이해당사자 간의 관계 회복을 중심으로 확인절차를 진행하고, 경찰과 지속적으로 정보를 공유하도록 하였다.

모니터링 기간 중 이해당사자 간 관계가 악화되거나 보복 우려 등 특이사항을 확인한 때에는 경찰과 전문기관 간의 협의를 통해 대화활동을 다시 진행할지 여부 등을 결정하도록 하였다. 아직 자체 종결 또는 송치 전인 사안인 경우에는 수사부서에 특이사항을 통보하여야 하며, 모니터링 기간 중 특이사항이 없을 경우 해당 사건을 최종적으로 종결하도록 하였다.

3. 시범운영 사례

(1) 시범운영 현황

시범운영 기간 중 2019. 4. 30.~10. 31.까지 총 90건을 접수하여 72건을 완료하였다.[23] 접수된 사건 중 일반성인사건은 47건, 소년사건은 43건이었다. 접수된 사건 내용은 학교폭력 29건, 가정폭력 15건, 폭행·협박 15건, 절도 13건, 살인미수 3건, 기타 7건 등이었다. 또한 가·피해자 관계를 살펴보면, 친구(지인), 가족, 업무관계, 이웃 등 일정한 관계를 맺고 있는 사이가 대부분이어서, 회복적 대화는 특히 관계성을 가진 당사자 사이에서 상대적으로 용이하게 활용될 수 있음을 엿볼 수 있었다.

연계 시점은 사건접수 전, 입건 전, 입건 후 등 다양하였는데,[24] 학교폭력은

표 5-1 회복적 대화 사건접수 현황

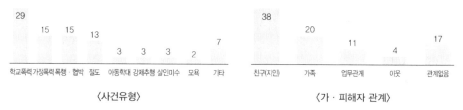

29	15	15	13	3	3	3	2	7
학교폭력	가정폭력	폭행·협박	절도	아동학대	강제추행	살인미수	모욕	기타

〈사건유형〉

38	20	11	4	17
친구(지인)	가족	업무관계	이웃	관계없음

〈가·피해자 관계〉

출처: 경찰청 피해자보호담당관실, 회복적 경찰활동 추진 및 향후 과제, 2019. 11. 29.

---

23 2019. 11. 29. 현재 18건은 진행 중이다.
24 단계별로 살펴보면, 사건접수 전이 26건, 입건 전이 35건, 입건 후가 29건이었다.

정식 사건접수 전에 회복적 대화를 거쳐 종결되는 경우가 많았고, 반의사불벌죄 등의 경우에는 내사종결, 기타 경미사건은 경미심사위원회 또는 선도심사위원회에 회부하여 즉결심판을 청구하거나 훈방을 통하여 사건을 종결하였다. 반면, 중대사건의 경우에는 대화 결과보고서를 첨부하여 검찰에 송치하였다.

(2) 주요 사례

회복적 대화가 완료된 주요 사례를 소개하면 다음과 같다.

〈주요사례〉

층간 소음	○ (개요) 가해자(남, 20세)는 층간소음으로 위층에 거주하는 피해자(여, 40세)에게 욕설과 천정을 치는 행위를 반복, 피해자가 112신고*를 하자 피해자 집 출입문을 손괴(입건) 　 * 피해자는 극심한 불안감으로 신고 후 신변보호 요청(CCTV 설치·스마트워치 지급) ○ (대화) 추가 범죄 우려되어, 가·피해자 가족이 모두 참여하여 회복적 대화 실시 ○ (결과) △ 사과·재발방지 약속 △ 출입문 수리 △ 향후 층간소음 발생 시 제3자를 통한 의사소통 방식 활용 등 합의 → 대화결과보고 첨부하여 검찰송치 (전문기관) 피해자가 딸(여, 6세)과 겪은 공포·불안감을 눈물로 호소하자 가해자 가족이 깊은 죄책감을 나타냈으며, 양 가족간 유대관계도 어느 정도 형성되어 추가 범죄가 예방되리라 봄 (가해자 모) 우리도 피해자라 생각했지만 모임을 통해 생각이 바뀌었고 앞으로 좋은 이웃이 되고자 함
학교 폭력	○ (개요) 가해자(남, 중1)는 동급생인 피해자(남, 중1)가 뒷담화를 했다며 폭행하고, 이에 항의하는 피해자 여자친구에 대해 단톡방을 만들어 욕설·협박(117 신고) ○ (대화) 폭행을 방관한 학생 4명 포함, 관련자 모두 참여하여 회복적 대화 실시 ○ (결과) 가해행위 사과 및 상호 존중을 위한 규칙 등을 정하고 화해 → 접수 전 종결 (담당경찰관) 가·피해자뿐만 아니라 관련된 친구들까지 대화모임에 참여, 방관사실을 반성하는 편지를 직접 읽고, 관련자들 간의 관계회복을 도울 것을 다짐하여 관련된 학생들의 변화가 기대됨

출처: 경찰청 피해자보호담당관실, 회복적 경찰활동 시범운영 추진사항(4. 30~7. 31), 2019. 8. 2.

4. 시범운영 후 조치

경찰청은 시범운영을 실시한 결과 매우 긍정적인 성과를 거두자, 2020년 4월 20일부터 5개 회복적 대화 전문기관(갈등해결과 대화, 비폭력평화물결, 좋은교사운동, 한국회복적정의협회, 한국비폭력평화센터)과 협력하여 전문가 198명을 위촉하고, 전국 130개 경찰서에서 회복적 경찰활동을 운영해나가고 있다.[25] 2020년 4월 20일에서 같은 해 9월 30일까지 총 406건을 접수하여 349건에 대하여 대화모임을 진행하였으며, 272건에 대하여 조정이 성사되었다.[26]

Ⅳ. 향후 과제

위에서 살펴본 바와 같이 경찰은 기존의 사법적 대응의 범위를 넘어 회복적 접근을 통해 범죄나 비행의 원인을 근본적으로 해결하고 신속한 피해회복이 이루어질 수 있도록 적극적으로 지원하고 있다. 범죄나 비행으로 인한 피해의 실질적 회복을 진정한 의미의 정의라고 한다면, 회복적 경찰활동은 가해자에게 스스로 실질적 정의를 회복할 수 있는 기회를 제공하는 절차라고도 할 수 있을 것이다. 특히 소년사건의 경우 성장발달과정에 있는 소년의 특성상 비행을 저지른 소년 역시 다른 측면에서는 피해자일 수 있다는 점을 감안할 때, 이러한 과정은 소년의 건전한 성장을 도모하는 데에도 기여할 수 있을 것이다.

다만, 경찰단계에서 회복적 사법을 원활히 구현하기 위해서는 먼저 몇 가지 과제를 해결할 필요가 있다.

첫째, 경찰 내부는 물론 시민들의 회복적 사법에 대한 공감대 형성이 아직 미흡하여 제도 운영에 걸림돌이 될 수 있다. 최근 형사사법에 대한 여론은 엄벌화로 요약할 수 있을 만큼 형벌의 인상 및 강력한 처벌을 요구하는 목소리를 자주 들을 수 있다. 이러한 상황에서 특히 관계회복을 중시하는 회복적 사법 내지

---

25 경찰청 브리핑, 경찰청 - 회복적 대화 전문기관 업무협약 체결, 2020. 4. 17.
26 심보영(2020), "회복적 경찰활동 성과와 발전 방안", 범죄피해자 보호 및 지원제도 개선방안 세미나, 경찰청·한국경찰학회·KOVA 피해자포럼 공동 주최.

회복적 경찰활동이 시민들의 공감을 얻기란 쉽지 않은 것이 사실이다. 특정 지휘관의 관심도에 따라 톱ー다운 방식으로 추진되는 정책의 경우 경찰 내·외부의 공감을 얻지 못해, 지휘관이 교체되는 즉시 폐기되는 사례를 그동안 적지 않게 찾아볼 수 있었다. 이러한 우(愚)를 반복하지 않기 위해서는 제도의 전면 시행에 앞서 교육·홍보 등을 통하여 회복적 사법의 공감대를 형성하는 것이 무엇보다도 중요할 것이다. 구체적 방향으로는 우선 피해자의 피해회복에 보다 집중한 다음, 관계 회복으로 나아가는 것이 회복적 경찰활동의 공감을 이끌어내기에 용이할 것으로 생각된다.

둘째, 2020년 형사소송법의 개정으로 범죄혐의가 인정되지 않는 사건에 대하여 경찰의 수사종결권이 인정되기는 하였지만(제245조의5 제2호),[27] 경찰에게 훈방권이 인정되는지에 대해서는 여전히 논란이 있다. 가해자 및 피해자의 절차참여를 보다 쉽게 이끌어 내고 분쟁해결절차에 참가한 이해 당사자의 만족도를 높이기 위해서는 대화 과정에서 도출된 결과를 처분과 연계시키는 것이 효과적일 것이다. 훈방권에 대한 근거가 명확하지 않은 상태에서는 적극적인 제도 운영에 한계를 보일 수밖에 없다. 따라서 경찰 훈방권을 명문화하여 회복적 프로그램의 결과를 처분에 공식적으로 반영할 수 있도록 하는 것이 필요하다.

셋째, 가해자의 재범 방지와 피해자의 안전을 확보하기 위하여 대상 선별을 적정화하여야 한다. 현재 성인사건의 경우 가정폭력을 제외하고는 재범위험성 평가 등 환경조사가 제대로 이루어지지 않으며, 소년사건 역시 조사과정에서 전문가가 참여하는 비율이 아직 충분하다고 보기는 어렵다. 향후 회복적 사법에 기반한 제도를 정착시키기 위해서는 가해자의 특성을 조사하도록 함으로써 절차 진행과정에서 발생할 수 있는 보복범죄의 위험성을 사전에 발견하고, 이를 미연에 차단할 수 있도록 하여야 할 것이다.

넷째, 지속 가능한 회복적 사법 프로그램을 꾸준히 마련해야 한다. 절차 진행이 지나치게 번거롭거나 분쟁해결과정에서 많은 시간을 요한다면 회복적 사법 프로그램을 계속 운용하기가 쉽지 않을 것이다. 실패한 과거의 사례를 바탕으로

---

27 자세한 사항은 김혁(2020), "수사구조 변화와 피해자의 법적 지위", 형사법연구 제32권 제3호, 57~82쪽.

간접대화 등 업무부담을 과도하게 지우지 않으면서도 이해 당사자의 만족도를 높일 수 있는 프로그램을 지속적으로 개발하고 활용하는 것이 중요할 것이다. 궁극적으로는 순수모델을 지향하더라도 단계적으로 확장모델의 다양한 회복적 수단들을 활용할 가치는 충분하다. 물론 현재와 같이 위탁 방식에 의한 운용이라면 충분히 제도 정착의 가능성은 크다고 할 수 있겠으나, 위탁 기관에 대하여 적절한 비용을 지급할 수 있을 것인지의 문제가 새롭게 대두되어 제도의 안정화에 걸림돌이 될 수 있을 것이다.

시민과 폭넓은 접점을 가진 경찰의 특성상 회복적 경찰활동의 가능성은 무한하다. 만약, 회복적 경찰활동이 경찰실무에 정착하여 그 범위가 확장된다면, 경찰의 개념 내지 역할에 대변혁을 일으키는 패러다임의 대전환을 불러올 수 있을 것이다. 피해자의 피해회복과 가해자의 실질적인 책임 완수를 통하여 조기에 사회로의 재통합을 도모한다는 측면에서는, 이러한 변화를 어느 정도 긍정할 수 있을 것이다. 다만, 자칫 국가 권력에 의한 강요된 중재나 부적절한 개입이 일어날 위험성도 배제할 수 없는바, 정보 경찰의 관여 등 회복적 경찰활동의 범위에 대해서는 추가적인 검토가 필요할 것이다. 이러한 점에서 앞으로의 회복적 경찰활동의 귀추가 주목된다.

06

검찰과 회복적 사법 – 형사조정제도

조균석

Restorative Justice
회복적 사법

검찰과 회복적 사법 – 형사조정제도

조균석*,**

I. 서언

형사조정제도가 우리 형사사법절차에 본격적으로 도입된 것은 2006년 4월 대전지방검찰청과 부천지청에서 시범적으로 시행한 것이 처음이다. 그로부터 15년의 세월이 흘러 지금은 형사분쟁을 회복적으로 해결하는 새로운 패러다임으로 정착하기에 이르렀다. 현재 형사조정은 원칙적으로 검찰 단계에서 "형사분쟁에 대하여 공정하고 원만한 해결을 통해 범죄피해자의 피해를 실질적으로 회복함과 아울러 지역사회의 동참을 통한 형사분쟁의 자율적 해결을 촉진하기 위하여" 활용되고 있는데(제정 대검예규 제493호 2009. 10. 29. 「대검찰청 형사조정 실무운영 지침」 제1조), 회복적 사법(Restorative Justice)을 실천하는 기본모델의 하나인 조정프로그램으로 평가받고 있다.

회복적 사법이 주목받기 시작한 것은 1980년대 이후이지만, 이는 전혀 새로운 것도 북미지역에서만 발전한 것도 아니며, 인류의 역사만큼이나 오래된 것이다.[1] 우리나라에서도 옛날부터 살인사건 등 중대범죄가 아닌 경우에는 형사사건이나 분쟁을 정식 재판을 통하지 않고 지역사회 내에서 조정하고 해결하는 것이 일반적이었다. 예컨대, 조선시대에는 살인사건을 제외하고 지역사회에서 발생한

---

 * 이화여자대학교 법학전문대학원 교수.
** 조균석(2016), "형사조정제도의 과거, 현재, 미래", 피해자학연구 제24권 제3호, 한국피해자학회; 대검찰청(2008), 형사조정의 이론과 실무(증보판)(책임집필 조균석)에 수록된 내용을 수정·보완한 것이다.

1 H. Zehr/조균석 외 역(2015), 회복적 정의 실현을 위한 사법의 이념과 실천(Little Book of Restorative Justice), KAP, 23~24쪽.

다양한 형사분쟁에 대하여 관(官)에 소장을 접수하는 대신에 마을이나 촌락 단위에서 자체 처리하거나 사적으로 화해하는[사화(私和)라고 한다.] 경우가 많았다.[2] 이러한 회복적 사법의 전통은 일제 강점기를 거치면서 수사기관에 피해를 호소하는 것이 가장 신속하고 효율적인 권리구제 수단이 됨으로써 차차 그 자취를 감추게 되었다. 이에 따라 형사절차에서의 화해 추진은 주로 수사기관의 몫으로 자리매김하게 되었고, 수사기관은 당사자의 요청에 의하여 또는 사건 처리의 편의를 위하여 가해자와 피해자에게 화해를 권고하거나 사안에 따라서는 직접 화해를 조정하게 되었다. 그러나 이러한 형태의 형사조정은 때로는 강압적인 성격을 띠게 되었고, 때로는 어느 일방을 편드는 것은 아닌지 하는 의심을 사는 경우도 있었다. 이처럼 수사기관에 의한 형사조정은 태생적으로 문제점을 안고 있었고, 그러한 형사조정에도 불구하고 민사적 분쟁을 해결하기 위한 형사고소는 줄지 않고 꾸준히 증가하였다.

현행 형사조정제도는 수사기관에 의한 조정 대신에 중립적이고 신뢰할 수 있는 지역사회의 인사, 즉 위원의 조정을 통하여 위와 같은 문제점을 해결하기 위하여 고안된 제도이다. 이런 점에서 형사조정제도는 옛날부터 내려오던 우리의 전통적인 형사분쟁 해결방식을 오늘의 실정에 맞게 변형한 제도로 평가할 수 있다.

형사조정제도는 이제 시작된 지 15년 정도 밖에 안 된 제도이다. 비록 많은 발전을 해 왔지만 아직 초보 단계에 있는 제도에 대하여 과거와 현재를 구분하고, 미래를 전망하는 것은 시기상조이다. 그럼에도 불구하고 형사조정제도를 시기적으로 구분하여 이를 정리하고 앞으로의 발전방향을 모색해 보는 것은 나름대로 의미가 있다고 하겠다. 여기서는 편의상 2010년 5월 14일 「범죄피해자 보호법」(제정 2005. 12. 23. 법률 제7731호, 시행 2006. 3. 24.)(이하, '법'이라고 한다.)이 개정되고 같은 해 8월 15일 시행됨으로써 형사조정제도가 법적 근거를 마련한 때를 기점으로, 형사조정제도의 과거와 현재를 구분하여 그 운영실태 등을 분석·평가하고, 미래의 제도적 발전방향에 대하여 살펴보고자 한다.

---

2 안성훈·조균석 외 2인(2014), 형사사건에서의 전통적 대체분쟁해결방안에 대한 기초연구 – 한·중·일의 대체적 분쟁해결방안 비교연구 – , 한국형사정책연구원, 109쪽. 대표적인 것이 16, 17세기에 성행하였던 향약(鄕約), 동약(洞約)이다.

Ⅱ. 형사조정제도의 과거

1. 개요

(1) 범죄피해자지원센터를 통한 형사조정

형사조정제도의 탄생은 범죄피해자지원센터(이하, '센터'라고 한다.)의 설립과 밀접한 관계가 있다. 센터는 2003년 9월 김천·구미에서 김천지청(지청장 조균석)의 지원 아래 처음 설립되었는데, 본래의 피해자지원에 집중하기 위하여 형사조정분과는 두지 않았다. 그런데 2003년 11월 두 번째로 설립된 대전센터는 화해중재분과를 두고 검찰과 협의하여 적은 수이기는 하였지만 형사조정을 실시하였다.

이후 2004년 9월 법무부에서 센터의 설립을 적극 지원하여 피해자지원 외에 형사화해중재 등을 내용으로 한 「범죄피해자 보호·지원 종합대책」을 수립·시행함에 따라, 2005년 1월을 전후하여 전국 검찰 본·지청에 대응하여 센터가 설립되었다. 대전센터를 포함한 38개 센터는 화해중재위원회를 두고 2005년에만 총 1,163건의 형사조정 실적을 거두었다.[3]

한편 이와는 별도로, 민사적 분쟁 성격의 고소사건이 늘어나는 등 남고소의 폐해가 커지자[4] 대검찰청에서는 2005년 10월부터 고소제도 정비방안을 연구하여 2006년 4월 최종안을 확정하였다. 최종안은 「고소사건 조정제도」를 도입하되, 먼저 일부 청에서 시범 시행한 다음 그 성과 및 문제점을 분석한 후에 전국청에 확대 실시한 다는 것이었다. 위 최종안에 따라 2006년 4월 이미 형사조정이 활성화되어 있던 대전지방검찰청과 부천지청에서 처음 시범 시행되었는데, 2006년 10월까지 시범 시행한 결과,[5] 위 제도는 재산범죄 고소사건 처리에 매우

---

3 검찰미래기획단(2006), 형사조정제도 관련 자료집Ⅰ, 39쪽.
4 2005년 전체 사건 접수인원 2,439,002명 중 피고소인원은 624,890명(점유율 24.8%)이고, 전체 사건 기소율 47.0%에 비하여 고소사건의 기소율은 16.2%에 지나지 않고, 특히 사기·횡령·배임 등 재산범죄의 고소가 60%에 이르고 전체 고소사건의 절반 이상을 점하고 있는 사기사건의 기소율은 12.2%에 불과하였다[검찰미래기획단(주 3), 12~14쪽].
5 조정의뢰건수는 423건(그중 경찰송치사건 219건)이고, 조정이 실시된 사건(소환불능사건 포함) 337건 중 조정성립건수는 172건(그중 경찰송치사건 111건)으로 조정성립율은 51.0%이고, 조성성립사건의 각하·혐의없음 처분 비율은 68.5%로 매우 높은 반면 기소율(모두 구약식)은 2.9%에

유용하였고, 시범 시행기간이 짧은 탓에 업무경감 효과는 미미하였지만 다양한 조정위원의 충분한 확보, 예산지원 등 기반이 마련되고 제도에 대한 국민 인식이 높아질 경우 업무경감 효과가 기대되는 것으로 분석되었다.[6] 이러한 긍정적 분석에 따라 2007년 1월 8일 33개 검찰청에 확대하여 시행하다가, 2007년 8월부터 전국 검찰청에서 전면적으로 시행하게 되었다.

(2) 검찰 소속 형사조정위원회를 통한 형사조정

형사조정제도가 전국 검찰청에 전면 시행됨에 따라, 대검찰청의 지침에 따라 임의적인 제도로 시행되던 것을 법제화하여 그 근거를 명확히 하여 제도 발전의 기틀을 마련할 필요성이 커지게 되었다. 이에 법무부는 대검찰청과 협의하여 2008년 11월 센터 소속 형사조정위원회(이하, '위원회'라고 한다.)에서 형사조정을 하는 방식으로 설계된 범죄피해자보호법개정안을 국회에 제출하였다. 그러나 이러한 개정안에 대하여, 피해자를 지원하기 위하여 설립된 단체에서 형사조정을 할 경우 가해자에게 불리하게 유도할 가능성이 있다는 등 일부에서 공정성과 중립성에 의문을 제기하였다. 센터 내부적으로도 형사조정 업무의 부담으로 인하여 본연의 피해자 지원업무가 소홀해 질 수 있다는 비판이 제기되었다. 이러한 내·외부적 비판으로 인하여 법안 통과가 장기간 난항을 겪게 되었다.

형사조정은 당사자의 동의를 전제로 한 자율적인 분쟁해결 절차이고, 센터에서 조정을 할 뿐 형사조정위원(이하, '위원'이라고 한다.)들의 중립성이 담보되어 있으며, 2006년 4월 시범 시행한 때로부터 당사자로부터 중립성 시비로 문제가 된 사례도 없었던 점에 비추어, 중립성 문제는 그야말로 기우라고 할 것이다. 그럼에도 불구하고 센터로부터 형사조정기구를 분리함으로써 중립성 시비에서 벗어나고, 나아가 센터가 순수한 피해자 지원단체로서 본연의 업무에 보다 충실하게 할 필요가 있었다. 그래서 2009년 11월 피해자지원센터에 소속되어 있던 위원회를 별도 기구로 분리하여 검찰청에 설치하는 것으로 변경하게 되었다. 이에 따라 2009년 10월 29일 새로이 대검예규로 「형사조정 실무운용 지침」(제493호)

불과하였다[검찰미래기획단(주 3), 154~156쪽].

6 검찰미래기획단(주 3), 157~158쪽.

(이하, '지침'이라 한다.)을 제정하여 시행하였다. 이 과정에서 사실상 사문화되어 활용되지 않던 경찰 접수 고소사건의 형사조정제도는 폐지되었다.

위원회가 센터에서 분리되어 검찰청에 설치됨에 따라 이를 반영한 범죄피해자보호법개정안이 국회에 제안되어 마침내 2010년 5월 14일 개정안이 국회를 통과하여 같은 해 8월 15일부터 시행됨으로써 형사조정제도에 대한 법제화가 마무리되었다.

2. 운용실적 및 평가

2007년 8월 전국 검찰청에 형사조정이 전면 시행된 때로부터 법에 정식 제도로서 법제화된 2010년까지의 형사조정 운용실적을 보면, 아래 [표 6 – 1]과 같다.

형사조정의뢰건수가 매년 증가하고 50%가 조금 넘는 사건에서 조정이 성립하는 것으로 보아, 형사조정이 당사자의 분쟁을 실질적으로 해결하고 검찰의 고소사건 처리업무의 부담을 경감하는 긍정적인 효과를 거두고 있음을 알 수 있다.

실제로 2008년에 한국형사정책연구원에서 형사조정 운용현황을 분석하고 형사조정에 참여관찰조사를 한 결과[7]에 따르면, 형사조정에 참여한 사건당사자들

표 6-1 형사조정 운용 실적(2007년~2010년)[8]

구분 연도	총 사건수	의뢰건수 (전년대비 증가율)	총 사건 대비 의뢰율(%)	고소사건 대비 의뢰율(%)	처리건수 (전년대비 증가율)	성립건수 (전년대비 증가율)	성립률(%)
2007 (8 – 12)	827,074	7,963	0.96		7,963	3,680	51.0
2008	2,118,047	11,496	0.54	2.6	10,925	5,632	51.6
2009	2,113,778	16,201 (40.9)	0.76	3.3	15,328 (40.3)	8,006 (42.2)	52.2
2010	1,816,035	16,671 (2.9)	0.92	4.3	15,395 (0.4)	7,713 (−3.6)	50.1

---

7 한국형사정책연구원(2008), 새로운 범죄대응전략으로서 화해조정체계구축 (I) – 형사화재조정제도 도입을 위한 기초연구.
8 검찰 내부 통계.

의 만족도가 9점 만점에 6.65점으로 비교적 높게 나타났으며, 응답자의 2/3가 만족한다고 응답하였다. 조정절차와 관련해서도 당사자들의 76.4%가 조정의 진행방식과 분위기에 대하여 긍정적인 평가를 내렸으며, 83.7%가 조정위원을 신뢰할 만하다고 응답하였다. 다만, 제도의 초기 단계여서 형사조정의 건수도 적고 조정성공율도 50%를 조금 넘는 정도여서 형사사법비용의 절감효과는 그다지 크게 나오지 않았다. 그러나 2008년의 형사조정 예산이 5억임에 비하여 특별회계를 포함한 명목비용 기준으로 1.6억의 비용절감 효과가 있는 것으로 나타난 점[9]에 비추어, 경제적 효과 또한 적지 않음을 알 수 있다.

III. 형사조정제도의 현재

1. 개요

2010년 법이 개정되어 제6장에 형사조정에 관한 규정이 신설되면서 형사조정제도는 법적인 근거를 가진 제도로서 발전의 기틀을 마련하게 되었다. 법제화 이후 제도를 활성화하기 위한 여러 후속조치를 취하였는데, 첫째 2012년 7월 '시한부 기소중지'를 도입하고 형사조정기간을 2개월에서 3개월로 연장하도록 위 지침을 개정하였는데, 이에 따라 의뢰건수가 대폭적으로 늘어났다. 둘째, 2014년 1월 6일 형사조정을 보다 활성화하기 위한 종합대책을 수립·시행하였는데, 상근조정위원 임명, 즉일·야간휴일·현장(출장)조정 실시, 전문분야별 조정위원회 구성·운영 등이 포함되어 있다.

이러한 노력을 통하여 제도의 긍정적인 효과와 유용성이 국민들에게 널리 인식됨에 따라 현재 그 활용도도 매우 높아지고 있다. 한편 우리 형사조정제도는 국제적으로 널리 알려져 국제검사협회(IAP)가 2019년 4월 1일 채택한 형사조정 가이드라인의 모델이 되었다.[10]

---

9 한국형사정책연구원(주 8), 120쪽 〈표 4〉.

10 New guidelines: IAP Guidelines for the Victim - Offender Mediation (VOM) 1/4/ 2019. These guidelines have been developed by the IAP, in collaboration with the

2. 조정의 내용과 절차[11]

현재 운용되고 있는 형사조정제도의 내용과 절차는 다음과 같다.

검사는 범죄피해자 또는 피의자(이하, '당사자'라 한다.) 사이에 형사분쟁을 공정하고 원만하게 해결하여 범죄피해자가 입은 피해를 실질적으로 회복하는 데 필요하다고 인정하면 당사자의 신청 또는 직권으로 수사 중인 형사사건을 형사조정에 회부할 수 있다(법 제41조 제1항). 이때 형사조정회부서를 사건과(사건계)를 통하여 위원회에 송부하는 형식으로 회부한다. 위원회는 해당 지역의 민간 전문가들로 구성되어 있고, 구체적인 형사조정은 이들 중에서 다시 3명 이내의 개별 위원회를 구성하여 수행하고 있다.

위원회는 검사의 형사조정 회부가 있으면 지체 없이 형사조정절차를 진행하여야 하는데, 이와 같이 위원회가 형사조정절차를 개시하려면 당사자의 동의가 있어야 하고, 그 동의권자가 최초 형사조정절차 개시 이전까지 형사조정절차에 동의하지 않을 뜻을 명확히 한 경우에는 위원회는 담당 검사에게 당해 사건을 회송하여야 한다. 위원회는 형사조정절차가 끝나면 형사조정결과통보서·결정문·조서 등 관련서류 일체를 사건과(사건계)를 통하여 검사에게 송부하여야 한다. 검사는 형사사건을 수사하고 처리할 때 형사조정 결과를 고려할 수 있는데, 다만 형사조정이 성립되지 아니하였다는 사정을 피의자에게 불리하게 고려하여서는 아니 된다(법 제45조 제4항).

(1) 회부

검사는 당사자의 신청을 받거나 직권으로 수사 중인 형사사건을 형사조정에 회부할 수 있다(법 제41조 제1항, 지침 제2조). 회부는 범죄피해자 등 당사자의 신청을 받아 진행하는 것이 일반적이나, 신청이 없더라도 특별히 형사조정에 회부하

Supreme Prosecutors' Office of Korea and in consultation with prosecutors who have special knowledge in mediation practices and victims issues(https://www. iap - association.org/News/New - guidelines - IAP - Guidelines - for - the - Victim - Offen).

11 이 부분은 대검찰청(2018), 형사조정의 이론과 실무(증보판), 100~114쪽을 요약.

여 화해나 합의를 주선할 필요가 있는 경우 검사는 직권으로도 회부할 수 있다. 다만, 직권으로 회부하는 경우에도 당사자의 동의를 얻어야 한다(지침 제2조 제1항 단서).

검사는 사건 배당일 또는 사법경찰관에게 수사지휘한 경우에는 그 사건 송치일로부터 각 1개월 이내에 형사조정에 회부하여야 하는 것이 원칙이다. 그러나 1회 이상 당사자를 면담 또는 조사한 결과 범죄피해자의 피해를 실질적으로 회복하고 분쟁을 원만하게 해결하기 위하여 필요하다고 인정하는 경우에는 사건 배당일 또는 사건 송치일로부터 각 2개월 이내에 당해 사건을 형사조정에 회부할 수 있다(지침 제10조, 제25조, 제29조).

(2) 대상사건

형사조정에 회부할 수 있는 대상사건으로는, ① 차용금, 공사대금, 투자금 등 개인 간 금전거래로 인하여 발생한 분쟁으로서 사기, 횡령, 배임 등으로 고소된 재산범죄 사건, ② 개인 간의 명예훼손·모욕, 경계 침범, 지식재산권 침해, 임금 체불 등 사적 분쟁에 대한 고소사건, ③ 기타 형사조정에 회부하는 것이 분쟁해결에 적합하다고 판단되는 고소사건 및 이상의 예시에 준하는 고소사건 이외의 일반 형사사건 등이 있다(법 제41조 제2항, 법 시행령 제46조, 지침 제3조 제1항). 다만, 위 대상사건이라 하더라도 ① 피의자에게 도주나 증거인멸의 염려가 있는 경우, ② 공소시효 완성이 임박한 경우, ③ 고소장 및 증거관계 등에 의하여 기소유예 및 기소중지 처분을 제외한 각하 또는 혐의없음, 공소권없음, 죄가안됨 등 불기소 처분 사유에 해당함이 명백한 경우에는 형사조정에 회부하여서는 아니 된다(법 제41조 제2항, 지침 제3조 제2항).

실제 회부된 사건을 내용별로 보면, [표 6-2]와 같다.

표 6-2	사건내용 별 조정사건(2015~2016년)[12]							[단위: 건(%)]	
	계(건)	폭력사건	재산범죄	노동사건	교통사고사건	명예훼손·모욕	지적재산권사건	의료사건	기타
2015년	101,735 (100)	42,818 (42.1)	32,766 (32.2)	7,508 (7.4)	6,196 (6.1)	3,732 (3.7)	1,227 (1.2)	55 (0.1)	7,433 (7.3)
2016년	123,338 (100)	50,222 (40.7)	39,818 (32.3)	8,784 (7.1)	7,907 (6.4)	4,832 (3.9)	1,332 (1.1)	45 (0.04)	10,398 (8.4)

(3) 형사조정위원회

① 구성

위원회는 관할 지방검찰청 또는 지청에 설치되고, 위원은 형사조정에 필요한 조정능력 및 법적 지식 등의 전문성과 학식·덕망을 갖춘 사람으로서 관할 지검장(지청장)이 지역의 법조계·교육계·의료계·종교계·문화계 및 언론계 등 각계의 추천을 받거나 공모절차에 응한 사람들을 상대로 공정하고 투명하게 심사하여 위촉하며,[13] 그 임기는 2년으로서 연임할 수 있다. 다만, 추천대상자가 없거나 기타 사정으로 공모절차를 밟기 어려운 경우에는 개별적으로 위촉할 수 있다. 위원장은 관할 지검장(지청장)이 위원 중에서 위촉하고, 임기는 역시 2년으로서 연임할 수 있으며(법 제42조, 지침 제4조), 위원회를 대표하고 그 업무를 총괄한다. 위원장은 또한 형사조정에 회부된 각 사건을 직접 담당할 개별 조정위원회를 구성하는 3인 이내의 조정위원을 소속 위원들 중에 지정한다. 개별 조정위원회는 담당위원 중 호선으로 장을 정하여 해당 형사사건의 조정절차를 주재하도록 한다(법 시행령 제48조, 지침 제5조).

한편 위원의 중립성 및 공정성, 업무청렴성 등을 유지하기 위하여 위원이 당해 사건 당사자와 친족관계가 있는 등의 일정한 사유가 있을 경우 제척·기피·회피사유를 규정하고 있다(법 시행령 제50조).

---

12 검찰 내부 통계.
13 2016년 4월 기준으로 전국 위원은 2,723명이다.

② 임무

위원회는 위임을 받아 형사조정 업무를 담당함에 있어서 당사자 사이의 공정하고 원만한 화해와 범죄피해자가 입은 피해의 실질적 회복을 위하여 노력하여야 하며, 형사조정이 회부되어 오면 지체 없이 형사조정절차를 개시하여야 한다(법 제42조, 제43조). 위원회는 조정기일마다 형사조정의 과정을 형사조정조서로 작성하고, 형사조정이 성립되면 그 결과를 형사조정결정문으로 작성하여야 하며, 형사조정절차가 끝나면 형사조정결정문, 형사조정조서 등 형사조정 과정에서 작성된 관련서류 일체를 사건과(사건계)를 통하여 검사에게 송부하여야 한다(법 제45조 제1, 3항, 지침 제20조 제4항).

위원회는 조정 과정에서 증거위조나 거짓 진술 등의 사유로 명백히 혐의가 없는 것으로 인정하는 경우에는 조정을 중단하고 담당검사에게 당해 사건을 회송하여야 한다(법 제45조 제2항, 지침 제20조 제1항). 또한, 당사자 사이에 합의가 성립되지 아니하거나 성립된 합의내용이 위법 또는 선량한 풍속 기타 사회질서에 위반된다고 인정되는 경우에는 조정 불성립 결정을 하고 담당 검사에게 사건을 회송하여야 한다(법 시행령 제54조, 지침 제20조 제2항).

개별사건의 형사조정기간은 회부된 날부터 3개월 이내이다(지침 제9조 제1항). 형사사건을 형사조정에 회부할 때에는 형사조정 회부와 동시에 당해 형사사건에 대하여 시한부 기소중지 처분을 한다(지침 제2조 제2항). 이는 검사들이 사건미제 부담을 우려해 형사조정 회부를 자제할 우려를 불식함으로써 제도를 활성화 하려는 데 그 의의가 있다.

③ 운영

위원에게는 예산의 범위 안에서 수당을 지급할 수 있고, 민원인의 편의를 고려하여 원격지에 출장하여 조정절차를 수행하는 등 필요한 경우에는 여비, 일당 및 숙박료도 지급할 수 있다. 한편, 조정 수당은 사건의 난이도, 조정위원이 수행한 직무의 내용, 조정에 소요된 시간, 조정에 관여한 정도, 그 밖의 사정을 고려하여 지급 기준의 2분의 1 범위에서 조정회부검사가 이를 증액할 수 있도록 되어 있으나(법 시행규칙 제14조, 지침 제4조 제14항), 실무상으로는 예산 부족 등으로 한도 내에서 일정하게 정해진 수당이 지급되고 있다.

또한 지검장(지청장)은 위원회의 사무를 처리하기 위하여 소속 직원 중 5급 이하의 직원을 간사로 지정하여 간사로 하여금 위원회에서 업무를 수행하도록 할 수 있다(법 시행령 제48조, 지침 제8조).

(4) 절차

① 준비 및 개시

위원장은 형사조정회부서를 송부받은 즉시 간사로 하여금 검찰 형사사법포털(KICS) 피해자지원시스템의 형사조정 관리항목에 접속하여 형사조정 의뢰일자, 형사조정 의뢰기간 등을 입력토록 하고, 회부받은 사건 유형별로 위원회의 사건 진행번호를 부여하며, 형사조정절차 종결 후 관련 서류를 검사실로 인계할 때 관리대장을 출력하여 검사실로부터 확인을 받은 후 보관한다. 위원장은 개별 조정위원회의 구성원으로 소속 위원 중 3인 이내를 지정하되, 법률적인 전문성을 확보하고자 가능하면 담당위원 중 1인은 변호사 자격 소지자 또는 법학교수 등 법조 실무자로 지정하는 것이 통상적이다.

위원회가 절차를 개시하기 위하여서는 당사자의 동의가 있어야 하고, 동의권자가 제1회 형사조정절차 개시 이전까지 출석 또는 전화 등의 방법으로 형사조정에 동의하지 않을 뜻을 명확히 한 경우에는 위원회는 당해 사건을 담당 검사에게 회송하여야 한다(법 시행령 제52조, 지침 제6조 제2항).

형사조정기일은 매회 이를 당사자에게 통지하여야 한다(법 시행령 제51조, 지침 제19조). 조정기일에는 당사자 대신 그 변호인이나 법정대리인 또는 당사자로부터 위임을 받은 자도 위임관계서류를 지참하여 참석할 수 있고, 필요하다고 인정되면 형사조정 결과에 이해관계가 있는 사람의 신청 또는 직권으로 이해관계인을 형사조정에 참여하게 할 수 있다(법 제43조 제3항, 지침 제6조).

형사조정 장소는 통상 위원회가 설치된 검찰청의 형사조정실에서 실시되는 것이 일반적이나, 원격지에 거주하거나 근무하는 민원인들을 위하여 해당 지역의 시청 등 공공장소로 직접 찾아가는 형사조정 방식도 장려되고 있다.

② 조정 관련 자료의 송부, 열람 등

당사자는 당해 사건에 관한 주장사실과 관련된 자료를 위원회에 제출할 수 있고, 위원회는 형사조정 회부 검사에게 고소장 등 당사자가 제출한 서류, 수사 및 증거서류, 증거물 및 주장사실 자료 등 관련자료의 사본 송부를 서면으로 요청할 수 있고, 검사는 타인의 명예나 비밀, 수사상 보안 필요사항 외에는 이에 응하게 된다. 또한, 위원회는 필요 시 관련 기관이나 전문가로부터 의견을 청취하거나 자료를 제출받을 수 있으며, 이상의 관련자료나 의견 등에 대하여 그 제출자 또는 진술자의 동의를 받은 경우 한하여 이를 상대방에게 열람하게 하거나 그 사본을 교부 또는 송부할 수 있다(법 제44조, 법 시행령 제53조, 지침 제15조).

③ 형사조정기일에서의 조정 등

위원회는 형사조정기일마다 형사조정조서를 작성하여야 하고, 형사조정 종결이 결정되면 형사조정결정문을 작성하여야 한다(법 제45조 제1항, 지침 제19조 제3항). 결정문에는 성립·조건부 성립·불성립 등의 형사조정 결과와 그 사유를 기재하며, 조정이 성립된 경우에는 이를 증명할 수 있는 합의서, 처벌불원서 또는 고소취하서 등의 서면을 편철하여야 한다.

위원회는 형사조정절차가 종결되면 형사조정해당 형사사건과 형사조정 과정에서 작성된 관련 서류 일체를 사건과(계)를 통하여 형사조정을 회부한 검사에게 송부하여야 한다(지침 제20조 제4항).

형사조정기간은 형사조정이 회부된 날부터 3개월 이내로 하되, 합의사항 이행 등 피해 회복을 위해 필요한 경우 위원회는 당사자의 동의를 얻어 검사에게 형사조정기간 연장을 건의할 수 있고, 검사는 연장의 필요성을 검토한 후 매회 1개월 이내로 총 2회에 한하여 형사조정기간을 연장할 수 있다(지침 제9조 제2, 3항).

(5) 형사조정 후 검사의 사건처리

검사는 형사조정 절차에서 형사조정이 성립되어 고소가 취소되거나 합의서가 작성된 사건에 대하여는 친고죄나 반의사불벌죄에 해당하여 공소권 없음으로 처분되는 사건 외에는 각하 처분한다. 다만, 범죄 혐의가 인정된다고 판단되면 통상의 수사절차에 따라 수사를 진행하게 되지만, 처벌할 때 조정 성립을 이유로 감경할 수 있다(지침 제22조 제1항, 제27조 제1항).

형사조정 불성립 사건에 대하여는 통상의 수사절차에 따라 직접 수사하거나 경찰에 수사지휘하여 진행하거나, 관련 자료 등을 검토한 결과 불기소 사유가 명백한 경우에는 즉시 불기소 처분할 수 있다(지침 제22조 제2항). 또한, 법률은 검사가 위와 같이 처분함에 있어서 조정 불성립을 피고소인에게 불리한 요소로 고려해서는 안 된다고 규정하고 있다(법 제45조 제4항, 지침 제22조 제3항, 제27조 제2항).

고소사건이 아닌 일반사건에 대해서도 고소사건 처리에 관한 규정이 일반적으로 준용되지만 각하 처분은 고소사건에 한정되므로, 일반사건으로서 형사조정이 성립되어 합의서 또는 처벌불원서가 작성되었을 때에는 혐의 유무에 따라 종국처분하되, 혐의가 인정되는 경우에도 이를 반영하여 감경 처분할 수 있다.

3. 실적

형사조정제도의 법제화가 이루어진 다음 해인 2011년부터 2018년까지의 운용 실적을 보면, 아래 [표 6-3]과 같다.

총 사건 대비 형사조정의뢰율이 1% 미만이던 것이 법제화가 된 이후인 2011년부터 1%대를 넘게 되었고, 2012년 7월 시한부 기소중지가 도입되면서 크게 늘어나기 시작하여 2015년 4.47%, 2018년 6.69%에 이르렀다. 전체 고소·고발사건 대비 의뢰율도 2012년에 2.0%이던 것이 2017년에는 26.2%까지 크게 증가하였다. 제도 초기부터 약 50%를 조금 넘던 성공률도 점차 높아져 2016년에는 60.1%까지 높아졌다가 조금 떨어진 상태이다. 이처럼 형사조정제도가 활성화된 것은 대검찰청의 활성화 종합대책이 그 실효를 거둔 것으로 볼 수 있지만, 그만큼 형사조정제도의 유용성이 널리 확인되어 형사조정을 통하여 분쟁을 해결하려는 당사자가 늘어나고 있기 때문으로 볼 수 있다.

표 6-3 형사조정 운용 실적(2011년~2019년)[14]

구분 / 연도	총 사건수	의뢰건수 (전년대비 증가율)	총 사건 대비 의뢰율(%)	고소사건 대비 의뢰율(%)	처리건수 (전년대비 증가율)	성립건수 (전년대비 증가율)	성립률 (%)
2011	1,724,636	17,517 (5.0)	1.02	1.73	16,897 (9.7)	8,398 (8.8)	49.7
2012	1,765,017	21,413 (22.2)	1.21	2.0	18,020 (6.6)	10,280 (22.4)	57.0
2013	1,852,437	33,064 (54.4)	1.78	2.63	28,441 (57.8)	14,772 (43.6)	51.9
2014	1,813,508	54,691 (65.4)	3.02	3.69	45,527 (60.1)	25,523 (72.8)	56.1
2015	1,950,674	87,272 (59.6)	4.47	5.36	73,298 (61.0)	42,527 (66.6)	58.0
2016	2,024,545	111,012 (27.2)	5.50	25.2	95,236 (30.0)	57,102 (34.3)	60.1
2017	1,870,448	118,113 (6.4)	6.31	26.2	101,801 (6.9)	59,424 (4.1)	58.4
2018	1,750,300	117,014 (−0.9)	6.69	23.9	99,176 (−2.6)	57,061 (−3.1)	57.5
2019	1,787,734	118,310 (1.1)	6.62	22.9	100,524 (1.4)	56,946 (−0.2)	56.7

4. 평가

형사조정의 첫째 목적은 범죄피해의 실질적인 회복이다(법 제41조 제1항). 따라서 형사조정제도가 잘 운용되고 있는지의 평가는 범죄피해의 실질적인 회복에 얼마나 도움이 되는지 여부에 달려 있다. 58개 위원회의 2014년도 형사조정사건 1,089건을 분석하고 770명의 당사자에 대한 설문조사한 보고서에 의하면, 형사조정제도가 범죄피해의 실질적인 회복에 크게 기여하고 있음을 알 수 있다. 즉 합의가 성립한 사건은 전체의 63.7%인 694건인데,[15] 합의 내용을 100% 실행

---

14 검찰 내부 통계.
15 이동원(2015), 형사조정의 실효성 연구 Ⅱ, 대검찰청 용역보고서, 26쪽 〈표 3-13〉.

한 것이 81%인 427건에 이른다.[16] 합의가 성립한 사건 중에 합의금액이 있는 것은 76.7%로,[17] 평균합의액은 평균피해액 1,074만 원의 82.6%에 해당하는 887만 원이고, 합의내용을 100% 실행한 사건의 경우 그 비율은 81.5%에 이른다.[18]

이러한 결과를 2014년도 전체 조정성립사건에 적용하여 형사조정을 통하여 피해자들이 받은 합의금액의 규모를 추정하면 [표 6-4]와 같이 최소 916억 8,000만 원, 최대 1,116억 4,000만 원이라고 한다. 2014년도 형사조정 관련 총 예산이 약 18억 원이므로,[19] 결과적으로 18억 원의 국가예산을 투입하여 최소 916억 8,000만 원에 달하는 피해자들의 피해를 회복시켜 주었다고 볼 수 있다. 이는 단순히 합의금액 만으로 산출된 효과이지만, 그 외에도 사건의 조기 종결로 인한 당사자들의 시간적·경제적 절감 효과와 형사사법기관의 업무 감소로 인한 효과를 고려하면 실로 엄청난 성과라고 하지 않을 수 없다.

표 6-4 합의금액 지불 규모 추정[20]

A	B	C	D	E	
2014년 성립 건수	합의금액 존재 건수	합의내용 100% 실행 건수	일부 실행 건수	실행미상 건수	추정액(원)
	19,652건	15,918건	590건	1,965건	최소 916억 8,000만
		B×0.81	B×0.03	B×0.1	
25,523건	A×0.77	합의금액 평균 576만 원	합의금액 평균 434만 원	합의금액 평균 1,574만 원	최대 1,116억 4,000만
		916억 8,000만 원	15억 3,000만 원 (60%[21])	188억 5,000만 원 (60%)	

---

16 이동원(주 15), 40쪽 〈표 3-32〉.

17 이동원(주 15), 45쪽 〈표 3-39〉.

18 이동원(주 15), 53쪽 〈표 3-50〉.

19 범죄피해자보호기금에 편성된 2016년 형사조정 관련 예산은 총 31억 원으로 위원 수당 30억 원, 위원 교육·공증수수료 등 1억 원이다.

20 이동원(2016), "실증적 자료로 본 형사조정의 성립과 실효성", 2016 전국 위원 전문교육 자료집, 75쪽.

21 합의금액 이행률의 추정치임.

형사조정의 두 번째 목적은 지역사회의 동참을 통한 형사분쟁의 실질적 해결 (지침 제1조), 즉 회복적 사법 이념의 실현이다. 형사조정을 통하여 가해자가 책임을 부담하고 그것을 가해자의 양형에 고려하는 것 또한 회복적 사법의 이념 중에 하나이다. 그런 점에서 형사조정이 성립한 경우 그것이 가해자의 사건처리에 어느 정도 반영되는가 하는 것 또한 제도의 실효성 평가항목으로 매우 중요하다. [표 6-5]에서 보는 바와 같이 합의가 성립한 사건의 88%가 불기소로 종결되고 정식 기소는 1.7%인데 비하여, 합의가 성립하지 않을 경우 40.7%만이 불기소로 처분되고 정식기소도 13.1%에 이른다. 합의가 성립된 사건 중에서 기소유예가 53.3%로 가장 많고, 합의내용을 100% 이행하였을 경우에는 불기소율도 91.5%로 높아지고 기소유예율도 58.4%로 높아지는 것으로 보아,[22] 합의 여부가 가해자의 처분에 매우 큰 영향을 미치는 것을 알 수 있다.

표 6-5 형사조정사건의 합의 성립과 검찰의 처분 결과[23]　　　　　　　　　[단위: 건(%)]

구분		2014년		2010년	
		합의 성립	합의 불성립	합의 성립	합의 불성립
검찰 처분 결과	불기소	604 (88.0)	156 (40.7)	572 (86.5)	193 (44.4)
	기소	12 (1.7)	50 (13.1)	18 (2.7)	88 (20.2)
	약식기소	70 (10.2)	177 (46.2)	71 (10.7)	154 (35.4)
	계	686 (100.0)	383 (100.0)	661 (100.0)	435 (100.0)
불기소 처분 유형	혐의 없음	68 (11.3)	109 (69.9)	102 (17.8)	142 (73.2)
	죄가 안 됨	1 (0.2)	1 (0.6)	1 (0.2)	1 (0.5)
	공소권 없음	206 (34.1)	10 (6.4)	166 (29.0)	11 (5.7)
	기소유예	322 (53.3)	23 (14.7)	277 (48.4)	23 (11.9)
	기소중지	2 (0.3)	8 (5.1)	2 (0.3)	13 (6.7)
	각하	3 (0.5)	2 (1.3)	20 (3.5)	2 (1.0)
	기타	2 (0.3)	3 (1.9)	4 (0.7)	2 (1.0)
	계	604 (100.0)	156 (100.0)	572 (100.0)	194 (100.0)

---

22 이동원(주 15), 58쪽 〈표 3-55〉.
23 이동원(주 15), 57쪽 〈표 3-54〉.

Ⅳ. 형사조정제도의 미래 – 제도적 발전방향

어떤 제도가 발전하기 위해서는 제도를 둘러싼 인적·물적·금전적 환경이 잘 짜여져 있어야 하고(하드웨어적인 측면), 제도의 내용이 그 설계 취지에 맞게 작동되어야 한다(소프트웨어적 측면). 형사조정제도의 경우에도 마찬가지로 자질 있는 위원의 충분한 확보와 전문화가 필요하고, 별도 형사조정실 및 분리대기실의 설치 등 물적 시설이 정비되어야 하며, 형사조정수당 등 충분한 예산이 확보되어야 한다. 나아가 현행 제도를 운용함에 있어서도 1건당 30분 정도의 짧은 조정시간을 늘리고, 검사실에서 조정대상사건을 선별하여 의뢰하며, 조정 의뢰 전에 당사자들에게 제도의 취지를 충분히 설명한 뒤 동의를 받아 조정 참여율을 높이고, 다양한 조정기법을 활용하여 무리하게 합의 성립을 추구하기 보다는 당사자의 니즈(needs)에 맞게 조정하는 등 제도의 충실화에 보다 노력을 기울일 필요가 있을 것이다.

여기서는 위와 같은 측면보다는 형사조정제도의 미래상, 즉 형사조정제도가 '형사절차 전반에 걸친 국민참여형 회복적 형사 ADR(Alternative Dispute Resolution)'로 정착하기 위해서 제도적인 측면에서 어떤 것들이 보완될 필요가 있는지에 대하여 간단히 살펴보기로 한다.

1. 합의내용에 대한 집행력의 부여

앞선 본 실증적 연구에 의하면, 합의가 성립된 사건 중 합의금액이 있는 것이 76.7%에 해당한다.[24] 형사조정 기간 내에 일시불로 지급하겠다고 합의하고도 100% 미실행한 것이 3.3%, 형사조정 기간 내 분할 지급하겠다고 합의하고도 일부 실행한 것이 19.0%, 100% 미실행한 것이 10.3%에 이르고, 형사조정 기간 외에 분할 지급하겠다고 한 경우에 합의내용대로 100% 실행된 것이 37.9%에 불과하다.[25] 합의금을 지불하겠다고 하고도 이를 제대로 이행하지 않는 경우가 상

---

24 이동원(주 15), 45쪽 〈표 3 - 39〉.
25 이동원(주 15), 49쪽 〈표 3 - 45〉.

당히 많다는 것을 알 수 있는데, 이는 곧 형사조정 합의의 실효성에 문제가 있음을 나타낸다.

합의가 되었다면 그 내용대로 이행되어야 하고, 그 이행을 담보하는 장치가 있어야 한다. 담보 장치는 바로 합의한 내용에 집행력을 부여하는 것이다. 현재는 집행력이 부여되지 않아 당사자가 개인적으로 공증을 하거나 검찰청에서 공증수수료를 지원하고 있을 뿐이다. 민사조정의 효력은 재판상 화해와 동일한 효력을 가진다(민사조정법 제29조). 많은 행정형 ADR에도 재판상 화해와 동일한 효력을 인정하고 있다.[26] 형사사건에서도 피고인과 피해자 사이에 민사상 다툼(해당 피고사건과 관련된 피해에 관한 다툼을 포함하는 경우로 한정한다)에 관하여 합의한 경우, 피고인과 피해자가 그 피고사건이 계속 중인 제1심 또는 제2심 법원에 합의 사실을 공판조서에 기재하여 줄 것을 공동으로 신청할 수 있고(소송촉진 등에 관한 특례법 제36조 제1항), 합의가 기재된 공판조서는 확정판결과 같은 효력을 가진다(동법 제36조 제5항, 민사소송법 제220조). 이처럼 온갖 민사·행정조정과 형사합의에 집행력을 부여하면서 법에 따라 엄격한 요건을 갖춘 위원회에서의 형사합의에 집행력을 부여하지 않을 아무런 이유가 없다. 이러한 불합리는 조속히 시정되어야 할 것이다.

2. 상설 형사조정센터의 설립

현행 형사조정제도를 특징적으로 요약하면, ① '검찰 내에 설치된', ② '비상설기구인 위원회에서', ③ '검사가 의뢰하는 고소 및 송치사건을 검사 처분 전에 조정하는 제도'라고 할 수 있다. 형사조정제도의 미래상에 비추어, 이처럼 한정적인 범위에서 한정적인 역할을 수행하는 현행 제도는 개선될 필요가 있다. 일

---

26 국가계약분쟁조정위원회, 개인정보분쟁조정위원회, 축산계열화사업분쟁조정위원회, 배치설계심의조정위원회, 산업기술분쟁조정위원회, 산업재산권분쟁조정위원회, 소비자분쟁조정위원회, 언론중재위원회, 의료분쟁조정위원회, 전자문서·전자거래분쟁조정위원회, 콘텐츠분쟁조정위원회, 노동위원회, 건설분쟁조정위원회, 하자심사분쟁조정위원회, 국가인권위원회, 한국저작권위원회, 환경분쟁조정위원회가 주관하는 조정절차에 의하여 조정이 성립한 경우, 재판상 화해와 같은 효력을 가진다.

찍이 대법원 산하 사법개혁위원회에서도 고소·고발을 통하여 형사사건화 되고 있는 민사분쟁 해결을 위하여 '민간 영역에서의 대체적 분쟁해결 기구의 확충을 위한 기반을 조성할 필요가 있다'고 건의한[27] 바 있음에 비추어, 형사조정제도는 앞으로 형사절차 전반에 걸친 국민참여형 회복적 형사 ADR(대체적 분쟁해결기구)로 발전해 나가야 한다.

이를 위해서는 상설 형사조정센터를 설립하여 위원회를 상시적으로 운영하는 형태로 개선할 필요가 있다.[28] 상설 형사조정센터의 설립은 설립 지역 및 규모에 따라 예산 확보 등의 조치가 수반되어야 하는 점 등에 비추어, 바로 일시에 설립하기는 현실적인 어려움이 있을 것이다. 따라서 단계별로 설립하는 방안을 추진하는 것이 좋을 것이다.

1단계로는 일부 검찰청의 위원회를 상설화하여 시범 시행하면 될 것이다. 이 경우, 2009년에 설립된 법원의 민사조정센터가 참고될 것이다. 먼저 위원장을 검찰간부 출신 등 경험 있는 법조인 중에서 상임으로 임명하고, 상임 조정위원은 점차 전문가 위주로 늘려나가면 될 것이다. 이를 위해서는 일부 예산 확보가 필요하겠지만, 법률의 개정까지는 필요 없고 실무운영 지침의 개정으로 충분할 것이다. 2단계로 현재 검찰에서만 활용하는 것을 점차 확대하여 경찰 단계에서는 물론 법원 단계에서도 위원회에 의뢰하여 활용할 수 있도록 그 대상 범위를 확대할 필요가 있다. 이를 위해서는 경찰 및 법원과의 협의가 우선되어야 하겠지만, 1단계와 마찬가지로 별률의 개정까지는 필요 없을 것이다. 경찰 접수 고소사건의 경우, 이미 제도 초기에 그 대상으로 상정하여 절차까지 마련하였고,[29] 일시적으로 활용된 적도 있으며, 현재도 송치 전에 형사조정에 회부할 수 있는 근거조항이 있고[30] 이를 시범적으로 활용하기 위하여 협의하고 있는 검찰청도 있다고 한다. 법원도 이미 형사재판에서의 화해조정을 시범적으로 실시한 경험

---

27 사법개혁위원회(2004), 사법개혁을 위한 건의문, 71~72쪽.
28 한국형사정책연구원(2014), 형사사법절차상 형사합의 관행의 실태분석과 제도화 방안, 190쪽.
29 고소사건 화해중재 실무운영 지침 제3장 '경찰 접수 고소사건의 화해중재'.
30 형사조정 실무운영 지침 제25조 제1항. 경찰로부터 송치된 고소사건을 배당받은 검사는 혐의유무, 사안의 경중 등을 고려하여 당해 사건을 형사조정에 회부할 것인지 여부를 결정하여야 한다. 다만, 송치 전에 형사조정에 회부되었던 사건은 다시 형사조정 절차에 회부할 수 없다.

이 있는 점에[31] 비추어, 기관 이기주의를 떠나 국민 편익과 형사사법의 발전을 위하여 마음을 터놓고 협의한다면 얼마든지 활용할 수 있을 것으로 보인다.

1, 2단계를 거치면서 형사조정이 형사절차 전반으로까지 확대되면 3단계로 상설 형사조정센터를 설립하면 될 것이다. 이 경우, 조정센터를 어디에 둘 것인지, 어떻게 구성하고 조직하여 역할을 부여할 지, 그 대상사건·의뢰절차·조정절차·조정결과 반영 등 운영 전반을 어떻게 시스템화할 것인지를 깊이 논의할 필요가 있을 것이다.[32] 형사조정센터를 지금과 같은 형태로 검찰에 둘 것인지 아니면 달리해야 할 것인지가 선결문제가 될 것이다.

형사조정제도는 검찰의 주도로 오랫동안 시행되어 왔고, 검찰은 경찰의 수사를 지휘하고 기소 및 공소유지를 담당하는 등 경찰과 법원 모두와 직접 연계되는 기능을 담당하고 있을 뿐 아니라, 형사조정센터는 기능상 법원의 민사조정센터에 대응하는 성격을 가지는 점에 비추어, 현행대로 검찰청 또는 법무부 소속으로 하되, 민간기구로서의 독립성을 강화하는 것이 좋을 것이다.

이처럼 상설 형사조정센터를 설치하기 위해서는 후술하는 바와 같은 입법적 조치가 뒤따라야 할 것이다. 그리고 형사조정센터를 상설화하면 친고죄나 반의사불벌죄 등 일정한 범죄에 대해서는 형사조정전치주의를 도입할 것인지를 검토할 필요가 있을 것이다.[33] 다만, 형사조정전치를 강제하기 보다는 임의적인 제도로 하되 가급적 전치를 권장하는 방향으로 실무를 운용하는 것이 좋을 것이다. 나아가 형사사법기관뿐 아니라 당사자들도 형사절차에 호소하기 전 단계부터 동의하에 형사조정을 의뢰할 수 있도록 함으로써 주민분쟁해결센터[34]로서의 역할도 수행하는 것이 좋을 것이다.

---

31 인천지방법원 부천지원에서는 2013년 8월부터 11월까지 이화여자대학교 법학전문대학원 회복적 사법센터(소장 조균석) 등 6개 회복적 사법 전문기관의 참여로 일반 형사사건 10건에 대하여 회복적 사법 프로그램을 실시하여 그 중 6건은 합의가 성립하였다[이에 대한 상세는 임수희(2014), "2013 부천지원 형사재판 회복적 사법 시범실시 결과보고", 부천지원 형사재판 회복적 사법 시범실시 종합평가 합동포럼, 인천지방법원 부천지원 참조].

32 이에 대한 시론으로서는 한국형사정책연구원(주 28), 188~193쪽 참조.

33 김성돈(2001), "형사절차상 피해자 - 가해자 조정(Victim - Offender - Mediation)제도의 도입 방안", 피해자학연구 제9권 제1호, 한국피해자학회, 177~183쪽; 김범식(2015), "현행 형사조정제도의 과제", 피해자학연구 제23권 제3호, 42~43쪽.

34 미국의 Neighborhood Justice Center, Community Mediation Center 등.

3. 형사조정 종합법률의 제정

현행 형사조정제도는 법에 규정되어 있다. 형사조정제도가 센터에서 범죄피해를 실질적으로 회복시키는 방안의 하나로 고안되고, 센터 내의 위원회에서 시행되었기 때문이다. 이처럼 형사조정 나아가 회복적 사법이 피해자 보호의 연장선상에서 논의되고 시행된 것은 형사조정의 발전을 위하여 올바른 선택으로 볼 수 있다. 이러한 평가는 피해자 보호와 회복적 사법 진영이 서로 이해하고 협력하지 못함으로써 회복적 사법이 형사절차 내에 쉽게 들어오지 못하고 있는 일본의 사례를 보면 알 수 있다.

그런데 앞서 논의한 것처럼 상설 형사조정센터가 설립되고 형사절차 전반은 물론 형사절차 전 단계에까지 형사조정이 확대되게 되면, 법에서 한 걸음 나아가 별도의 입법을 고려할 필요가 있다. 세계적으로 보면 형사조정제도를 형사소송법에 규정하는 입법방식(독일·프랑스 등)과 별도의 종합법률을 제정하는 입법방식(룩셈부르크 등)으로 대별된다. 대부분의 나라에서 형사소송법에 규정하고 있고, 형사조정이 새로운 형사분쟁 해결시스템으로 기능하고 있는 점에 비추어 우리도 형사소송법에 규정해도 될 것이다. 다만, 형사절차에 관한 사항 이외에도 실시기관에서부터 그 감독과 지원에 이르기까지 행정적인 사항도 다수 포함되어야 하므로 별도의 특별법 형태가 보다 타당한 입법형태라고 할 것이다. 이 경우 「민사조정법」에 대응하여 「형사조정법」을 제정하는 것이 좋을 것이다. 형사조정법에는 목적 외에 형사조정기구, 대상범죄, 조정절차, 법적 효과 등을 규정할 필요가 있는데, 이미 특별법안을 연구하여 발표한 자료[35]도 있으므로 입법 시 이들 자료도 참조할 수 있을 것이다.

4. 형사조정을 통한 조건부 기소유예의 도입

형사조정이 검찰청에 확대 실시된 목적 중에 하나는 고소사건의 해결을 통한

---

35 한국형사정책연구원(2009), 새로운 범죄대응전략으로서 화해조정체계구축방안 (II) - 형사화해조정체계의 구축을 위한 법적제도적 정비방안, 112~113쪽.

검사 업무부담의 경감이었다. 이런 점에서 실무적으로는 회복적 이념에 기초하기 보다는 사건처리를 위한 '사건해결형 형사조정'에 보다 중점을 두기도 하였다. 그러나 제도가 정착해 가면서 점차 당사자 사이의 '관계회복형 형사조정'이 늘고 있다. 앞서의 실증적 연구에 의하면, 조정이 성립한 사건 중에서 합의금액이 없이 합의한 사건이 2010년[36]에는 20.7%이던 것이 2014년[37]에는 23.3%로 증가한 사실을 알 수 있다. 이처럼 금전적 배상 없이도 해결되는 사건이 증가함으로써 형사조정이 피해회복뿐 아니라 관계회복에도 상당히 기여하고 있는 것으로 평가된다.

관계회복이라는 측면에서 보면 소년사건에 대한 형사조정이 보다 활성화될 필요가 있다. 형사조정이 회복적 사법을 실현하는 프로그램의 하나이고, 많은 나라에서 소년범을 중심으로 형사조정이 이루어지고 있는 점에 비추어, 앞으로 소년사건의 형사조정을 획기적으로 늘릴 필요가 있는 것이다.

일반적으로 소년범의 경우 죄질이 중한 순서에 따라 기소유예, 조건부 기소유예, 소년원송치, 정식기소의 순으로 처분을 받게 된다. 이 중에서 소년심판의 경우에는 소년부판사가 소년에게 피해 변상 등 피해자와의 화해를 권고할 수 있도록 소년법에 규정되어 있다(소년법 제25조의3 제1항). 이를 소년법상 '화해권고'라고 하는데, 민간인으로 구성된 화해권고위원의 조정을 거쳐 화해가 성립하였을 경우 보호처분 결정 시 이를 고려할 수 있도록 되어 있다(소년법 제25조의3 제3항). 통계상으로는 알 수 없지만 검찰에서 형사조정에 의뢰된 소년범의 경우, 조정이 성립하면 대부분 단순 기소유예로 종결될 것으로 보인다. 그런데 단순 기소유예와 소년원 송치 사이에 조건부 기소유예라는 것이 있다.

현재 검찰에서는 소년범에 대하여 다양한 형태의 조건을 붙여 기소유예하고 있는데, 그 조건은 대부분 선도·교육·상담·봉사활등 등이다.[38] 따라서 소년심판에까지 가기 전 단계에서도 피해 변상, 피해자에 대한 사과 및 화해, 피해자를 위한 봉사 등 지원활동 등 회복적인 조건을 붙이는 소위 '회복적 조건부 기소유

---

36 조균석·이동원(2012), "형사조정프로그램의 실효성 평가", 피해자학연구 제20권 제2호, 295쪽.
37 이동원(주 15), 45쪽 〈표 3 - 39〉.
38 이에 대한 상세는 趙均錫(2016), "韓国における条件付き起訴猶予の運用実態と改善方策", 新時代の刑事法学(下), 椎橋隆幸先生古希記念, 信山社, 629~635頁.

예'를 적극 활용할 필요가 있다.[39] 조건 중에서 사전 이행이 가능한 것이라면 조건을 붙여 기소유예하기 보다는 조건을 미리 성사시킨 다음 기소유예하는 것이 보다 더 회복적이라고 할 수 있다. 이런 점에서 '형사조정을 통한 조건부 기소유예'의 도입과 그 활용이 기대된다.

V. 결어

형사조정제도에 대하여는 회복적 사법의 이념을 실천하기 보다는 검찰 고소사건으로 인한 업무 부담의 경감을 주된 목적으로 시행되는 제도라는 비판이 시행 초기부터 지금까지 있는 것이 사실이다. 또한, 형사조정이 성립한 경우에만 일정한 효과를 부여함으로써 가해자에게 사실상 배상을 강요하는 심리적 압박감을 느끼게 하고, 조정이 성립되더라도 검사의 시혜적 판단을 기대할 수밖에 없는 등, 그 절차와 내용에 있어 회복적 사법의 이념을 실천하기에는 부족하다는 비판[40]도 있다. 그러나 한편으로, 피해자에 대하여 신속하게 피해를 회복하고, 가해자를 수사기관의 불필요한 기본권의 제한이나 그 위협으로부터 벗어나게 하여 가해자의 인권을 보장하며, 가해자의 재사회화 및 지역사회구성원의 재통합에 기여하고, 재범을 방지하며, 사적 자치에 의한 자율적 해결을 강화하고, 사적 자치와 관련된 영역에서의 수사 및 사법기관의 업무 부담을 줄여 줌으로써 중요한 사건에서 수사역량을 강화하였다는 긍정적인 평가도 받고 있다.

이러한 상반된 평가가 공존하는 가운데 형사조정제도는 시범 시행 후 15년을 거치면서 양적으로 크게 증가하고 있을 뿐 아니라 질적인 측면에서도 당사자의 만족도 또한 높게 나타나고 있다. 나아가 제도의 법적인 근거까지 마련됨으로써 이제는 단순한 고소사건의 처리라는 차원을 넘어 회복적 사법의 이념을 검찰 실무에 적용한 중요한 제도로 자리매김하였다.[41]

---

39 이에 대한 상세는 조균석(2021), "회복 조건부 기소유예제도의 도입 방안", 피해자학연구 제29권 제1호, 1~23쪽 참조.
40 김용세(2009), 회복적 사법과 형사화해, 진원사, 116~117쪽.
41 조균석(2010), "회복적 사법과 관련한 최근의 실무 동향", 한국 형사법학의 이론과 실천(정암

형사조정제도는 국제연합에서도 권장하고 있는 제도이니만큼 앞으로 '형사절차 전반에 걸친 국민참여형 회복적 형사 ADR'로 정착시켜 나갈 필요가 있다. 이를 위해서는 여러 측면에서 다양한 개선 노력이 있어야 하겠지만 제도적인 측면에서 합의내용에 대하여 집행력을 부여하여야 하고, 상설 형사조정센터를 설립할 필요가 있으며, 형사조정 종합법률을 마련하여야 하고, 형사조정을 통한 조건부 기소유예제도를 도입하여 활용하여야 할 것이다.

정성진 박사 고희기념 논문집), 396쪽.

07

형사조정제도에 대한 평가

이동원 · 황태정

Restorative Justice
회복적 사법

07장 형사조정제도에 대한 평가

이동원*·황태정**

Ⅰ. 서론

형사조정제도는 지방검찰청(지청 포함)에 접수된 형사사건 중 조정을 통하여 해결하는 것이 적합하다고 판단되는 형사사건을 민간인으로 구성된 형사조정위원회에 조정을 의뢰하고, 그 결과를 사건처리에 반영하는 절차이다. 형사조정제도는 종래 형사절차에서 범죄피해자의 권리보장이 미흡하고 우리 사회가 범죄피해자들을 방치함으로써 피해자 스스로 고통과 피해를 감내하고 있다는 점에 대한 반성에서 시작되었다. 2006년 대전, 인천, 서울남부 등 일부 검찰청에서 시범 시행되면서 특히 재산범죄 고소사건 등 분야에서 긍정적 평가를 얻은 형사조정제도는, 2007년 초 33개 검찰청으로의 확대 시행을 거쳐 같은 해 8월부터는 전국 검찰청에서 전면 시행되면서 우리 형사사법절차에 본격적으로 뿌리내리게 되었다.[1]

형사조정제도는 가해자의 처벌에 초점을 두는 국가 주도의 응보적 사법에서 당사자의 자율적 참여와 이를 통한 피해회복 및 문제해결에 초점을 두는 회복적 사법으로의 전환을 이념적 배경으로 하고 있다. 이와 같이 구체적인 이념적 지향점을 가진 제도이기 때문에 제도의 이념이 현실에서 실제로 구현되고 있는지

---

* 원광대학교 경찰행정학과 교수.
** 경기대학교 경찰행정학과 교수.

1 형사조정제도의 출발과 정착 및 발전과정에 대한 자세한 내용은 조균석(2016), "형사조정제도의 과거, 현재, 미래", 피해자학연구 제24권 제3호, 한국피해자학회, 201쪽 이하; 대검찰청(2018), 형사조정의 이론과 실무(증보판), 박영사, 85쪽 이하 참조.

를 평가하는 것이 중요하다. 피해자의 피해회복과 이를 통한 문제해결이라는 목적이 달성되고 있는지, 형사조정사건이 실제로 사건 해결에 어느 정도 실효성이 있으며, 실효성을 높이기 위하여 보완·개선되어야 할 점이 무엇인지를 파악하는 것은 매우 의미 있는 작업이 될 것이다.

이러한 관점에서 대검찰청은 형사조정 관련 법제화가 완료된 2010년 이후 형사조정의 운영 현황에 대한 세 차례의 조사연구[2]를 통해 형사조정제도의 실효성에 대한 평가를 지속적으로 실시해 오고 있다. 본 연구는 형사조정의 실효성 평가에 관한 이들 조사연구의 내용을 바탕으로 시행 15년을 맞이한 형사조정제도가 현실에서 어떻게 운용되고 있는지, 그리고 그 성과와 문제점은 무엇인지를 검토하고 이에 대한 정책적 제언을 하는 것을 목적으로 한다.

본 연구에서는 이를 위해 형사조정 의뢰 후 실제로 형사조정회의를 통해서 사건 당사자 간 합의가 얼마나 이루어졌으며, 조정회의에서 합의된 사항이 실제로 어느 정도 이행되었는지, 피해자의 피해회복은 어느 정도 실현되었고, 형사조정 성립여부가 검찰 단계에서 형사사건 처리결과에 어떻게 반영되었는지 등을 살펴봄으로써 형사조정의 실효성을 평가하고자 하였다. 그리고 이와 아울러 형사조정의 실효성을 더욱 향상시키고 당사자의 관계회복과 피해자의 피해회복이라는 목표를 효율적으로 달성하기 위하여 개선되어야 할 점은 무엇인지를 제시하고자 하였다.

Ⅱ. 평가 내용 및 방법

형사조정제도에 대한 기존의 평가연구는 과정에 대한 평가(process evaluation)와 성과에 대한 평가(outcome evaluation)로 크게 구분된다. 과정평가는 프로그램 진행 과정의 외연(extent)과 질(quality)에 대한 평가이며, 성과평가는 프로그램의 단기적·장기적 효과에 대한 평가를 말한다. 일반적으로 과정평가의 지표로는 프

---

2 조균석·이동원(2011), 형사조정의 실효성 연구Ⅰ, 대검찰청; 이동원(2015), 형사조정의 실효성 연구Ⅱ, 대검찰청; 박미숙·김민영(2018), 실무적 현황의 재분석을 통한 형사조정절차의 실효성 제고방안, 대검찰청.

로그램 참여율, 합의율, 합의 이행률 등이 주로 활용되고 있으며, 성과평가의 지표로는 참여자의 만족도와 공정성에 대한 인식, 재범률 등이 활용되고 있다.[3]

이들 연구의 특징은 대부분 공식기록에 기초하여 이루어진 연구라는 점이다. 따라서 이 연구 역시 형사조정에 관련된 공식기록을 바탕으로 활용 가능한 지표를 이용하여 형사조정의 실효성을 평가하고자 한다. 전술한 외국의 연구에서 활용된 지표를 참고로 하면서 우리의 형사조정의 현실과 기록의 입수 및 지표 구성 가능성을 고려하여 본 연구에서 평가지표로 활용한 것을 형사조정의 운용 과정과 형사조정의 결과로 구분하여 제시하면 다음과 같다.

먼저 형사조정회의의 운용과 관련하여서는, 검찰로부터 의뢰된 형사조정사건에 대하여 실제 형사조정회의가 개최된 횟수, 형사조정회의에 참여한 조정위원의 인원수 등에 대한 조사를 실시하였고, 이를 토대로 사건의 죄명별·피해정도별 특성에 따른 분석을 실시하였다. 이를 통하여 형사조정회의의 개최 및 운용 과정을 평가하고 이에 대한 보완점과 개선점을 제시하고자 하였다. 다음으로 형사조정회의 결과와 관련하여서는, 형사조정을 통한 합의 성립률, 합의금액의 정도, 피해회복의 정도, 합의실패 사유, 합의사항의 실행 정도, 검찰의 처분 결과, 사건처리기간 등을 조사하여 실질적으로 형사조정이 피해회복과 사건처리에 어떤 효과가 있는지를 분석하고자 하였다.

이러한 항목에 대한 자료 수집은 2011년, 2015년, 2018년에 실시된 조사연구에 의해 이루어졌다. 조사연구는 전국 지방검찰청(지청 포함) 소속 형사조정위원회에 1년간 회부된 형사조정사건 가운데 일부(평균 약 20여건)를 조사대상으로 선정하여 기록조사를 실시하였는데, 2011년의 연구에 이어 2015년 연구에서는 전국 58개 지방검찰청에서 총 1,089건(조사대상기간 2014년 1월~12월), 2018년 연구에서는 전국 59개 지방검찰청에서 총 1,348건(조사대상기간 2017년 7월~2018년 6월)에 대한 기록조사가 이루어졌다.

---

3 김지선(2006), "회복적 사법 프로그램의 효과에 대한 평가연구 결과와 쟁점들", 피해자학연구 제14권 제2호, 한국피해자학회, 8쪽 참조.

Ⅲ. 평가 결과

1. 형사조정사건과 형사조정회의

형사조정의 실효성 평가와 관련된 분석결과에 대한 이해를 돕기 위하여 조사 대상 사건의 특성을 정리하여 제시하면 [표 7-1]과 같다.

조사된 사건의 죄명 기준으로 피해를 구분하면, 재산피해가 40.6%로 가장 많았고, 신체피해는 36.5%, 기타피해는 22.9%로 나타났다. 이러한 사건형태의 비

표 7-1 사건의 죄명별 분포   [단위: 건(%)]

사건형태	죄명	2017		2014		2010
재산피해 사건	사기	231 (17.2)		231 (21.3)		
	횡령	45 (3.3)		47 (4.3)		
	배임	6 (0.4)		5 (0.5)		
	절도	84 (6.3)	546 (40.6)	36 (3.3)	502 (46.3)	616 (55.7)
	재물손괴	45 (3.3)		47 (4.3)		
	근로기준법 위반	123 (9.1)		116 (10.7)		
	기타재산	12 (0.8)		20 (1.8)		
신체피해 사건	폭행	211 (15.7)		120 (11.1)		
	상해	168 (12.5)		191 (17.6)		
	폭처법	23 (1.7)	491 (36.5)	77 (7.1)	433 (39.9)	339 (30.7)
	과실치상	32 (2.4)		31 (2.9)		
	성범죄	50 (3.7)		9 (0.8)		
	기타폭력	7 (0.5)		5 (0.5)		
기타피해 사건	협박	27 (2.0)		8 (0.7)		
	명예훼손	28 (2.1)		23 (2.1)		
	모욕	23 (1.7)		18 (1.7)		
	업무방해	22 (1.6)	308 (22.9)	27 (2.5)	150 (13.8)	151 (13.7)
	교통범죄	137 (10.2)		64 (5.9)		
	권리행사방해	14 (1.0)				
	주거침입	15 (1.1)		10 (0.9)		
	기타	42 (3.1)				
계		1,345 (100.0)		1,085 (100.0)		1,106 (100.0)

* 쌍방고소사건이거나 죄명이 두 개 이상일 경우에는 심각한 죄명을 기재

율은 2010년 이래로 유사하게 유지되고 있다. 각 사건형태를 죄명별로 살펴보면, 재산피해 부문에서는 사기 17.2%, 근로기준법 위반 9.1%, 절도 6.3% 등이 많았고, 신체피해 부문에서는 폭행 15.7%, 상해 12.5%, 성범죄 3.7% 등이 많았다. 기타피해 부문에서는 교통범죄 10.2%, 명예훼손 2.1%, 협박 2.0% 등이 많이 조사되었다. 2017년 기타피해사건의 비율이 22.9%로 크게 증가하였는데, 이는 교통관련사건이 2014년 5.9%에서 2017년 10.2%로 증가하였기 때문이다. 참고로 권리행사방해사건은 2014년에는 별도항목으로 구분하지 않았지만, 2017년에는 1.0%의 비율을 차지해 별도 항목으로 집계되었다.

전체적인 비율을 살펴보면, 형사조정제도 도입 초기 전체의 2/3를 차지하던 재산피해사건의 비율은 줄어들고 신체피해사건의 비율이 크게 증가하였다. 특히 2017년에는 재산피해사건은 물론 신체피해사건의 비율도 소폭 줄어들고, 그 비율이 기타피해사건으로 이동하였다. 피해회복과 더불어 관계회복을 추구하는 형사조정의 의의에 비추어 볼 때, 이러한 변화는 바람직한 것으로 평가된다. 다음으로, 형사조정에 회부된 사건에 대한 형사조정위원회의 형사조정회의 개최 횟수와 형사조정위원 참여 현황을 보면 [표 7-2]와 같다.

형사조정에 회부된 사건의 거의 대부분인 92.6%가 1회 조정회의를 하고 있었으며, 이 비율은 2014년에도 94.6%로서 거의 유사하다. 2회 이상에 걸쳐 조정회의를 개최한 경우는 대략 5% 안팎인 것으로 나타나, 형사조정에 회부된 사건

표 7-2 형사조정회의 개최 횟수 및 형사조정위원 참여 현황 [단위: 건, 명(%)]

구분		2017	2014
형사조정위원회 개최 횟수	1회	1,241 (92.6)	1,030 (94.6)
	2회	90 (6.7)	52 (4.8)
	3회 이상	9 (0.7)	7 (0.6)
	계	1,348 (100.0)	1,089 (100.0)
형사조정위원회 회별 참여위원 수	1명	13 (1.0)	4 (0.4)
	2명	822 (61.4)	669 (62.8)
	3명	504 (37.6)	392 (36.8)
	계	1,339 (100.0)	1,065 (100.0)

에 대한 형사조정회의는 거의 대부분 1회에 그치고 있다는 것을 알 수 있다. 형사조정제도 도입 초기에는 2회 이상 조정회의가 개최된 비율이 10% 정도였던 것에 비하면 2회 조정회의가 줄어들고 있는 것이다. 형사조정의 목표인 당사자 간 조정을 통한 피해회복과 관계회복을 위해서는 3개월의 형사조정 기간을 활용하여 1회 조정회의에서 조정에 실패했지만 2차 조정을 통하여 조정이 가능한 사건은 보다 적극적으로 2차 조정회의를 개최하는 것이 필요할 것으로 보인다.

한편 대검예규 「형사조정 실무운용 지침」(대검예규 제895호, 2017. 6. 1.)는 형사조정위원장이 조정위원 3인을 지정하도록 하고, 조정위원 부족 등 특별한 사정이 있을 경우에는 2인을 지정할 수 있다고 규정하고 있다(제5조 제2항). 그런데 [표 7-2]에 따르면 3인의 조정위원이 참여한 경우는 37.6%, 조정위원 2인이 참여한 경우는 61.4%로 나타나, 형사조정제도 도입 초기에 3인 조정회의의 비율이 2/3이었던 것과 큰 차이를 보인다. 이는 형사조정 회부사건이 크게 증가하였지만, 관련된 예산은 그만큼 증액되지 못한 데 원인이 있는 것으로 생각된다. 후술하는 바와 같이 조정위원 참여도에 따른 조정 성립률의 차이 등을 고려하면, 형사조정의 실효성 제고를 위해 충분한 예산을 확보하여 3인 조정회의가 정착되도록 하여야 할 것이며, 이를 위해 향후 형사조정위원 인력풀 확대, 안정적 예산확보 등의 보완이 필요하다 할 것이다.

2. 형사조정을 통한 합의 성립

형사조정위원회에 회부된 조사 대상 사건 중에서 합의가 성립된 사건과 합의가 성립되지 않은 사건의 비율은 [표 7-3]과 같다. 또한 사건 죄명별, 피해금액별 합의 성립률은 각각 [표 7-4] 및 [표 7-5]와 같다.

먼저 형사조정위원회를 거쳐 합의가 성립된 사건과 합의가 성립되지 않은 사건의 비율은 각각 60.3%와 39.7%로 형사조정제도 도입 초기부터 일관되게 대략 6:4의 비율이 유지되고 있다. 보다 구체적으로 사건 죄명별 합의 성립률([표 7-4])을 보면, 신체피해사건의 합의 성립률이 67.8%로 재산피해사건(55.4%)이나 기타피해사건(57.0%)에 비해서 상대적으로 더 높게 나타났다. 합의 성립률이라는 형사조정의 실효성 측면에서 볼 때, 형사조정 회부사건 중에서 재산피해사건에 비해 신체피해사건의 비율이 높은 현상은 긍정적으로 평가할 수 있다.

　다음으로 사건으로 인한 피해 규모별 합의 성립률을 보면, 총 피해금액이 2백만 원 이하인 사건의 합의 성립률은 68.2%로 대략 70%대를 유지하고 있

표 7-3 형사조정의 성립 여부　　　　　　　　　　　　　　　　　　　(단위: 건(%)]

구분		2017	2014	2010
형사조정위원회 통한 합의 성립 여부	합의 성립	807 (60.3)	694 (63.7)	664 (60.3)
	합의 불성립	532 (39.7)	395 (36.3)	438 (39.7)
	계	1,339 (100.0)	1,089 (100.0)	1,102 (100.0)

표 7-4 사건 죄명별 합의 성립률

사건	죄명	2017		2014	
재산피해사건	사기	43.3%		46.7%	
	횡령	48.9%		46.8%	
	배임	33.3%		60.0%	
	절도	77.4%	55.4%	75.0%	52.9%
	재물손괴	64.4%		53.2%	
	근로기준법 위반	54.1%		61.7%	
	기타재산	66.7%		45.0%	
신체피해사건	폭행	68.4%		80.0%	
	상해	60.5%		71.2%	
	폭처법	72.7%		78.9%	
	과실치상	64.5%	67.8%	71.0%	75.0%
	성범죄	74.0%		77.8%	
	기타폭력	66.7%		60.0%	
기타피해사건	협박	59.3%		62.5%	
	명예훼손	64.3%		47.8%	
	모욕	52.2%		77.8%	
	업무방해	59.1%	57.0%	59.3%	67.3%
	교통범죄	68.2%		75.0%	
	권리행사방해	42.9%			
	주거침입	53.3%		70.0%	

표 7-5 사건 피해규모별 합의 성립률

구분		2017	2014
총 피해액	1백만 원 이하	70.7%	
	2백만 원 이하	68.2%	70.0%
	5백만 원 이하	54.0%	63.6%
	1천만 원 이하	54.8%	54.3%
	3천만 원 이하	45.1%	50.5%
	5천만 원 이하	30.4%	35.9%
	5천만 원 초과	18.5%	25.0%

는 반면, 5천만 원을 초과하는 사건의 합의 성립률은 18.5%로 큰 차이를 보이고 있다. 전체적으로 피해금액의 규모가 큰 사건일수록 합의 성립률은 하락하여 형사조정을 통한 당사자 간 자체적인 사건 해결이라는 측면에서는 실효성이 떨어진다고 볼 수 있다.

형사조정회의 개최 횟수별 합의 성립률([표 7-6])을 보면, 형사조정회의가 1회 개최된 사건의 성립률은 60.7%이며, 2회 개최된 사건의 성립률은 58.9%로 나타났다. 형사조정위원회 개최 횟수가 늘어나도 합의 성립률이 높아지지 않고, 오히려 낮아지는 경향마저 보이고 있다. 형사조정사건의 증가로 인한 부담으로 인하여 합의 불성립 시 추가 형사조정위원회를 개최하는 경우가 줄어든 것이 아닌가 추정된다. 이러한 추세를 감안할 때 1차 조정에서 합의가 이루어질 수 있도록 조정위원들이 인내심을 갖고 당사자들을 설득할 필요가 있다.

개별 조정회의에 참석하는 조정위원 수에 따른 합의 성립률을 비교하면, 3인의 조정위원이 참여한 조정회의 성립률은 62.0%였으며, 2인의 조정위원이 참여한 조정회의 성립률은 59.0%로 나타났다. 이러한 차이는 2014년에도 마찬가지로 3% 정도의 차이를 나타나고 있다. 이 차이를 유의미한 차이로 볼 것인지에

표 7-6 조정회의 개최 횟수와 합의 성립률

구분		2017	2014
형사조정위원회 개최 횟수	1회	60.7%	64.1%
	2회	58.9%	61.5%
	3회 이상	45.5%	−

표 7-7 조정회의 참여 위원수와 합의 성립률

구분		2017	2014
형사조정위원회 참여한 조정위원 수	1명	66.7%	−
	2명	59.0%	62.3%
	3명	62.0%	65.9%

대해서는 해석의 문제가 남아 있으나, 기본적으로 형사조정사건의 원활한 진행과 합의 성립률 제고를 위하여 형사조정위원회를 3명의 조정위원으로 구성함이 바람직할 것이다. 2017년에 1인 회의의 합의 성립률이 66.7%로 높게 나타난 것은 사건의 피해규모 등이 크지 않아 1명의 조정위원이 진행하였던 결과로 조심스럽게 추정해 볼 수 있다.

한편 합의가 이루어지지 못한 사건의 합의 불성립 사유를 살펴보면 [표 7-8] 과 같다. 전체적인 경향은 2017년과 2014년 모두 유사한 모습을 보이고 있다. 합의 불성립 사건 중 1/3에 해당하는 31.8%가 금전적 조건, 즉 합의 금액의 불일치로 인하여 합의가 성사되지 못하였다. 특히 가해자와 피해자의 감정다툼 11.6%, 가해자의 합의노력 부족이 10.0% 합계 21.6%로 2위를 차지하였다. 중요한 것은 당사자의 조정 거부, 기일불출석, 합의조건 불이행 등이 합계 20%를 넘

표 7-8 합의 불성립 사유   [단위: 건(%)]

	2017		2014	
합의 불성립 사유	금전적 조건 불일치	194 (31.8)	합의금액 불일치	133 (34.3)
	금전 이외 조건 불일치	55 (9.0)	변제방법 불일치	14 (3.6)
	피의자 무자력	91 (14.9)	변제할 능력 없음	40 (10.3)
	피해자−피의자 감정다툼	71 (11.6)	−	−
	피의자의 노력결여	61 (10.0)	가해사실 불인정	76 (19.6)
	피해자가 대화/화해 거절	24 (3.9)	조정 거부	47 (12.1)
	기일불출석	39 (6.4)	조정회의 불참	8 (2.1)
	합의조건 전부/일부 불이행	62 (10.2)	합의사항 불이행	49 (12.6)
	기타	13 (2.2)	기타	21 (5.4)
	계	610 (100.0)	계	388 (100.0)

어서고 있다는 점이다. 형사조정 회부에 대한 당사자의 동의가 형식적인 것이 아니라 실질적이고 자발적인 동의여야 한다는 점, 당사자가 합의사항을 실행할 의지와 능력이 있는지 보다 더 철저하게 사전에 점검할 필요성이 있다는 점을 일깨워주는 대목이라 할 것이다.

3. 형사조정을 통한 피해회복: 합의금액 및 합의사항 실행[4]

형사조정을 통해서 당사자 간 합의가 성립된 사건의 합의서에 기재되는 내용 중 주요 사항은 합의금액과 합의사항 실행에 관한 것이다. 형사조정이 성립된 사건 중에서 합의금의 지급이 이루어진 사건의 비율([표 7-9])을 보면, 80% 가까운 사건에서 가해자가 피해자에게 합의금액을 지급하기로 하였으며, 합의금액 없이 합의가 성립된 사건은 20% 미만이었다.

합의금액 없이 조정이 성립되는 사건은 단순히 금전적인 거래를 통하여 사건이 해결되는 것이 아니라 금전적 거래 없이도 가해자와 피해자간의 화해를 통하여 해결되는 사건이라는 점에서 의미가 적지 않다. 피해회복뿐만 아니라 관계회복에도 상당히 기여하고 있다는 점에서 긍정적이다. 또한, 합의금액 없이 합의가 성립되는 과정에서 형사조정위원의 역량이 크게 발휘되었을 것으로 판단된다.

표 7-9 합의금액의 유무   [단위: 건(%)]

구분		2017	2014
합의가 성립된 사건 중 합의금액의 유무	합의금액 있음	638 (79.1)	528 (76.7)
	합의금액 없음	144 (17.8)	160 (23.3)
	미상	25 (3.1)	–
	계	807 (100.0)	688 (100.0)

---

4 형사조정을 통한 회복에는 피해회복과 관계회복이 있는데, 관계회복의 지표가 될 만한 내용은 기록조사를 통해서 파악하기 어렵기 때문에 물리적 피해회복에 국한하였으며, 물리적 피해회복의 지표가 될 만한 것은 합의금액과 합의내용 실행에 관한 내용이다.

합의 성립된 사건의 합의금액 유무에 대하여 사건의 죄명별로 살펴보면([표 7-10]), 재산피해사건이 합의 성립될 경우에 합의금액이 있는 비율은 86.1%인 반면에 신체피해사건의 76.6%, 기타피해사건은 73.7%에서 합의금액이 있었다.

신체피해사건이 재산피해사건에 비해 당사자 간 합의금액 없이도 합의에 이르는 비율이 높은 것은 신체피해사건의 경우 형사조정을 통한 관계회복만으로도 합의 성립 가능성이 높다는 사실을 보여주고 있다. 이러한 경향은 기타피해

표 7-10 사건의 죄명별 합의금액의 유무   [단위: 건(%)]

구분		2017		2014	
		합의금액 있음	합의금액 없음	합의금액 있음	합의금액 없음
재산피해 사건	사기	101 (91.8)	9 (8.2)	99 (94.3)	6 (5.7)
	횡령	20 (83.3)	4 (16.7)	22 (100.0)	0 (0.0)
	배임	1 (33.3)	2 (66.7)	2 (100.0)	0 (0.0)
	절도	50 (78.1)	14 (21.9)	21 (80.8)	5 (19.2)
	재물손괴	21 (67.7)	10 (32.3)	17 (70.8)	7 (29.2)
	근로기준법 위반	68 (95.8)	3 (4.2)	68 (95.8)	3 (4.2)
	기타재산	6 (85.7)	1 (14.3)	8 (88.9)	1 (11.1)
	계	267 (86.1)	43 (13.9)	237 (91.5)	22 (8.5)
신체피해 사건	폭행	110 (78.6)	30 (21.4)	51 (53.1)	45 (46.9)
	상해	73 (66.4)	37 (33.6)	105 (77.2)	31 (22.8)
	폭처법	13 (81.3)	3 (18.8)	40 (66.7)	20 (33.3)
	과실치상	19 (100.0)	0 (0.0)	21 (100.0)	0 (0.0)
	성범죄	34 (85.0)	6 (15.0)	6 (85.7)	1 (14.3)
	기타폭력	3 (75.0)	1 (25.0)	1 (33.3)	2 (66.7)
	계	252 (76.6)	77 (23.4)	224 (69.3)	99 (30.7)
기타피해 사건	협박	8 (50.0)	8 (50.0)	1 (20.0)	4 (80.0)
	명예훼손	8 (44.4)	10 (55.6)	4 (36.4)	7 (63.6)
	모욕	11 (78.6)	3 (21.4)	7 (50.0)	7 (50.0)
	업무방해	5 (38.5)	8 (61.5)	5 (31.3)	11 (68.8)
	교통범죄	85 (90.4)	9 (9.6)		
	권리행사방해	3 (75.0)	1 (25.0)	46 (95.8)	2 (4.2)
	주거침입	5 (50.0)	5 (50.0)	2 (28.6)	5 (71.4)
	기타	18 (72.0)	7 (28.0)		
	계	143 (73.7)	51 (26.3)	65 (64.4)	36 (35.6)

사건의 경우도 마찬가지로 나타난다. 특히 협박, 명예훼손이나 주거침입 등 사생활 영역의 사건들은 합의금액 없이 합의에 이른 경우가 50%를 상회하고 있어서, 금전적 배상보다는 갈등해소를 통한 당사자 간 관계회복이 더 중요한 요소가 되고 있음을 알 수 있다. 금전적 배상 없이 당사자 간 화해를 통한 사건의 해결이라는 형사조정제도의 본래 취지를 달성하고 있다는 점에서 의미 있는 지표라고 생각되며, 해당 죄명의 형사조정사건을 진행할 때에는 이러한 점을 충분히 고려하여 조정을 진행하여야 할 것이다.

한편 형사조정회의를 통하여 당사자 간 합의가 성립된 사건에 대하여 실제로 합의내용이 실행되었는지 그 정도를 살펴보면 [표 7 – 11]과 같다.

합의내용의 실행은 피해자의 피해회복을 통한 사건의 해결이라는 형사조정의 주된 목적과 직결되는 문제로서 형사조정의 실효성이라는 측면에서 매우 중요한 요소이다. 따라서 합의된 사항의 실행률을 높이기 위한 노력이 매우 중요하며, 실행률을 높이기 위해서는 형사조정 후 사후확인에도 지속적으로 관심을 기울여야 할 것으로 보인다. 합의가 성립된 사건 중 합의내용이 전혀 실행되지 않은 사건은 6.2%, 일부만 실행된 사건은 1.8%의 낮은 비율로 나타났고, 87.4%는 합의내용을 모두 실행한 것으로 나타났다. 특히 합의내용을 100% 실행한 사건의 비율은 2014년도의 81.0%에 비해 6.4% 증가한 수치로서, 여기에는 형사조정을 통해 당사자가 이행가능한 조건으로 합의내용을 구성하도록 지도하는 조정위원의 역할이 컸던 것으로 생각된다.[5] 예컨대 당사자 스스로 적정 합의금액의 산정에 도달하지 못할 경우, 조정위원이 적절한 합의금액을 산정하여 제시하는 것도

표 7 - 11 합의 내용의 실행   [단위: 건(%)]

구분		2017	2014
합의 내용의 추후 실행 정도	100% 실행	536 (87.4)	427 (81.0)
	일부 실행	11 (1.8)	16 (3.0)
	100% 미 실행	38 (6.2)	33 (6.3)
	미상	28 (4.6)	51 (9.7)
	계	613 (100.0)	527 (100.0)

---

5 이동원(주 2), 42쪽.

조정회의 진행과정에서 매우 중요하고 효과적인 교섭 전략이 될 수 있을 것이다.

피해금액 대비 합의금액 비율의 분포와 평균값을 살펴보면 [표 7-12]와 같다. 피해금액 대비 합의금액 비율의 평균값을 살펴보면, 합의 성립된 각 사건의 피해금액 대비 합의금액 비율의 평균값(비율 1)은 149.8%로 나타났고, 합의 성립 사건 전체의 피해금액 평균(820만 원) 대비 합의금액 평균(442만 원)의 비율(비율 2)은

표 7-12 피해금액 대비 합의금액 비율

피해금액 대비 합의금액의 비율6 분포		건수 (%)	2017		2014	
			비율 1	비율 2 (합의액평균/ 피해액평균)	비율 1	비율 2 (합의액평균/ 피해액평균)
합의 성립 사건	50% 미만	44 (13.9)	149.8%	53.9% (442만 원/ 820만 원)	97%	82.6% (887만 원/ 1,074만 원)
	50%이상-100%미만	87 (27.5)				
	100%	109 (34.5)				
	100%초과-200%이하	45 (14.2)				
	200% 초과	32 (9.8)				
	계	316 (100.0)				
합의내용 100% 실행 사건	50% 미만	35 (14.7)	165.0%	52.5% (299만 원/ 569만 원)	97.8%	81.5% (576만 원/ 707만 원)
	50%이상-100%미만	63 (26.5)				
	100%	77 (32.4)				
	100%초과-200%이하	37 (15.6)				
	200% 초과	26 (10.9)				
	계	238 (100.0)				

* 비율 1: 개별사건의 피해금액 대비 합의금액 비율의 평균값
* 비율 2: 전체사건의 피해금액 평균 대비 합의금액 평균의 비율

---

6 이렇듯 두 가지의 비율을 제시한 것은, 형사조정사건의 피해금액은 고액보다는 소액인 사건이 많기 때문이다. 비율 1은 각 사건의 피해금액 대비 합의금액의 비율 값을 구한 후 그들 비율 값을 평균한 값이다. 따라서 개별 사건의 피해회복 정도의 평균값으로서 의미를 갖는다. 그런데 상대적으로 사건 수가 적은 피해 규모가 큰 사건은 피해금액 대비 합의금액의 비율이 낮고, 사건 수가 많은 피해 규모가 작은 사건들의 합의금액 비율이 높다면, 전체 사건의 피해회복 정도를 보여주는 수치로서 적합성이 떨어질 수 있다. 그래서 추가로 제시한 값이 비율 2인데, 비율 2는 전체 피해금액의 평균금액 대비 전체 합의금액의 평균금액 비율이다. 비율 1은 다수 소액사건의 비율 영향을 많이 받고, 비율 2는 고액사건의 합의금액 영향을 많이 받는다는 한계점을 각각 안고 있다[이동원(주 2), 55쪽 참조].

53.9%로 나타났다. 다음으로 합의내용이 실제로 100% 실행된 각 사건의 피해금액 대비 합의금액 비율의 평균 값(비율 1)은 165.0%로 나타났고, 평균 피해금액 569만 원 대비 평균 합의금액 299만 원의 비율(비율 2)은 52.5%로 나타났다. 비율 1이 비율 2보다 높은 것은 고액피해 사건에 비해 소액피해 사건의 피해금액 대비 합의금액의 비율이 더 높고, 형사조정 대상사건에는 고액사건보다는 소액 사건이 더 많기 때문이다.[7][8]

[표 7-12]에서 나타난 결과를 2017년도 전체 형사조정 성립사건에 적용하여 형사조정을 통하여 피해자들이 받은 합의금액의 규모를 추정하면 [표 7-13]과 같다.

표 7-13 합의금액 규모 추정

2017년 형사조정 성립건수 (A)	합의금액 존재건수 추정 (B)	100% 실행건수 추정 (C)	일부실행 건수 추정 (D)	미상 건수 추정 (E)	추정액 1	추정액 2
59,424건	47,004건	30,459건	470건	1,457건	697억 5천만 원	1,118억 4천만 원
	A*0.791	B*0.648	B*0.01	B*0.031		

A: 대검찰청 피해자인권과 내부자료(2018)
B: 조사된 합의성립 사건 중 합의금액 있는 사건의 비율(638/807=0.791) 적용([표 7-9] 참조)
C: 조사된 합의성립 사건 중 합의금액 있고 100%실행사건의 비율(523(536)/807=0.648) 적용([표 7-9·7-11] 참조)
D: 조사된 합의성립 사건 중 합의금액 있고 일부실행사건의 비율(8(11)/807=0.01) 적용([표 7-9·7-11] 참조)
E: 조사된 합의성립 사건 중 합의금액 있고 실행미상사건의 비율(25(28)/807=0.031) 적용([표 7-9·7-11] 참조)
주1: 합의금액 평균 - 100%실행사건=299만 원, 일부실행사건=2,395만 원, 실행미상사건=1,604만 원
주2: 추정액1 = C*299만 원
주3: 추정액2 = (C*299만 원) + (D*1,968만 원*0.6) + (E*1,604만 원*0.6),
일부실행사건과 실행미상사건의 합의금액 이행률은 60%로 적용

---

7 이동원(주 2), 56쪽.
8 이러한 경향은 2014년 조사결과에 비해 상당히 강화되었는데, 합의내용을 100% 실행한 사건의 비율 1은 크게 증가하고(2014년 97.8% → 165%) 비율 2는 감소한 것(81.5% → 52.5%), 2014년 대비 증가한 형사조정 사건의 상당수가 소액피해 사건이기 때문인 것으로 생각된다. 상대적으로 소액피해 사건에서 피해금액 대비 합의금액이 비율이 높기 때문에 비율 1은 급증한 반면, 2014년도에 비해 합의가 성립되고 합의내용을 100% 실행한 고액피해 사건의 피해금액 대비 합의금액은 줄어들면서 비율 2가 감소한 것으로 보인다[박미숙·김민영(주 2), 61쪽].

표 7-14 형사조정 관련 예산 항목 및 예산 집행액   (단위: 백만 원)

년도	형사조정위원 수당	형사조정위원 교육비	공증수수료	형사조정 지도감독	계
2017	5,106	25	74	44	5,159

* 출처: 대검찰청 피해자인권과 내부자료(2018)

위의 결과를 활용하여 2017년도 형사조정 합의 성립 사건에서 피해자들이 받은 합의금액의 규모를 여러 가정을 하지 않고 단순하게 추정해 보면 다음과 같다. 형사조정에서 합의된 내용을 100% 실행한 사건을 기준으로 한 전체 합의 금액의 규모 추정치는 약 697억 5천만 원(추정액1)이며, 이에 합의된 내용을 일부 실행하거나 그 실행정도가 미상인 사건을 추가로 포함(이행률 60% 가정)하여 계산한 추정치는 약 1,118억 4천만 원(추정액2)이다.

한편 형사조정과 관련된 2017년도 총 예산은 약 52억 원이었다([표 7-14] 참조). 결과적으로 52억 원의 국가예산을 투입하여 피해자들이 최소 1,118억 원 이상의 피해회복을 하였다고 볼 수 있다. 이는 단순히 합의금액만으로 산출된 효과로서 이외에도 사건의 조기 종결로 인한 당사자들의 시간적·경제적 절감 효과와 형사사법기관의 업무 감소로 인한 효과를 고려하면 실로 엄청난 성과라 하지 않을 수 없다.

4. 형사조정과 사건처리 결과

검찰에 접수된 사건에 대하여 검사는 형사조정 대상사건으로 적합성 여부를 판단하여 형사조정에 의뢰하게 되고, 형사조정회의 결과를 참고하여 사건에 대한 처분 결정을 내리게 된다. 형사조정 사건에 대한 검찰의 처분은 가해자와 피해자의 합의 여부에 따라서만 결정되는 것은 아니지만, 검사가 사전에 형사조정을 통하여 해결하는 것이 바람직하다고 판단하여 형사조정에 의뢰했다는 점을 감안하면, 형사조정을 통한 당사자 간 합의 성립 여부가 검찰의 처분결정에 결정적인 영향을 미칠 것이라는 점을 예상할 수 있다. 다음 [표 7-15]는 형사조정에 의뢰된 사건에 대한 검찰의 처분결과를 보여주고 있다.

| 표 7-15 | 형사조정사건에 대한 검찰의 처분 결과 | | | | [단위: 건(%)] |

구분		2017		2014	
		합의 성립	합의 불성립	합의 성립	합의 불성립
검찰처분 결과	불기소	599 (86.6)	140 (32.5)	604 (88.0)	156 (40.7)
	기소	17 (2.5)	80 (18.5)	12 (1.7)	50 (13.1)
	약식기소	75 (10.9)	211 (49.0)	70 (10.2)	177 (46.2)
	계	691 (100.0)	431 (100.0)	686 (100.0)	383 (100.0)
불기소처분 유형	혐의 없음	54 (8.9)	84 (60.0)	68 (11.3)	109 (69.9)
	죄가 안 됨	1 (0.2)	3 (2.1)	1 (0.2)	1 (0.6)
	공소권 없음(A)	239 (39.4)	8 (5.7)	206 (34.1)	10 (6.4)
	기소유예(B)	276 (45.5)	26 (18.6)	322 (53.3)	23 (14.7)
	공소보류	1 (0.2)	0 (0.0)	–	–
	기소중지	1 (0.2)	8 (5.7)	2 (0.3)	8 (5.1)
	각하	12 (20.0)	5 (3.6)	3 (0.5)	2 (1.3)
	A&B	19 (3.1)	0 (0.0)	–	–
	기타	3 (0.5)	6 (4.3)	2 (0.3)	3 (1.9)
	계	606 (100.0)	140 (100.0)	604 (100.0)	156 (100.0)

* 불기소처분 유형은 복수응답

　　형사조정을 통하여 합의가 성립된 사건 중에서 86.6%가 불기소된 반면에, 불성립된 사건 중에서는 32.5%가 불기소 처리되고 67.5%(18.5+49.0)가 기소(약식기소 포함)된 것으로 나타났다. 즉, 합의가 성립된 사건의 85% 이상이 검찰 단계에서 사건이 종결되는 것을 알 수 있다.

　　당사자 간 합의 성립이 검찰의 처분 결정에 결정적인 영향을 미치는 것으로 판단할 수 있는 자료는 불기소 처분을 내리는 이유, 즉 불기소 처분의 유형이다. 합의 성립 시 불기소 처분 유형으로는 기소유예 비율이 45.5%로 가장 높고, 다음으로는 고소철회 등으로 인한 공소권 없음이 39.4%로 나타났다. 반면 합의 불성립 시 불기소의 유형으로는 혐의 없음이 60.0%로 가장 높고, 공소권 없음과 기소유예는 각각 5.7%와 18.6%에 불과한 것으로 나타났다. 합의 성립 시에는 당사자 간 합의가 되었다는 사실을 감안하여 범죄혐의의 존재 여부를 떠나서(또는 범죄혐의가 있음에도 불구하고) 기소유예를 통하여 불기소처분을 함으로써 사건을 종결하는 경향이 상대적으로 강한 반면, 합의 불성립 시에 불기소 처분을 하는

표 7 - 16 사건의 특성별 검찰의 처분결과

구분		2017		2014	
		합의성립된 사건 불기소율(%)	합의내용 100%실행사건 불기소율(%)	합의성립된 사건 불기소율(%)	합의내용 100%실행사건 불기소율(%)
재산피해 사건	사기	81.0	92.2	81.0	90.4
	횡령	70.0	71.4	90.5	100.0
	배임	100.0	100.0	66.7	50.0
	절도	98.2	97.6	96.3	95.0
	재물손괴	84.0	87.5	100.0	100.0
	근로기준법 위반	93.2	100.0	87.3	100.0
	계	87.7	91.4	86.5	95.5
신체피해 사건	폭행	96.6	100.0	96.9	93.9
	상해	87.5	87.7	91.0	91.8
	폭처법	78.6	72.7	81.7	83.3
	과실치상	88.9	87.5	95.2	100.0
	성범죄	87.1	88.9	100.0	100.0
	계	87.7	87.4	91.3	91.8

경우는 주로 범죄 혐의가 없기 때문이라는 것을 알 수 있다. 따라서 형사조정을 통한 합의 성립 여부가 검찰의 처분 결정에 미치는 영향은 매우 크다고 볼 수 있다.

형사조정을 통한 합의 성립 여부 및 합의된 내용의 실행 정도에 따라서 검찰의 처분에 어떤 차이가 있는지 보다 구체적으로 사건 특성별로 구분해서 처분결과를 제시하면 [표 7 - 16]과 같다.

재산피해사건이 합의 성립되었을 때와 합의내용이 100% 실행되었을 때 불기소율은 각각 87.7%와 91.4%이고, 신체피해사건은 87.7%와 87.4%이다. 합의 성립 시 불기소율은 재산피해사건과 신체피해사건이 같았으나, 합의내용 100% 실행 시 불기소율은 재산피해사건이 더 높게 나타났다. 합의내용의 실행이 처분에 미치는 영향이 재산피해사건에서 더 크다는 것을 보여주고 있다.

형사조정에 회부된 사건에서 합의가 성립되거나 불성립되었을 때 단계별로 사건 처리 기간에 어떤 차이가 있는지를 살펴보았다. 그 결과는 [표 7 - 17]과 같다.

표 7-17 형사조정사건 처리의 진행단계별 평균 소요기간

형사조정사건 처리 단계	전체 사건 평균 소요일	합의 성립 여부		2017 소요기간 차이 (불성립-성립)	2014 소요기간 차이 (불성립-성립)
		성립 사건 평균 소요일	불성립 사건 평균 소요일		
조정의뢰 → 조정회의개최	27.3일	26.4일	28.8일	+2.4일	+3.0일
조정회의개최 → 검찰처분	43.4일	29.4일	66.2일	+36.8일	+38.1일
검찰처분 → 법원선고*	73.5일	49.0일	80.9일	+31.9일	+11.5일
계	144.2일	104.8일 (55.8일)**	175.9일	+71.1일 (120.1일)**	+52.6일 (+105.7일)**

* 1심 선고일 기준
** 불기소 처분으로 사건 종결시 평균 소요일

　　먼저 검찰에서 형사조정위원회에 형사조정을 의뢰한 날로부터 조정회의 개최일 까지는 평균 27.3일이 소요되었다. 이 단계에서는 당연한 결과이겠지만, 합의 성립된 사건과 불성립된 사건 간에는 평균 26.4일과 평균 28.8일로 별 차이가 없다. 그러나 형사조정회의 개최일로부터 검찰의 처분 결정일까지 소요기간을 보면, 합의가 성립된 사건은 29.4일이 소요된 반면 불성립 사건은 66.2일이 소요되어 평균 36.8일이 더 소요되는 것으로 나타났다. 즉, 형사조정이 성립되지 않는 사건의 경우에는 기소 여부를 판단하기 위한 사건관련 조사 등에 그만큼 더 많은 기간이 소요된다고 볼 수 있다. 또한 검찰의 처분결정일로부터 법원의 1심 선고일까지 소요되는 기간은 합의 성립된 사건은 평균 49.0일이 소요되었고, 합의 불성립된 사건은 80.9일이 소요되어 평균 31.9일이 더 소요되는 것으로 나타났다. 이는 2014년의 11.5일에 비해서도 큰 폭의 격차이다. 앞서 검찰의 처분 결정 단계에서 합의 성립 여부에 따른 차이는 충분히 예견된 결과이지만, 처분 결정 이후 법원의 선고에 이르는 단계에서도 합의 성립 여부에 따라서 차이가 나는 것은 상당히 놀라운 결과이다. 물론 사건에 따른 법원의 심리기간 차이로 생각해버릴 수도 있겠지만, 이는 형사조정을 통한 합의 성립이 사건처리기간 단축에 미치는 효과가 예상보다 클 수 있다는 의미로도 해석할 수 있다.

이들 세 단계를 단순 합산하면 합의가 성립된 사건이 불성립 사건에 비해서 최종 종결되는데 71.1일이 덜 소요되는 것으로 나타났다. 그러나 이 수치는 합의 성립 여부에 관계없이 모두 기소되어 재판받는 경우를 가정한 차이이다. 실제로는 합의가 성립되면 80% 이상이 불기소 처분으로 종결되고, 합의가 불성립되면 60% 정도가 기소(약식기소 포함)되어 법원의 선고로 사건이 종결된다. 그 점을 감안하면 104.8일과 175.9일의 차이가 아니라 55.8일과 175.9일의 차이로 120.1일이 된다. 즉 형사조정을 통해서 합의가 성립되고 그 결과 불기소 처분을 받게 되면, 합의가 성립되지 않아 기소 처분될 경우에 비해서 평균적으로 4개월 정도 사건처리 기간이 단축되는 것이다.

이러한 차이는 사건의 성격에 상관없이 제시된 평균 수치이다. 실제 사건처리 기간은 사건의 유형 등에 따라서 또 달라질 수 있다. 사건의 형태, 합의 성립 여부, 검찰의 처분 결과 등을 조합하여 형사조정회의 개최 이후부터 법원의 선고까지의 사건처리 기간을 살펴보면 [표 7-18]과 같다.

표 7-18 형사조정회의 후 사건처리 평균 소요기간

구분			진행 단계별 평균 소요일		2017	2014
			형사조정개최 → 검찰처분	검찰처분 → 법원선고*		
재산 피해 사건	성립	불기소	31.1일	–	31.1일	35.4일
		기소	83.7일	63.0일	146.7일	257.9일
		약식기소	62.1일	33.0일	95.1일	104.8일
	불성립	불기소	87.3일	–	87.3일	86.5일
		기소	88.9일	107.9일	196.8일	208.7일
		약식기소	65.3일	62.6일	127.9일	122.0일
신체 피해 사건	성립	불기소	21.8일	–	21.8일	20.1일
		기소	74.0일	56일	130일	116.7일
		약식기소	41.5일	46일	87.5일	53.1일
	불성립	불기소	47.1일	–	47.1일	37.7일
		기소	62.4일	92.4일	154.8일	197.8일
		약식기소	55.9일	67.4일	123.3일	92.2일

* 법원 1심 선고일 기준

재산피해사건에서 형사조정이 성립되어 검찰이 불기소 처분을 내릴 경우에는 형사조정 후 평균 31.1일 만에 사건이 종결되고, 조정이 불성립되어 기소처분을 내릴 경우에는 조정 후 법원의 선고까지 196.8일이 소요되고 약식기소처분을 내릴 경우에는 127.9일이 소요되는 것으로 나타났다. 조정 성립 결과가 불기소로 반영된 경우와 불성립으로 인하여 기소된 경우를 비교하면, 사건처리에 소요되는 기간의 차이는 165.7일(기소) 또는 96.8일(약식기소) 정도인 것으로 나타났다.

한편 신체피해사건이 형사조정 성립되어 검찰이 불기소 처분을 내릴 경우에는 형사조정 후 평균 21.8일 만에 사건이 종결되고, 조정이 불성립되어 기소처분을 내릴 경우에는 조정 후 법원의 선고까지 154.8일이 소요되고 약식기소처분을 내릴 경우에는 123.3일이 소요되는 것으로 나타났다. 조정 성립 결과가 불기소로 반영된 경우와 불성립으로 인하여 기소된 경우를 비교하면, 사건처리에 소요되는 기간의 차이는 133일(기소) 또는 101.5일(약식기소) 정도인 것으로 나타났다.

사건처리 기간의 차이는 단순히 시간적 차이만을 의미하지는 않는다. 가해자든 피해자든 여러 가지 이유로 경제적 지출이 가중되고, 검찰·법원 출석으로 정신적·육체적 고통은 물론 일상생활 및 경제활동에도 막대한 지장이 초래된다. 피해자의 피해회복이 늦어지는 것은 말할 것도 없다. 이러한 측면에서 형사조정의 성립을 통한 사건의 처리기간의 단축은 가해자와 피해자에게 여러 가지 측면에서 유익하며, 사건을 처리하는 형사사법기관의 입장에서도 인력과 자원을 절감할 수 있어 사건처리 업무의 효율성이 증대되는 등 사회적 자원의 절감이라는 면에서 효용이 크다고 하겠다.

Ⅳ. 결론

지금까지 살펴본 형사조정의 실효성에 대한 평가연구의 결과를 바탕으로, 형사조정제도의 운용에 있어서 개선 및 보완이 필요한 사항을 정리하여 제시하고자 한다.

먼저 형사조정회의의 개최와 관련된 개선 및 보완점은 다음과 같다.

형사조정회의의 개최 횟수는 의뢰 사건의 93% 정도가 1회 개최에 그치고 있는데, 1회차 조정 시 합의가 성사되지 못한 사건을 2회차 조정회의에 회부하였을 경우에도 성립률이 58.9%로 나타났다. 1회차에 회의에서 합의가 성립되지 않았더라도 2회차 조정회의 개최에 적극적인 관심을 가져야 할 것으로 보인다.

조정사건의 60% 이상이 조정위원 2인으로 조정회의를 진행하는 것으로 나타났다. 2인 조정위원 참여 시보다 3인 조정위원 참여 시 성립률이 3.0% 가량 높다는 점을 감안하여 가급적이면 3인이 참석하도록 하여야 할 것이다.

다음으로 합의 성립률과 관련하여 개선점과 보완점을 제시하면 다음과 같다.

합의 성립률은 평균 60.3%로 나타났는데, 신체피해사건이 67.8%로 재산피해사건 55.4%보다 12% 정도 높았다. 단일 사건으로는 가장 많은 배임사건의 성립률은 33.3%로 가장 낮은 편이고, 성범죄사건은 74.0%로 가장 높았다. 따라서 합의 성립이라는 실효성 증대 측면에서는 형사조정 대상사건을 지나치게 금전관련 사기사건에 국한하지 않고 경미한 폭력 및 성폭력사건까지 확대하는 것이 필요하다고 본다. 특히 피해규모가 큰 재산피해 관련 고소사건의 경우, 조정의 어려움이 크다는 점을 감안하여 조정대상사건 회부에 신중을 기해야 할 것이다.

합의 불성립 사유로는 조건 불일치가 전체의 41% 정도인 것으로 나타났고, 나머지 사유는 감정다툼, 무자력, 합의사항 불이행 등이었다. 특히 2014년의 경우, 가해사실 불인정이 19.6%였다. 이는 검찰 쪽에서 조정 의뢰 전에 조정대상사건으로 적합성 여부와 당사자의 자발적 동의 및 조정 의지에 대한 보다 정확한 파악이 필요하고, 조정회의에서는 합의사항의 현실적인 실행 가능성에 대한 철저한 확인은 물론 실행여부에 대한 사후 점검을 강화해야 한다는 것을 의미한다.

합의금액 결정 및 합의내용 실행에 관련한 개선점과 보완점은 다음과 같다.

합의된 사건 그리고 합의내용이 실행된 사건의 절반 정도는 피해금액 대비 합의금액의 비율이 100%인 것으로 나타났다. 합의금액의 평균 비율은 여러 가지 산정 방식에 따라 다소 차이는 있지만 피해금액의 약 50~80% 정도인 것으로 나타났다. 특히 신체피해사건에서는 제시된 피해액 이상으로 합의금액이 결정되는 경우가 적지 않으므로 사건의 성격과 미래에 나타날 손실 가능성을 염두에 두어야 할 것이다.

끝으로 형사조정 후 검찰의 처분과 사건처리 기간에 대한 평가는 다음과 같다.

합의 성립된 사건은 86.6%가 불기소처분되어 합의 불성립 사건의 불기소율

32.5%와 크게 차이가 있다. 정식기소율에 있어서도 합의 성립된 사건은 2.5%에 불과하고 불성립 사건이 18.5%로 큰 차이를 보였다. 처분 결과는 가해자에게 매우 중요한 의미를 지니게 되는데, 결과적으로 합의 성립된 사건의 가해자는 정식재판에 회부되지 않을 가능성이 불성립된 사건의 가해자보다 두 배 이상 높다는 것을 보여준다. 합의 성립으로 불기소 처분되는 비율은 평균 86.6%였는데, 합의 성립 후 합의내용을 모두 실행하면 불기소율이 재산피해사건의 경우에는 91.4% 그리고 신체피해사건의 경우에는 87.4%로 더욱더 상승하고 있다는 점은 형사조정의 실효성을 재확인해 준다고 볼 수 있다.

형사조정회의 개최 후 검찰의 처분과 법원의 선고를 거치는 과정에 소요되는 기간을 합의 성립 여부에 따라서 비교할 경우에도 상당한 차이를 보였다. 재산피해사건이 조정 성립되어 불기소처분 되면 평균 31.1일 만에 사건이 종결되지만, 불성립되어 약식 기소되면 법원 선고까지 평균 127.9일이 소요되고 정식 기소되면 평균 196.8일이 소요되는 것으로 나타났다. 신체피해사건의 경우에는 각각 21.8일, 123.3일, 154.8일이 소요되는 것으로 나타났다. 짧게는 70일에서 길게는 170일 가량 더 소요되는 것을 알 수 있다. 사건해결에 소요되는 기간의 단축은 사건 당사자에게 시간적·경제적으로 도움이 되는 것은 물론 형사사법기관의 인력과 자원의 절감을 가져온다는 측면에서 의의가 크다.

지금까지 본 연구는 기록조사를 토대로 형사조정제도의 실효성을 검토하였다. 객관적인 기록을 통하여 실효성을 검토했다는 데 의의가 있지만, 한계점도 없지는 않다. 수치상으로 나타난 성과와 겉으로 드러나는 피해의 회복에 치우친 평가가 될 수 있기 때문이다. 따라서 조정 진행과정에 대한 평가와 피해자와 가해자 간의 관계회복 정도를 비롯한 사건 당사자의 내면의 변화 등을 평가하는 보다 포괄적인 후속연구가 필요하다.

08

형사재판과 회복적 사법

임수희

Restorative Justice

회복적 사법

08 장

형사재판과 회복적 사법

임수희*

I. 들어가며

판사로서 두 가지 흥미로운 주제, 즉 형사재판과 회복적 사법이라는 주제를 전달할 수 있는 기회를 가지게 된 것에 대해 매우 기쁘고 감사하게 생각한다. 필자는 18년째 재판실무에 종사해 온 실무가이기에 이러한 주제에 대해서 학술적으로 다룰 능력이 부족하다는 점을 인정하지 않을 수 없다. 회복적 사법을 접하고 이를 이해하는 과정이 학자로서의 그것이 아니라 형사재판 업무를 담당한 판사로서의 매우 실무적인 그것이었고, 이 글을 통해 나누고 싶은 내용 또한 그 여정 — 그것은 정말 모험적이었고 때론 고되고 위험했지만 종종 드라마틱한 해피엔딩으로 감동과 희망을 주었던 — 에 관한 것이다.

필자는 2013년에 인천지방법원 부천지원에서 형사단독 재판장을 하고 있었는데, 당시 법원 내에서는 드물게 회복적 사법에 관해 선구자적 식견을 가지고 계시던 정준영[1] 지원장을 만난 인연으로, 법원에서 최초로 형사재판에 회복적 사법을 적용하는 시범실시사업을 담당하게 되었다.[2] 그 이전까지는 하워드 제어의 「회복적 정의란 무엇인가(원제: Changing Lenses: A New Focus for Crime and Justice)」[3]라는 책을 통해 '회복적 사법(Restorative Justice)'이라는 용어 정도를 알고

---

* 수원지방법원 안산지원 부장판사.

1 정준영(2013), "치유와 책임, 그리고 통합: 우리가 회복적 사법을 만날때까지", 저스티스 통권 제 134 - 3호.

2 이에 관한 종합적인 자료로는, 인천지방법원 부천지원(2014), 부천지원 형사재판 회복적 사법 시범 실시 종합평가 합동포럼 - 형사재판 절차에의 회복적 사법 도입에 관한 논의 - 가 발간되어 있다.

3 하워드 제어/손진 역(2012), 회복적 정의란 무엇인가, KAP.

있던 수준에 불과했기 때문에, 당시 솔직한 심경은 마치 '회복적 사법'이라는 거대한 코끼리를 앞에 둔 장님처럼 느껴졌다. 대체 회복적 사법이란 무엇인가. 그것은 아무도 한 마디로 정의내릴 수 없이, 용어의 역사나 유래, 그 내용을 구성하는 가치들이나 어떤 특징들, 또는 절차나 제도 등을 길고 장황하게 늘어놓으면서, 결국 그것이 어떤 것인지를 '묘사'해 주어야 하는 거대한 코끼리 같은 것으로 보였다. 그런데 그것을 현재 재판 계속 중인 실제 형사사건 — 실무가라면 '계속중인 사건'이라는 말의 무게를 실감할 것이다. 그것은 그 사건에 연루된 수많은 사람들의 실제적인 삶과 인생의 무게와 같은 것이다. — 에 당장 적용해야 하다니. 알지도 못하는 그것을 더듬을 기회도 없이, 대뜸 올라타 당장 거대한 코끼리를 부려서 일을 시켜야 하는 장님이었다!

그로부터 수년이 지난 지금 이 글을 쓰고 있으니, 다행스럽게도 그 거대한 코끼리에서 떨어지거나 밟히지 않고 무사히 살아남았다고 할 수 있겠다. 비록 장님이었지만, 법원 내의 훌륭한 스태프들과 국선변호인들의 조력, 검찰의 균형감 있는 파트너쉽, 그리고 결정적으로 국내 유수의 회복적 사법 전문가들의 도움으로, 그 거대한 코끼리를 제법 잘 부렸다고까지 말하고 싶다. 그 결과로 실제 형사재판 중이었던 사건들, 아니 범죄라 이름붙여진 행위를 두고 고통을 주고받았던 사람들 간에 끊어진 다리를 놓고 대화를 가능하게 하고 소통, 이해, 화해, 용서와 같은 마치 영화에나 나올 법한 장면들을 직접 볼 수 있는 기회를 형사재판 도중에 가지는 특권을 누릴 수 있었다. 그 과정에서 '회복적 사법'이라는 코끼리에 대해서 나름대로 알아 가게 된 것도 당연하다. 물론 그 코끼리에 대해 학문적으로 잘 알지 못하는 것은 여전하다. 하지만 '회복적 사법'이라는 거대한 코끼리를 부려서 우리나라에서 처음으로 형사재판 중인 사건들에 적용했었던 한 조련사로서의 그 모험적인 경험과 여정들, 만났던 사람들과 겪었던 상황들, 그를 통해 알게 된 '회복적 사법'이라는 코끼리의 실무적인 면모들, 그리고 형사재판과의 궁합에 관해서 만큼은 나눌 이야깃거리가 많다. 이 글을 통해 그 이야기를 나눌 수 있는 것이 감사하고 즐겁다.

II. 형사재판 단계에서 회복적 사법은 가능한가

1. 형사재판과 회복적 사법

믿기 어려울 수 있겠지만, 형사재판 회복적 사법 시범실시사업을 맡게 되었을 때 형사재판장으로서 처음 가졌던 의문은, 과연 형사재판 단계에서 회복적 사법이 가능한가 하는 것이었다. 당시 법원 내에서 회복적 사법에 관한 이야기를 꺼내면 대부분 '그게 뭐예요?'라고 했던 분위기 탓도 있었지만, 형사재판과 그 관련 업무에 종사하는 분들일수록 '무죄를 주장하는 피고인에 대해서도 적용할 수 있는 건가요?'와 같은 구체적인 질문과 함께 의문을 제기했었고, 그러한 타당한 의문들은 필자 자신의 것이기도 했다.

혹자는 '당연히' 회복적 사법이 형사재판에도 적용되어야 한다고 하면서 왜 이러한 질문을 하느냐고 할지도 모르겠다. 유엔이 2000년에 채택한 「형사사건에서의 회복적 사법 프로그램 활용에 관한 기본원칙」에도 보면, 회원국이 형사사법절차의 '모든' 단계에서 회복적 사법 프로그램의 활용을 장려할 것을 요청하고 있다.[4] 최근 2018년에 유럽평의회(Council of Europe)의 「형사사건에서의 회복적 사법에 관한 권고」에서도 역시, 형사절차의 어떠한 단계에서도 회복적 사법이 활용될 수 있어야 한다고 강조하고 있다.[5] 그렇다면 형사재판 단계라고 해서 제외할 이유는 없어 보인다. 실제로도 중국의 경우는 2012년도에 아예 형사소송법의 개정을 통해 형사화해제도를 입법화하였는데, 형사화해에 관하여 재판단계에서도 이를 심사하는 주체와 절차를 규정하고 화해합의서 작성 등의 결과를 형사소송의 각 단계에서 반영하여 처벌하지 않거나 관대하게 처벌될 수 있도록 하는 규정을 두었다고 한다.[6] 우리나라에서도 형사재판단계에서의 회복적 사법의 이념 내지 그에 기반을 둔 형사화해제도 등의 도입 필요성은 이미 10여 년 전부터

---

4 https://www.un.org/ruleoflaw/blog/document/basic-principles-on-the-use-of-restorative-justice-programmes-in-criminal-matters/ (2019. 9. 30. 최종 검색일).
5 https://rm.coe.int/09000016808e35f3 (2019. 9. 30. 최종 검색일).
6 법원행정처(2013), "중국의 회복적 사법제도", 외국사법제도연구 (13) - 각국의 회복적 사법제도, 631~633쪽.

여러 학자들이나 판사들에 의해 주장되어 왔고, 다양한 제도화 방안이 제시되기도 했다.[7] 2018년도에는 양형연구회 창립기념 심포지엄에서 형사재판 양형을 통한 회복적 사법 이념 구현에 관한 발표와 토론이 이루어진 바도 있다.[8]

그럼에도 불구하고 앞서 언급한 바와 같이, 그 당시 재판 현장에서의 분위기는 회복적 사법에 관해 모르거나 회의적이었다. 즉 그때까지 법원 내에서는 회복적 사법을 실천적·조직적으로 규모있게 형사재판실무에 접목시켜 그 가능성을 타진해 본 시도가 전무하였었고, 때문에 형사재판과 회복적 사법에 관한 논의는 말만 무성하였지 그 발전적 도입과 제도화 노력에 있어서는 아무런 진전이 없는 상황이었다.

필자는 그 주된 이유가 바로 형사 '재판'이라는 절차의 특성 자체에 있다고 보았었는데, 지금도 그 생각에는 변함이 없다. 형사 '재판' 자체는 회복적 사법과 친하지 않을지도 모른다는 것이다. 뒤에서 말하겠지만, 응보적 형사사법 시스템의 정점에 있는 것이 바로 형사재판이고, 이러한 응보적 사법과 회복적 사법은 수레의 양 바퀴처럼 서로 떨어져서, 그러나 함께 발맞춰서 가야 하는 것이지, 한 바퀴를 다른 바퀴로 대체하거나 두 바퀴를 대충 뒤섞어 조립할 수 없는 것이다.

2. 형사재판 제도의 특징

형사재판이 무엇이기에, 도대체 회복적 사법과 친하지 않을 수도 있다고 하는가.

헌법과 형법, 형사소송법에 기초한 현행 형사재판 제도의 기본적인 원칙을 살펴보면, 죄형법정주의, 적법절차와 증거재판의 원칙, 책임원칙으로 크게 요약해 볼 수 있겠다. 형사재판에 있어서는 법률로 범죄와 형벌이 규정되어 있지 않

---

7 이영훈(2009), "재판에서의 회복적 사법의 현재와 미래", 이화여자대학교 법학논집 제14권 제2호, 69쪽 이하; 김용세(2009), 회복적 사법과 형사화해, 진원사, 117쪽; 조원경(2011), "형사재판에서의 형사화해조정제도 제안", 2011 형사법관세미나 회복적 사법조 발표문(미공간); 조수정, "피해자와 피고인 간의 형사화해제도에 관하여", 형사법연구회 제17회 세미나 발표문(미공간) 등.
8 김성돈(2018), "형사재판에서의 회복적 사법 이념의 실현과 양형", 양형연구회 창립기념 심포지엄 자료집, 1~72쪽; 임수희(2018), "형사재판 양형심리 절차에서의 회복적 사법의 구현", 양형연구회 창립기념 심포지엄 자료집, 79~116쪽.

은 행위에 대해서는 국가가 책임을 물을 수 없고, 엄격한 절차에 따라 수집되고 조사된 증거에 의하여만 범죄사실을 확정할 수 있으며, 국가는 개인에게 그 행위에 엄격히 상응하는 책임만을 지워야 하는 것이다.

우리나라뿐 아니라 근대화된 국가라면 어디에서나 그 형태만을 달리할 뿐 이와 같은 형사재판의 일반원칙이 확립되어 있다고 할 수 있고, 법률가라면 누구라도 당연히 잘 알고 있는 이러한 내용을 굳이 언급하는 이유는 무엇일까? 이러한 형사재판의 일반원칙이 확립되어 온 역사가 바로 응보적 사법의 역사이기 때문이다. 흔히 회복적 사법이 무엇인지를 설명할 때 사용되는 방법이 응보적 사법과의 대비인데, 단순히 양자가 어떤 차이가 있는지를 통해 회복적 사법이 무엇인지를 보여주는 것을 넘어서서, 때로는 응보적 사법은 단점과 문제점이 많고 회복적 사법은 뭔가 그러한 단점을 극복하거나 더 진보적인 선한 것으로 그려지곤 하며, 심지어는 응보적 사법을 장차 폐기하고 회복적 사법으로 대체해야 할 듯한 인상을 주기도 한다.[9] · [10]

그러나 '눈에는 눈, 이에는 이'라는 함무라비 법전이 세워지기까지, '눈에도 목숨, 이에도 목숨'에 따라 개인뿐 아니라 집단이나 종족 간에까지 무자비한 피바람을 일으키는 사적 복수의 악순환으로 반복되었던 원시적 인류의 역사를 되돌아보면, 회복적 사법이 비난하는 응보적 형사사법의 '국가 사법', '응보 사법'의 실체는, 중립적인 국가가 나서서 무자비한 사적 복수의 악순환으로부터 개인을 보호하고(피고인뿐만 아니라 결국은 피해자도) 적법한 절차에 따라 확정된 사실관계에 의하여 그 잘못한 행위만큼 만의 엄격한 책임을 부과함으로써 개인과 사회의 소중한 가치들을 지켜나가면서 그 존속과 번영을 추구하고자 한 문명화된 인류 역사의 중요한 한 걸음인 셈이다.

우리나라의 형사법체계에는 이와 같은 근대화된 형사법 원칙이 응축되어 있지만, 그것이 국내에서 토착적으로 생성·발전한 것이 아니라 1900년대 초반 무렵부터 이루어진 서양법의 계수[11]가 광복 후 1953년 형법의 제정으로 마무리된

---

9 전통적인 응보적 사법과 회복적 사법의 관계에 대해 대체냐, 우위냐, 조화 내지 보완이냐 등의 논의가 있어 왔다. 이에 대해서는 김용세(2009), 회복적 사법과 형사화해, 진원사, 43쪽 이하 참조.
10 회복적 사법과 응보적 사법의 관계에 관한 필자의 견해는, 임수희(주 8), 84~89쪽 참조.
11 1911년 조선형사령에 의한 것으로 알려져 있다.

과정을 통해 정립된 것이기 때문에, 불과 100년 정도 지난 지금까지도 국민의 법감정이나 사법부의 법집행 과정 안에 그러한 원칙들이 온전히 체화되어 있다고 할 수 있을지는 의문이 있다. 특히, 일제와 군부, 권위주의 정권을 거치면서 우리 국민들 사이에 형성된 '무고한 사람을 억울하게 잡아 넣었다', '누구는 형이 너무 무겁고 누구는 형이 너무 가볍다'는 유전무죄, 무전유죄 식의 사법 불신은 아직까지도 불식되지 않고 있다. 즉 우리 사법부는 아직도 응보적 사법의 기본적인 이념, 즉 적법절차와 책임원칙이라는 형사법의 기본원칙을 온전히 구현하기 위한 노력, 더 정확히 말하면 적법절차와 책임원칙에 입각한 공정한 재판을 하고 있다는 신뢰를 국민들로부터 얻기 위한 노력에 모든 역량을 집중하고 있는 중이라 할 수 있겠다.

이러한 현행 형사재판 제도의 구체적 특징을 언급해 보자면, ① 공소는 검사가 일정한 재량하에 제기하여 수행하는 국가소추주의와 기소편의주의를 취하고 있고(형사소송법 제246조, 제247조), ② 구법에 있던 예심제를 폐지하고 공소장일본주의(동법 제254조, 명문규정은 군사법원법 제296조 제6항), 구두변론주의(형사소송법 제275조의 3), 집중심리주의(동법 제267조의2), 직접심리주의(동법 제275조, 제290조 이하)에 의하여 뒷받침되는 공판중심주의를 채택하고 있으며, ③ 피고인은 유죄가 확정될 때까지 무죄로 추정되고(동법 제275조의2), ④ 증거재판주의(동법 제307조)와 적법절차의 원칙(동법 제308조의2 이하)이 심리의 기본원칙이며, ⑤ 불복이 있으면 1회의 사실심과 1회의 법률심에 관한 상소제도를 가지고 있고(동법 제338조 이하), 좀 더 구체적인 특징으로는, ⑥ 미국[12]과 달리 유·무죄의 확정절차와 양형절차가 분리되어 있지 않고 유·무죄 판단과 형의 양정이 단일한 절차에서 이루어지며, ⑦ 영국[13] 등과 달리 소년형사절차와 소년보호절차가 분리되어 있어서 19세 미만의

---

12 미국의 대부분의 주는 기소인부절차(arraignment)를 거쳐 답변협상(plea bargain, 특정한 형을 언도받을 것을 조건으로 유죄를 시인하는 것)을 하지 않은 사건에 대해서만 유무죄를 가리는 공판(trial)을 하고, 답변협상이든 공판이든 유죄로 결정된 후에 형의 선고 단계에서 양형이 이루어 지는 방식으로 유무죄의 확정과 양형절차가 분리되어 있다.

13 영국은 우리와 달리 소년형사절차와 소년보호절차가 분리되지 않고 형벌에서부터 우리의 소년보호처분과 유사한 명령에 이르기까지 다양한 처분이 동일한 절차에서 부과된다고 한다. 이에 관해서는, 법원행정처(2013), "영국의 회복적 사법제도", 외국사법제도연구(13) - 각국의 회복적 사법제도, 347쪽 이하 참조.

소년에 대해서는 형사재판절차와 소년보호절차로 이원화되어 있다.

소년보호사건은 소년법에 따라 19세 미만의 소년에 적용되고(소년법 제2조) 범죄를 저지르거나 저지를 우려가 있는 경우에(동법 제4조) 형벌이 아닌 보호처분(동법 제32조), 즉 감호위탁이나 보호관찰, 소년원 송치, 수강명령, 사회봉사명령 등의 처분을 하는 특별형사절차라 할 수 있다. 이와 같은 특별형사절차로는, 가정폭력범죄의 처벌 등에 관한 특례법에 따른 가정보호사건과 아동학대범죄의 처벌 등에 관한 특례법에 따른 아동보호사건 등이 별도로 규정되어 있다. 직관적으로 보기에도, 종국적으로 형벌이 아닌 다양한 대체적 처분이 가능한 소년보호절차나 가정보호·아동보호 절차는 그 성격상 회복적 사법과 더 친하다는 것을 알 수 있다. 실제로도 2007년에 소년법 개정을 통해 소년보호절차 안에 화해권고제도(동법 제25조의3)가 규정됨으로써 우리 형사법체계상 매우 중요한 회복적 사법의 제도적 기초가 마련되었다.

여기서 필자의 초기의 의문으로 다시 돌아가 보겠다. '회복적 사법이란 그 본래적 속성이 사법절차 외적인 특성 또는 비공식적 특성 등이 있다. 그러므로 기본적으로는 지역사회와 학교 현장에서 주력해야 할 것이다. 형사사건화된 단계에서는, 검찰이 형사조정제도[14] 등을 통해서 회복적 사법을 시도할 만큼 한 연후에 기소한다. 법원 단계에서는 회복적 사법에 친한 사건들은 소년보호절차나 가정보호절차로 전환하면 된다. 형 확정 후에 교정 단계에서의 회복적 사법은 교도소 등 교정기관의 몫이다. 그렇다면 과연, 유·무죄를 가리고 형을 정하는 엄정한 절차를 진행해야 할 형사재판단계에서 법원이 할 수 있는 회복적 사법이 무엇이 있을 것이며, 굳이 이 단계에서 회복적 사법을 할 필요가 있을까?'

---

14 2006년 4월 대검찰청은 '고소사건 형사조정 실무운영지침', '범죄피해자지원센터 형사조정위원회 운영지침'으로 검찰 단계에서 형사조정제도를 시범실시(서울남부, 부천, 대진)하다가, 2007년 8월 전국 37개 지역으로 확장하여 본격 실시하였고, 이후 2010년 5월 14일 「범죄피해자 보호법」 개정으로 형사조정제도의 법적근거를 마련하여 전국 모든 검찰청에서 실시해 오고 있다.

3. 회복적 사법과 관련된 형사재판 절차상의 제도들

현행 형사재판 제도상에 도입되어 있는 회복적 사법 관련 제도들을 살펴보면, 일반 형사재판 절차와 관련된 제도로는 두 가지를 들 수 있다.

첫째로, 「소송촉진 등에 관한 특례법」상의 배상명령제도(1981년 「소송촉진 등에 관한 특례법」 제정 시에 입법됨. 제25조 이하)이다. 이는 제1심 또는 제2심의 형사공판 절차에서 일정한 범죄에 관하여 유죄판결을 선고할 경우에 법원이 직권[15] 또는 피해자 등의 신청에 따라 범죄행위로 인하여 발생한 직접적인 물적 피해와 치료비, 위자료의 배상을 명하는 것이다. 확정된 배상명령이 기재된 유죄판결서의 정본은 강제집행력 있는 민사판결 정본과 동일한 효력이 있기 때문에, 피해자 입장에서는 별도의 민사소송을 거치거나 자신이 직접 주장, 입증을 하지 않고도 이미 계속 중인 피고사건의 형사재판 절차에서 간편하게 집행력 있는 정본을 얻을 수 있는 장점이 있다. 필자의 형사재판 경험상으로도 배상명령신청 사건은 제법 접수되었던 것으로 기억한다. 통계에 의하면, 시범실시사업을 했던 2013년[16] 전체 배상명령신청 사건수는 총 6,851건(지방법원 6,688건, 고등법원 163건)이며, 인용률(=인용건수/처리건수 × 100)은 31.5%, 배상명령액은 118,704,162,794원으로 집계되었는데, 2018년[17]에는 총 10,046건(지방법원 9,826건, 고등법원 220건), 인용률은 41.5%로 올라 갔지만, 배상명령액은 66,968,408,975원으로 오히려 감소하였다.

그런데 배상명령신청의 인용률이 약 30~40% 정도에 그치고 인용되는 배상명령액 총액이 오히려 점차 감소하기도 하는 데서 드러나듯이, 배상명령은 배상책임의 유무와 범위가 명백해야 하고 공판절차의 지연이 없어야 하는 제약이 있어서 실무에서는 제한적으로만 이용가능하다. 다툼이 있는 경우에는 법원의 조정 등 개입 없이 각하 주문만 내려지기 때문에 피고인과 피해자의 관계에는 아무런 영향이 없다. 그리고 피고인의 자발적 책임에 따른 것이 아니고 단지 집행력을 손쉽게 부여해 주기 위한 것일 뿐이기 때문에 이에 의한 실제 집행가능성이나 배상가능성은 의문인 경우가 많다. 배상책임 범위가 명확한 피고인들의 경

---

15 실제로는 법원이 직권으로 배상명령을 하는 예를 보지 못했다.
16 법원행정처(2014), 2014 사법연감, 598~601쪽, 975쪽 참조.
17 법원행정처(2019), 2019 사법연감, 1036쪽, 1045쪽, 1056쪽 참조.

우에 이미 아무런 자력이 없어서 배상명령이 무의미할 뿐만 아니라, 그 배상명령액수는 피해자가 실감하는 실제 피해규모와는 달라서 피해자의 심리적 만족조차 충족시켜 주지 못하는 경우가 많다.

둘째로는, 민사상 다툼에 관한 형사상 화해 제도(「소송촉진 등에 관한 특례법」에 2005년 규정하여 2006년부터 시행됨. 제36조 이하)가 있다. 이는 피고인과 피해자 사이에 피해에 관한 다툼에 관하여 합의한 경우에 계속 중인 제1심 또는 제2심 법원에 그 합의 사실을 공판조서에 기재하여 줄 것을 공동으로 신청하는 제도인데, 합의사실이 기재된 공판조서는 집행력을 가진다. 피고인과 피해자가 함께 출석하여 서면으로 신청해야 한다.

필자가 담당했던 사건에서 이러한 형사화해신청이 들어온 것을 한 번도 본적이 없다. 피고인과 피해자가 합의를 해야 하고 함께 출석해서 서면으로 신청해야 한다는 요건이므로, 일단 합의 자체가 어렵고, 설령 합의를 했다고 하더라도 피해자 입장에서는 간단히 배상명령신청을 하면 될 것을 굳이 출석과 공동 신청을 요하는 형사화해신청을 할 필요가 없어 보인다. 형사화해신청 사건이 사법연감상에서 별도로 통계로 집계되지 않고 있는 것을 보더라도 실제로도 그 활용실적은 매우 적은 것으로 보인다.[18] 다만 2006년 광주지방법원 장흥지원에서 지역사회의 범죄피해자지원센터와 연계하고 국선변호인의 협력하에 형사소송상의 화해중재를 시도하여 성공한 사례가 있으나, 일회적인 것으로 그쳤고 이후 위제도의 활용이 정착되지는 않았다. 이러한 형사화해신청제도가 잘 활용되지 않는 이유를 추측해 보건대, ① 우선은 이 제도가 잘 알려져 있지 않고, ② 피해자와 피고인을 화해로 이끌수 있는 전문적 역량에 의한 지원 등의 뒷받침이 없는 현행 형사재판 절차상, 다툼이 있는 피해자와 피고인이 자발적으로 합의하여 법정에 함께 출석하여 서면으로 공동신청을 해야 하는 절차적 요건을 갖추기가 어렵기 때문으로 보인다.

하워드 제어는 회복적 사법 모델의 효율성과 정도를 분석함에 있어서 다음의 여섯 가지 질문을 제기하였다.[19] '① 피해, 니즈 그리고 원인을 다루는가, ② 피

---

18 사법연감에는 형사신청 사건 중에서 '기타' 사건 중에 포함되었을 것으로 보이나 정확한 숫자는 알 수가 없다.

해자를 중점적으로 적절하게 배려하는가, ③ 가해자에게 책임을 지도록 장려하는가, ④ 모든 관련 이해당사자가 참여하는가, ⑤ 대화 및 참가를 통한 의사결정의 기회가 있는가, ⑥ 모든 당사자를 존중하는가.' 소송촉진 등에 관한 특례법상 배상명령제도나 형사화해제도가 위의 어느 항목 하나에라도 해당하는 것을 찾기가 쉽지 않다는 점을 보면, 그나마 회복적 사법과 관련이 있는 현행법상의 제도이기는 하지만 회복적 사법과는 매우 거리가 있는 제도임에는 분명해 보인다. 적어도 형사재판에 회복적 사법을 적용했다고 하려면 보다 직접적이고 피고인과 피해자 사이의 관계에 보다 깊이 관여하는 무엇이어야 한다는 것 역시 분명해 보인다.

Ⅲ. 실천적 시도 – 2013년 부천지원 형사재판 회복적 사법 시범 실시사업

1. 추진경과와 방식

형사재판에의 회복적 사법의 적용, 어떻게 시작할 것인가.

종래의 형사사법 시스템은 적법한 절차에 따라 증거조사를 하고 책임원칙에 입각하여 피고인을 처벌하는 데에 최적화 되어 있기 때문에, 그 시스템 자체적으로는 회복적 사법 패러다임을 구현해 낼 수 있는 역량을 갖추고 있지 않다. 회복적 사법은 사회 내에 축적되어 있는 전문 역량에 기대어 수행되지 않을 수 없고, 특히 지역사회 내에서 활용 가능한 전문가 역량을 발굴할 필요가 있었다. 뿐만 아니라 지역사회 내에서 형사사법기관 및 그 밖의 유관기관 및 지역주민들 사이에서 회복적 사법이라는 생소한 용어와 패러다임의 재판에의 적용에 대한 이해와 공감대를 얻을 필요도 있었다. 이러한 노력의 일환으로 2013년 봄, 부천지원(법원)은 부천지청(검찰), 부천시(지자체), 부천교육지원청(교육청) 및 회복적 정의 기관·단체와 연계하여 '회복적 사법 부천지역 합동 포럼 — 부제: 회복적 정

---

19 하워드 제어/조균석 외 역(2015), 회복적 정의 실현을 위한 사법의 이념과 실천, KAP, 74쪽.

의에 기반한 안전하고 평화로운 도시 만들기'라는 합동 포럼을 개최하였다. 이 포럼을 통해 회복적 사법 패러다임에 대한 공통의 이해에 기초한 공공영역에서의 담론을 형성하고, 각 부문·기관 간 상호 이해를 증진하며 신뢰관계와 파트너십을 구축하며, 학교·지역사회(입건 전)단계, 경·검찰단계, 법원단계에서 각 회복적 사법 패러다임에 입각한 대안적 절차나 각 부문별 상호 유기적 협력 방안을 모색하고, 형사사법절차, 특히 형사재판절차에 있어서도 회복적 사법 이념에 기반한 시스템 구축의 필요성에 관해 공감대를 형성하고자 하였다.

본격적인 시범실시사업은 2013년 가을 무렵부터 진행되었다. 앞서 본 사전작업 과정을 통해서 발굴 내지 법원과 네트워킹된 회복적 사법 전문가 기관·단체들과 부천지원 간에 MOU(업무협약)를 체결하여, 각 전문기관 별로 전문가팀 1개씩을 구성하여 현재 형사재판 진행 중인 사건 중 회복적 사법을 적용하기에 적절한 사건을 1~2건씩 담당하되, 시범적으로 각 전문기관 고유의 다양한 프로그램들(피해자-가해자 조정모델, 회합모델, 써클모델 등)을 적용하여 피고인(측)과 피해자(측) 간의 대화를 진행하여 보고 그 결과를 재판에 반영할 뿐 아니라, 함께 평가하는 방식을 택하기로 하였다. 여기에는 어떠한 예산 지원도 없이 전적으로 시범실시사업에 참여하는 전문기관의 자발성과 구체적 사건에 참여하는 전문가들 각자의 자발적 헌신만으로 이를 진행하기로 하였는데, 그 배경에는 우리 사회 내에서 형사재판 절차에도 회복적 사법의 도입이 중요하다는 인식과 공감대가 충분히 형성되었다는 점과 이제 우리 사회 내에 이를 담당하여 수행할 만한 전문역량이 상당히 축적되어 형사재판 영역에까지 제도적 확장을 구체적으로 도모해 볼 수 있다는 자신감이 함께 하지 않았는가라고 평가해 본다.

이 시범사업에 참여한 6개의 전문기관은(가나다 순), 비폭력평화물결(대표 박성용), 이화여대 로스쿨 회복적사법센터(대표 조균석), 평화를 만드는 여성회 부설 갈등해결센터(대표 김선혜), 한국갈등관리조정연구소(대표 문용갑), 한국비폭력대화센터(대표 캐서린 한), 한국평화교육훈련원(대표 이재영)이었다.

필자의 재판부가 회복적 사법 프로그램 전담 재판부로 되어 일반사건 처리 비중을 줄이고 다른 재판부로부터 회복적 사법을 적용할 만한 사건을 재배당받으면서 우리 재판부뿐 아니라 다른 형사재판부의 전체적인 업무 부담이 대폭 늘어났다. 일상적인 재판업무가 아닐 뿐 아니라 이름조차 생소하고 정형화된 절차가 전혀 없었던 어떤 새로운 일을 처리한다는 것은 판사나 직원이나 법원공무원들로서는 매우 어려운 일이었을 것이다. 하지만 필자를 포함해서 형사재판부 판사들과 직원들은 '회복적 사법'이라는 새로운 패러다임에 접근하고 이를 이해하고자 무척 애를 썼다. 특히, 우리 전담 재판부의 훌륭하고 헌신적인 서희곤 참여관과 김동현 실무관, 그리고 법원 총무과 김경선 실무관의 행정지원이 아니었다면 제대로 진행도 되지 않았을 것이다.

한편 검찰과의 협의 결과 검사가 사전 동의하는 사건에 한하여 회복적 사법을 실시하기로 하고, 그 실시결과에 대하여도 검사에게 고지하여 실질적인 피해회복 여부를 검사가 확인한 후에 재판부에 구형 의견을 제시하도록 하기로 하였으며, 대상사건 등에 관하여, 검찰단계에서 이미 형사조정이 불성립하는 등 피해자에게 불필요한 절차를 반복하고 소송이 지연될 우려가 있는 사안이나 성폭력·보복범죄 등 피해자와 가해자의 접촉으로 인해 2차 피해가 발생할 우려가 있는 사안 등 적절치 않은 사건들은 제외하기로 하는 등의 일정한 가이드라인을 정하였다. 이러한 과정을 돌이켜 보건대, 검찰은 단순한 소추권자로서 소송당사자에 불과한 것이 아니라 회복적 사법을 형사재판에 적용하는 과정에서 절차가 적정할 수 있도록 균형을 잡아주는 공익의 대변자로서의 역할을 해 주었다고 감히 말할 수 있겠다.

마지막으로 빼놓을 수 없는 역할을 해 준 분들은 국선변호인들이다. 회복적 사법 과정에서 피고인의 형사절차상의 권리가 조금이라도 침해되는 일이 생기지 않도록 하기 위하여 시범실시하는 모든 사건에 있어서 반드시 변호인의 조력을 받는 상태하에서 회복적 사법 프로세스가 진행될 수 있도록 하였는데(사선변호인이 없는 경우 국선변호인을 선정), 전담재판부의 이순욱 국선전담변호사와 재판부 전속 국선변호인인 전성주 변호사, 김학무 변호사가 헌신적으로 시간과 노력을 들여 함께 해 주었다.

2. 구체적 진행방식과 과정

대상사건으로는, 자백사건 또는 증거조사가 완료되어 사실관계가 확정된 사건, 피해회복이 필요하고 가능한 사건, 피해회복에 있어서 갈등조정 내지 대화

진행 전문가들의 도움이 필요한 사건, 소년 형사사건 내지 미성년 형사사건 등이었는데, 회복적 사법을 적용하기에 적절하다고 판단된 사건의 경우, 재판장이 공판기일에 법정에서 피고인이나 출석한 피해자에게 상세한 안내문을 주면서 참여의사를 묻고 동의서에 의해 참여의사를 확인하였다.[20]

피고인과 피해자 사이의 갈등이 깊어 회복적 사법이 필요한 사건일수록 공판정에서는 피고인이나 피해자가 거부의사를 밝혔던 경우가 많았기에 당사자들을 회복적 사법 프로세스에 참여시키는 과정은 종종 공판정을 넘어서 시간을 두고 전문가들이 전화 내지 면담 접촉 등의 노력을 하는 데까지 이어졌다. 그렇게 약 3개월간 총 10건(병합사건수로는 12건)을 회복적 사법 절차에 편입시키는데 성공하였는데, 이때 종전 형사공판은 다음기일을 추정해 두거나 선고기일을 멀리 지정해 두고 그 사이에 전문가들에 의한 당사자 간의 대화진행이 이루어지도록 하되, 공판절차와는 완전히 분리되도록 하였다. 즉 판사와 공판검사는 회복적 사법 프로세스에 내용적으로 관여하지 아니하고 그 과정에서 현출된 진술이나 자료를 추후 공판기일에 증거로 제출하는 것을 허용하지 아니함은 물론, 불리한 양형요소로도 삼지 아니하였다. 전문가들에 의한 대화진행 결과, 원만히 화해가 이루어지고 자발적 책임과 용서, 치유까지 이루어져 모두가 만족스러워 하는 결과를 낳은 경우에도 그 결과를 공판 과정에 반영하는 방식은, 국선변호인 내지 피고인이 일반 형사사건과 동일한 방식의 양형자료로 제출하여 공판에 현출시켜서 심리하는 형태를 취하여 양형에 반영하였다.

회복적 사법 프로세스의 진행에 있어서는 기관별로 각자 고유한 조정모델을 사용하였는데, 대체로 공통된 점은 다음과 같다. ① 가능한 한 법원의 조정실을 이용하였으나 필요한 경우 각 센터의 상담실 공간 등을 활용하였다. ② 종래의

---

20 필자는 시범실시사업 보고서에서, 당사자들을 회복적 사법 프로세스에 참여시키는 과정, 즉 당사자들이 처벌적 패러다임에만 얽매이지 않고 회복적 사법의 관점을 가져 대화 테이블에 나오도록 마음먹게 하는 이러한 과정을 리딩 인(Leading - in) 작업이라고 이름 붙이면서, 그 어려움과 그러한 이유, 이러한 과정의 민감성과 중요성 등의 인식 하에 독자적인 별도의 절차로 인식하고 공을 들여야 한다는 점 등을 역설한 바 있다[임수희(2014), "2013 부천지원 형사재판 회복적 사법 시범실시 결과보고 - 형사재판에의 회복적 사법 도입과 제도화를 위하여 - ", 부천지원 형사재판 회복적 사법 시범실시 종합평가 합동포럼 - 형사재판 절차에의 회복적 사법 도입에 관한 논의 - , 인천지방법원 부천지원, 23~25쪽].

민사조정이나 형사조정처럼 곧바로 당사자들을 대면시키지 아니하고, 반드시 별도의 분리된 기간에 각 당사자들을 따로 따로 전문가 팀과 사전 세션(전문기관 별로 사전 중재, 예비 조정 또는 사전 써클 등 다양한 명칭을 사용)을 하게 한 후, 쌍방이 심리적·정서적으로 충분히 준비된 단계에서 쌍방이 대면하는 본 세션을 가졌으며, 필요하면 사전 세션도 여러 차례 진행하였고, 본 세션도 여러 차례 충분히 진행하도록 하였다. ③ 참여자를 피고인과 피해자 본인으로 국한시키지 않고, 피고인 측 분쟁 관여자(배우자, 가족 등)와 피해자 측 분쟁 관여자 전원을 가급적 참여시키고, 쌍방의 법률조력인, 즉 국선변호인, 사선변호인, 사선변호사(민사사건 대리) 등 관련자들 전원에 대해 참여 기회를 열어 두었다. 써클 모델을 적용한 사건에서는 심지어 지역사회의 사회복지사나 상담사도 참여하도록 했다.

3. 사건들

시범실시 사건들 각 주요 내용과 결과를 보면 아래 [표 8-1]과 같다.
(V: 피해자, D: 피고인, 국변: 국선변호인)

표 8-1 사법실시 사건 주요 내용과 결과

	사건/피고인	담당	모델	진행	합의 여부	선고결과	비고
1	2013고단867 폭력행위등처벌에관한법률위반(집단·흉기등상해) A(58세, 남)	한국갈등관리조정연구소	조정모델	V 측 (부부) 1회 / D 측 (D,국변) 1회 / 본 조정: (V부부,D,국변)1회	합의 ○ (150만 원 지급 및 D 측 이사/재범불이)	징역 1년6월, 집유 3년 (확정) 금전지급 및 이사를 위한 임대차계약 단계 신고	피해자 측 적극 참여 하였으나 정서를 위로하는 두류
2	2013고단2648 상해, 감금, 재물손괴 A(19세, 남)	한국갈등관리조정연구소	피고인 측 상담	D의 모 상담 1회 / D 및 모 상담 1회 / -D 미성년자이고 정신적, 가족내 문제 있음 / -상담을 통해 가족내 문제해결 및 D 화해역량증진	합의 × (D 사과 시도, V 받아들이지 않음)	벌금 100만 원 (확정)	피고인 측 일방만 진행 (피해자보호, 피고인 화해역량증진 목적)
3	2013고단734 교통사고처리특례법위반 A(45세, 남)	한국비폭력대화(KNVC)센터	NVC 갈등해결모델	V 측 부 전화/ 부녀 방문 1회 / D 측: D, 국변 1회/ 부부 1회, 국변1회 / 본증재: V부녀, D부부 1회	합의 ○ (사과, 용서, 화해 및 1000만 원 지급/재범불이)	금고 6월, 집유 1년 (확정)	피해자(22세)이 정함된 교통사고 사망 사건
4	2013고단877 상해 A(33세, 남)	한국비폭력대화(KNVC)센터	NVC 갈등해결모델	V 측: 전화/ 대면 2회 / D 측: D, 배우 1회 / 본증재: V, D 1회	합의 ○ (1300만 원 중 700만 원 먼저 지급약속, 잔액 나중 지급약속/재범불이)	징역 6월 (법정구속, D만 항소) 먼저 지급약속한 700만 원 중 일부만 지급	약속불이행으로 합의 효력 인정 불가
5	2013고단2477 폭력행위등처벌에관한법률위반 (공동상해) A(27세, 남) B(28세, 남)	평화여성회 갈등해결센터	조정모델	V 측 예비조정: 부부 1회 / D 측 예비조정: Ds, 부, 1회 / 본조정: Vs, Ds 1회	합의 × (대화는 많이 나누었으나 액수 불합치)	각 징역 10월, 집유 2년, 사회봉사 160시간 (확정) 총 2,000만 원 공탁	피해회복 불충분하였으나 사회봉사 및 공탁하여 사회내처우

번호	사건	기관	모델	예비조정/써클	합의	결과	비고
6	2013고단2557 폭력행위등처벌에관한법률위반, 폭행 (집단·흉기등협박), 폭행 A(54세, 남)	평화 여성회 갈등해결 센터	조정 모델	V 측예비조정: 방문 수회 D 측예비조정: D,국변 1회, 국변 본조정(5시간): V, D, 국변	합의 ○ (협의이혼, 위자료 및 재산분할 등 D집 소유권이전/ 지별불원)	징역 1년, 집유 2년, 폭행 공소기각(확정) 합의서 및 협의이혼신청 확인 후 선고	-피해자 상처 및 감정 치유 -가정폭력사건의 형사, 가사, 민사 일거에 해결
7	2013고단945 재물손괴, 상해 A(46세, 남)	한국평화교육 육훈련원	조정 모델	V 측: 전화접촉만, RJ 불응 D 측: D, 사변 1회	합의 ○ (사선 변호인의 노력의 결실로 보임)	징역 8월, 집유 2년, 80시간 폭력예방치료 수강(확정)	-중간소음 사건 -피해자측 형불응 (법정, 전화)
8	2013고단2405 D1 A(45세, 남) 상해 D2 B(47세, 남) 상해	한국평화교육 육훈련원	조정 모델	D1 측 예비조정: D,국변 1회 D2 측 예비조정: D,국변 1회 본조정: Ds,국변 s1회	합의 ○ (D1이 D2에 대한 대여금 채권포기 및 150만 원 지급, 향후 가해금지/ 상호 차별불원)	D1 징역 1년, 집유 2년, D2 징역 8월, 집유 2년, 합부 공소기각(확정)	쌍방 상호 폭력으로 인한 공동피고 인 사건
9	2013고정1028,469,1327(병합) D1 A(74세, 여) 모욕, 폭행 D2 B(68세, 남) 상해	비폭력 평화물결	써클 모델	본써클 1회(5시간): {D1, 지 역사회복지사, 상담사등, D2 부부, 쌍방국변, 써클진행자 2인}	합의 × (합의서 작성까지 하였으나 최종적으로 D1 합의 불응)	쌍방 각 별금 80만 원 (확정)	-회복적 써클 죄 조 시도 -취약당사자에 대 한 지역내 사회 복지적 지원체계 내지 지자기반 구 축 시도
10	2012고단1228 폭력행위등처벌에관한법률위반 (집단·흉기등상해) A(42세, 남)	이화여대 로스쿨 회복적 사법센터	조정 모델	V 측 예비조정: 불출석 D 측 예비조정: D, 변, 1회 본조정: V장모,V민사변호사, D, D변호인, 1회	합의 × (대화는 나누었으나 액수 불합치)	징역 2년, 집유 4년, 사회봉사 160시간 (확정)	-민·형사 한번에 해결 시도 -부천지청 형사조 정위원 2인 참여
					총 1억 5000만 원 공탁		

위의 사건들은 당사자들에게 있어서는 그 하나하나가 책으로 쓰면 소설책 한 권씩은 나올 법한 인생사들이다. 이상의 시범실시 사건들 중 가장 대화가 어려웠던 사건이었지만 가장 먼저 조정과 화해에 성공하였고, 당사자와 가족들에게 가장 큰 치유가 되었던 한 사건만을 언급하고자 한다.

위 [표 8−1]에서는 3번 사건이다. 피고인이 생계를 위해 아직 캄캄한 이른 새벽 출근길에 교통사고를 내서 피해자가 사망하였는데, 당시 피해자는 새벽에 검은 옷을 입고 인라인 스케이트를 타고 도로를 횡단했던 상황으로, 보험회사가 피해자의 과실을 70%로 볼 정도였다. 형사사건에서 과실상계란 있을 수 없으므로 피고인은 안타깝지만 입건되어 재판에까지 왔고, 안타깝기론 20대 초반의 어린 딸이 새벽에 아르바이트를 나가다 졸지에 사망하게 된 그 부모의 심정도 마찬가지였다. 피해자 아버지는 두 딸 중 하나를 갑자기 잃은 고통과 슬픔을 이기지 못하고 있던 상태였고, 피고인 역시 두 딸을 둔 가장으로서, 피해자의 사망이라는 위중한 결과 때문에 금고형에 처해질지 모르는 상황에서 피해자나 피해자의 유족을 원망하며 억울해 하고 있었다. 말 그대로 두 가정 모두 붕괴된 상태였다. 원래의 담당판사가 이 사건의 공판절차를 전부 진행한 후 선고만 앞둔 상태에서, '양형이 너무 어려운데 회복적 사법을 적용해 보면 어떻겠느냐'고 필자의 전담 재판부로 재배당을 하였다.

처음 만난 사건 기록에는 피고인의 반성문과 그 가족의 편지가 수도 없이 붙어 있었다. 아무런 전과도 없는 선량한 아버지가 잠깐 실수를 한 것으로 인해, 그것도 피해자의 너무나 큰 과실 때문에 피고인 자리에 서게 된 비운의 주인공일 뿐인데, 피해자 유족들은 너무하게도 사과를 받아주지도, 합의를 해 주지도 않으니, 이제 감옥살이를 하게 되면 남은 가족의 생계는 어떻게 하느냐는 식의 눈물의 탄원이었다. 그런데 한편으로는 피해자 아버지의 편지와 탄원서도 여러 장 붙어 있었다. 피고인은 전혀 반성을 하지도 않고 진정한 사과를 하지 않으니 죽은 딸을 위해 피고인을 엄벌에 처해 달라고 탄원하면서, 피고인이 피해자 아버지에게 '딸을 새벽에 일하러 내보내 사지로 내몬 못난 아버지'라는 취지로 욕을 써서 보낸 문자메시지 사진을 제출하였다. 피고인으로서는 피해자 유족이 합의를 해 주지 않으니 자칫 구속될지 모른다는 두려움에 몰려 그런 행동을 하게 된 것이라고 친다 해도, 딸을 잃은 아비에게 사람으로서 할 수 있는 말이 아니었다. 그 둘은 왜 그런 지경에까지 가게 되었던 것일까. 법정에서 처음 피고인과 피해자를 대면했을 때, 두 사람의 얼굴과 표정은 살아도 산 사람의 그것이 아니었던 것으로 기억한다. '마지막으로 대화를 해 보면 어떻겠냐'는 나의 제안에 둘다 단칼에 거절했다. 이미 경찰단계에서부터 합의 얘기가 오갔었고 검찰에서는 형사조정도 거쳤었다고 한다. 그 과정에서 서로 오히려 상처가 깊어지고 단절의 골이 깊어진 것 같았다. 어쨌든 나는 회복적 사법 전문가들에게 그 분들을 맡겼다. 솔직히 '뭘 할 수 있겠는가' 싶었고 별 기대를 하지 않았던 기억이 난다.

그 뒤에 이루어졌던 마치 마법과도 같은 과정들은 내가 쓸 수 있는 표현들을 넘어선다. 회복적 사법 전문가들이 양측을 각각 접촉하고 공감적으로 이야기를 들어주고 대화를 이어 나가 상처를 입은 마음을 치유하고 닫힌 마음의 문을 열어 결국 양측을 대화의 장에 나오게 하였다. 끝내 서로의 오해를 풀고 깊이 있는 이야기를 나누며 소통과 이해, 용서, 화해가 가능하게 되었다. 물론 금전배상도 함께! 단지 약정에 그친 것이 아니라 지급도 수일 내로 즉각 이루어 졌다. 재판장으로서는 담당 전문가들로부터 전해들은 이야기와 국선변호인을 통해 제출된 합의서 및 처벌불원서가 그 내막을 알 수 있는 전부였지만, 선고기일에 출석한 피고인과 법정에 나온 피해자 아버지를 직접 보았을 때는 그 결과를 실감할 수 있었다. 그들의 얼굴과 표정이 너무나 달라져서 다른 사람들이 나온 게 아닌가 할 정도로 편안한 얼굴들이었다. 이 사건을 통해서 형사재판 단계에서도 역시 회복적 사법 프로세스의 기회를 가질 필요가 있다는 것을 알게 되었고, 어떤 사건들의 경우는 형사재판 단계에 와서 사실관계가 확정된 후에야 비로소(그러나 형 선고 이전에) 그러한 기회를 가질 수 있다는 것도 배우게 된 것 같다.

Ⅳ. 평가와 과제

위와 같은 시범실시 결과를 평가해 볼 때, 사후 설문조사 등의 방법을 통한 참여자들의 만족도 조사 결과를 보면, 대부분 긍정적이었고 만족감과 감사를 표현하였다. 이러한 회복적 사법 프로세스가 피고인 측에게는 양형상의 이익과 절차에서 자발적 책임의 주체로 참여한 만족감을 주었고, 피해자 측에게는 금전적,

정서적(이해, 사과), 관계적(화해에 의한 관계 회복 또는 이혼, 이사 등 관계 정리를 포함)인 다양한 측면에서의 높은 수준의 피해회복을 받을 수 있는 직접적인 이익이 있었던 것으로 평가되었다. 나아가 피고인과 피해자 모두 절차에서 존중받으며 하고 싶은 이야기를 충분히 할 수 있다거나 그로 인해 상대방을 이해하게 되는데서 오는 만족감, 또한 상대방으로부터 이해받고 있다고 느끼면서 갖게 되는 치유와 안심, 그러면서 비로소 자연스레 시야가 판사, 변호사, 조정가 등 사법절차 관여자들에게까지 돌려져, 절차와 그 관여자, 사법시스템에 대한 사법신뢰를 갖게 되는 긍정적 효과 등의 계량하기 어려운 다양한 측면의 이익이 있는 것으로 분석되었다.

그러나 형사재판에 회복적 사법 프로세스를 어떻게 구현할 것인가 하는 구체적인 제도화의 길은 아직 멀다. 시범실시사업을 통해서 드러난 그 구체적인 과제들을 언급해 보자면, ① 우선, 대상사건의 선별 내지 분류, 범위 획정 문제가 선결적이다. 제도 초기일수록 대상사건을 구분하여 제한적으로 시행할 필요성이 높다. 필자의 견해로는, 소년형사사건 및 미성년형사사건에서부터, 구속사건이나 중한 사건보다는 불구속 사건이나 경한 사건에서부터 시작하고, 당사자의 자발적 참여를 본질로 하는 회복적 사법 프로세스의 성격상 피고인이 실질적으로 유무죄를 다투는 사건은 불가능하고 자백 사건을 중심으로 해야 하며, 무엇보다도 피해회복이 필요하고 가능한 사건이라야 할 것이다. ② 피고인과 피해자 모두에게 안전한 회복적 사법의 표준적인 절차가 확립될 필요가 있다. 즉 피해자가 절차에 참여하고 존중받을 수 있어야 하지만 그로 인해 절차 내에서 피고인의 형사소송법상의 기본적인 권리가 침해당할 위험성이 있어서는 안 되고, 국가도 책임원칙을 넘어선 과한 책임을 회복적 사법 절차를 통해 피고인에게 지워서도 안 되며, 한편 회복적 사법이라는 이름으로 피고인이 당연히 져야할 정당한 책임이 형해화되는 수준으로 국가의 형벌권이 집행되어서도 안 될 것이다. ③ 피고인의 변호인이 회복적 사법 프로세스의 각 과정에서 어떤 역할을 어떻게 할 것인지에 관한 정립도 필요하다. 변호인과 회복적 사법 대화 진행 전문가들의 역할이 엄연히 다른 것을 인식할 때 각 역할 및 조력 방법을 정립할 필요가 있다. ④ 회복적 사법 프로세스 안에서 피해자에 대한 법률적 조력의 필요성이 있는바, 변호사의 조력 방안을 제도적으로 마련할 필요성이 있다. ⑤ 회복적 사법 프로세스를 담당하는 전문가들에 대한 교육, 양성의 문제, 선발 기준, 대우 및 보수의 문제 등도 정립되어야 한다. ⑥ 회복적 사법 프로세스의 결과를 공판에 어떤 방법으로 반영하고 어느 정도 반영할 것인지에 관한 정립도 필요하다. 현행 양형심리 시스템 안에서 반영 가능한 수준이 있겠지만 피해자의 피고인에 대한 처벌불원의사가 반영되기 위해서 기존의 친고죄나 반의사불벌죄에 해당하지 않는 일정한 경우는 입법적 해결이 있어야 할 것이다. ⑦ 회복적 사법의 패러다임에 의해 확장된 법원의 기능, 판사의 역할에 대한 재고의 필요성도 크다. 단순히 과거의 사실관계를 다루는 것을 넘어서서 미래의 관계 형성에까지 법원이나 판사가 관여해 줄 것을 이 시대가 요청하고 있다고 본다면 너무 과한 생각일까.

V. 나오며

나름대로 적어보았지만 마치고 나니 아쉽고 부족하다. 역시 더듬더듬 장님이 경험했던 것을 말하려다 보니, 경험에도 표현에도 한계가 있음을 느낀다. 하지만 함께 경험한 것을 나눌 때는 많은 말이 필요치 않다는 것을 떠올려 보면, 이 글을 읽은 독자들이 필자처럼 회복적 사법이라는 거대한 코끼리를 타고 부려 보는 경험을 하고 났을 때 저절로 그 의미가 풍성히 이해되리라 기대해 본다.

형사재판에 회복적 사법이 제도화되는 날이 언제쯤 올까. 과연 올까. 형사재판을 하면서 접했던 많은 안타까운 사연들, 사람들을 떠올려 보며 그 날이 꼭 와야 하고 빨리 왔으면 좋겠다는 소망을 다시 가져 본다.

09

소년심판과 회복적 사법

신한미

Restorative Justice

회복적 사법

소년심판과 회복적 사법

신한미*, **

I. 들어가면서

소년과 소년비행의 특수성을 고려하여 마련된 소년법의 목적은 '반사회성이 있는 소년의 환경 조정과 품행 교정을 위한 보호처분 등의 필요한 조치를 하고, 형사처분에 관한 특별조치를 함으로써 소년이 건전하게 성장하도록 돕는 것'(소년법 제1조)이다.

위 규정에 따르면, 소년은 범죄를 저지른 자로서 처벌의 대상으로 삼는 것이 아니라 환경조정과 품행교정을 위한 보호처분 등의 조치를 필요로 하는 보호의 대상으로 보고 있다. 따라서 범죄자에 대하여 인간관계를 깨뜨린 행위자로서 회복의 대상으로 삼는 회복적 사법의 이념과 일맥상통하는 면이 있다. 즉 회복적 사법의 정의를 "특정범죄에 이해관계가 있는 당사자들이 함께 모여서 범죄의 결과와 그것이 장래에 대하여 가지는 의미를 어떻게 다룰 것인지를 해결하는 과정"[1]이라고 본다면, 가장 필요한 분야가 바로 소년심판인 것이다.

이에 2008년 6월 22일부터 시행된 소년법에 피해자 진술권 및 화해권고제도를 새로 도입하였는바, 이로써 피해자의 요구를 고려하고, 가해자를 지역사회에

---

* 서울중앙지방법원 부장판사.

** 이 글은 아세아여성법학연구소에서 출판한 아세아여성법학 제14호(2011. 11.)에 "소년보호재판의 새로운 시도: 청소년참여법정과 화해권고제도의 현황과 과제"라는 제목으로 게재된 글을 일부 수정하여 작성하였다.

1 회복적 사법 또는 회복적 정의에 대한 정의는 여러 가지이지만, 여기에서는 UN 비정부기구 동맹(Alliance of NGOs)의 산하기구인 회복적 사법에 관한 실무단이 채택한 정의를 인용하기로 한다.

재통합시키기 위한 규정을 마련하여 당사자 사이의 자율적 갈등해결이 가능하게 되었다는 점에서 소년심판의 회복적 사법의 실천적 토대가 마련되었다.[2] 이를 계기로 2009년 5월경 서울가정법원 소년부 판사 및 전문조사관을 중심으로 대법원 산하에 소년심판개선연구반이 만들어졌고, 그 연구결과를 바탕으로 2010년 5월경부터 서울가정법원에서는 회복적 사법을 실현하기 위한 대표적 절차인 화해권고제도를 시행하게 되었다.[3] 그 후 2012년 2월 24일 소년심판규칙(대법원규칙 제2386호, 시행 2012. 3. 1.)이 일부 개정되어 화해권고절차의 회부, 화해권고기관, 화해권고위원의 위촉과 지정 등, 화해권고의 원칙, 화해권고기일 등, 화해권고기일조서, 화해권고절차의 종료에 관한 7개의 화해권고와 관련한 규정이 신설되어 화해권고제도의 법률적 근거가 확고해졌다.

소년심판규칙 제26조의5에서는 화해권고의 원칙으로 "소년부 판사와 화해권고위원은 소년과 피해자 또는 지역사회 구성원 등이 사건 해결과정에 자발적으로 참여하여 범죄로 인하여 발생한 피해를 실질적으로 회복하고, 소년의 건전한 사회복귀를 추구할 수 있도록 노력하여야 한다"라고 규정하였는데, 이 규정은 회복적 사법의 정의를 사법 역사상 처음으로 법령에 명문화한 것으로 볼 수 있을 것이다.

이 글에서는 먼저 소년심판 절차에 관하여 간략히 살펴보고, 회복적 사법과 관련이 있는 화해권고제도의 절차와 서울가정법원에서 2010년 5월부터 2011년

---

2 김은경(2008), "새로운 다이버전으로서 회복적 사법의 실제와 그 효과", 개정소년법과 소년사법, 한국형사정책연구원, 118쪽.

3 당시 소년심판개선연구반에서는 화해권고제도 이외에도 청소년참여법정, 심리상담조사, 처분 전 교육 등의 새로운 제도도 연구하여 2010년 5월경부터 서울가정법원에서 시행하였고, 이후 5개의 가정법원 및 일부 지방법원 소년부에서 확대 실시하고 있다.

   청소년참여법정이란, 비교적 경미한 비행을 저지른 소년에 대하여 또래 청소년들로 구성된 청소년참여인단이 진행인(변호사, 교사 등)의 진행으로 사건을 심리한 후 적합한 부과과제를 선정하여 소년부 판사에게 건의하면 소년부 판사가 소년에게 선정된 부과과제의 이행을 명하고 소년이 이를 성실히 이행하였을 경우 보호처분을 하지 않고 심리불개시 결정을 하여 사건을 종결하는 제도이다.

   심리상담조사란 정신적인 문제가 있거나 심리상태가 불안정한 소년에 대하여 심리상담전문가에게 법원의 비용부담으로 3개월 가량 심리상담 및 가족치료를 받게 함으로써 소년의 변화를 이끌어내고 재비행을 예방하기 위한 목적을 가진 조사절차이다.

   처분 전 교육이란 보호처분(주로 1호 보호자처분이 예상되는 경우) 전에 소년전문조사관이 판사가 지정한 소년과 보호자들에게 1시간 가량 교육을 실시하고 바로 판사에게 인계하여 당일 판사로부터 보호처분을 받게 하는 제도이다.

8월까지 이루어진 구체적인 사건들을 살펴본 후, 향후 화해권고제도의 발전방향에 대한 개인적인 견해를 정리하도록 하겠다.

Ⅱ. 소년심판 절차에 관하여

1. 소년심판의 의의 및 대상소년

(1) 의의

반사회성 있는 소년에 대하여 형사처분 대신 환경조정과 품행교정을 위한 보호처분 등의 필요한 조치를 함으로써 소년을 교화하고 그 범죄적 위험성을 제거하여 소년이 건전하게 성장하도록 돕는 것(소년법 제1조)을 '소년보호'라고 하며, 법원이 소년보호사건에 대하여 조사·심리·판단하는 행위를 '소년심판'이라고 한다.

(2) 대상소년

대상소년은 ① 법률상의 죄를 범한 소년으로서 행위 시 14세 이상, 보호처분 시 19세 미만인 범죄소년, ② 형벌 법령에 저촉되는 행위를 한 행위 시 10세 이상, 14세 미만의 소년인 촉법소년, ③ 객관적으로 일정한 우범사유4가 있고, 그의 성격이나 환경에 비추어 앞으로 형벌 법령에 저촉되는 행위를 할 우려가 있는 보호처분 시 10세 이상 19세 미만의 소년인 우범소년이다.

---

4 우범사유: ① 집단적으로 몰려다니며 주위 사람들에게 불안감을 조성하는 성벽이 있는 것, ② 정당한 이유 없이 가출하는 것, ③ 술을 마시고 소란을 피우거나 유해환경에 접하는 성벽이 있는 것.

2. 소년심판의 절차

(1) 소년보호사건 송치 및 통고

그림 9-1 소년보호사건 송치 및 통고 절차

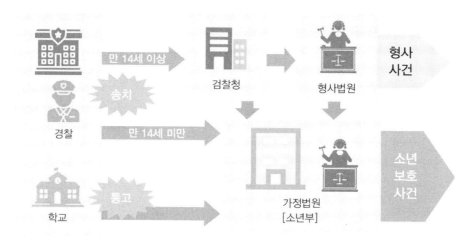

① 송치

경찰서장(촉법소년 또는 우범소년의 경우), 검사(소년에 대한 피의사건을 수사한 결과 보호처분에 해당하는 사유가 있다고 인정한 때) 또는 법원(소년에 대한 피고사건을 심리한 결과 보호처분에 해당하는 사유가 있다고 인정한 때)이 소년사건을 소년부에 보내 보호사건으로 처리하게 하는 행위를 말한다.

② 통고

범죄소년, 촉법소년 또는 우범소년을 발견한 보호자 또는 학교, 사회복리시설, 보호관찰소의 장이 관할 소년부에 알려 그 권한의 발동을 촉구하는 행위이다(소년법 제4조 제3항).

(2) 소년심판 절차 흐름도

① 소년사건의 접수와 배당

그림 9-2 소년사건의 접수 및 배당 절차

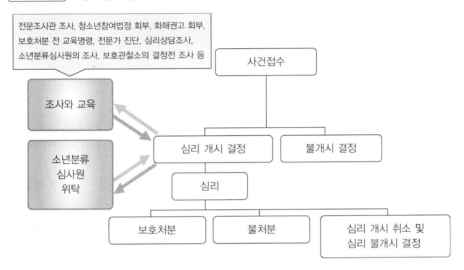

② 소년의 신병처리

소년부 판사는 소년사건이 송치되어 접수되면 제일 먼저 소년에 대한 신병을 처리하게 되는데, 소년의 신병에 대한 임시조치는 ⊙ 보호자 등에의 위탁, ⓒ 병원 등에의 위탁, ⓒ 소년분류심사원에의 위탁 등 3가지 종류가 있다.

실무상 병원 등에의 위탁은 거의 사례가 없고, 구속기소되어 소년부 송치결정을 받은 경우 거의 대부분 소년분류심사원에 위탁하게 된다. 불구속 송치된 소년의 경우, 별도의 신병에 관한 처분은 하지 않고 심리기일에 필요하다고 판단되면 임시조치를 한다.

③ 조사절차

소년에 대한 보호의 필요성에 관한 사회적 자료를 수집·분석하는 것이다. 법원의 조사절차(조사관 조사, 전문가 진단, 심리상담조사, 시험관찰, 청소년참여법정, 처분 전 교육명령 등)와 법원 외의 조사절차(소년분류심사원의 상담조사, 보호관찰소의 결정전 조사 등)가 있다.

④ 심리절차

심리는 소년부 판사가 심리기일에 소년과 보호자, 참고인 등을 직접 면접하여 조사하는 절차(협의의 심리)로서, 소년부 판사는 심리의 결과에 따라 보호처분, 불처분, 검사에의 송치, 법원으로의 이송, 심리 개시 취소 및 심리 불개시 결정 등 다양한 결정을 할 수 있다.

3. 보호처분의 종류 및 기간

표 9-1 보호처분의 종류 및 기간

종류	내용	기간(연장)	적용연령
1호	보호자 또는 보호자를 대신하여 소년을 보호할 수 있는 자에게 감호위탁(보호자 및 위탁보호위원 처분도 가능)	6월(+6월)	10세 이상
2호	수강명령	100시간 이내	12세 이상
3호	사회봉사명령	200시간 이내	14세 이상
4호	단기 보호관찰	1년	10세 이상
5호	장기 보호관찰	2년(+1년)	10세 이상
6호	아동복지법상의 아동복지시설이나 그 밖의 소년보호시설에 감호위탁	6월(+6월)	10세 이상
7호	병원, 요양소 또는 보호소년 등의 처우에 관한 법률에 따른 소년의료보호시설에 위탁	6월(+6월)	10세 이상
8호	1개월 이내의 소년원 송치	1월 이내	10세 이상
9호	단기 소년원 송치	6월 이내	10세 이상
10호	장기 소년원 송치	2년 이내	12세 이상

Ⅲ. 화해권고제도의 개관

1. 의의 및 현황

(1) 의의

소년법 제25조의3[5]의 취지에 따라 소년심판에서 보호소년의 품행을 교정하고 피해자를 보호하기 위하여 필요하다고 인정되는 사건의 경우 보호처분을 하기에 앞서 화해권고절차에 회부하여 법원이 위촉한 화해권고위원으로 하여금 피해자와 가해자에게 적극적으로 화해권고를 하도록 하고, 이러한 화해권고에 따라 보호소년이 피해자와 화해하였을 경우에는 보호처분을 결정할 때 이를 고려함으로써, 가해자의 건전한 사회복귀를 돕고 소년심판절차를 통하여 회복적 사법의 이념을 구현하려는 데 의의가 있다.

화해권고에 따라 화해가 이루어진 경우에도 이는 개인적 합의에 불과할 뿐 법적인 강제력이 있는 것은 아니다. 다만, 소년부 판사는 보호처분을 결정할 때 가해소년이 화해한 내용을 이행하였는지 여부를 참작할 수 있으므로 어느 정도 사실상의 구속력은 있다고 볼 수 있다.[6]

---

5 소년법 제25조의3(화해권고)
　① 소년부 판사는 소년의 품행을 교정하고 피해자를 보호하기 위하여 필요하다고 인정하면 소년에게 피해 변상 등 피해자와의 화해를 권고할 수 있다.
　② 소년부 판사는 제1항의 화해를 위하여 필요하다고 인정하면 기일을 지정하여 소년, 보호자 또는 참고인을 소환할 수 있다.
　③ 소년부 판사는 소년이 제1항의 권고에 따라 피해자와 화해하였을 경우에는 보호처분을 결정할 때 이를 고려할 수 있다.
6 법원행정처(2014), 법원실무제요 소년, 258쪽.

화해권고와 관련된 소년심판규칙의 규정은 아래와 같다.

제26조의2(화해권고절차의 회부) ① 소년부 판사는 보호처분을 하기 전까지 법 제25조의3제1항에 따른 화해를 권고할 수 있다. 이 경우 화해를 권고하기 위한 기일(이하 "화해권고기일"이라 한다)까지 소년, 보호자 및 피해자(피해자가 미성년자인 경우 그 보호자도 포함한다. 이하 같다)의 서면에 의한 동의를 받아야 한다.

② 소년, 보호자 및 피해자는 화해권고절차가 종료할 때까지 제1항에 따른 동의를 서면에 의하여 철회할 수 있다.

제26조의3(화해권고기관) 소년부 판사는 스스로 화해를 권고하거나, 화해의 권고에 관한 사무를 처리하는 사람(이하 "화해권고위원"이라 한다)으로 하여금 화해를 권고하게 할 수 있다.

제26조의4(화해권고위원의 위촉과 지정 등) ① 가정법원장 또는 소년부가 설치되어 있는 지방법원장(이하 "법원장"이라 한다)은 법 제25조의3제1항에 따른 피해자와의 화해를 권고하기 위하여 갈등해결에 전문적인 소양과 능력이 있거나, 법학, 심리학, 교육학, 정신의학, 보건간호학, 사회복지학, 가족치료학, 상담학, 가족관계학 그 밖에 소년보호사건과 연관된 분야에서 전문적인 지식과 경험이 있는 사람 중에서 화해권고위원을 위촉할 수 있다.

② 화해권고위원의 위촉 및 해촉에 관하여는 「조정위원규칙」 제3조 및 제4조제1항, 제2항을 준용한다. 이 경우 "조정위원"은 "화해권고위원"으로, "조정기일"은 "화해권고기일"로 본다.

③ 소년부 판사는 제26조의3에 따라 화해권고위원으로 하여금 화해를 권고하게 하는 경우 소년, 보호자 및 피해자의 의견을 들어 각 사건마다 2인 이상의 화해권고위원을 지정하여야 한다.

④ 화해권고위원에게는 대법원 예규로 정하는 바에 따라 수당을 지급한다.

제26조의5(화해권고의 원칙) 소년부 판사와 화해권고위원은 소년과 피해자 또는 지역사회 구성원 등이 사건 해결과정에 자발적으로 참여하여 범죄로 인하여 발생한 피해를 실질적으로 회복하고, 소년의 건전한 사회복귀를 추구할 수 있도록 노력하여야 한다.

제26조의6(화해권고기일 등) ① 소년부 판사는 화해권고위원으로 하여금 화해권고기
일 전에 분쟁해결에 관하여 소년, 보호자 및 피해자의 의견을 청취하게 할 수 있다.

② 화해권고기일에 소환을 받은 소년, 보호자 또는 피해자는 본인이 출석하여야
한다. 다만, 특별한 사정이 있을 때에는 소년부 판사의 허가를 받아 대리인을 출석
하게 할 수 있고, 보조인을 동반할 수 있다.

③ 화해권고위원 등 화해권고기일에 참여한 사람은 화해권고와 관련하여 알게 된
사항을 누설하여서는 아니 된다.

④ 화해권고기일의 소환에 관하여는 제14조를 준용한다. 이 경우 "소년 보호사건"
은 "화해권고"로 본다.

제26조의7(화해권고기일조서) ① 법원사무관등은 화해권고기일마다 화해권고절차에
관한 조서(이하 "화해권고기일조서"라 한다)를 작성하여야 한다.

② 화해권고기일조서에 관하여는 제28조를 준용한다. 이 경우 "심리"는 "화해권
고"로 본다.

제26조의8(화해권고절차의 종료) ① 소년부 판사는 화해가 성립한 경우 조사관, 법원
사무관등으로 하여금 그 이행실태에 대하여 조사하게 하고, 지체 없이 그 결과를
보고하도록 할 수 있다. 이 경우 소년부 판사는 이행의 확인을 위한 심리 기일을
열 수 있다.

② 소년부 판사가 법 제25조의3제3항에 따라 화해권고의 결과를 고려할 경우 화
해가 성립되지 아니하였다는 사정을 소년에게 불리하게 고려하여서는 아니 된다.

제26조의9(위임규정) 화해권고절차와 관련하여 필요한 사항 중 이 규칙에서 정하고
있지 아니한 사항은 가정법원 및 지방법원 내규로 정한다.

(2) 현황

2010년 5월 1일부터 2019년까지의 화해권고에 관한 통계는 [표 9-2] 및 [표 9-3]과 같다.

표 9-2 화해권고 실적(2010. 5. 1.~2014. 12. 31.)

법원[7]	2010년[8]		2011년		2012년		2013년		2014년	
	화해권고기일	화해성립건수	화해권고기일	화해성립건수	화해권고기일	화해성립건수	화해권고기일	화해성립건수	화해권고기일	화해성립건수
서울가정법원	40	35	78	59	59	50	46	45	11	6
부산가정법원	–	–	–	–	1	–	4	–	2	0
대구가정법원	–	–	–	–	4	4	–	–	12	11
광주가정법원	–	–	5	5	15	15	48	37	27	22
대전가정법원	–	–	–	–	–	–	9	6	19	15
합계	40	35	83	64	79	69	107	88	71	54
화해성립비율	87.5%		77.1%		87.3%		82.2%		76.0%	

(2010. 5. 1.~2014. 12. 31.까지 5개 가정법원의 화해권고 회부건수는 380건이고, 화해권고 성립건수는 310건으로 화해 성립 비율은 81.5%이다.)

---

7 부산가정법원은 2011. 4. 11, 대전가정법원, 대구가정법원, 광주가정법원은 각 2012. 3. 1, 인천가정법원은 2016. 3. 1, 울산가정법원은 2018. 3. 1, 수원가정법원은 2019. 3. 1. 각 개원하였다.
8 2010년은 2010. 5. 1.부터 2010. 12. 31.까지의 통계이고, 다른 연도는 각 해의 1. 1.부터 12. 31.까지의 통계이다.

표 9-3 화해권고 실적(2015. 1. 1.~2019. 12. 31.)

	2015년		2016년		2017년		2018년		2019년	
	화해권고기일	화해성립건수	화해권고기일	화해성립건수	화해권고기일	화해성립건수	화해권고기일	화해성립건수	화해권고기일	화해성립건수
서울가정법원	45	29	35	26	16	14	14	6	24	9
의정부지방법원	8	7	6	3	33	16	40	34	19	7
인천가정법원	30	21	9	3	10	5	37	15	25	18
수원가정법원	28	20	15	4	9	7	8	3	8	7
춘천지방법원	6	6	3	1	—	—	7	7	2	2
대전가정법원	19	11	62	49	79	49	31	19	22	29
청주지방법원	3	1	5	4	27	26	8	8	6	5
대구가정법원	27	22	9	9	15	14	30	24	16	15
부산가정법원	28	9	18	15	9	8	12	11	9	8
울산가정법원	24	20	7	7	6	6	2	1	2	2
창원지방법원	10	5	2	—	38	31	97	50	61	26
광주가정법원	34	34	8	7	26	24	15	15	28	28
전주지방법원	2	2	4	4	2	1	4	—	—	—
제주지방법원	1	—	2	2	—	—	—	—	3	2
합계	265	187	185	134	270	201	305	193	225	158
화해성립비율	70.5%		72.4%		74.4%		63.2%		70.2%	

2. 화해권고 대상사건

(1) 화해권고에 적합한 사건의 유형

① 사건의 태양과 성격, 피해자에게 야기된 피해 정도, 가해자의 비행성 정도 등을 고려하여 화해권고에 적합한 사건과 그렇지 않은 사건을 유형별로 분류할 필요가 있는데, 일응 아래와 같은 사건을 화해권고 대상사건으로 삼고 있다.

ㄱ 형법상 폭행죄(제260조 제1항), 협박죄(제283조 제1항), 특수폭행죄(제261조), 상해죄(제257조), 공갈죄(제350조) 및 이로 인한 폭력행위등처벌에관한법률위반죄(동법 제2조 제2항, 제3조 제1항)

ㄴ 절도죄(제329조), 특수절도죄(제331조 제2항), 자동차등불법사용죄(제331조의2) 및 각 미수범

ㄷ 재물손괴죄(제366조), 중손괴죄(제368조, 단, 제366조에 의한 중손괴에 한정), 특수손괴죄(제369조 제1항)

ㄹ 그 밖에 화해권고가 필요하다고 판단되는 사건

② 소년과 피해자가 같은 학교에 다니거나 같은 지역에 거주하는 등으로 지속적 관계에 있는 경우, 피해자의 피해를 회복해야 할 필요성이 큰 경우, 소년에게 반성과 사과의 기회가 필요하다고 판단되는 경우, 오해에서 비롯된 사건, 보호자 사이의 갈등으로 인하여 화해가 이루어지지 않는 경우 등에 화해권고가 보다 적합하다고 볼 수 있지만(특히 학교폭력 사건의 경우 피해자를 보호할 필요성이 크고, 소년이 학교생활에 복귀하는 데도 피해자와의 화해가 큰 도움이 될 수 있어 실무상 화해권고를 적극적으로 활용하고 있다.), 이러한 경우에도 소년이 피해자를 다시 위협할 가능성이 있는 경우, 특히 성폭력범죄 등 중범죄를 저지른 경우 등에는 화해권고를 하지 않는 것이 좋다.[9]

(2) 병합사건의 경우

화해권고기관의 업무 부담과 소요되는 시간 등을 고려하여 다음과 같은 기준

---

9 법원행정처(주 6), 259쪽.

을 설정하였다.

① 가해자 1인이 성격이 다른 수개의 범죄를 저지른 경우는 원칙적으로 제외하되, 다만 그중의 일부 범죄에 대하여 화해권고를 하는 것이 적절하다고 판단되면 해당 범죄에 대하여만 화해권고를 회부한다.

② 상습범으로 처벌되는 경우를 제외하고 경합범으로 처벌되는 경우는 피해자의 수가 원칙적으로 3인을 초과하지 않고, 각 범죄의 총 시간적 간격이 원칙적으로 6개월을 초과하지 않는 경우라야 한다.

③ 가해소년이 여러 명인 경우(공동정범, 교사범, 방조범 등 관계에 있는 경우)는 원칙적으로 가해자가 5인을 초과하지 않는 사건이라야 하고, 여러 명의 가해소년이 다수의 사건에 관련된 경우는 제외한다.

④ 하나의 사건에서 가해소년이 1명이고, 피해자가 여러 명인 경우는 원칙적으로 피해자 수가 3인을 초과하지 않는 경우라야 한다.

⑤ 하나의 사건에서 가해자와 피해자가 모두 여러 명인 경우는 원칙적으로 가해소년의 수는 5인, 피해자의 수는 3인을 초과하지 않는 경우라야 한다.

(3) 화해권고 대상사건이 되기 위한 구체적인 요건

① 가해자가 범죄소년 또는 촉법소년일 것

가해소년이 우범소년인 경우는 구체적인 피해자가 없으므로 개념적으로 제외된다. 피해자는 반드시 소년일 필요는 없으나, 나이가 너무 어린 경우(10세 미만)는 제외함이 상당하다.

② 사실관계가 분명하고 가해자가 범죄사실을 시인할 것

범죄사실의 시인이 반드시 자백을 의미하는 것은 아니다. 그러나 범죄사실의 전부 또는 일부를 부인하거나 정당방위 등 위법성조각사유를 주장하는 경우, 범죄행위에 대한 책임을 부인하는 경우 등은 제외한다. 다만 일부 부인하는 경우라 하더라도 부인하는 부분이 지엽말단적 사실인 경우, 경찰 조사 시에는 부인하였으나 조사관 조사 시나 심리기일에 시인하는 경우 등은 포함한다.

③ 소년, 보호자 및 피해자의 서면에 의한 동의가 있을 것

소년부 판사가 화해를 권고할 경우 화해를 권고하기 위한 기일(화권권고기일)까

지 소년, 보호자 및 피해자(피해자가 미성년자인 경우 그 보호자도 포함)의 서면에 의한 동의를 받아야 한다(소년심판규칙 제26조의2 제1항). 실무상 구두로 당사자의 의사를 확인하여 화해권고기일을 지정한 후 담당 재판부는 화해권고기일에 출석한 당사자로부터 [별지 서식 1]과 같은 형태의 '화해권고기일 참가 동의서'를 제출받는다.

소년, 보호자 및 피해자는 화해권고절차가 종료할 때까지 위 동의를 서면에 의하여 철회할 수 있다(소년심판규칙 제26조의2 제2항).

3. 화해권고기관

(1) 화해권고의 주체

소년부 판사는 스스로 화해를 권고할 수도 있고, 화해권고에 관한 사무를 처리하는 사람(이하, '화해권고위원'이라 한다.)으로 하여금 화해를 권고하게 할 수도 있다(소년심판규칙 제26조의3). 그러나 화해권고기일은 판사 중심의 심리기일(또는 민사나 가사사건의 조정기일)처럼 운영되어서는 안 되고, 피해자와 가해자가 능동적으로 참여하는 대화모임의 형태로 운영되는 것이 바람직하므로, 제도적 취지에 부합하는 전문성을 갖춘 화해권고위원이 실질적으로 진행하는 것을 원칙으로 해야 할 것이다.

(2) 화해권고위원의 위촉 및 지정

① 화해권고위원의 위촉

법원장은 화해권고를 위하여 갈등해결에 전문적인 소양과 능력이 있거나, 법학, 심리학, 교육학, 정신의학, 보건간호학, 사회복지학, 가족치료학, 상담학, 가족관계학 그 밖에 소년보호사건과 연관된 분야에서 전문적인 지식과 경험이 있는 사람 중에서 화해권고위원을 위촉할 수 있다(소년심판규칙 제26조의4 제1항).[10] 화

---

10 법원장은 심리학, 교육학, 정신의학, 보건간호학, 사회복지학, 가족치료학, 상담학, 가족관계학 그 밖에 소년보호사건과 연관된 분야에서 전문적인 지식과 경험이 있는 사람 중 적정한 인원을 화해권고위원으로 위촉하고(서울가정법원의 화해권고위원의 위촉과 보수지급 등에 관한 내규 제2조 제1항), 임기는 1년으로 하며(동조 제2항), 화해권고위원의 일당과 수당, 여비와 숙박료

해권고위원의 위촉 및 해촉에 관하여는 조정위원규칙 제3조 및 제4조 제1항, 제2항을 준용한다. 또한 화해권고위원에게는 대법원 예규로 정하는 바에 따라 수당을 지급한다(소년심판규칙 제26조의4 제4항).

② 화해권고위원의 지정

소년부 판사는 화해권고위원으로 하여금 화해를 권고하게 하는 경우 소년, 보호자 및 피해자의 의견을 들어 각 사건마다 2인 이상의 화해권고위원을 지정하여야 한다(소년심판규칙 제26조의4 제3항).

실무상 일반적으로 변호사 1명과 갈등해결전문가(또는 상담가, 교육자 등) 2명 등 총 3명으로 하나의 팀을 구성하여 하나의 화해권고사건을 처리한다.

(3) 현황

① 서울가정법원은 2010년 5월 7일 변호사 5명과 석·박사급 청소년 상담 전문가 및 갈등해결 전문가 10명 등 총 15명의 화해권고위원을 위촉했고, 2011년 5월 위원수를 확대하여 상담이나 갈등해결 전문가 26명, 변호사 20명을 화해권고위원으로 위촉하였으며, 2020년 2월 상담이나 갈등해결 전문가 29명, 변호사 21명이 화해권고위원으로 위촉되어 있다.

2020년 2월 기준으로 ② 부산가정법원의 화해권고위원은 변호사 2명, 상담사 또는 사회복지사 3명, 폭력예방단체 직원 2명, 교사 2명 등 총 9명이고, ③ 대구가정법원의 화해권고위원은 변호사 7명, 상담전문가 6명, 임상심리전문가 1명, 사회복지사 2명, 교육복지사 2명, 총 18명이며, ④ 대전가정법원의 화해권고위원은 변호사 6명, 갈등해결전문가 13명, 교사 1명 총 20명이고, ⑤ 광주가정법원의 화해권고위원은 변호사 4명, 경찰공무원 3명, 교육자 2명, 상담전문가 3명 총 12명이다.

는 서울가정법원의 조정위원에 준하여 지급한다(제5조).

4. 구체적인 절차의 운영

(1) 화해권고 대상사건의 선정 및 화해권고 절차에의 회부

① 소년부 판사는 소년의 품행을 교정하고 피해자를 보호하기 위하여 필요하다고 인정하면 보호처분을 하기 전까지는 어느 때나 소년에게 피해자와의 화해를 권고할 수 있다(소년심판규칙 제26조의2 제1항). 다만, 화해권고기일도 심리기일의 일종이므로 화해권고절차에 회부하는 경우에는 심리개시결정을 하여야 한다.

소년부 판사는 신건(새로 배당된 사건)을 검토할 때 화해권고절차에 회부함이 상당하다고 판단되는 경우, '화해권고에 적합한 사건인지 여부 및 관계인의 의사'를 조사대상에 포함시켜 조사명령을 하거나 위 항목만을 조사대상으로 하여 조사관에게 조사명령을 한다. 통상 '화해권고를 위한 조사명령'이라는 이름으로 조사명령을 하며, 조사사항으로는 소년이 범죄사실을 시인하는지 여부, 보호소년, 피해자 등의 화해권고절차 회부에 대한 동의 여부, 기타 화해권고에 필요한 사항에 대한 조사 등이며, 조사명령 시로부터 1개월 가량의 기간 내에 서면 보고할 것을 명하게 된다.

조사명령을 받은 조사관은 위 사항에 대하여 조사하기 위하여 가해자 및 보호자에 대하여는 소환조사를 하고, 피해자 등에 대하여는 전화연락 등으로 소환하지 않고 조사를 하는 것을 예정하고 있다.

② 시급히 화해권고가 필요하다고 판단되는 사건의 경우는 조사관 조사를 생략하고 당사자의 의사 확인을 거쳐 바로 화해권고절차에 회부할 수 있고, 조사를 마치고 심리기일을 진행하는 사건의 경우도 필요하면 화해권고절차에 회부할 수 있다. 즉, 종국적인 보호처분을 하기 전에는 언제든지 화해권고절차에 회부할 수 있다.

③ 당사자의 의사 확인은 조사관실에 기록이 있는 사건(조사명령이 내려진 사건)의 경우는 담당 조사관이 하고, 그렇지 않은 사건은 법원 참여관 또는 실무관이 하되, 경우에 따라서는(심리진행 도중에 화해권고에 회부하는 사건 등) 판사가 직접 확인할 수도 있다(다만, 이 경우에도 법정에 출석하지 않은 피해자 등의 의사 확인은 법원 참여관 또는 실무관이 한다.).

④ 조사관조사 등을 통해 화해권고절차 회부에 당사자들이 동의를 하는 경우, 소년부 판사는 화해권고를 위하여 필요하다고 인정하면 화해권고기일을 지정하여 소년, 보호자 또는 참고인을 소환할 수 있다(소년법 제25조의3 제2항). 화해권고기일 지정이 법률상 필수적인 것은 아니나, 통상 재판부는 화해권고기일을 지정하여 당사자 및 참고인(당해 사건을 조사한 조사관, 화해권고에 도움이 될 만한 학교 교사 등 관계인)과 화해권고위원을 소환하되, 화해권고위원들이 피해자 및 가해자와 사전 면담을 가질 수도 있으므로 이를 고려하여 약간 여유 있게 기일을 지정한다(주로 4주 정도 뒤).

⑤ 법원실무관은 순번에 따라 지정된 당해 사건의 화해권고위원들(변호사 1명과 전문가 2명)에게 피해자와 가해자의 인적사항과 범죄사실 등을 우편이나 팩스 등 적절한 방법으로 송부하여 화해권고위원들이 사건 내용을 파악할 수 있도록 한다.

⑥ 소년부 판사는 화해권고위원으로 하여금 화해권고기일 전에 분쟁해결에 관하여 소년, 보호자 및 피해자의 의견을 청취하게 할 수 있다(소년심판규칙 제26조의6 제1항). 통상 전문가 2명의 화해권고위원은 화해권고기일의 원활한 진행과 당사자의 의사를 명확히 확인하기 위하여 임의적으로 사전에 당사자들과 접촉하여(주로 만나고 있음) 기일을 준비하며, 경우에 따라 이러한 사전 회합에서 화해가 이루어지기도 하는데, 그렇다고 하더라도 화해권고기일에서 다시 화해의사를 명확히 함을 원칙으로 한다.

(2) 화해권고기일의 구체적인 진행 방법[11]

① 화해권고기일은 준비절차실이나 조정실 등에서 진행되고 있으며, 복장에 있어 온화한 분위기를 위하여 판사도 법복이 아닌 평상복을 착용한다.

③ 화해권고기일에 소환을 받은 소년, 보호자 또는 피해자는 본인이 출석하여야 한다. 다만 특별한 사정이 있을 때에는 소년부 판사의 허가를 받아 대리인을 출석하게 할 수 있고, 보조인을 동반할 수 있다(소년심판규칙 제26조의6 제2항).

---

11 화해권고기일의 구체적 절차에 관하여는 특별한 규정이 없다. 따라서 소년부 판사 또는 화해권고위원들이 상당하다고 인정하는 방법으로 절차를 진행하면 된다.

보조인을 동반하는 경우에도 소년부 판사의 허가를 받아야 하는지에 관하여는, 화해권고절차의 취지 및 성격, 화해권고기일 운영방식의 특수성, 피해자 측과의 형평성 등에 비추어 보면, 보조인을 동반하는 경우에도 소년부 판사의 허가를 받아야 한다고 해석된다. 다만 소년부 판사가 소년의 보조인 동반 신청을 불허할 경우에는, 뒤에서 보는 바와 같이 화해권고기일 합의문을 작성하여 화해권고기일을 마치기 전에 소년에게 보조인의 조력을 받아 법률적인 문제 등을 검토할 수 있는 기회를 줄 필요가 있다.[12]

③ 실무상 화해권고위원으로 하여금 화해를 권고하게 하는 경우, 소년부 판사가 소년, 보호자, 피해자 및 관계인들의 출석을 확인하고, 당사자들로부터 화해권고기일 참가 동의서([별지 서식 1])가 제출되었는지 확인한 다음 참석자를 소개하고 화해권고의 대상을 특정하기 위한 사실관계 고지 등의 간단한 절차를 진행한 다음 퇴실하고, 이후의 절차는 화해권고위원이 주도한다.

④ 화해권고위원은 각 출석자가 자신의 입장과 의견을 순차적으로 설명할 기회를 주고, 피해자 – 가해자 또는 그 보호자 상호 간에 충분한 대화의 시간을 갖도록 유도한다(특히, 이 사건이 각자의 생활에 미친 영향, 이 사건 이후 각자의 삶에 어떠한 변화가 왔는지 등도 얘기하도록 하고, 서로의 공감대를 형성하도록 유도할 필요가 있다.).

금전적인 배상 문제가 주된 화제가 되면 화해권고기일이 자칫 민사나 가사사건의 조정기일처럼 운영될 위험이 있으므로, 화해권고위원은 이 점을 항상 염두에 두어야 하고, 각자의 입장과 의견을 개진하고 충분한 대화가 오간 후에는 사건의 핵심 쟁점과 책임의 범위를 찾고, 사건으로 인한 피해 회복과 재발 방지를 위한 대책을 마련하는 등 해결책을 모색하게 된다.

화해권고기일을 속행할 필요가 있다고 보이는 경우에는 기일을 속행할 수도 있으나, 당사자들에게 화해를 강요하거나 사건이 장기화되지 않도록 유의하여야 한다.

⑤ 법원사무관 등은 화해권고기일마다 화해권고절차에 관한 조서(화해권고기일조서)를 작성하여야 한다(소년심판규칙 제26조의7 제1항). 화해권고기일조서에 관하여는 심리조서의 작성에 관한 소년심판규칙 제28조를 준용한다. 이 경우 '심리'는

---

12 법원행정처(주 6), 264쪽.

'화해권고'로 본다(동조 제2항).

　⑥ 화해권고기일의 종료

　화해권고기일에서 당사자가 원만하게 합의에 도달하면, 최종적으로 [별지 서식 2]와 같은 형태로 '화해권고기일 합의문'을 작성하고, 판사가 이를 확인하여 적절하지 않은 내용이 있을 경우에는 당사자의 동의하에 이를 수정·변경한 다음 절차를 종결한다. 당사자가 합의에 실패할 경우, 화해권고위원으로부터 그 내용을 전달받은 판사는 미합의에 따른 절차종결을 선언한다.[13]

　⑦ 위 합의서에는 가해소년과 피해자 및 그 보호자 등이 모두 서명한 후 원본은 기록에 편철하고 부본이나 사본은 1부씩 보호자들에게 교부한다. 합의서에는 금전지급에 관한 사항 등 법률적인 의무를 수반하는 조항뿐만 아니라, '피해자와 가해자는 앞으로 학교에서 사이좋게 지내기로 한다'거나 '피해소년의 보호자와 가해소년의 보호자는 앞으로 지역 사회의 청소년 선도를 위하여 함께 노력하기로 한다'와 같은 이른바 신사적 조항도 당사자 사이에 합의된 경우 적극적으로 포함시킨다.

　⑧ 화해성립 여부를 불문하고 화해권고절차가 종결된 경우에는 화해권고위원은 해당 사건에 대하여 [별지 서식 3]과 같은 형태의 '화해권고위원 의견서'를 작성하여 재판부에 제출한다.

(3) 화해권고절차의 종료

① 화해권고기일에 화해가 성립된 경우

　화해가 이루어지면 소년부 판사는 상당한 기간 내에 심리기일을 진행하여 보호처분결정을 하거나 불처분결정을 한다. 불처분결정은 심리기일을 열지 않아도 할 수 있다. 소년부 판사는 보호처분을 결정할 때 소년이 피해자와 화해한 사정을 고려할 수 있다(소년법 제25조의3 제3항). 고려의 정도는 소년부 판사의 재량이다.

　소년부 판사는 심리기일에 보호처분을 결정하기에 앞서 합의에 따른 이행이 이루어졌는지 여부를 확인하고 이를 독려할 필요가 있다. 이와 관련하여 소년심

---

13 법원행정처(주 6), 266쪽.

판규칙 제26조의8 제1항은 "소년부 판사는 화해가 성립한 경우 조사관, 법원사무관 등으로 하여금 그 이행실태에 대하여 조사하게 하고 지체없이 그 결과를 보고하도록 할 수 있다. 이 경우 소년부 판사는 이행의 확인을 위한 심리기일을 열 수 있다"고 규정하고 있다.

② 화해권고기일에서 합의에 이르지 못한 경우

통상의 소년보호절차에 따라 보호처분을 하면 된다. 비록 합의에 이르지 못한 경우라 하더라도 화해권고위원의 의견서 등을 참고하여 화해를 위한 노력이 인정되는 경우는 보호처분을 결정할 때 이를 고려할 수 있고, 경우에 따라서는 불처분결정을 할 수도 있다. 그러나 소년부 판사는 화해가 성립되지 아니하였다는 사정을 소년에게 불리하게 고려하여서는 아니된다(소년심판규칙 제26조의8 제2항).

Ⅳ. 서울가정법원의 화해권고 사례[14]

1. 사건명

51건의 사건 중에 학교폭력[15] 사건이 43건[공갈 3건, 성폭력범죄의처벌및피해자보호등에관한법률위반(카메라등이용촬영) 2건, 나머지는 상해, 폭행], 절도 1건(친구 집에서 옷을 훔친 사건)이 있다. 나머지는 피해자가 어른이나 유아인 사건이 8건으로 과실치상 3건(고층에서 플라스틱통을 던져 놀이터에서 놀던 유아에게 맞은 사건, 스키를 타다 부딪쳐 다친 사건, 공원에서 열린 댄스교실에서 춤추던 피해자에 부딪쳐 다친 사건), 교통사고처리특례법위반(도로교통법위반) 4건(자전거를 타고 가다 피해자를 충격한 사건), 상해 1건(술에 취해 택시기사와 시비하다 때린 사건)이 있다.

서울가정법원에서 화해권고제도를 이용한 대부분의 사건이 학생들 사이에 학

---

14 서울가정법원에서 2010년 5월부터 2011년 8월 31일까지 화해권고제도를 이용한 사건 57건 중에 51건의 기록을 살펴보았고, 그중 8건이 합의되지 않았다.

15 '학교폭력'이란 학교 내외에서 학생 간에 발생한 상해, 폭행, 감금, 협박, 약취·유인, 명예훼손·모욕, 공갈, 강요 및 성폭력, 따돌림, 정보통신망을 이용한 음란·폭력 정보 등에 의하여 신체·정신 또는 재산상의 피해를 수반하는 행위를 말한다(학교폭력예방 및 대책에 관한 법률 제2조 제1호).

교 내외에서 일어난 폭력사건인데, 가해자와 피해자가 지속적인 관계를 맺어야 하므로 가해자의 사과와 피해자의 용서를 통한 감정적인 화해와 재발방지 약속이 필요하고, 또한 치료비 등 금전적 배상에 의한 피해회복이 절실하여 화해권고에 적합하기 때문일 것이다.

2. 처분결과

화해권고절차에 참여하여 합의가 성립한 경우 대부분 심리불개시결정(29건)이나 불처분(8건)으로 사건이 종국되었고, 1호처분을 한 경우가 9건이 있었으며, 보호관찰처분(4호, 5호)을 한 경우도 4건이 있었다. 주로 보호소년이 초범이고, 보호자의 보호력이 있는 사건에 대하여 화해권고제도를 이용하도록 하기 때문에 피해자의 피해가 회복되고 합의가 된 경우 보호소년의 재비행 위험성이 거의 없어 보호처분을 할 필요성이 없는 경우가 많다.

그러나 합의가 성립하더라도 보호소년이 과거에 비행전력이 있었다거나 그 밖에 비행행위의 죄질이 불량하고 재비행의 위험성이 있어 보이는 경우(지적장애가 있거나 품행장애가 있는 경우)에는 보호처분을 하였다.

한편 합의가 성립되지 않은 경우에도 화해권고절차 과정에서 충분히 가해자가 사과를 하였고, 피해자가 용서를 하였으나 보호자 사이에 합의금액에 대하여 이견이 있어 합의되지 못한 경우, 재비행의 위험성이 없으면 심리불개시결정(2건), 불처분(1건)을 하였다. 비행전력이 여러 건이었고, 병합사건이 있었던 경우에는 1, 2, 3, 5호 처분을 병과하였고(1건), 그 밖에 1호 처분(2건), 1, 2, 3호(1, 3호) 처분(2건)을 하기도 하였다. 화해권고 과정에서 구체적으로 합의금액에 관한 조정이 시도되었다는 자료가 있거나 치료비가 명확히 밝혀진 경우, 심리기일에 보호소년의 보호자에게 적당한 금액을 공탁을 하도록 명한 후 보호처분 결정을 하였다.

3. 비행전력

화해권고제도를 이용한 보호소년들의 대부분은 초범이었고, 기소유예나 불처분을 받은 적이 있는 사건이 2건, 1호 처분을 받은 적이 있는 사건이 3건이었다. 단기 보호관찰을 받았던 사건도 2건이 있었다.

---

93. 8. 생 남자 | 09. 11. 특수절도 1, 3, 4호 처분 → 10. 9. 4. 3:00 피해자가 쳐다보았다는 이유로 주먹과 발로 얼굴을 수회 때려 3주 치료 요하는 비골골절상 등 상해 재범 → 10. 10. 26. 서울가정법원 송치 → 11. 2. 7. 화해권고기일, 합의 성립 → 11. 4. 13. 1, 4호 처분

---

92. 5. 생 남자 | 09. 2. 강도상해 1, 3, 4호 처분, 09. 12. 폭처법위반(공동상해) 1, 4호 처분 → 10. 3. 11. 17:30 피해자들이 보호소년의 동생에게 모욕적인 문자를 보냈다는 이유로 주먹, 무릎으로 얼굴 등을 수회 때려 6주 치료 요하는 상해 재범 → 10. 4. 14. 서울가정법원 송치 → 10. 8. 11. 화해권고기일, 합의 불성립 → 11. 9. 16. 1, 2, 3, 5호 처분

---

4. 사건발생일부터 화해권고기일까지 걸린 기간

표 9-4 사건발행일부터 화해권고기일까지 걸린 시간

기간	2개월	3개월	4개월	5개월	6개월	7개월	8개월	9개월	10개월	11개월	12개월
사건수	1건	3건	4건	14건	8건	5건	4건	5건	1건	2건	4건
미합의	1건		3건	2건		1건		1건			

사건발생일로부터 화해권고기일까지 걸린 기간을 보면 2개월부터 1년까지 다양하나 5개월에서 6개월 정도 기간이 소요된 경우가 많다. 촉법소년의 경우 경찰에서 가정법원에 바로 송치되기 때문에 기간이 짧아질 수 있으나 신속하게 화해권고에 회부되었다고 하여 화해권고 성립율이 높아지는 것은 아닌 것 같고,

피해의 정도가 확정(상처의 치료 완료 등)되는 등 사건이 성숙하는 것이 화해성립에 도움이 되는 것 같다. 물론 화해권고에 회부되기까지의 기간이 길어진 경우 당사자들의 감정대립과 오해가 심한 경우가 더 많이 있으나, 반면에 사건을 종결하고자 하는 의지가 높아 화해가 좀 더 쉽게 되는 경우도 있다.

5. 가정법원 접수일부터 화해권고기일까지 걸린 기간

표 9-5 가정법원 접수일부터 화해권고기일까지 걸린 시간

기간	1개월	2개월	3개월	4개월	5개월	6개월	7개월	9개월	11개월
사건수	1건	11건	15건	13건	4건	3건	2건	1건	1건
조사명령 (23건)[16]		2건	5건	6건	3건	3건	2건	1건	1건

가정법원접수일로부터 화해권고기일까지 대체적으로 2개월 내지 4개월이 걸리는데, 2011년에 화해권고위원을 증원하여 2010년에 비해 신속하게 기일이 지정되고 있다. 그리고 화해권고기일 전에 조사관조사(화해권고를 위한 조사명령)를 거치는 것이 절차지연의 원인이 되는 것 같지는 않다. 가정법원에 접수된 후 6개월 이상 있다가 화해권고기일이 열리는 사건은 일반 조사관조사나 심리상담조사를 거쳐 심리기일을 진행하였는데, 피해자가 진정서를 제출하거나 조사보고서의 결과에 따라 뒤늦게 화해권고기일에 회부된 사건들이다.

6. 화해권고 절차에서 합의한 내용

화해권고 절차에서 합의가 성립한 경우 합의문의 내용을 보면, 일반적으로 '가해자는 자신의 행위를 피해자에게 사과하고, 피해자는 이를 받아들인다. 가해자의 보호자는 보호소년의 행위로 인해 피해자에게 피해가 발생한 점에 대해 사과하고, 피해자의 보호자는 합의과정에서 오해한 점과 고소한 점을 사과한다.

---

16 화해권고 기일 전에 화해권고를 위한 조사관 조사명령이나 일반 조사명령을 거친 사건이 23건인데, 그중 3건이 화해 불성립되었다.

가해자는 향후 같은 행동을 하지 않을 것이다. 가해자의 보호자는 치료비 및 위로금으로 000원을 언제까지 지급하기로 한다. 언제까지 위 돈을 지급하지 않는 경우 위 합의는 무효로 한다. 당사자는 향후 이 사건으로 인하여 민·형사상 청구를 하지 않기로 한다.'라고 기재되어 있다.

각 사건에서 특수한 상황을 반영하여 구체적으로 가해자가 하지 말아야 할 행위를 적시하거나 재범 방지를 위해 가해자가 상담받기, 피해자는 사회성을 키우는 프로그램에 참여하기, 다른 친구들에게 화해의 내용 알리기, 피해자의 치료과정에 적극 협조하기, 가해자가 학교에서 피해자에게 어려운 상황이 발생할 때 적극적으로 도와주기, 보호자들이 학교 측에 학교폭력 방지 대책을 마련할 것을 건의하기, 향후 진로와 관련된 멘토 찾기, 화해권고위원에게 도움 요청하여 기회가 주어지면 열심히 참여하기 등이 있다.

손해배상을 위하여 민사소송이 제기된 경우 피해변상 금액을 구체적으로 정하지는 않고 '민사재판의 신체감정 결과에 따라 원만하게 합의하기'라고 합의가 된 경우가 있었는데, 분쟁의 일회적 해결이란 면에서 아쉬웠다.

7. 화해 불성립 사건

표 9-6 화해 불성립 사건 내역

보호소년	사건명	비행전력	불성립 이유	처분결과
92년생, 남자	상해 (학교폭력)	단기보호 관찰 2회	피해자가 보호소년의 여동생을 성폭행하였다고 고소한 사건이 있어 합의가 어려웠다. 가해자가 진정으로 사과하여 받아 주었고, 향후 재발방지 약속하였으나 합의금액이 일치되지 않았다.	1, 2, 3, 5호
94년생, 남자	상해 (학교폭력)	없음	가해자, 피해자의 입장을 충분히 이야기하여 공감하고, 감정해소하여 포용하였으나, 보호자들 간에 합의금액 차이가 컸다. 향후 500만 원 공탁	불처분
92년생, 남자	상해 (학교폭력)	없음	가해자, 피해자 상호 간에 사과하고, 향후 대화로 해결할 것을 다짐했으나, 보호자들 간에 감정대립이 해소되지 않고 각자의 입장만 얘기하였다.	1호

98년생, 남자	과실치상 (고층에서 플라스틱 던져 유아가 맞음)	없음	화해권고기일 전에 민사소송이 제기되어 있었고, 가해자의 모에 대해 피해자 측이 서운한 것이 많았는데, 가해자의 모가 불참하였다. 화해권고 기일 이후 따로 만나 1시간 대화했으나 서로 원하는 수준의 합의, 사과가 안 되었다. 그러나 이후 민사소송에서 강제조정되어 180만원 지급하였다.	심불
93년생, 남자	교특법위반 (자전거끼리 부딪힘)	없음	가해자가 사과하고, 피해자는 사고로 인한 고통과 휴직으로 인한 어려움을 호소하여 서로 간의 감정대립은 누그러졌으나, 가해자의 보호자가 경제적 어려움만 호소하고 문제해결을 위한 성의를 보이지 않아 보상금액 합의가 안 되었다(화해권고기일 모두에 판사가 처분하지 않겠다는 의사를 밝혀 문제해결에 소극적이었다고 보임).	심불
95년생, 남자	상해 (학교폭력)	없음	가해자와 피해자는 진심으로 화해했으나, 가해자의 경제형편이 어려워 배상금액 합의가 안됐다. 향후 500만 원을 공탁하였다.	1, 2, 3호
95년생, 남자(3명)	상해 (학교폭력)	없음	가해자들이 피해자에게 진심으로 사과하고 재발 방지 약속을 하였으며, 피해자는 고소로 인한 어려움을 겪게 한 것에 대해 사과하였다. 이에 가해자들은 폭력의 심각성과 자신의 잘못을 깨달았고, 피해자는 재발에 대한 두려움이 없어졌다. 그러나 배상금액 차이가 너무 커 합의가 안 되었으나, 심리기일 진행 후 사적으로 화해권고기일에 지급하겠다고 했던 금액보다 많은 금액을 지급하고 합의하여 왔다.	각 1호 처분
95년생, 남자(3명)	폭처 (공동상해) (학교폭력)	없음	가해자들이 피해자에게 충분히 사과하고, 재발 방지 약속을 하였으나 합의금액이 일치하지 못했다. 심리기일 이후 때린 소년이 700만 원 공탁.	1, 3호 처분 망 본 소년: 각 1호처분

　　화해권고기일에 합의가 불성립한 사건들의 경우, 가해자는 진심으로 사과하고 피해자는 이를 받아들여 가해자와 피해자들 간에 감정적 대립은 없어지거나 감소하였으나, 보호자들 간에 배상금액의 일치가 이루어지지 않아 합의되지 못한 경우가 대부분이었다. 따라서 합의가 이루어지지 않았다 하더라도 보호소년의 재비행 위험성이 없고, 이후 공탁 등을 통해 어느 정도 피해가 보상되어 있

으면 심리불개시결정이나 불처분을 한 경우도 있었다.

8. 재비행

화해권고 절차에 참여한 보호소년이 이후 재비행을 하였는지 여부는 화해권
고 제도를 시행한 지 오래 지나지 않아 정확한 통계자료를 추출하기는 어렵다.
다만 현재까지 화해권고 사건이 종국된 이후 가정법원에 접수된 사건이 있는지
여부를 검토한 결과 두 사건의 보호소년들에 대하여 사건이 접수되었는데, 두
사건 모두 초범의 학교폭력 사건으로 화해가 성립된 사건들이었다. 한 사건의
경우 보호소년들이 지적장애 3급, 품행장애, ADHD를 앓고 있으면서 보호자들
의 보호력이 낮아 단기보호관찰 처분을 하였는데, 이후 동종의 재비행을 하였다.
나머지 사건의 경우 학교폭력 사건으로 화해가 성립되어 심리불개시결정을 하였
는데, 이후 공동재물손괴의 공범으로 신건이 접수되었다.

앞으로 장기적으로 화해권고 절차에 참여한 보호소년들에 대한 재비행 여부에
대하여 추적조사를 함으로써 화해권고제도의 효과에 대한 검증이 필요할 것이다.

V. 화해권고제도에 관한 과제

1. 시기적으로 늦은 화해 시도

화해권고 절차에 참여한 대부분의 사건들은 비행이 이루어진 지 5개월 이상
지나서야 화해권고기일에서의 만남이 이루어졌다. 당사자들 사이에 화해권고기
일 이전에도 합의시도는 있었으나 갈등해결전문가의 개입 없이 당사자들끼리 접
촉하여 서로 간에 오해와 불신이 커져 있고, 피해자의 경우 재발에 대한 두려움
과 피해회복이 되어 있지 않아 적절한 사회복귀가 이루어지지 않은 경우가 대부
분이었다. 갈등해결전문가인 화해권고위원들의 주도하에 서로 좀 더 일찍 대화
를 시도하였으면 조기에 화해가 이루어져 피해를 입은 기간을 줄일 수 있었을
텐데 하는 아쉬움이 남는다. 물론 수사절차에서도 형사조정이 이루어지고 있지

만, 가정법원의 화해권고와 달리 조정자가 갈등해결전문가가 아니어서 보호소년의 출석 없이 보호자만 출석하여도 되고 주로 보상금액 합의 위주로 대화가 시도되고 있다. 앞으로 소년비행사건에 대해 법원선의(先議)주의가 도입된다면, 비행 초기에 가정법원과 갈등해결전문가가 개입하는 화해권고절차를 신속하게 이용할 수 있게 되어 당사자들의 만족감이 커질 것이다.

2. 당사자의 절차적 부담 가중

학교폭력 사건의 경우 가정법원의 재판 이전에 학교폭력대책심의위원회가 열린 경우가 대부분이고, 또 수사절차에서 형사조정을 시도한 경우도 있었다. 그리고 가정법원에 사건이 접수된 이후에도 조사관조사나 상담조사, 결정전조사를 거치고 화해권고 절차에 참여하는 경우도 있다. 이에 가해자는 여러 절차를 거치면서 사건에 대해 같은 진술을 여러 차례 반복하고, 사건의 종국 시까지 시간이 많이 걸리게 되어 절차적 부담이 가중될 수 있다. 따라서 화해권고제도가 확산되어 갈등해결전문가가 학교폭력대책심의위원회의 위원으로 필수적으로 참여하는 등의 방법으로 좀 더 신속하게 갈등해결전문가의 조력을 받아 피해자와 가해자가 만나 대화를 할 수 있는 절차가 마련되면 좋을 것 같다.

3. 피해자의 화해권고제도 이용 신청권 보장

현행 소년법에는 피해자가 심리기일에 의견진술신청권이 보장되어 있으므로, 적극적인 피해자의 경우 심리기일에 출석하여 의견을 진술하거나 법원에 진정서나 탄원서를 제출하여 자신의 피해상태나 심정에 대해 알릴 수 있다. 그러나 더 나아가 직접적으로 피해자에게 화해권고제도를 이용할 수 있는 신청권이 보장되어 있다면, 여러 가지 이유에서 가해자를 직접 대면하기 어려워 피해의 회복이 되지 않고 있는 경우 등에 신속하게 피해회복을 도울 수 있을 것이다. 또한 당사자들의 감정대립으로 인해 민사소송을 제기하는 경우도 있는데, 민사소송까지 가지 않고 형사절차에서 분쟁의 일회적 해결이 가능하게 되어 소송경제적으로도 매우 유용할 것이다.

4. 피해회복을 돕기 위한 지역사회나 학교의 적극적인 참여 유도

화해권고 절차에 참여한 사건들의 상당수가 재학 중인 학교의 교내에서 일어난 일들이므로 향후 재발방지와 보호자의 보호력이 부족한 가해자의 학교생활이나 사회복귀 등을 돕고, 피해자의 지속적인 피해회복을 원조할 수 있도록 학교생활지도 선생님이나 담임선생님, 지역사회의 사회복지사, 상담사 등도 화해권고절차에 함께 참여하면 많은 도움이 될 것이므로, 화해권고에 참여할 수 있는 인적 범위를 좀 더 확대할 필요가 있다.

5. 의사 등 전문가를 자문위원으로 위촉[17]

주로 상해, 폭행사건이 화해권고절차에 회부되는 경우가 많은데, 당사자들의 감정적인 대립은 갈등해결전문가인 화해권고위원들의 도움을 받아 원만하게 해소될 수 있다. 그러나 실제로 구체적인 피해회복 부분을 논의할 때는 치료비, 향후치료비, 노동능력 상실에 따른 손해 등을 예상하여 결정하는데, 의사 등의 전문가의 도움이 절대적으로 필요하다. 물론 당사자들이 화해권고절차에 참여하기 이전에 여러 가지 경로를 통해 정보를 수집하여 오지만 공정성이나 신뢰도 측면에서 문제를 제기하는 경우가 있으므로, 법원에서 위촉한 전문가를 자문위원으로 위촉하여 적절한 전문가의 조언을 받도록 하면 화해 성립에 많은 도움이 될 수 있을 것이다.

---

17 대법원은 2016년 11월 23일 전문가의 진단 등에 관한 예규를 제정하여 2017년 1월 1일부터 시행하였는바, 위 예규에 따르면 법원장(지원장)은 소년부판사가 조사·심리를 할 때 정신건강의학과 의사, 심리학자, 사회학자, 사회복지학자, 교육자, 그 밖의 관련 전문가에게 보호소년, 행위자, 피해자, 가정구성원 등 사건관계인에 대한 정신·심리상태 등에 대한 진단 및 비행·범죄 등의 원인 등에 관한 의견을 조회할 수 있도록 진단전문가의 명단을 작성해야 하고, 진단전문가 중에 법원 청사에서 심리진단 등 사무를 처리하는 상근 진단전문가를 위촉할 수 있다. 따라서 화해권고절차에서도 필요에 따라 진단전문가 또는 상근 진단전문가의 조언을 받을 수 있는 방법이 마련되었다.

6. 갈등해결전문가의 확보

가정법원의 화해권고위원은 민사조정이나 형사조정의 조정위원과 달리 심리학, 교육학, 정신의학, 보건간호학, 사회복지학, 가족치료학, 상담학, 가족관계학 그 밖에 소년보호사건과 연관된 분야에서 전문적인 지식과 경험이 있는 분들 중에서 위촉하고 있다. 따라서 상담이나 갈등해결전문가의 주도로 화해권고 절차가 이루어지게 되어 화해 성공률, 당사자들의 절차적 만족감이 상당히 높다. 그러나 아쉽게도 현재 우리나라에는 갈등해결전문가가 많지 않아 가정법원에 접수된 이후 화해권고기일이 지정되기까지의 대기기간이 길어지고 있다. 앞으로 좀 더 많은 갈등해결전문가를 발굴하여 화해권고위원을 지속적으로 증원함으로써 신속하게 화해권고기일이 지정되어 당사자들이 조기에 분쟁상태를 해결할 수 있길 바란다.

7. 대상사건의 확대

현재 화해권고 절차를 이용한 대부분의 사건이 학교폭력사건으로 가해자와 피해자가 한 명씩이고, 가해자가 초범인 경우인데, 앞으로 좀 더 다양한 사건으로 확대될 필요가 있다. 절도나 성폭력 사건,[18] 가해자·피해자가 다수인 사건, 비행전력이 많은 보호소년, 가해자나 피해자, 보호자에게 지적장애 등 정신적인 문제가 있는 경우,[19] 과실범[20] 등에 대하여도 적극적으로 화해권고 절차에 참여

---

[18] 성폭력사건의 경우 피해자가 가해자를 만나기 꺼려할 수도 있고, 또 직접적으로 대면하는 것이 피해자에게 다른 상처로 작용할 수도 있으므로, 대부분 화해권고에 회부하는 것이 부적절할 것이다. 그러나 예외적으로 피해자가 가해자로부터 사과받기를 적극적으로 원할 경우, 편지나 동영상, 화상회의 등의 수단을 활용하여 화해권고기일을 운영할 수도 있을 것이다.

[19] 당사자에게 정신적인 문제가 있는 경우 지속적인 멘토나 상담기관, 상담사의 도움이 필요할 수 있으므로, 화해권고 절차에 참여한 화해권고위원이나 상담사 등을 위탁보호위원으로 위촉하는 방법, 피해자에 대한 무료 상담기관 연계 등이 화해권고 절차에서 논의되어 해결하면 좋을 것 같다. 또한 실제 사건의 경우 보호자에게 음주문제가 있어 화해권고 절차 진행 시에 상당히 애로를 겪은 적이 있는바, 보호자의 보호력에 문제가 있는 경우 화해권고 절차에서 보호소년이나 피해자를 원조해줄 조력인 제도의 도입을 검토할 만하다.

[20] 화해권고에 회부한 과실범의 경우, 책임자체와 정도에 다툼이 있어 화해권고 절차를 진행할 때 어려움을 겪기도 하였다. 따라서 과실범의 경우 경찰이나 법원이 책임소재를 분명하게 지적하고 사실관계를 인정한 상태에서 화해권고에 회부될 필요가 있다.

할 수 있도록 유도하고, 각각 어떠한 방식으로 화해권고제도를 운용해 나갈지에 대한 방법 등을 고민하여 마련할 필요가 있다.

8. 당사자의 참여율 제고를 위한 적극적 홍보 필요

실제 화해권고를 회부한 사건의 경우, 가해자는 화해권고의 성립 여부가 직접적으로 재판의 결과에 영향을 줄 수 있기 때문에 적극적으로 참여의사를 보이는 반면에, 피해자의 경우 화해권고에 참여하도록 동의를 받는 것이 상당히 어려운 경우가 많다. 제도에 대한 이해 부족, 가해자에 대한 두려움 등 여러 가지 이유로 화해권고 절차에 참여하길 꺼리는 경우가 많아 판사가 화해권고 절차에 회부했으나 피해자의 명시적인 동의를 받지 못해 이용하지 못하는 경우도 상당수 있다. 따라서 법원에서 적극적으로 화해권고제도에 대한 설명, 당사자들의 만족도 등을 홍보할 필요가 있다.

9. 촉법소년과 범죄소년이 공범인 경우

현재 소년비행 가해자의 연령에 따라 처리절차가 이원화되어 있어 촉법소년의 경우 검찰을 거치지 않고 경찰에서 곧바로 가정법원으로 송치하기 때문에 공범의 연령이 다른 경우 가정법원에 접수되는 시기가 다르고, 또한 범죄소년의 경우 검찰에서 기소유예 등의 불기소처분을 할 경우 종국처리결과가 달라질 수 있다. 이에 공범사건의 가정법원 접수를 기다려 화해권고기일을 지정하게 되면 분쟁이 장기화될 수 있고, 또한 가정법원에 접수된 사건만 화해권고기일에 회부하게 되면 분쟁의 통일적인 해결이 어렵게 될 수 있다. 따라서 하루 빨리 법원 선의주의가 도입되어 촉법소년, 범죄소년 구별 없이 가정법원이 조기에 개입하여 사건을 해결할 수 있도록 하는 것이 필요하다.

10. 장기적인 재범률 연구

화해권고제도의 효과를 검증하기 위해서는 보호소년의 재범률을 조사하여 화해권고제도를 거치지 않은 일반사건과의 재범률을 비교하는 것이 가장 효과적이라 할 수 있다. 그러나 소년비행의 경우 장기적인 관찰이 필요하므로, 학계나 연구소 등과 가정법원이 연계하여 보호소년을 장기적으로 추적하여 조사할 수 있는 시스템을 개발하여 조사하면 좋을 것이다.

VI. 마치며

화해권고제도는 회복적 사법의 대표적 프로그램인 피해자·가해자 대화모임을 받아들여 재판제도에서 최초로 실현한 제도라는 점에서 그 의의가 크다. 서울가정법원에서 2010년 5월 최초로 화해권고위원을 위촉하여 화해권고제도를 시행하기 시작한 이후 지속적으로 확대되어 전국의 7개 가정법원을 비롯한 지방법원에서 화해권고제도를 실시하고 있다. 화해권고제도를 최초로 실시한 2010년 5월부터 2014년 12월 31일까지 5개 가정법원의 화해 성립률이 81.5%에 이르고, 이후 꾸준히 실시되어 매년 화해 성립률이 60% 이상에 달하고 있으며, 화해에 이르지 못한 사건에서도 당사자들의 만족도가 아주 높아 성공적으로 정착되고 있다. 앞으로 소년심판 실무에서 실시되고 있는 화해권고제도가 성인범의 형사재판에도 도입되어 회복적 사법의 이념이 널리 실현되길 바란다.

[별지 서식 1]

화해권고기일 참가 동의서

○○푸(초)○○ 사건의 피(가)해자 ○○○와 그 보호자 ○○○는 아래의 사항을 숙지하였으며, 이에 따라 위 사건의 피해자 – 가해자 화해를 위한 화해권고기일에 참여하여 그 절차에 응할 것에 동의합니다.

－아 래－

1. 화해권고기일의 참가는 본인의 자율적인 의사에 따라 이루어집니다. 당사자는 본 동의 이후에도 언제든지 참가 의사를 철회할 수 있습니다.

2. 화해권고는 피해자에 대한 금전적 배상만을 목적으로 하는 것이 아니라, 피해자와 가해자의 화해를 통하여 갈등과 상처를 치유함으로써 문제의 근본적인 해결과 재발 방지를 모색하고, 피해자의 보호와 가해자의 건전한 사회복귀를 돕기 위한 것입니다.

3. 화해권고기일에서 합의된 사항에 대하여는 기판력이나 집행력 등의 법률적인 효력이 부여되지 않습니다. 다만, 가해자나 그 보호자가 이를 이행하였는지 여부는 법원이 가해자에 대한 보호처분을 결정할 때 고려할 수 있습니다.

피(가)해자 _____(인)

보 호 자 _____(인)

화해권고기일 합의문

사건번호		담당재판부	
보호소년		피해자	

1. 우리는 위 사건에 관한 화해권고기일에서 아래와 같은 내용에 합의하였다.

－아　래－

2. 우리는 다음의 조건을 준수하기로 합의하였다.
   이 합의문의 약정 내용은　　년　　월　　일까지 모두 이행되어야 한다.

20　년　월　일

서명 (보호소년)_____ (보호자)_____	서명 (피해자)_____ (보호자)_____
서명 (보호소년)_____ (보호자)_____	서명 (피해자)_____ (보호자)_____

[별지 서식 3]

화해권고위원 의견서

사건번호		담당재판부	
보호소년		피해자	

1. 피해자와 가해자의 참가 의지와 노력

2. 화해권고기일의 진행과정과 경과

3. 화해권고기일 이후의 전망과 제안

4. 그 밖의 의견

화해권고위원   (서명 또는 날인)

화해권고위원   (서명 또는 날인)

화해권고위원   (서명 또는 날인)

10

소년법상 화해권고제도의 문제점과 개선방법

신동주

Restorative Justice
회복적 사법

10장

소년법상 화해권고제도의 문제점과 개선방안

신동주*

Ⅰ. 서론

가치관의 혼란과 급격한 사회 변화 그리고 SNS 등 소셜미디어를 통한 많은 정보의 급속한 전파, 즉흥적이고 무의식적으로 반응하게 되는 자극적인 대중매체 등으로 인하여 소년범죄(비행)는 그 내용이 지능화되고 집단화되어 공격성도 심화되고 있다. 2017년 인천 초등학생 살인사건과 부산 여중생 집단폭행사건, 2018년 서울 관악산 또래 집단폭행사건에 이어 인천 중학생 추락사건 등 소년범죄 사건이 연이어 언론에 보도되면서 소년법을 폐지하자는 여론 역시 계속하여 고조되고 있다. 이러한 국민 여론을 반영하여 법무부는 청소년 비행예방 대책으로 형사미성년자의 연령을 만 14세에서 만 13세로 낮추고, 형사처벌 특례규정도 상향하여 비행예방과 재범 방지를 위해 노력하겠다고 발표하였다.[1] 소년법 개정은 제18대 국회에서부터 현재에 이르기까지도 계속 논의되어 왔는데 그 주된 내용은 형사미성년자 연령을 하향하고, 소년법 적용 연령을 인하하며, 특정강력범죄를 저지른 소년에 대한 형량을 상향하는 등의 엄벌주의의 측면을 고려한 것이 다수이다. 그러나 소년범에 대한 처벌 강화는 최근에 새롭게 논의된 주제가 아니라 이미 오래전부터 심각한 소년범죄사건이 언론에 의해 보도될 때

---

* 서울중앙지방법원 판사.

1 법무부 홈페이지 2018. 8. 23.자 보도자료 "청와대, 소년법 개정 및 청소년범죄 엄중처벌 청원 답변 공개", 2018. 12. 19.자 보도자료 "법무부, 2019~2023 제1차 소년비행예방 기본계획 수립"에서 법무부의 정리된 입장을 확인할 수 있다[이광우(2019), "청소년 범죄와 소년법의 이해", 대한청소년정신의학회 춘계학술대회, 1쪽에서 재인용].

마다 등장하였던 주제이고, 소년강력범죄에 대한 대응책 마련은 늘 그에 뒤따랐다. 하지만 대응책 마련과 수많은 논의에도 불구하고 주기적으로 심각한 소년범죄가 발생하는 것은 지금까지의 대응책이 사건 발생 이후에만 너무 초점이 맞춰져 있고, 그 시작점에 대한 논의와 제반 여건 형성에는 부족하였기 때문이라 생각된다.

소년법이 제1조에서 법의 목적으로 '소년이 건전하게 성장하도록 돕는 것'이라고 한 이유는 소년의 특성 즉, 소년은 그 인격이 형성 과정에 있고 개선가능성이 풍부한 반면, 심신의 발육에 따르는 특수한 정신적 동요상태에 놓여 있는 경우가 많아 환경의 영향을 받아 쉽게 범행을 저지르기도 하지만, 적절한 보호와 교육이 이루어진다면 얼마든지 건전하게 성장할 수 있기 때문이다. 그리고 이 점은 소년법만의 목적이 아니라 국가의 국민보호의무, 재범을 막고 사회를 방위하고자 하는 일반 형법의 기능인 일반예방과 특별예방의 측면과도 일치한다.

일반적으로 소년형사(보호)사건에 관련된 소년은 가해자이든 피해자이든 범죄(비행)로 인하여 상당한 심리적 충격과 영향을 받게 되고, 이는 경우에 따라 가해자의 재범(재비행) 또는 피해자의 가해자 전환이라는 새로운 문제를 낳는다. 2007년 개정 전 소년법은 피해자가 자신의 의견을 소년보호재판에서 진술하는 것이 제한적이었는데, 이 때문에 가해자의 처벌이 아니라 가해자와의 소통을 통해 피해자의 상처와 고통을 알리고 그럼으로써 진정성 있는 사과와 배상을 원하는 피해자의 진정한 요구를 제대로 반영하지 못하였다(피해자는 가해자가 소년이기에 더욱 더 엄벌이나 사법적인 처벌만을 원하지 않는다). 위와 같은 상황과 요구를 반영하여 2007년 소년법 개정으로 소년법에 화해권고제도가 도입되었다. 이 제도는 회복적 사법 이념에 따라 신설된 것으로 가해소년이 피해자는 물론 자신을 둘러싼 공동체와의 관계를 회복하고, 사회 구성원으로서 자신의 역할을 성실히 이행하게 함으로써 심각한 소년범죄로 나아가는 것을 막고 소년의 건전한 성장과 사회방위를 이룰 수 있도록 규정되었다.

그러나 화해권고제도가 시행된 지 13년이나 지났지만(2008. 6. 22.부터 시행) 화해권고제도의 이용현황을 살펴보면, 현 화해권고제도는 보호소년과 피해자의 동의를 얻기 어려운 사정 등으로 그 이용이 저조하며, 실제 운영에 있어서도 보호소년과 피해소년의 적극적인 의사표현 보다는 각 보호자의 역할과 의사에 따라 결과가 도출된다는 점, 지역사회 구성원의 개입이 없이 진행되어 침해된 공동체의 회복은 이루어지지 않은 상태로 경우에 따라서는 보호소년이 기존 공동체에서 배제되기도 하는 등 그 한계가 나타나는바, 아래에서는 실제 화해권고제도를 실제로 운용하는 법원의 입장에서 보다 바람직한 화해권고제도의 방향과 그 활성화를 위하여 화해권고제도에 관하여 살펴보고 그 문제점과 개선방안을 논의하고자 한다.

II. 현행 화해권고제도의 문제점

화해권고제도가 활성화 되지 않는 점과 관련하여 문제점으로 주로 지적되는 사항은 다음과 같다.[2]

1. 화해권고제도 적용범위의 협소성

현행 화해권고제도에서 가장 큰 문제점으로 지적되는 사항은 해당 제도가 소년보호절차에서만 적용되고 소년형사절차에서는 적용되지 않고 있다는 점이다. 검찰의 수사단계에서 형사조정이 실시될 수 있지만 형사조정제도는 진정한 의미의 회복적 사법 프로그램으로 보기 어렵다.[3] 또한 소년사건의 특수성을 고려해볼 때, 범죄소년의 불법과 책임의 경중이 소년보호사건으로 송치되는 근본적인 사유가 될 수는 없다고 할지라도 범죄소년의 범행불법을 하나의 중요한 판단척도로 고려하고 있는 현행 소년사건 처리 실무를 고려해보면, 중한 소년피의사건

---

2 이진국(2009), "개정 소년법상 회복적 사법제도에 관한 비판적 검토", 피해자학연구 제17권 제2호, 363쪽 이하.

3 예컨대 형사조정제도는 첫째, 형사조정이 성사된 경우에도 통상적인 수사를 진행할 길을 열어둠으로써 회복적 사법보다는 책임응보의 관점이 전면에 나선다는 비판이 제기되고, 둘째, 형사조정의 내용도 가해자와 피해자 사이의 자율적인 갈등해소에 초점이 맞추어져 있는 것이 아니라 조정위원회가 주도하는 민사적 합의도출에만 목표를 설정하여 원래의 회복적 사법이념에 부합하지 않는다는 지적이 있다[이진국(주 2), 360쪽 이하].

이 소년보호절차로 송치되어 화해권고가 개시될 여지가 있는 반면, 그 보다 경한 소년피의사건에 대해서는 선도조건부 기소유예 등의 가능성이 있는 것은 별론으로 하더라도, 회복적 사법의 가능성을 처음부터 배제하는 것은 법적용의 형평성 문제가 발생한다(물론 이와 같은 문제점은 현행 소년법이 보호절차와 형사절차로 이원화되어 있다는 점에서 그 배경을 찾을 수 있다).

2. 소년부 판사의 면전에서 실시하는 화해의 실효성

소년부 판사가 직접 알선조정자로 등장할 경우에는 회복적 사법에서 의미하는 알선조정자의 역할에 객관성을 유지할 수 없는 경우가 발생할 수 있다. 알선조정자는 가해소년과 피해자의 어느 일방만 옹호해서는 안 된다는 '중립성'이 요구되고, '당사자의 자율'의 원칙이 철저하게 유지되어야 하며, 가해자와 피해자 간의 공정한 대화를 이끌어가야 한다는 '공정성'이 요청된다. 이러한 배경 속에서 소년의 범행책임에 대하여 알고 있는 소년부 판사가 피해자와 화해를 권고하게 되면, 알선조정자로서의 역할을 제대로 수행할 수 없을 뿐만 아니라 가해소년과 피해자도 자율성에 기초한 자유로운 대화를 통하여 범행의 배후에 깔려있던 갈등을 해소하는 데 꺼리게 된다.

3. 화해의 결과에 대한 법적 효과의 문제점

소년법 제25조의3 제3항은 소년이 소년부 판사의 권고에 따라 피해자와 화해하였을 경우에는 "보호처분을 결정할 때" 이를 "고려할 수 있도록" 명시하고 있다. 엄격하게 해석할 때, 위 규정은 소년이 피해자와 화해를 한 경우에는 보호처분의 결정 시뿐만 아니라 불처분결정 또는 심리불개시 결정 시에도 고려되도록 규정하는 것이 타당하다. 해당 규정이 안고 있는 보다 본질적인 문제점은 소년보호사건에서 화해가 성사된 경우 그 법적 효과를 어떻게 부여할 것인지가 소년부 판사의 재량에 맡겨져 있다는 점이다. 물론 소년이 피해자와 화해를 하였음에도 불구하고 소년부 판사가 보호처분을 결정할 때 이를 고려하지 않아야 하는 경우(예컨대, 화해는 하였지만 소년이 과거의 행위에 대하여 아무런 뉘우침이 없는 경우)도 있을 수 있다. 그러나 그런 경우를 제외하고 소년과 피해자가 당해 범죄와 그 범죄를 둘러싸고 발생했던 과거와 현재의 갈등을 풀고 자기책임의식을 가지는 경우, 즉 화해로 인하여 사회적 평화가 달성되었다고 판단되는 사례에서는 소년부 판사의 재량은 목적론적으로 축소되어야 하고, 이 점에서 성사된 화해에 대해서는 반드시 그 법적 효과를 부여해야 한다.

4. 소년사법절차 외부에서의 화해 가능성

소년법은 소년보호사건의 심리진행 단계에서의 화해권고결과의 효과만을 고려할 수 있도록 규정되어 있지 소년보호사건에 대한 심리가 개시되기 이전에 이루어진 화해를 어떻게 취급할 것인지에 관해서는 아무런 규정이 없다. 따라서 사건 발생 후 신속하게 화해 내지 원만한 합의를 한 경우, 소년사법절차를 통한 것이 아닌 사적 해결에 의한 부분을 어떻게 처리해야 하는지가 분명하지 않다.

Ⅲ. 화해권고제도가 회복적 사법에 해당하는지 여부

회복적 사법의 화해는 소년사건처리의 모든 단계에서 비권력적 형태로 수행되어야 함이 원칙인데, 현행법의 화해권고조항은 당사자 사이의 갈등 조정을 법원의 심판단계에서만 인정하고 있고, 대화의 참가가 강제된다는 점에서 진정한 의미에서의 회복적 사법의 도입한 것이 아니라는 반론[4]이 있지만, 법무부의 소년법 개정안에 대한 설명 자료와 다수의 견해는 소년법상의 화해권고제도가 회복적 사법이념이 반영된 프로그램이라고 이해한다.[5]

---

4 박미숙(2007), "법무부 소년법개정안 토론문", 법무부 소년법 개정법률안 공청회, 63쪽

5 원혜욱(2007), "소년법 개정안 개요", 소년법 개정 법률안 공청회, 법무부 소년법개정특별분과위원회, 6쪽; 오영근(2008), "개정소년법의 과제와 전망", 형사정책연구 제19권 제2호, 10쪽 이하; 김은경(2008), 회복적 소년사법 실천 모델의 효과성 연구, 21세기 소년사법개혁의 방향과 과제 (Ⅱ), 형사정책연구원, 269쪽; 이진국(주 2), 359쪽 등.

회복적 사법의 개념적 특징으로는 회복적 사법 절차에의 참가의 자율성, 범죄로 인하여 발생한 갈등의 해소와 피해의 배상 및 공동체(지역사회)의 참가로 요약된다. 이와 관련하여 화해권고제도에서는 ① 가해소년과 피해자가 상호 대화를 통하여 범죄를 둘러싼 갈등을 해소하고 범죄로 인하여 유발된 피해를 배상하는 것이 가능하다는 점, ② 소년부 판사는 소년법 제25조의3 제2항에 따라 참고인(피해자)을 소환할 수 있지만 피해자의 소환불응에 대한 동행영장을 강제로 집행하는 것이 불가능하기 때문에 피해자의 자발적인 화해절차에의 참가가 보장되어 있을 뿐만 아니라 피해자의 서면에 의한 동의를 화해를 권고하기 위한 기일까지 받아야 하는 점(소년심판규칙 제26조의2 제1항), ③ 소년심판규칙은 화해권고절차에서 지역사회 구성원의 참가를 허용하고 있다는 점(소년심판규칙 제26조의5), ④ 소년법에 화해권고제도를 도입한 것은 피해자 보호라는 측면과 함께 피해자와 가해자 사이의 화해·조정 등을 통해 가해소년의 교정(더 나아가 건전한 사회인으로의 육성)이라는 목적을 달성하는 데에 효과적이라는 판단에 의한 것이라는 점 등을 고려해보면, 현행 소년법상의 화해권고제도는 회복적 사법의 프로그램으로 볼 수 있다.

소년법상의 화해권고제도는 넓은 의미에서 범죄에 의해 발생된 피해를 회복하는 것에 의해 사법의 실현을 지향하는 활동으로써, 대화의 과정보다 피해회복에 중점을 두는 회복적 사법의 최대화 모델에 해당한다.[6] 또한 피해자와 화해가 성립한 경우 이를 보호처분을 결정할 때 임의적으로 고려할 수 있다고 규정하여 소년사법절차 보완형에 해당하고, 규칙상 지역사회 구성원의 자발적 참여가 가능하도록 규정되어 있으나(소년심판규칙 제26조의5) 화해기일의 주된 참가자가 통상적으로 보호소년과 피해자 및 그 각 보호자로 국한된다는 점에서 가해자·피해자 조정형에 속한다.

---

6 박상열(2012), "뉴질랜드의 소년사법제도", 소년보호연구 제18호, 한국소년정책학회, 29쪽.

Ⅳ. 화해권고제도 활성화를 위한 개선방안

1. 화해권고제도의 적용범위

(1) 소년형사재판

소년법 제25조의3 제1항은 '소년부 판사'가 화해권고를 할 수 있다고 규정하고 있어 화해권고제도는 소년보호재판에서만 활용이 가능하다. 그러나 소년형사재판에 대한 법원의 심리단계에서도 회복적 사법이념이 실현되어야 함은 당연하다.[7] 그러나 현행 소년법과 형사소송법에 비추어 보면, 소년형사재판에 대한 법원의 심리단계에서 회복적 사법이념을 실천하기 위한 수단으로 규정된 제도가 전혀 없다[8]. 따라서 소년형사재판에 있어서도 화해권고제도를 활용할 수 있도록 하는 방안이 검토되어야 하고, 화해가 성립된 경우 소년법 제25조의3 제3항과 제60조 제2항을 고려하여 양형단계에서 참작되어야 할 것이다.

(2) 수사단계

화해권고제도는 재판단계에서 판사의 권고에 따라서만 진행될 수 있을 뿐이므로 재판단계 이전의 수사단계에서는 검찰에 의한 형사조정제도와 임의적인 합

---

7 이에 대해서는 소년보호재판과 소년형사재판이 서로 다른 이념과 목표를 갖고 있기 때문에 임의적 합의를 허용하는 것 이외에 별도의 제도를 정하여 소년형사재판을 일반형사재판과 달리 취급할 수 없다는 반론이 있을 수 있다. 그러나 회복적 사법의 메커니즘 역시 전통적인 형사사법체계와 마찬가지로 '범죄행위'를 다룬다. 그런데 회복적 사법은 그 갈등의 해결공간을 형사사법체계와는 다른 차원에서 설정하고자 한다. 여기서 회복적 사법의 이론을 형사사법체계의 공식적인 범죄통제 메커니즘과 어떻게 연계되어야 하는 문제가 검토되어야 한다. 근본적으로는 회복적 사법이 기능하는 사회공동체 영역과 형사사법체계를 관장하는 국가의 역할 분담에 관한 문제제기로 연결된다. 이에 관해 범죄예방과 형사사법에 관한 UN 비정부기구 동맹 산하의 「회복적 사법에 관한 실무단(Working Party on Restorative Justice)」은 다음과 같은 접근법을 제시한다. 첫째, 범죄사건이 일어나면 우선적으로 범죄자와 피해자, 그리고 사회공동체의 안전을 확보할 수 있는 조치가 즉각 투입되어야 하며, 둘째, 그러한 전제에서 '가능한 빨리' 그리고 '최대한의 자발적 협력과 최소한의 강제성'으로 대응해야 한다는 것이다(원칙 6)[이호중(2001), "회복적 사법", 피해자학연구 제9권 제1호, 41쪽 이하].

8 형사조정제도는 '피의자'만을 대상으로 하고 있기 때문에 법원의 재판단계에서 활용할 수 없다(범죄피해자 보호법 제41조 이하 참조).

의 외 화해권고제도를 활용할 수 없다. 법원단계에서의 소년보호사건은 사건발생 후 짧게는 3개월 길게는 6개월 이상 경과한 사건들이다. 법원단계의 당사자들은 사건발생 이후 개별적 합의 시도와 학교에서의 조정 실패, 그리고 고소·고발에 따른 경찰조사 등을 거치면서 상대에 대한 오해와 불신으로 사건 외적인 감정적 요인에 의해 사건해결 방향이 문제해결보다는 감정적 싸움으로 변질되는 경우가 많다. 또한 사건의 해결에 많은 시간이 걸리면서 피해자는 가중되는 병원비 등으로 인해 경제적인 어려움을 겪게 되며, 심리적 상처와 충격이 당사자에서 가족으로 전이되어 2차적 피해를 일으켜 당사자를 비롯한 주변 가족들의 심리적 고통을 가중시키기도 한다. 가해소년 역시 오랜 법적 과정으로 인해 정서적 안정감을 상실하기도 하며, 오랜 시간 사건에 의한 스트레스에 노출되어 정상적인 학교생활에 어려움을 호소하고 있다. 양 측의 부모들은 사건 발생으로 인한 피해 손상과 범죄행동에 대한 분노 및 방어기제가 사건 초기보다 많이 왜곡·증폭됨은 물론 보복심리 또한 증가하고, 장기간 경과에 따라 사건에 대한 유일한 해결책으로 금전적 배상에 몰입을 하게 되어 양 측 모두 법률 관계자들을 통한 자문과 조언을 참고로 더더욱 입장이 강화되고, 다른 부분에서의 소통을 통해 사과와 용서의 마음이 들더라도 배상에 대해서는 강경한 입장을 고수하는 모습을 보이기도 한다. 사건 발생 후 시간이 지나면 지날수록, 일반적 사법절차가 진행되면 진행될수록, 당사자들의 왜곡된 감정과 분노, 그리고 직접 만남에 대한 회의감은 더 커진다. 언제 화해권고제도를 실시하면 좋을까 하는 질문에 시일이 빠르면 빠를수록 피해자의 손상을 회복하기 쉽고, 가해자의 경우 자신의 책임의식을 높이고 용서를 받음으로써 재사회화하는 데 더욱 도움이 되는 것은 당연하다.[9] 따라서 소년사법체계에 있어 보다 신속히 공동체의 회복을 도모할 수 있도록 수사단계에서 화해권고제도를 활용할 필요성이 크다. 다만, 검찰단계에서는 형사조정제도가 있으므로 피해의 회복이라는 측면을 강조하는 입장에서는 그와 유사한 화해권고제도를 활용할 가능성이 낮을 것으로 예상된다. 그러나 촉법소년의 경우에는 검찰단계를 거치지 않고 있어 형사조정제도를 이용할 수 없는 점, 촉법소년에 대해서는 경찰단계에서도 조건부 훈방을 활용하지 않고 일

---

9 김은경(주 5), 157쪽 이하.

률적으로 소년부송치를 하고 있는 점, 학교전담경찰관(SPO)의 경우에는 조기에 사건에 관여하여 신속하게 적절한 조치를 취할 수 있는 여건이 있는 점 등에 비추어, 이 경우에 한하여 화해권고제도의 적용범위를 확대하는 것은 필요해 보인다.

표 10-1 2007년 경찰단계 및 2008년 법원단계 시범운영 과정상의 특징 비교[10]

	경찰단계	법원단계
접수 시기	• 사건발생 후 1개월 이내	• 사건발생 후 3~8개월 후
당사자 참여의지	• 대체로 높음 • 가해자 모두 빠른 해결과 종결을 원함	• 대체로 낮은 편 • 특히 피해자는 사건의 좋지 않은 기억을 새롭게 떠올려야 하는 점. 더 이상 시달리고 싶지 않아함
부모의 역할	• 소년개선과 변화를 위한 지지자	• 제2차 분쟁으로 인한 사건당사자
관심의 초점	• 사과와 용서(배상문제는 부차적) • 이해소통의 욕구	• 물질적 배상에 더 관심이 많음 • 감정표출의 욕구
상대방에 대한 태도	• 분노하거나 원망하지만 직접 대화의 필요성 인정	• 분노와 갈등으로 서로 다시 접촉하고 싶지 않다는 마음
피해자 욕구	• 화해를 통한 종결감 추구 • 회복의지	• 울분과 억울함에 대한 이해(호소) • 문제회피로서의 종결감 추구
예비조정	• 1회에 대화모임 동의하는 경우가 대부분	• 감정 다스리기, 자연스러운 동의를 위해 1회 이상 필요로 함
대화모임 영향에 대한 기대	• 수사 중이기 때문에 영향력에 대한 기대가 큼	• 사건발생, 수사 후 일정기간이 지났기 때문에 피해자나 가해자 모두 일정 정도의 처분 예상, 대화모임결과에 대한 기대가 크지 않음
대화모임을 대하는 태도	• 현재의 어려움이므로 손상의 회복을 위한 의지가 크고 대화에 솔직함	• 과거문제이므로 직면하기 어려워하고, 가해자의 경우 솔직한 감정표현보다 처분에 유리한 방식으로 대화에 응하는 경향이 있음
과정상 특징	• 학교차원 또는 경찰단계의 담당경찰의 적극적 개입이 대화모임 성공률에 지대한 영향	• '치료비'관련 상이한 계산법으로 인한 새로운 분쟁의 시발점(2차 분쟁발생) • 의사소통과 정보, 지원체계 부족 • 당사자 보호자간 고소 및 배상을 둘러싼 분쟁 추가발생 경우 많음

10 김은경(주 5), 15쪽.

그리고 경찰단계에서의 화해권고제도 적용은 최근 경찰청이 지향하는 회복적 경찰활동에도 부합한다. 참고로 상당 시간이 경과하였지만 '피해자-가해자 대화모임'을 경찰단계와 법원단계를 나누어 실시한 다음 각 단계의 특징을 비교한 자료([표 10-1])가 있어 소개한다.

2. 서면에 의한 동의 부분의 검토

(1) 동의의 요부

소년심판규칙 제26조의2 제1항은 화해권고 기일 이전에 소년, 보호자 및 피해자의 서면에 의한 동의를 받아야 한다고 규정하고 있다. 소년보호재판에서 화해권고제도의 이용이 저조한 주된 이유 중 하나는 참가자로부터 동의를 받기가 어렵기 때문이다. 이에 법률에 규정된 사항이 아닌 규칙에 규정된 '서면 동의'를 삭제할 필요성이 있는지에 대한 검토가 요청된다.

동의 규정을 삭제해야 한다는 견해에 따르면, 당사자의 자율적 참여와 자유로운 대화를 위해 동의를 요구하는 경우 회복적 사법(화해권고제도)의 적용범위가 지나치게 협소해 진다고 한다. 무엇보다 가해자와 피해자의 참여의지가 있는 사례에만 적용이 가능하기 때문이다. 또한 당사자의 자율적 참여와 합의가 불가능하거나 성공하지 못한 경우에는 기존의 소년사법절차에 따라 처리되어야 하므로, 이 경우에는 회복적 사법의 이론과 원리가 더 이상 적용될 수 없게 되는 문제가 있다. 회복적 사법이 전통적인 형사사법에 대한 대안이 될 수 있기 위해서는 개인적 피해를 넘어서는 '공적 피해' 내지 '사회적 피해'를 다루어야 할 뿐만 아니라 피해자나 관련 당사자가 어떤 이유로든 자율적 갈등해결절차에 참여하지 않는 경우에도 회복의 목표를 실현할 수 있어야 하는 것이다.

소년법상 화해권고제도는 순수모델이 아닌 최대화모델에 따르면서도 가해소년과 피해소년 및 그 각 보호자의 자발적 참여를 위해 서면에 의한 동의를 요구하고 있다. 최대화모델에서도 당사자의 동의를 요구할 수 있지만, 당사자의 동의를 요건으로 하는 것이 강제적인 절차참여에 비하여 화해권고제도의 실질적 운영을 저해하는 주요한 요소로 작용하는 것은 사실이다. 그러나 회복적 사법의 성공 여부는 가해자와 피해자 모두의 자발적인 참여가 선결과제인 점,[11] 동의 없는 강제적인 절차참여는 전통적인 형사사법체계와 크게 다르지 않는 점, 유사한 제도인 형사조정절차를 개시하기 위해서도 당사자의 동의가 있어야 하는 점(범죄피해자 보호법 시행령 제52조 제1항) 등에 비추어 동의 규정을 삭제하는 것은 타당하지 않다(오히려 제도의 활성화의 보다 큰 문제는 사건 발생 후 상당한 시일이 지난 후 재판단계에서 화해권고제도가 진행된다는 점이고, 지체된 시간 동안 당사자 사이의 갈등이 더 깊어져 당사자의 화해권고제도 참여의지를 감소시키는 것인바, 이 부분을 개선하는 것이 더 필요해 보인다[12]). 다만, 서면에 의한 동의와 관련해서는 아래와 같이 추가로 고려할 사항이 있다.

(2) 동의를 구하는 주체

현재 실무에서는 소년조사관을 통해 보호소년 측과 피해자 측의 동의 의사를 조사하고 있다. 소년조사관을 통하여 동의 여부에 관한 조사를 진행할 경우 소년재판부로서는 신속하게 조사절차를 진행할 수 있다는 장점이 있는 반면에, 조사관에 대한 과중한 업무 부담으로 인하여 사건에 대해 집중할 수 있는 시간이 부족하고, 법원 조사관에 의한 조사라는 점에서 당사자의 입장에서는 강제성을 느낄 수 있다는 한계를 가진다. 반면 화해권고절차에의 회부를 실시하고 소년부 판사가 화해권고위원을 화해권고기관으로 선택하여 화해권고위원을 통하여 동의 의사 조사를 실시할 경우, 화해권고위원의 충분한 기록검토와 시간 확보로 인하여 당사자들로부터 동의를 보다 많이 구할 수 있고,[13] 아울러 결정권과 강제수단을 가지지 않는 중립적인 제3자의 권유로 인해 당사자의 진정한 자발적

---

11 김혜정(2006), "범죄피해자보호의 영역에서 '피해자 – 가해자 화해제도'의 의미에 관한 고찰", 법조 제55권 제4호, 95쪽 이하.

12 참고로 호주 캔버라에서 실시한 RISE 프로젝트와 와가와가 프로젝트(Wagga Wagga Project)는 경찰단계의 다이버전을 활용한 프로그램이었는데, 이들 프로그램에서 피해자의 참여율은 85%였다고 한다[John Braithwaite(1999), "A Future Where Punishment is Marginalized: Realistic or Utopian?", in: Tonry(eds.) Crime and Justice: A Review of Research Vol. 25, 22쪽 이하(이호중(2006), "회복적 사법의 기본원리와 적용가능성", 사법개혁과 세계의 사법제도 Ⅳ, 한국사법행정학회, 180쪽에서 재인용)].

13 다만 실제 운영 결과 변호사 화해권고위원의 경우에는 변호사 고유 업무로 인하여 동의와 관련하여 당사자와 접촉하는데 상당한 시일이 소요되었으며, 다른 업무와의 우선순위에서 후순위로 밀리는 경우가 있었다.

참여를 유도할 수 있다는 장점이 있다. 그러나 중간 연락체계가 구성되지 않을 경우, 화해권고위원의 동의 조사와 관련한 업무 진행 경과에 관하여 재판부가 파악하지 못하는 경우가 발생할 수 있다는 단점도 있다.

회복적 사법이념에 입각한 '피해자-가해자 화해'에서 중재자는 결정권과 강제수단을 가지지 않는 중립적인 제3자이며, 이들은 당사자들이 합의에 도달하도록 원조해 주는 역할을 담당한다는 점에서, 화해제도의 중재는 독립된 제3자의 참여를 요한다고 할 수 있다. 만약 화해절차를 경찰, 검찰, 법원 등과 같은 형사사법기관이 담당하게 되는 경우, 당사자의 자율에 의한 관계회복을 중시하는 회복적 사법의 이념에 충실할 수 없기 때문이다. 중요한 것은 당사자의 진정한 자발적 참여를 전제로 한다면, 적어도 기존의 형사사법기관이 어떤 방식으로든 그 중재자로서 운영의 주체가 되어서는 안 된다는 것이다.[14] 따라서 화해권고의 동의를 구하는 주체는 화해권고위원으로 함이 적합하며, 대신 법원 소년조사관이 화해권고위원과 소년부 판사 사이에 위치하여 화해권고위원의 업무진행 경과를 확인 하고 보고하는 소위 코디네이터(Coordinator)로서의 역할을 수행할 필요가 있다.

(3) 절차진행안내문의 활용

화해권고위원이 당사자의 동의를 구하기 위하여 당사자와 접촉할 경우, 당사자의 입장에서는 법원이 아닌 제3자가 사건에 개입하는 모습으로 인식할 수 있어 거부감을 줄 수도 있다. 특히 보이스피싱 등 신종 사기범죄가 다양화되어 가는 사회상황을 감안한다면, 보호소년 측과 피해자 측이 자칫 전화 통화로 시작하는 화해권고위원과의 접촉 자체를 거부할 가능성이 있다. 따라서 미리 화해권고제도와 관련하여 절차진행과 관련한 안내문을 보호소년과 피해자 및 그 각 보호자에게 송달하여 당사자가 절차에 편입되는 과정을 이해할 수 있도록 도울 필요가 있다(부록 1: 의정부지방법원 화해권고제도 안내문).

---

14 김혜정(주 11), 95쪽 이하.

3. 협의회의 도입

(1) 지역사회 개입의 필요성

소년심판규칙 제26조의5는 "소년부 판사와 화해권고위원은 소년과 피해자 또는 지역사회 구성원 등이 사건 해결과정에 자발적으로 참여하여 범죄로 인하여 발생한 피해를 실질적으로 회복하고, 소년의 건전한 사회복귀를 추구할 수

표 10-2 | 청소년 폭력가해행위의 잠재적 보호요인 검증[15]

모형	변수	B	β	표준오차	t값	
모형 I1 (기본모형)	성별 (여=0, 남=1)	1.809	0.190	0.211	8.573	**
	연령	−0.058	−0.022	0.059	−0.974	
	대도시 (참조집단: 중소도시)	0.029	0.003	0.227	0.130	
	농어촌 (참조집단: 중소도시)	0.428	0.031	0.331	1.293	
모형 I2	도덕적 태도	−0.483	−0.216	0.048	−9.972	**
모형 I3	저항기술	−0.316	−0.167	0.043	−7.292	**
모형 I4	부모−자녀간 친밀한 관계	−0.068	−0.025	0.060	−1.129	
모형 I5	부모의 지도감독	−0.156	−0.076	0.045	−3.448	**
모형 I6	부모의 자녀존중	−0.144	−0.083	0.038	−3.779	**
모형 I7	친구들의 친사회적 성향	−0.220	−0.093	0.052	−4.235	**
모형 I8	문제행동에 대한 친구들의 제어	−0.514	−0.207	0.055	−9.397	**
모형 I9	교사로부터의 지지	−0.047	−0.032	0.032	−1.435	
모형 I10	학교 내 다양한 참여 기회	−0.250	−0.098	0.059	−4.269	**
모형 I11	학교규정 운영 및 지도의 적절성	−0.300	−0.104	0.064	04.683	**
모형 I12	지역사회 내 다양한 참여 기회	−0.132	−0.071	0.042	−3.170	*
모형 I13	만족스러운 지역사회 환경	−0.147	−0.076	0.043	−3.402	**

---

15 초(4~6), 중고교생(1~3), 표본 2,937명(확률표집)[김지연 외(2017), 청소년보호정책 현황분석 및 개선방안 연구, 한국청소년정책연구원].

있도록 노력하여야 한다."라고 규정하여, 화해권고기일의 운영에 있어 지역사회의 참여를 허용하고 있다. 그러나 실제 화해권고제도의 운영에 있어서는 소년과 피해자 및 그 각 보호자 외에 지역사회의 참여가 이루어지고 있지 않다. 이는 침해된 공동체의 회복을 구하는 화해권고제도에 있어 침해된 공동체를 그대로 방치하는 결과를 낳고, 공동체 내에서 회복이 이뤄지지 않는 경우 보호소년은 공동체에서 배제되어 건전하게 성장하는 데 지장을 초래한다[예컨대, 학교폭력 사안의 경우 학교폭력심의위원회에서 강제전학 등의 처분을 받은 소년은 공동체에서 배제되고, 전학 등 새로운 환경(공동체)에 적응해야 하는 소년은 많은 시행착오를 겪게 된다]. 청소년 폭력가해행위의 잠재적 보호요인과 관련한 [표 10－2]를 살펴보면, 지역사회의 역할이 소년의 범죄 또는 비행을 막는데 얼마나 주요한 의미를 갖는지 알 수 있다.

따라서 지역사회 공동체가 화해권고제도에 적극적으로 참가하여 공동체가 회복될 수 있도록 하는 제도의 개선이 필요하고, 이에 협의회 형태의 화해권고절차 진행을 제안한다.

(2) 소년사법협의회의 구성

① 소년사법협의회의 근거규정은 화해권고제도를 규정한 소년법 제25조의3,[16] 심리상담조사, 전문가진단, 시험관찰의 근거규정인 소년법 제11조,[17] 제12조[18]의

---

16 제25조의3(화해권고)
　① 소년부 판사는 소년의 품행을 교정하고 피해자를 보호하기 위하여 필요하다고 인정하면 소년에게 피해 변상 등 피해자와의 화해를 권고할 수 있다.
　② 소년부 판사는 제1항의 화해를 위하여 필요하다고 인정하면 기일을 지정하여 소년, 보호자 또는 참고인을 소환할 수 있다.
　③ 소년부 판사는 소년이 제1항의 권고에 따라 피해자와 화해하였을 경우에는 보호처분을 결정할 때 이를 고려할 수 있다.
17 제11조(조사명령)
　① 소년부 판사는 조사관에게 사건 본인, 보호자 또는 참고인의 심문이나 그 밖에 필요한 사항을 조사하도록 명할 수 있다.
　② 소년부는 제4조제3항에 따라 통고된 소년을 심리할 필요가 있다고 인정하면 그 사건을 조사하여야 한다.
18 제12조(전문가의 진단)
　소년부는 조사 또는 심리를 할 때에 정신건강의학과의사 · 심리학자 · 사회사업가 · 교육자나 그 밖의 전문가의 진단, 소년 분류심사원의 분류심사 결과와 의견, 보호관찰소의 조사결과와 의견

유추적용, 전문가진단과 관련한 소년법 제12조이 근거규정이 된다.

② 협의회의 구성원은 보호소년과 피해자 및 그 각 보호자, 보호관찰관, 경찰(SPO), 보호관찰관, 전문의, 사회복지사, 심리상담가, 학교(또는 학교밖지원센터) 등[19] 소년부 판사가 참여함이 적당하다고 생각하는 사람으로 할 수 있다.

③ 소년부 판사는 화해권고 대상사건을 선정하면 일률적으로 화해권고절차에 회부한 다음 화해권고위원을 지정해야만 한다. 중재자는 결정권과 강제수단을 가지지 않는 중립적인 제3자여야 한다는 점에서 판사가 직접 화해권고기관으로 역할을 함은 지양하여야 하고, 화해권고위원을 통한 기일 진행이 바람직하기 때문이다. 다만, 소년부 판사가 화해권고기일의 진행현황을 확인하고 사건을 관리하기 위해서 소년조사관을 통해 절차의 진행을 보고받는 형태는 활용하여야 할 것이다.[20] 이후 화해권고위원이 당사자들로부터 화해권고절차와 관련하여 동의를 구하면, 소년부 판사는 협의회 구성원을 선정해야 한다.

④ 협의회 구성원의 구성방법과 관련해서 소년부 판사는 보호소년과 피해자 및 그 각 보호자를 제외한 지역사회 구성원을 미리 화해권고위원으로 위촉하여 구성하는 방법과 사안에 따라 해당 구성원을 개별적으로 선정하여 참고인으로 참여하게 하는 방법(소년법 제25조의3 제2항)이 있다. 그러나 지역사회 구성원을 화해권고위원으로 위촉하거나 사안마다 구성원을 선정하여 참고인으로 참여하게 하는 경우, 어느 방향으로 진행을 하든 현실에 있어서는 구성원을 모집하는 점에 있어 상당한 어려움이 있을 수 있다. 이에 협의회 형태를 위해서는 이미 설치된 지역사회 청소년 통합지원체계(CYS - Net)를 이용하는 방안을 제안한다[부록 2: 지역사회 청소년 통합지원체계(CYS - Net)].

⑤ 협의회 형태로 화해권고기일을 운영하는 경우, 화해권고기일의 지정과 장소의 제한은 현실에서 상당히 큰 문제이다. 소년법은 판사가 화해를 권고하고

등을 고려하여야 한다.

19 협의회 구성원과 관련하여, 보호소년과 피해자(피해소년)로부터 지역사회 구성원 중 참여를 원하는 자에 관한 의견을 청취하여 반영하는 것도 하나의 방법이 될 수 있다.

20 절차의 진행을 원활하게 하고 협의회의 결과를 추후 판사에게 보고하기 위해 소년조사관이 뉴질랜드의 Youth Justice Coordinator(법원에 의해 지명된 소년사법 코디네이터)로서의 역할을 수행할 수도 있을 것이다.

기일을 지정하며(소년법 제25조의3), 법원사무관 등으로 하여금 화해권고기일 조서를 작성하도록 규정(소년심판규칙 제26조의7)하고 있어, 현실적으로 화해권고기일의 시간과 장소는 법원 내, 일과시간으로 제한되어 있다. 그러나 협의회의 구성원 특히 지역사회가 참여하게 되는 경우, 지역사회 구성원 스스로의 고유 업무와 병행하여 화해권고를 위한 업무를 함에 있어 법원의 일방적인 기일 지정 및 장소 선정은 협의회 구성을 어렵게 할 뿐만 아니라, 법원이라는 장소가 화해권고기일에 참가하는 당사자로 하여금 강제성을 느끼게 만들기도 한다. 회복적 사법의 절차는 가능한 한 자유로운 대화가 가능하도록 최소한의 절차적 원칙을 빼고는 정형성에 얽매여서는 안 된다. 이에 화해권고기일의 장소와 시간을 개선할 필요성이 있고, 이에 관해서는 민사 조기조정제도를 참고할 수 있다.

민사 조기조정제도의 절차를 살펴보면, 본안재판부가 사건분류단계에서 조정할 사건을 조정담당 판사에게 조기조정에 회부하고, 조정담당판사가 사건 유형과 특정에 따라 각 조정위원에게 조정사건을 배당하며, 조정사건을 배당받은 조정위원은 주도적으로 사건을 처리한 후 배당일로부터 40일 이내 조정담당 판사에게 사무수행을 보고하고, 조정담당 판사는 사무수행 보고서에 기재된 내용대로 합의가 이루어진 경우 조정에 갈음하는 결정을 하고, 종국 시 본안재판부에 통보 또는 소송 이송을 하게 된다.[21] 유사한 형태로 판사가 화해권고기일을 진행할 사건을 선정된 화해권고위원(회)에 회부하면, 화해권고위원(회)에서 일정 기한 내 시간과 장소를 자유롭게 지정[22]하여 화해권고기일을 진행하고, 그 결과 보고를 40일 이내 소년조사관에게 전달하며, 소년조사관은 화해권고 합의문의 내용대로 이행이 완료되었는지를 조사하여 판사에게 조사보고서를 제출하는 절차로 진행하는 것이다.

이 경우 문제가 되는 부분은 화해권고기일조서의 작성 부분인데, 규칙의 개

---

21 안갑준(2012), "협회내 '조정중재센터'의 설립과 운영방안", 법무사 제544호, 대한법무사협회; 김민중(2010), "민사조정의 전망과 과제", 사법개혁과 세계의 사법제도 Ⅶ, 사법발전재단.
22 민사조정법 제19조, 제40조 제1호는 조정담당판사 또는 조정위원회는 사건의 실정에 따라 법원 외의 적당한 장소에서 조정을 할 수 있도록 규정하고 있다. 따라서 조정실은 물론 판사실, 심문실 또는 분쟁에 관련된 현장 기타 적당한 장소에서 조정을 할 수 있다(민사 및 가사조정의 사무처리에 관한 예규 제14조 제1항).

정이 필요할 것으로 판단된다.[23] 규칙의 개정이 어려운 경우 화해권고위원의 기일 전 사전의견청취에 관한 소년심판규칙 제26조의6 제1항을 근거로 사전의견청취의 형태로 협의회를 운영하고, 화해권고기일에는 화해권고위원회에서 진행된 내용의 확인, 화해의 성립여부와 그 내용, 화해권고 합의문의 이행여부를 확인하는 기일로 운영하는 방법을 고려할 수도 있다.

⑥ 구체적인 화해권고기일의 진행 방식은 앞서 살펴 본 뉴질랜드의 가족집단 회합의 절차를 참고하여야 할 것이다.

⑦ 한 가지 유의할 사항으로 협의회를 지역사회 청소년 통합지원체계(CYS-Net)를 이용하여 구성할 경우, 필요에 따라 해당 통합지원체계 시스템으로의 편입 과정에서 개인정보이용의 문제가 발생할 수 있다는 점이다. 이와 관련해서는 담당 소년재판부에서 보호소년과 피해자 및 그 각 보호자의 개인정보 이용과 관련하여 동의를 받을 필요는 없을 것으로 보이며, 필요한 지원과 관련한 지역사회의 업무로 봄이 마땅하다.

4. 법적 효과의 부여

회복적 사법 프로그램에 당사자의 자발적인 참여가 가능하기 위해 회복적 사법의 프로그램이 가지는 의미와 그 결과, 그리고 그것이 검찰이나 법원의 판단에 있어 미치는 영향 등에 대하여 예측가능한 정보가 당사자에게 제공되어야 하며, 화해 성립이 어떻게 평가되는가는 입법에 의하여 개괄적으로라도 예측 가능한 원칙들이 제시되어야 한다고 주장하면서, 경미한 비행을 중심으로 하여 책임을 면하도록 해야 한다는 주장이 있다.[24] 그러나 화해의 성립에 일정한 법적 효과, 예컨대 심리불개시, 불처분결정, 처분의 면제 등의 효과를 명시적으로 부여하게 된다면 비행을 부인하는 소년은 비행을 부인하다가 검찰로 역송(逆送)이 되어 형사재판을 받게 되거나 무거운 보호처분을 받을 위험을 택하느니 자발적으

---

23 민사조정과 관련하여 재판장은 법원사무관 등을 조정기일에 참여시키지 않을 수 있고, 이 경우 법원사무관 등은 그 기일이 끝난 뒤에 조정담당판사 또는 조정장의 설명에 따라 조서를 작성하고 그 취지를 덧붙여 적도록 한다(민사조정법 제38조 제1항, 민사소송법 제152조 제2항, 제3항).
24 이호중(주 7), 50쪽 이하; 이진국(주 2), 373쪽 이하.

로 화해절차에 참여하면서 피해자와 화해를 이끌어내는 것이 보다 유리하다고 판단할 위험이 있고, 이는 사실상 소년에게 화해를 강요하는 결과가 될 뿐만 아니라 이 과정에서 소년에게 해당 비행을 인정하게 만들어 바람직한 것이 아니다. 또한, 회복적 사법의 프로그램이 적정한 처분(또는 처벌)을 감축하는 수단으로 활용될 우려도 있다. 따라서 화해 성립과 관련하여 그 효과를 어떻게 평가할 것인가는 현행 소년법의 규정과 같이 최종 처분에 있어 참작할 수 있는 정도로 충분하다고 판단된다.

V. 결론

시행된 지 오랜 시간이 지났지만 화해권고제도는 잘 활용되지 않고 있다. 일각에서는 자칫 회복적 사법의 프로그램에 의해 사법절차로 다루어지지 않을 사건을 형사사법체계 안으로 끌어들이는 결과를 초래할 수도 있고, 경미한 범죄를 저지른 자를 중심으로 하여 사회통제망을 확대시키게 될 수 있으며, 소년의 인권이나 무죄추정의 원칙 등이 침해될 우려가 있다는 비판도 제기되고 있다. 현재 법원 내 시스템상으로는 화해권고제도와 관련하여 어느 정도의 사건이 소년조사관을 통하여 동의 여부가 조사되고 있는지, 실제로 화해권고기일이 이루어진 사건의 수와 그 결과에 대한 통계 조차 제대로 구축되어 있지 않다. 화해권고제도라는 용어 역시 피해자의 입장에서는 피해를 입은 당사자가 사과를 받거나 용서를 하는 입장이 아니라 잘못한 것도 없는데 화해를 해야 하는지 용어에 대한 비판도 있다. 그러나 장기적인 관점에서 가해자와 피해자의 관계를 회복하여 양자 모두가 사회공동체의 구성원으로서 조화롭게 성장하기 위해서는 화해와 대화가 바탕이 된 현행 화해권고제도가 개선되어 시행될 필요성이 크다. 이에 앞서 논의한 바와 같이 화해권고제도의 적용확대 등 개선이 필요하며, 법원 내부에서도 화해권고제도의 성과 등에 관한 통계시스템의 구축이 빠른 시일 내 완비되어야 할 것이다.

한편 화해권고제도라는 용어가 적당하지 않다는 지적은 타당하다고 생각되므로 화해권고제도가 아닌 '관계회복제도'라고 명칭을 변경하고, 당사자 사이에 일정한 합의에 이르면 법원이 '관계회복결정'을 하는 형태로 용어가 수정될 필요가 있다고 생각한다. 화해권고제도가 회복적 사법의 이념에서 출발한 것이고, 화해라는 용어가 주는 피해자 측의 거부감을 완화할 필요가 있다는 점에서 위와 같은 용어의 사용을 제안한다.

끝으로 화해권고제도가 많은 소년범죄에 있어 효과적일지 여부는 아직 제대로 시행되지 않아 여전히 의문일 수 있다. 그러나 적어도 범죄 또는 비행의 초입 단계에 놓여 경우에 따라서는 장차 심화될 수 있는 소년에게 있어서 침해된 공동체 관계를 회복하여 건전한 사회인으로 성장할 수 있도록 기여할 수 있는 제도라는 점에 대해서는 아무런 의문이 없다.

화해권고제도 안내

1. 화해권고제도란?

소년보호재판에서 소년의 품행을 교정하고 피해자를 보호하기 위하여 필요할 때, 법이나 제도로 바로잡기에 앞서 상대방과 대화를 통하여 사과와 반성을 하고 피해의 변상 등 소년과 피해자 사이의 화해를 이끌어내는 제도입니다. 특히, 가해소년과 피해소년이 직접 문제해결에 참여하여 손상된 관계를 회복하고 피해를 치유하는 것에 중점을 두기 때문에 피해소년이 두려움을 극복하고 안전하게 생활하는데 도움이 되는 절차입니다.

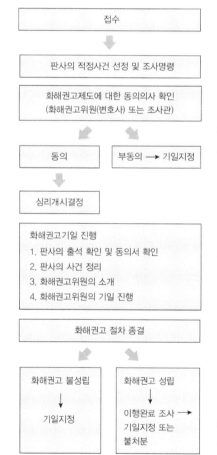

2. 화해권고절차의 흐름

사건이 접수된 후에 적정사건을 선별하여 당사자(가해소년 및 피해소년, 보호자)가 화해권고 절차에 참여할 의향이 있는지 확인합니다. 이에 화해권고 절차에 대한 의사를 확인하기 위해 **화해권고위원(변호사) 또는 조사관이 전화로 동의여부를 확인하니 전화를 받으셔서 의사를 밝혀주시면 됩니다**(화해권고위원(변호사) 또는 조사관의 전화가 스팸전화로 의심되는 경우에는 소년재판부에서 전화통화로 확인 가능).

양 당사자가 동의한 경우, 구체적인 절차안내가 이루어집니다. 화해권고기일에 양 당사자가 만나 의견을 나누고 해결책을 찾게 되며, 이 과정은 모두 비공개로 진행됩니다. 화해권고기일 결과와 이행여부를 반영하여 판사가 최종적으로 가해소년에 대한 처분을 결정하게 됩니다. 피해소년 혹은 가해소년이 화해권고 절차에 대해 부동의할 경우에는 가해소년에 대한 재판 기일이 지정됩니다. 이에 대한 문의사항은 **소년재판부(031 – 828 – 0427)**로 하시면 됩니다.

부록 2 지역사회 청소년 통합지원체계(CYS-Net)

① 목 적
- 지자체 책임하에 지역사회 내 청소년 관련 자원을 연계하여 학업중단, 가출, 인터넷·스마트폰 중독 등 위기청소년에 대한 상담·보호·교육·자립 등 맞춤형 서비스 제공을 통해 가정·사회로의 복귀 지원하는 청소년 사회안전망(CYS-Net: Community Youth Safety-Net)

② 법적 근거: • 청소년복지 지원법 제9조

③ 사업 내용
- 위기청소년 조기 발견·보호 및 지원을 위한 활동 지원
- 상담전화 등의 설치·운영
- 청소년에 대한 상담, 긴급구조, 보호, 의료지원, 학업지원, 자활지원 등의 서비스 제공 및 상담복지 사례 관리
- CYS-Net 운영위원회, 실행위원회, 학교지원단, 1388지원단 운영 등 필수 연계기관 상호 연계 및 협력 촉진 조치
- 추진체계: 요청 및 발견 → 상담, 심리검사 → 위기 스크리닝·사례판정 → 통합서비스제공

④ CYS-Net 위기청소년 지원 네트워크

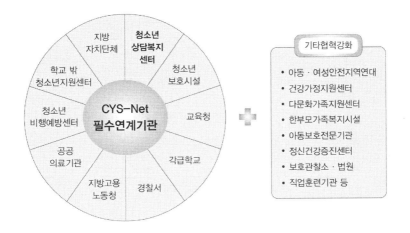

5 CYS-Net 운영 체계

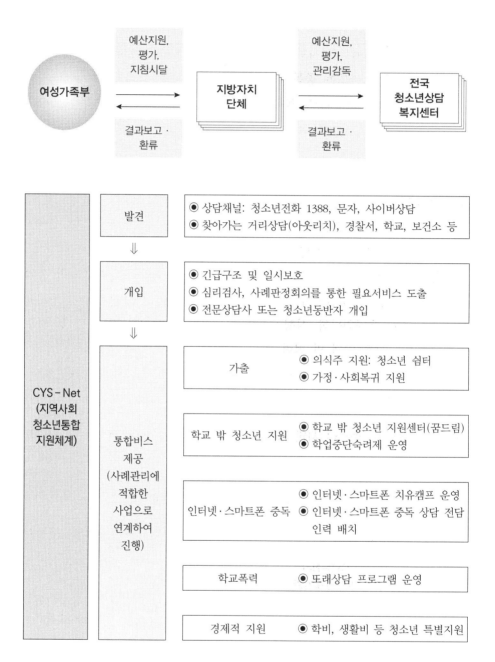

11

교도소 단계에서의 회복적 사법

김영식

Restorative Justice
회복적 사법

11 장

교도소 단계에서의 회복적 사법

김영식*

　우리나라에서도 교정단계에 회복적 사법을 적용하려는 움직임이 있었다. 비교적 이른 시기인 2001년 안양교도소에서 Sycamore Tree Project가 실험적으로 시행되기도 하였으나 계속되지는 못했다. 이후 2006년 회복적 교정 프로그램의 시행에 관해 당시 법무부 교정국 내에서 공식적으로 논의되기 시작했고, 서울지방교정청 주도로 '피해자에게 사과편지 보내기' 등의 프로그램을 통해 회복적 사법을 적용하려는 노력이 이루어졌다. 2009년부터는 교도작업으로 받게 된 장려금을 피해자구호단체에 기증하는 운동이 수형자의 개별적·자발적 동의 아래 전개되고 있다. 그 밖에 수형자를 대상으로 비폭력 대화, 회복적 서클 프로그램, 피해자 공감 역할편지 프로그램, 회복적 교도소 프로젝트 등이 시범적 차원에서 시행되고 있으며, 느린 속도이지만 점차 확산하고 있는 추세이다.

I. 인식과 공감 프로그램

1. Sycamore Tree 프로그램

　교정단계에서 회복적 사법의 이념을 적용하려는 시도는 이미 2000년대에 들어오면서 시작되었다.[1] 안양교도소는 2001년 1월 20일(토)부터 매주 토요일 오전

---

* 부산구치소장, 법학박사.

1 숭실대학교 사회복지학부 배임호 교수는 국제교도협회(Prison Fellowship International: PFI)에서 개발한 Sycamore Tree 프로그램의 국제창설위원과 평가관으로 활동하였고, 1990년대 초반부터 회복적 사법에 관한 논문을 발표해 왔으며 국내에 최초로 회복적 교정을 소개·도입하였다.

2시간 반 동안 종교교육실에서 총 7회에 걸쳐 Sycamore Tree 프로그램을 진행하였다. 가해자는 안양교도소의 추천으로 소년수형자 7명이 프로그램에 참가하였으며, 피해자는 가해자의 직접적 피해자가 아닌 대상자 중에서 5명이 임의로 선정되었는데, 가해자와 피해자 모두 기독교인이었다.

기독교인으로 구성한 이유는, 적용한 Sycamore Tree 프로그램이 기독교적 신앙관에 입각해서 범죄자인 가해자에게 피해공감과 책임있는 행동을 언급하고 일깨워준다는 점을 고려한 것으로 보인다. 이 프로그램은 Chupp이란 학자가 제안한 만남프로그램의 4단계 과정에 따라 이루어지는데,[2] 첫 단계는 접수(intake), 선별(screening), 자원 중재자의 지명(assignment), 두 번째 단계는 가해자와 피해자의 예비 모임, 세 번째 단계는 피해자와 가해자의 실제 화해 모임, 네 번째 단계는 보고(reporting), 모니터링(monitoring), 사후조치(follow - up)로 이루어진다. 7주간에 걸쳐 진행된 핵심적인 내용을 살펴보면 다음과 같다.

(1) 1주차(소개하기)

- 중재 프로그램에 참여하는 가해자와 피해자를 준비시키기
- Sycamore Project 프로젝트의 내용과 필요성에 대한 이해
- 집단 성원 간의 행동원칙을 이해하고 동의하기

(2) 2주차(범죄란 무엇인가?)

- 성경에서 말하는 하나님의 범죄관 탐구하기
- 성경은 범죄를 도덕적 죄 또는 법률 위반으로써 다른 사람과 지역 사회에 손상을 끼치는 것으로 간주한다는 것을 이해
- 성경적 범죄관의 이해가 주는 유익한 점 알아보기

---

2 Mark Chupp(1989), "Reconciliation Procedures and Rationale", in M. Wright and B. Galaway (eds.), Mediation and Criminal Justice: Victims, Offenders and Community. London, UK: Sage Publications, pp. 56~68.

(3) 3주차(책임감)

- 범죄를 저지른 가해자에게 진정한 책임감의 의미 이해시키기
- 사람들이 책임을 회피하는 방법 알아보기
- 가해자의 범죄적 행동으로 피해자가 입은 상처에 대해 가해자가 적절한 책임감을 가지도록 돕기

(4) 4주차(고백과 반성·용서하기)

- 고백과 반성의 의미, 범죄 이후 용서의 의미, 힘과 중요성 이해하기
- 성경에서 가르쳐주는 고백과 반성의 개념을 이해하고 성경의 사례를 생각함
- 용서와 용서가 아닌 것이 무엇인지 알도록 돕고 적용하기

(5) 5주차(손해배상과 화해)

- 범죄에 대한 반응으로서의 손해배상의 의미를 이해하고 화해의 가능성 탐구하기
- 손해배상과 관련된 성경적 추이(passage)를 알아보고 손해배상 과정에서 어떻게 장애물을 극복할 것인지 토의하기
- 화해에 대한 보편적 이해를 바탕으로 요셉과 형제들의 용서과정과 그것을 어떻게 우리에게 적용할 수 있는지 살펴보기, 손해배상 행동 계획 세우기

(6) 6주차(손해배상 실행하기)

- 상징적인 손해배상에 참여하기
- 서약서·편지에 대하여 피해자가 어떻게 느낄지 알아보기
- 토론을 바탕으로 서약서·편지를 교정하고, 소집단에서 발표하기

(7) 7주차(축하와 예배, 종결 의식)

- 축하와 예배 가운데 다른 집단 성원들과 함께하기
- 지난 시간동안 하나님의 은혜와 살아계심에 대하여 나누기
- 피해자와 가해자의 가족들과 함께 음식 나누기
- 방문자들에게 Sycamore Tree Project 설명하기
- 집단 내의 개인의 중요성에 대해 함께 나누기

매주 시작단계에서는 집단 성원들이 편안한 마음과 신뢰감을 갖도록 돕고 지난 주 모임 내용을 복습하였다. 마무리 시간에는 그날 배운 내용을 이해하고 모임 목표를 강화하도록 하였으며, 특별한 간청을 나눌 수 있는 기회를 부여하면서 프로그램을 종료하였다.

프로그램을 통하여 얻고자 했던 가해자 및 피해자의 인식변화의 범주는 다음과 같다. 범죄(자)에 대한 태도, 상대방에 대한 감정, 과거 행동(피해자로서 경험)에 대한 느낌, 범죄(피해) 후 일상생활에 대한 느낌, 피해자가 용서할 것인가에 대한 생각(가해자에 대한 용서), 범죄(자)의 재범에 대한 생각, 행동변화에 대한 기대 등이다.

대체로 프로젝트 첫 시행의 결과는 진행팀이 주도한 평가결과에 따르면 매우 고무적인 결과를 얻었으며, 프로젝트가 종료된 후 몇 명의 가해자는 피해자들을 만나 용서를 구하겠다는 의사를 표시를 하기도 했다. 첫 시행에도 불구하고 자체 평가결과 좋은 성과를 얻었지만, 이 프로젝트가 계속해서 진행하거나 확산되지 못한 것은 아쉬운 일이다.[3]

---

3 김영식(2014), "교정단계 회복적 사법 적용 사례에 관한 연구", 교정담론 제7권 제1호, 282쪽.

2. '회복을 위한 여정' 프로그램

교정단계에서 가장 이상적인 회복적 사법의 유형은 조정자를 통해 피해자와 수형자가 만나서 대화와 조정을 주축으로 진행되는 프로그램일 것이다. 그러나 아직 교정단계에서 본격 적용되지 못하여 경험과 여건이 충분하지 않은 국내에 서는 현실적 타협이 필요하다. 피해자와 가해자 만남·대화프로그램을 본격적으로 진행하기 전에 대리 피해자가 참여하는 피해 인식 및 공감프로그램이 검토 선행될 필요가 있는 것이다.

이러한 상황을 반영하여 외국 교정기관에서 피해자에 대한 인식과 공감프로그램으로 외국 교정기관에서 널리 적용되고 있는 Sycamore Tree 프로그램을 시행하게 되었다. 앞서 소개하였듯이 소년수형자를 대상으로 2001년 안양교도소에서 첫 시범 실시한 후 11년이 지난 2012년에야 비로소 성인을 대상으로 시행된 것이다.

(1) 프로그램 기획[4]

이 프로그램의 시행은 법무부 교정본부 소관 수형자 교화 비영리민간단체인 기독교세진회에서 주관하였고, 예산 지원은 사회복지공동모금회에서 부담하였으며, 프로그램 내용 개발과 진행은 한국평화교육훈련원[5]에서 맡았다. 프로그램에 참여할 살인 피해 유가족 섭외에 어려움이 있었으나 천주교사목위원회의 피해자 자조모임의 협력으로 첫발을 뗄 수 있었다. 성인 수형자를 대상으로 한 국내 최초의 피해자 인식과 공감 프로그램은 '회복을 위한 여정'(A Journey Toward Restoration)이라는 명칭으로 시작되었다.

프로그램은 2012년 7월 16일(월)부터 20일(금)까지 서울남부교도소 교육실에

---

4 '회복을 향한 여정' 프로그램은 필자가 법무부 사회복귀과 소속 교화업무 사무관으로서 재직 시구상·제안하였으며, 참여할 단체, 전문가, 피해자를 섭외하고 진행 내용과 평가 방향을 공동 계획·시행하는 등 총괄 기획·추진하였다.

5 한국평화교육훈련원(Korea Peacebuilding, KOPI)은 회복적 사법을 실천하는 비종교 민간단체로서 법원 및 검찰, 학교에서 화해·조정 프로그램, 회복적 학교생활 등을 현장에서 활발히 진행하고 있다.

서 진행하였다. 참가 수형자는 전체 5일 프로그램에 모두 참석하고 과제를 수행하는 것을 원칙으로 하였으며, 피해자의 경우 2회 및 4회차 참석을 기본으로 하되 본인이 동의할 경우 5회차 일정에도 참여할 수 있도록 하였다.

진행위원은 2인 1조(주진행, 보조진행)로 피해자-가해자 조정·화해 프로그램 전문과정을 이수하였거나 전문위원으로 활동한 경험이 있는 전문가로 구성하였다. 명확한 분석을 도출하기 위해 참여 수형자의 죄명을 '살인죄'로 한정하였으며, 참여 피해자도 살인 피해자 유가족을 선정하였다. 모든 참여자에게 녹음, 녹화, 자료활용 동의서를 받고 사후평가까지 자발적으로 참여하겠다는 동의를 받았다. 기획 단계에서 이번 프로그램을 통해서 얻고자 한 기대사항은 다음과 같았다.

첫째, 피해자는 ① 자신의 이야기를 유사 사건 가해자(수형자)들에게 나눔으로써 다른 차원의 피해회복과 치유의 기회를 가짐, ② 스스로 용기 있는 자아를 회복하는 계기를 마련해 줌, ③ 과장되어 있는 공포심에서 탈출하는 계기, ④ 가해자의 심리, 상태, 느낌에 대해 직접 듣고 이해하는 기회, ⑤ 진심어린 사과와 반성에 대한 간접적 경험, ⑥ 자신의 필요와 욕구를 표현하고 전달하는 시간, ⑦ 용서와 화해를 경험하는 기회를 갖는 것이다.

둘째, 가해자로는 ① 피해자들의 아픔과 상처에 대해 이해하는 계기, ② 자발적 책임이란 의미 인식, ③ 진정한 사과와 반성의 계기, ④ 회복적 정의의 가치를 배우는 시간, ⑤ 직접적으로 피해자의 회복을 위한 본인의 역할 인식, ⑥ 앞으로의 계획을 새롭게 만드는 기회, ⑦ 재범을 줄일 수 있는 계기를 갖는 것이다.

(2) 프로그램 참여자

참여 당사자는 가해자인 수형자, 피해자와 함께 진행자도 이번 평가의 대상에 포함시켰다.

먼저, 범죄 피해의 심리적 고통을 일정 수준 극복한 피해자 중 한 사람이 자원봉사자로 참여하여 범죄 피해 이후의 삶과 변화, 고통에 관해 가해자와 대화를 나누는 장을 마련한다는 것이 이 프로그램의 핵심이었다. 따라서 프로그램에 참여 가능한 피해자를 찾는 것이 매우 어려운 일이었다. 특히, 범죄피해자를 대상으로 심리치료 등 자활을 지원하는 전문 단체가 거의 없어 연계가 어려웠다. 다행히 천주교 교정사목위원회의 중재로 꼭 필요한 참여 피해자를 찾을 수 있었다.

이번 서울남부교도소 프로그램에 참여한 피해자는 2004년 모친과 아내, 4대 독자를 잃은 살인 피해자 유가족 남성(당시 71세)으로 천주교에 입교하여 심리적 충격과 분노를 신앙을 통해 일부분 극복하였다고 자술하였다. 프로그램의 취지에 상당부분 공감하고 본인도 가해자의 실상에 대한 의문을 피력하며 자발적인 참여를 결심하였다. 참여 피해자는 1명이었지만 Sycamore Tree 프로그램 특성상 참여 피해자는 대리 피해자이므로 1명만 참여해도 진행이 가능하였다.

다음으로, 가해자인 수형자는 '살인죄'에 해당되면 다른 특별한 조건 없이 누구든지 1차 지원할 수 있도록 했다. 프로그램 시행 전 서울남부교도소에 수용 중인 '살인죄' 수형자를 대상으로 본 프로그램의 취지를 설명한 결과 8명이 자발적으로 신청하였으나, 2차 세부 내용을 소개하고 기획자 및 진행자가 협의하여 최종 남성 수형자 4명을 참여하게 하였다. 종교, 나이, 죄질, 학력 등에서 균형을 이루도록 종합적으로 검토하여 4명을 압축·선정하였다.

형기는 무기징역 1명, 12년 이상 2명, 7년 1명이며, 범죄횟수로는 3회 1명, 2회 1명, 1회 2명이었다. 40대 2명, 30대 2명으로 기혼자는 2명이었고, 단일 살인죄는 2명, 성폭력, 방화 등 다른 범죄를 동반한 경우가 2명이었다. 대부분 형기 1/2이 경과하였고, 2명은 수용태도가 양호한 편이었으나, 2명은 최근 2년 내 교도소 내에서 싸움 등으로 징벌을 받는 등 수용태도가 양호한 편은 아니었다.

끝으로, 프로그램 진행자 3명은 모두 회복적 사법분야로 외국 대학에서 박사 또는 석사학위를 취득하고 각자 회복적 사법 민간단체 대표 및 형사사법기관의 형사조정위원, 소년화해권고위원, 교정위원으로 활동하며 교정시설 및 학교 현장에서 회복적 사법 프로그램을 진행하고 있는 전문가들이었다.

그 밖에 진행을 보조하고 필요물품, 다과준비 및 사진촬영, 녹음, 안내를 맡은 자원봉사자 3명이 참여하였으며, 수형자 계호 교도관이 입회하였다.

(3) 프로그램 내용

피해자 인식과 공감 프로그램인 '회복을 위한 여정'은 Sycamore Tree 프로그램의 원리와 과정을 기본적으로 준용하되 세부 진행 내용을 종교 중립적으로 각색한 것이다.

본래 Sycamore Tree 프로그램이 프로그램 소개, 범죄이해, 책임지기, 고백과 회개, 용서하기, 보상하기, 화해하기, 격려하기 순서로 8일 일정으로 구성되지만, 회복을 위한 여정은 여러 사정을 고려하여 [표 11 - 1] · [표 11 - 2]와 같이 프로그램과 범죄 이해, 고백과 회개, 책임 · 보상하기, 용서 · 화해하기, 격려하기 순서로 압축하여 5일차로 설계하였다.

Sycamore Tree 프로그램은 범죄와 책임, 정의와 용서, 화해 등 회복적 사법의 핵심 가치를 성경의 관점과 내용에 근거하여 제시하고 이해하도록 구성되었다. 또한, 성경에 등장하는 세리장 삭게오의 회개와 용서구함, 책임 있는 배상행동 등 성경의 예화를 활용하여 자신의 느낌과 생각을 공유하고 나누는 등 기독교적 배경하에 진행되었다.

이에 반해 회복을 위한 여정은 성경의 내용이나 예화(例話)를 전혀 배제하고 회복적 사법의 종교 중립적으로 기술된 가치와 일반 예화를 활용하였지만, Sycamore Tree 프로그램의 핵심 가치를 충분히 전달할 수 있었다고 자체 평가하였다.

회복을 위한 여정은 4일차 오후에 특별한 화해의식을 진행하였다. 수형자들이 범죄 이후 갖게 된 용서받지 못한 존재감, 자책감, 두려움과 불안감, 실패의식, 수치감 등 부정적 자의식을 극복하기 위한 의식이었다. 건강한 부끄러움, 실질적 책임감을 가지고 자신의 죄를 뉘우친 사람의 건강하고 진정한 삶을 새롭게 시작하라는 의미로, 그동안 자신을 옭아매온 족쇄를 상징하는 노랑 끈을 피해자가 직접 풀어주는 용서의 의식을 시행하였다. 마지막 날은 교도소장 등 교정 관계자들과 자원봉사자들이 함께 수형자들의 새로운 미래를 격려하며 응원하는 것으로 마무리하였다.

표 11-1 '회복을 위한 여정' 일정별 진행 내용

일정	대상	주제	내 용
사전	피해자 가해자	여정을 위한 준비 Ⅰ	프로젝트에 대한 개괄적 소개 프로그램 참여를 위한 준비 기대와 우려 나누기
1일차	가해자	여정을 위한 준비 Ⅱ	프로젝트에 대한 개괄적 소개 프로그램 참여를 위한 준비 회복적 정의란 무엇인가? "나는 누구인가?"정체성 활동
2일차	가해자 피해자	공감과 공유	피해자가 자신의 경험과 감정 나눔 질문과 궁금한 점 나누기 가해자의 경험과 감정 나눔 "트라우마 서클" 활동
3일차	가해자	자발적 책임	피해자의 이야기를 듣고 느낀 점과 새롭게 알게 된 점 나누기 진정한 의미의 책임이란 무엇을 말하는가? "내가 회복을 위해 할 수 있는 일은 무엇인가?"
4일차	가해자 피해자	용서와 화해	가해자의 깨달음 나누기 피해자와 가해자의 필요 들여다보기 "내려놓기" 활동 용서와 화해의 여정 참여 의미
5일차	가해자 피해자 관계자 (소장 등)	새로운 여정을 향하여	4일간 프로그램을 통해 배운 것은? 나의 각오와 미래 "나에게 쓰는 편지, 그에게 쓰는 편지" 활동 / 축하와 축복
사후	모두	점검모임	프로그램 참여자의 영향과 변화 관찰 참가 수형자(가해자) 개별 면담

표 11-2 '회복을 위한 여정' 일정별 활동 장면

일정	활동 내용	
1일차	여정의 시작, 라포 형성	회복적 정의 이해
2일차	피해자의 경험과 감정 나눔	피해자와의 대화, 새로운 인식
3일차	피해자 만남 후 깨달음 나누기	진정한 책임과 회복위한 노력 나누기
4일차	피해자와 가해자 필요 들여다보기 가해자의 족쇄 풀어주기	가해자의 깨달음 고백 용서와 화해
5일차 ~ 사후	나의 각오와 미래, 격려	진행자 포커스 그룹 인터뷰(사후)

(3) 프로그램 자체 평가

참여 수형자들의 만족도 조사와 소감문을 통해 본 인식 변화의 정도는 대부분 매우 높은 수준의 긍정적 변화가 나타났다. 지금까지 피해자의 입장을 진지하게 생각하지 않고 잊고 살았지만 프로그램을 진행하면서 피해자 가족에게 진심으로 사죄하고자 하는 마음이 들었으며, 만나지 못하더라도 소득의 상당부분을 피해자 가족지원 단체에 기부하는 등 손해배상 의욕을 보였다.

참여한 대리 피해자는 프로그램을 통해 수형자들이 프로그램을 통해 변화되는 모습을 볼 때 힘을 얻었으며, 이들이 자신을 위로해 줘서 고맙고 앞으로 가해자의 변화된 모습을 지켜보겠다고 하였다. 대리 피해자이지만 자신의 깊은 상처가 어느 정도 치유되는 경험 또한 느꼈다고 했다.

진행자들은 5일 동안의 변화에 한계를 예상했지만, 이들이 대리 피해자를 만나 첫 대화를 나누며 큰 충격을 받고 일정이 진행되면서 깊은 만남이 이루어지는 것을 관찰하고 진정성이 느껴졌다고 피력하였다. 수형자입장에서는 바로 피해자를 만나기보다는 먼저 간접 피해자를 통해 자신의 죄를 객관적으로 바라보게 하여 회복적 사법을 이해하도록 하는 것이 방법상 효과적이라는 데 의견을 모았다.

참관 자원봉사자들은 일반인들은 상상할 수 없는 수형자들의 안타까운 성장환경을 들면서 이들도 한편은 '피해자'라고 생각했으며, 프로그램이 진행되는 과정에서 회복적 사법의 가치들인 인간 존중, 자발적 책임, 관계 회복이 관찰되었다고 하였다. 자칫 가해자의 처벌만으로 끝날 수 있는 사건을 피해자와 가해자가 중심이 되어 문제를 파악하고 그들이 자율적으로 진정으로 사죄하고 갈등을 풀면서 관계가 회복될 뿐만 아니라 위로하고 용기를 줄 수 있는 관계로 발전할 수 있는 가능성을 보았다고 피력하기도 하였다.

3. 롤 레터링 기법을 활용한 피해자 공감 프로그램

2015년부터 천안개방교도소 등 일부 교도소에서 시범 시행하고 있는 롤 레터링(Role Lettering, 이하 RL)기법을 활용한 교육프로그램은 수형자가 피해자의 시점에 접근하고, 스스로 범죄의 원인을 탐색하고자 한 프로그램이다.[6] 형기종료를 앞둔 장기 수형자들을 대상으로 영화를 보고 역할 편지를 작성한 뒤, 토론하는 과정으로 진행한다.

RL의 임상적 가설과 선행연구 검토로부터 얻은 시사점을 바탕으로, 표준화·체계화된 수형자 교육프로그램 개발을 위해 2014년도에 해당 교육담당자와 교육방법과 교육내용 등을 협의하여 [표 11–3]과 같은 프로그램을 완성하였다. 본 프로그램은 ① 교육 전후의 심리검사 편성, ② 교육초기 RL의 대상 선정에 자율성 부여, ③ 교육방법으로써 그룹워크와 시청각교육 병용, ④ 범죄사실의 왜곡과 합리화를 최소화하기 위하여 내부직원이 교육 담당, ⑤ RL과제에 대한 부담을 덜기 위하여 다루기 쉬운 주제에서 시작하여 피해자를 대상으로 확대 등과 같은 5가지 특징을 갖는다.

교육 결과에 대하여, 수형자의 자존감, 공감능력, 분노 및 충동성과 같은 수형자의 심리적 특성과 RL와의 관계를 규명하고자, 4가지 척도를 사용하여 34명을 대상으로 심리적 변화에 대한 검증을 시도하였다. 이 과정에서 「일본사회복지학회 연구윤리지침」을 준수하였고, 도시샤대학의 「사람을 대상으로 하는 연구」의 승인(신청번호: 14079)을 얻어 실시하였다. 프로그램 실시 전후의 각 척도를 분석한 결과, 프로그램의 수강 후에 모든 교육시기에서 수형자의 자존감과 공감능력, 그리고 충동성에서 통계적으로 유의미한 변화가 나타났다.

표 11-3 RL을 활용한 수형자 교육프로그램의 개요

교육시기	교육 전기	교육 중기	교육 후기
목표	라포 형성과 성찰의 시작	공감과 성찰의 심화	변화의 발견
회기별 주요내용	1: 오리엔테이션, 자기이해	5: 과거의 문제 ②	9: 범죄사실의 직시 ①
	2: 자기이해와 자기개방	6: 현재의 문제	10: 범죄사실의 직시 ②
	3: 반성문, 감사의 편지	7: 수용 이전의 나	11: 출소 후의 계획
	4: 과거의 문제 ①	8: 거절과 설득	12: 유서, 버킷리스트

---

6 RL 프로그램은 청주교도소 박순용 교위가 일본 도시샤(同志社)대학에서 유학 중 리쯔메이칸(立命館) 대학의 교수인 岡本(오카모토)의 교육프로그램을 참조하여 우리나라에서 적용하였다.

또한 심리검사만으로는 확인하기 어려운 수형자의 미묘한 심리적 변화를 탐색하여 프로그램의 효과에 대한 시사점을 재확인하였는데, Mayring, P.[7]가 제시한 질적 내용분석의 일반적 프로세스 모델을 활용하였다. 분석한 결과, 교육 전기에는 교육에 대한 부담과 회의, 성찰의 시작, 교육에 대한 기대감과 라포의 형성, 교육 중기에는 타인의 시점 획득, 성찰의 심화, 교육에 대한 전향적인 자세로의 변화, 교육 후기에는 피해자 시점의 획득과 공감의 구체화, 긍정적인 삶의 자세, 교육에 대한 긍정적 평가라는 총 9개의 카테고리가 추출되었다.

이상과 같은 결과로부터 ① 본 교육프로그램이 수형자들의 성찰을 심화시키고 자신에 대한 인식을 긍정적으로 변화시킨다는 점, ② 본 교육프로그램이 수용자에게 타인의 입장, 특히 피해자 입장을 생각할 수 있게 한다는 점, ③ 본 교육프로그램의 교육방법과 교육내용 등에 대하여 수형자들이 긍정적으로 인식하게 된 점 등의 시사점을 얻을 수 있었다.

Ⅱ. 희망등대 프로젝트 일환, 사죄편지 보내기

2006년 2월 법무부에서 발간한 「법무부 변화전략계획 – 희망을 여는 약속」에서는 희망등대 프로젝트를 통하여 교정단계에서 회복적 사법이 공식적으로 처음 언급되었다. 당시 교정국은 변화전략으로 회복적·문화적 교정프로그램의 시행을 모토로 내세우면서, 그 이행 과제로서 첫째 가족관계 회복프로그램, 둘째 가해자·피해자 화해프로그램의 개발 시행, 셋째 사회와의 관계 회복프로그램을 제시하였다. 이 가운데 회복적 사법과 가장 관련이 깊은 가해자·피해자 화해프로그램은, 우선 교통사범, 단순폭력 등 경범죄자와 존속상해 범죄자를 중심으로 화해의 만남, 편지보내기 등을 시범 실시한 후 점진적으로 확대할 것이라고 기술하였다.

서울지방교정청은 범죄피해자와의 화해 및 범죄에 대한 진정한 반성, 출소자 지원 등을 통해 재범률을 감소시키는 회복적 사법의 실현을 목표로 2007년 6월

---

7 Mayring, P.(2005), "Qualitative Inhaltsanalyse," in U. Flick, E. von Kardorff & I. Steinke(Hrsg.), Qualitative Forschung(3rd ed.).

'내일을 여는 약속, 희망 등대 프로젝트'를 출범시켰다. 그 프로젝트는 피해자에게 사죄편지 보내기와 같은 화해와 반성을 내용으로 하는 것에 그치지 않고, 영화 다큐멘터리 등 영상물 제작, 문화공연과 박람회, 국민 걷기 대회 등 범죄인의 정서 함양, 자신의 미래에 대한 설계에 기여할 수 있는 다양한 내용들이 포함되어 있었다.

당시 서울지방교정청은 소속기관에 이 프로그램의 시행을 지시하면서 '희망 등대 프로젝트'는 교정단계에서 가해자와 피해자의 화해 프로그램을 도입하여 두 당사자 간의 불신과 상처를 치유함으로써 수형자의 성공적인 사회복귀와 재범방을 예방하는 데 그 목적이 있음을 밝힌 바 있다.

이 프로그램의 시행 대상은 피해자와 합의를 본 교통사범과 단순 폭력사범이며, 참여를 희망하는 수형자의 동의를 받은 후에 교도관회의에서 최종 선정하였다. 피해자 또한 이 프로그램의 취지를 이해하고 시행에 동의한 후에 참여시켰다. 편지 수·발신과정에 피해자의 주소가 노출되는 것을 방지하기 위해 발신은 교도관이 주소를 대신 기입하고 수신 시에는 편지봉투를 제외한 내용물만 교부하였다. 이 프로그램에 참여한 수형자에게는 가석방, 귀휴 특별진급 등 처우상 다양한 인센티브를 제공하여 자발적인 참여를 유도하였다. 그러나 2008년까지 시행된 이 프로그램에 참여한 수형자와 피해자에 대한 구체적인 내용은 공개되지 않았다.

Ⅲ. 범죄피해자보호단체에의 직업장려금 기부

법무부 교정본부는 수형자의 기부 관련 근거 규정을 마련하기 위해 2009년 10월 21일 「교도작업특별회계운영지침」에 관련 내용을 신설하였는데, 개정된 지침 제93조 제3항 제5호에 범죄피해자 보호법 제33조에 등록된 법인에 기부를 원할 때 가능하도록 근거규정을 마련하였다. 이에 따라 2009년 12월 15명이 기부한 것을 시작으로 2013년 10월 말까지 연인원 3,898명이 동참하여 3억 3천667만 원이 기부되었다.

또한 수형자의 가석방 심사를 위한 사전조사 시에 형의 집행 및 수형자의 처우에 관한 법률 시행규칙 제246조 제2호 사.항에 따라 피해회복 여부도 조사하는데, 작업장려금 기부 내용을 포함시켜 가석방신청서에 기재토록 하고 있다. 그러나 실무상 가석방신청서에 기재되는 경우는 매우 적어 가석방을 위한 의도적 기부라고 보기 어렵고, 따라서 나름대로 회복적 사법에 진정성있게 부응하는 효과가 있다고 판단된다.[8]

한편 작업장려금을 활용한 범죄피해자보호단체 기부 총액이 해마다 감소되고 있는데, 이는 회복적 교정에 대한 교정당국의 관심이 많지 않아 홍보와 관리가 지속되지 못하고 있는데다 가석방에 실질적으로 반영이 되고 있지 않기 때문인 것으로 보인다.

IV. 지역사회 사회봉사활동 프로그램

우리나라는 외국에 비해 교도소에 대한 왜곡되고 부정적인 이미지가 사회에 팽배해 있어 교도소 이전·신축 시마다 지역주민들의 거센 반발에 부딪히고 있다. 교도소는 수형자를 건전한 시민으로 교화하는 곳일 뿐만 아니라 지역사회에 봉사하고 기여하는 매우 유익한 기관으로 지역주민에게 인식될 수 있도록 교정 당국의 적극적인 지역 화합 프로그램이 필요하다.

이러한 배경에서 2010년 3월부터 전국 교정시설에 '보라미 봉사단'을 구성하고 모범수형자뿐만 아니라, 교도관, 교정위원(민간참여자)이 함께 참여하여 매월 1회 이상 지역 주민 일손돕기, 지역 복지시설 봉사활동, 생필품 기증활동을 전개하고 있다. 주요 내용으로는 ① 지역 주민 일손돕기 분야: 연탄나르기, 김치담그기, 무료급식소 일손 지원 등 ② 복지시설(노인·장애인 등) 분야: 목욕, 이발, 세탁, 실내외 정리·청소, 화단조성, 차양막·진입로·하수구 등 정비공사, 매직쇼·레크리에이션, 말벗, 생필품 기증 등 다양한 활동을 전개하고 있다. 수형자가 포함된 봉사단의 지속적 활동으로 교정행정에 대한 지역사회의 배타적 인식 해소에 기여할 뿐만 아니라 수형자가 봉사활동을 통해 지난 과오를 참회하고 출소 후 공동체 의식을 회복하고 봉사하는 새 삶의 자세를 함양할 수 있는 기회가 되고 있다.

---

8 김영식(2012), "교정단계 회복적 사법에 관한 연구", 교정 제437호, 법무부 교정본부, 36쪽.

또한 수형자, 교도관, 교정위원, 지역사회 주민이 함께하는 봉사 프로그램을 통해 회복적 사법에 준하는 효과를 거둘 수 있을 뿐만 아니라 수형자와 교도관, 교정위원이 상호 소통하는 계기를 마련하여 교정행정 전반에 긍정적인 파급 효과가 발생하고 있다. 이는 앞서 영국에서 시행한 회복적 교정시설 프로젝트와 같은 교도소와 지역사회 연계방안 중 하나이다. 지역사회봉사활동 프로그램은 2020년 현재까지 전국적으로 지속 시행되고 있다.

V. 교화방송을 통한 공감프로그램 시행[9]

법무부는 2007년 수형자 교화방송센터의 시범운영을 거쳐 2008년부터 '보라미 교화방송센터'로 명명하고 본격 출범하여 TV 및 라디오 기획 편성, 촬영, 제작, 편집, 녹화, 송출 기능을 갖춘 수형자 교화방송국을 자체 운영하고 있다. 수형자들은 휴게 시간 중 많은 부분을 TV시청 또는 라디오 청취에 할애하고 있는데, 회복적 사법과 관련한 TV영상물, 라디오 프로그램을 편성하여 주기적으로 방영하거나 회복적 사법 전문가의 강의를 녹화하여 방영하고 또한 다양한 사례를 취재하여 방송할 경우, 인식변화와 동기부여에 대단히 큰 영향력을 줄 것으로 기대된다.

이와 관련하여 2012년 3월 19일, 26일 교화방송센터에서 전국 교정시설에 방송된 '사과, 더 깊은 마음 속 고백'이라는 특집 프로그램은 방송을 통해 회복적 사법의 가능성을 타진한 시도였다. 이 프로는 수형자가 자신의 범죄로 인한 피해자에게 보내는 사과 편지를 라디오방송을 통해 고백하면, 갈등조정 전문가가 출연하여[10] 가해자의 용기를 격려하고 참회의 필요성, 피해자 공감, 석방 후 관계 회복에 대한 조언과 설명을 하는 방식으로 진행하면서 새로운 반향을 불러일으켰다. 피해자의 청취를 의도한 방송은 아니지만 법무부 홈페이지 라디오 코

---

9 김영식(주 8), 284~285쪽.
10 우리나라에서 학교, 교정기관, 형사사법기관 등 현장에서 회복적 정의를 활발히 실천 활동하고 있는 한국평화교육훈련원의 이재영 원장이 해설자로 연속 출연하였으며, 프로그램 제안과 기획은 당시 방송센터장인 김영식 교정관이 맡아 수행하였다.

너에 게시되어 있으므로 누구라도 들을 수 있다. 방송된 사연 하나를 소개하면 다음과 같다.

그동안 저는 세상에서 저만큼 불행한 사람은 없다고 생각했습니다. 어렸을 때 부모님의 이혼으로 거의 혼자 살다시피 했고 범죄에도 쉽게 빠져들었지요. 두 번의 수감 생활을 하고 출소했을 때도 반성같은 건 없었습니다. 가족도 저를 버렸기에 어떻게 살든 상관없다고 생각했지요. 필요한 게 있으면 남의 집에 들어가 훔쳤는데, 죄책감 같은 건 없었습니다. 그 사람들에겐 가족도 있을 테고, 어쨌든 저보다 잘나게 살 테니까. 제가 물건을 훔쳐도 그 사람들 사는 데는 전혀 지장이 없을 거라고 생각했습니다.

그런데 경찰하고 현장검증을 갔던 그 날, 피해자 분이 진술하는 걸 우연히 들었는데, 가슴이 철렁 내려앉았습니다. 그 분이 그러시더라고요. 너무 무서웠다고, 나중에 해코지를 할까봐 무서워 신고도 안 했다고요. 저는 단순히 돈이 필요해서 훔친 거였는데, 그 사람들에게 제가 공포로 다가갔다는 게 머리를 한 대 맞은 것 같이 충격적이었습니다. 머릿속이 하얗게 변하는 것 같더군요. 나도 모르는 사이 내가 괴물이 되어가고 있구나.

구치소로 와서도 그날의 기억이 머릿속을 떠나지 않았습니다. 그래서 죄송한 마음을 주체할 수 없어 편지를 썼는데 차마 부치지 못했습니다. 그것마저 공포가 될 것 같아서요. 가만히 생각해보면 그렇습니다. 그동안 저는 배려는커녕 남에 대한 생각조차 하지 않고 살았던 것 같아요. 보고 싶은 것만 보고, 원하는 것만 하고 살았으니 어쩌면 이렇게 된 게 당연한 건지도 모르죠. 이번 기회를 통해 그 분들께 진심으로 사과의 말씀을 드리고 싶습니다. 잘못했다고, 두 번 다시 그러지 않겠다고, 현장검증 하던 그날의 기억을 평생 가슴에 안고 살겠다고, 씻을 수 없는 죄를 지어 정말 죄송하다고 그렇게 말씀드리고 싶습니다.

이 수형자는 이전의 범죄로 수형생활을 하는 동안엔 죄책감이 없었다고 고백했다. 자신의 절도죄 정도로는 큰 피해가 없고 더욱이 자신의 범죄 원인은 사회의 부조리 탓이라고 인식하였다. 그러나 현장검증을 통해 피해자의 감정을 비로소 알게 되었다. 자신은 절도 의도만을 가졌으나 피해자는 그가 예상치 못한 상상 이상의 위협에 대한 공포감을 가졌다는 것을 알게 된 것이다. 라디오를 통한

고백은 가해자뿐만 아니라 청취하는 다른 수형자에게도 피해자의 아픔을 공감하고 책임감을 불러일으키는 데 도움을 줄 것이다. 라디오방송은 음성파일 형태로 홈페이지에 공개·게시되고 있다. 수형자에 대한 일반 국민들의 인식 개선에도 도움을 주며, 만약 피해자가 이러한 방송을 알고 들을 수 있다면 오해와 공포를 해소하는 데에도 기여할 수 있을 것이다.

라디오방송에서 다룬 가해 수형자의 사과사연을 인터넷 홈페이지를 통해 일반인에게 전달할 수 있다는 내용은 아직 세계적으로 소개된 전례가 없는 것으로 확인되고 있는데, 회복적 사법의 전혀 새로운 매체로써 앞으로 검토할 만한 가치가 크다고 보인다.

Ⅵ. 후원과 책임의 모임 한국본부의 멘토링 활동

2014년 8월 아시아 최초로 「후원과 책임의 모임 한국본부(Circles of Support and Accountability, CoSA Korea)」가 설립되었다.[11] 사무국 산하에 전국 120명의 회원이 있으며, 주로 교정시설 성폭력 가해자 이수교육에 강사로 참여한 경력자들이 중심이 되어 설립되었다. 임상심리사, 상담심리사, 사회복지사들과 이 분야의 관련 전공 대학생, 시민들이 다수 참여하고 있으며, 전·현직 교도관, 경찰관, 군인 등 공안 경력자들도 자원봉사자로 참여하고 있다. 2014년 두 차례 자원봉사자 멘토를 공개모집하였으며, 두 달간의 양성과정을 거쳐 30명의 첫 수료자를 배출하고, 수형자, 소년원생, 출소자 등을 대상으로 멘토링을 시작하였다.

매년 아동성폭력 중범 수형자 및 출소자, 소년원 재원생 및 퇴원생 등 30여명을 서클 활동으로 멘토링하고 있다. 3명 이상의 멘토들이 1명의 핵심멤버(출소자 또는 퇴원생)를 맡아 평균 주 1회 회합을 갖고 사회복지 등 사회복귀 촉진에 관

---

11 경인지역 교정시설 성폭력사범 심리치료 담당 교도관들과 외래강사 전문가들이 2011년 캐나다를 방문한 보고서에 CoSA가 소개된 것과 관련하여, CoSA 방문자들과 함께 워크숍 등을 통해 필요성을 공감하여 설립하고(한국본부 대표 박정란 박사) 경기도 안양시 소재에 사무실을 두었는데, 이 지역은 서울구치소, 안양교도소, 법무부 교정본부가 인근에 있고, 수원구치소, 서울남부교도소와 구치소가 가까이 있어, 교정기관과 접근성이 좋은 교통 중심지에 위치하고 있다.

한 것과 피해자와의 관계 회복 등 재범방지를 위한 멘토링을 지원한다.

후원과 책임의 모임은 멘티 1명 당 다수의 멘토가 서클을 이루어 집단 역동성을 꾀한다. 이러한 서클은 멘티와의 신뢰(confidential)를 중요한 가치로 여기며, 동시에 안전(safety)한 써클활동 또한 중요한 실천 가치로 삼고, 안전한 교정자원봉사 시스템을 구축하려고 한다. 자유로운 대화 가운데 피해자에 대한 인식과 공감, 피해자와의 관계 회복 내지 안전에 대한 자발적 대응, 피해자와 사회에 대한 책임 있는 태도를 가질 수 있도록 돕는다. 또한, 비폭력적 대화와 대인관계, 재범 요인에 대한 협력적 제거, 자기주도적 문제해결 능력을 촉진하여 성공적 재사회화를 돕고자 한다.

2017년부터는 법무부와 업무협약을 맺고 아동성범죄 등 성범죄 수형자에 대하여 소정의 교육을 이수하고 교도소 내에서 멘토링을 시범 시행하였고, 2018년부터는 전국 교정기관으로 점차 확대 시행하고 있다. 교도소 내에서 시작된 멘토링이 출소 후 보호관찰소 프로그램으로 연계되어 출소자의 안정적인 사회정착과 재범방지에 도움을 주고 있다.

2019년에는 법무부 범죄예방정책국 관할 사단법인이 되어 더욱 체계적인 출소자 멘토링 프로그램으로서 전국적인 프로그램으로 자리를 잡아가고 있다.

Ⅶ. 그 밖의 회복적 교정 프로그램

비폭력대화(NVC)는 비폭력적인 의사소통방식이라고 이해할 수 있다. 비폭력대화는 심리학박사인 마셜 B. 로젠버그(Marshall B. Rosenberg)가 1960년대 학교통합 프로젝트에서 조정과 의사소통방법을 가르치면서 시작되었는데,[12] 회복적 정의의 원칙과 조화를 잘 이루고 있으며, 회복적 정의를 실천하는 프로그램의 하나로 평가받고 있다.

---

12 1984년 마셜이 설립한 CNVC는 현재 400여 명의 국재인증지도자를 배출하였고, 전세계 70여 개국 이상의 지역에서 교육자, 의료분야 종사자, 기업관리자, 변호사, 군인, 수용자, 교정당국, 경찰, 성직자, 공무원들이 NVC를 지원하고 있다[마셜 B.로젠버그/캐서린 한 역(2014), 비폭력대화, 한국 NVC센터 참조].

교도소 수형자들에게 적용되었던 미국 교정국의 '프리덤 프로젝트'에서 NVC의 교육은, 일반적인 회복적 사법프로그램에서 사용된 갈등해결프로그램으로서의 NVC 조정의 전제가 되는 일종의 공감을 위한 교육프로그램이라고 할 수 있다.[13] 수형자들의 감정조절, 공감능력의 향상, 욕구 찾기 능력 등을 배양한 다음, 전형적인 회복적 사법프로그램이 의도하는 피해자의 피해에 대한 공감과 용서, 사과, 피해자의 요구에 기반한 피해회복의 노력들이 이루어질 수 있다. 우리나라에 지부를 두고 있는 비폭력대화(NVC), 비폭력대안(AVP) 단체 등에서 교도소 수형자를 대상으로 실시하는 인성교육 과정 중 하나로 또는 단독 프로그램으로 일부 시행하고 있다.

교정단계에서의 회복적 사법 적용은 단편적·단기적 회복적 프로그램에 노출되는 정도에서 나아가 교도소 운영 이념에 있어 회복적 교정철학을 기반으로 한다. 수형자뿐만 아니라 직원까지 회복적 사법을 이해하고 수용관리 및 수용생활 전반을 회복적 정신으로 운영하고자 하는 회복적 교도소(Restorative Prison) 프로젝트를 이상적인 목표로 설정하기에 이르렀다. 회복적 공간의 이미지는 '해롭지 않은 거실(do-no-harm room)'을 말하는 것이며, 이러한 거실은 가해자에게 자신의 범죄에 대한 책임감을 주고 경험을 치유할 수 있는 안정감을 느끼게 한다. 수형자들 그룹에게 자신이 살고 싶은 거실을 떠올리게 하면, 양서와 전화기, 안락한 의자, 창문과 좋은 전망, 음악, 어항, 화분이 놓인 공간을 말한다. 그들의 거실은 존중, 관계, 안전, 평안, 소통, 희망, 삶이라는 회복적 가치를 상징한다.[14]

국내에서도 정읍교도소, 장흥교도소, 부산교도소 등 일부 교정시설에서 이러한 시도가 진행되고 있다. 아래 사진은 1개 자치수용동에 기초적인 회복적 프로그램을 도입하고, 앞으로 수용동 전체를 회복적 철학에 기초하여 운영하기 위해 가장 먼저 회복적 수용동으로 지정된 곳이다. 아직은 실험단계이지만 의미 있는

---

13 Alejandra Suarez, Dug Y. Lee, Christopher Rowe, Alex Anthony Gomez, Elise Murowchick, Patricia L. Linn(2014), Freedom Project: Nonviolent Communication and Mindfulness Training in Prison, 2014. 4: DOI: 10.1177/2158244013516154 Published 11 February 참조.
14 Barb Toews(2006), The Little Book of Restorative Justice for People in Prison: rebuilding thek web of relationships, PA: Good Books, pp. 75~77.

출발이라고 평가된다. [사진 1]은 장흥
교도소의 회복적 수용동 입구이며, "이
곳은 존중과 평화, 회복의 공동체입니
다."라고 쓰여 있다.

[사진 1] 장흥교도소 회복적 사동 입구

한편 부산교도소에서는 2020년 3월
부터 자치수용동 수형자 40여 명을 대
상으로 자체 심리치료팀과 한국평화교
육훈련원, 비폭력대화 진행자(Facilitator)
들과 공동으로 회복적 서클 활동을 진행하고 있다. 수형자들이 서클 활동을 통
해 자치수용동 운영규칙을 정하는 한편, 여러 상황에 대응하여 갈등조정, 문제
해결 등 각종 대화 서클을 운영하고 있다. 서클은 다 같이 원형으로 둘러 앉아
토크스틱을 가진 사람이 말하는 동안 경청하고, 모든 구성원에게 의견을 나눌
기회를 부여한다. 하나의 사건으로 인해 모두가 어떤 영향을 받았는지 이해하고,
그 결과로 발생한 피해를 회복하기 위해 우리가 할 수 있는 일이 무엇인지 이야
기 나누도록 한다. 해결 방안이 정해지면 책임 있게 이행되도록 확인하고, 지원
하는 조정자를 참여 수형자 중에서 선정하기도 한다. 수형자들은 그동안 자신들
의 생활과 관련된 모든 결정을 교도관에 지시에 따랐으나, 이제는 상당한 범위
내에서 자율적으로 정하고 스스로 이행과정을 확인하는 회복적 관계를 체험하게
된다.

VIII. 결어

우리나라에서 교도소 등 교정시설에서의 회복적 사법은 2001년에 처음
Sycamore Tree 프로그램을 시범 적용하는 등 일찍부터 시도되었다. 이후 2006년
법무부 변화전략계획에 회복적 교정프로그램 시행을 모토로 정하면서 다양한 피
해자에 대한 인식과 공감프로그램, 사회봉사활동, 피해자지원단체 송금, 비폭력
대화 및 회복적 서클프로그램을 적용해오고 있다. 다만 법무부 교정본부 차원에
서 체계적으로 운영하고 있지는 못하고, 교도소 현장 중심으로 일반 인성교육,

심리치료 커리큘럼 내에 포함하거나 특별프로그램 차원에서 시행하고 있다.

　이러한 상황에서 고무적인 것은 2020년 11월 교정본부가 정책 기본계획을 발표하면서 교도소에서의 회복적 사법 적용을 주요 추진과제로 채택하여 회복적 사법 유관단체 등과 협력하여 체계적으로 적용해 나가겠다고 밝힌 사실이다. 교정단계에서의 회복적 사법은 피해자와 가해자 간 범죄로 인한 문제를 해결하는 가장 진정성 있고 궁극적인 회복적 대안이라는 점에서, 앞으로 전개될 상황에 대한 우리 사회와 공동체의 기대가 매우 크다고 할 것이다.

12

사회내 처우와 회복적 사법

손외철

Restorative Justice
회복적 사법

12 장

사회내 처우와 회복적 사법

손외철*

Ⅰ. 들어가는 말

회복적 사법이란 기존의 전통적인 가해자 중심의 응보적 사법(Retributive Justice)에 대응하는 개념으로 범죄의 가해자가 야기한 피해자 중심의 사법정책이다. 이는 가해자와 피해자뿐만 아니라 지역사회 공동체가 함께 참여하여 형사절차에 관여하여 가해자와 피해자 간의 화해과정을 통하여 피해자의 피해복구뿐만 아니라 가해자를 지역사회의 한 구성원으로 재통합하는 데 그 목적을 두고 있다.

우리나라에 피해자학이 처음 소개된 것은 1970년대 초이지만, 학계나 실무계에서 큰 관심을 기울이지 않았다. 그 이후 1987년 헌법에 범죄피해자 구조청구권과 형사재판절차상 피해자 의견진술권이 신설되고, 같은 해 범죄피해자구조법이 제정됨에 따라 범죄피해자 문제에 대한 관심이 커지게 되었다. 1991년 범죄피해자 지원을 표방한 최초의 민간단체라 할 수 있는 '한국성폭력상담소'가 설립되었고, 1992년 '한국피해자학회'가 창립되었다. 그 이후 2000년대 들어서면서 회복적 사법에 대한 관심이 크게 증대되면서, 회복적 사법의 도입 필요성에 대한 형사사법기관의 공감대가 형성되기 시작하였다.[1] 마침내 2007년 12월 소년법 개정을 통하여 제25조의3에 '화해권고제도'가 도입됨에 따라 소년범 처우에서 회복적 사법을 실시할 토대가 마련되었고, 2009년 한국형사정책연구원에서 평화여성회 갈등해결센터, 서울가정법원 소년부, 서울소년분류심사원, 서울지역 보호

---

* 부경대 공공안전경찰학과 교수, 전 서울보호관찰위원회 상임위원.
1 김용세(2009), 회복적 사법과 형사화해, 진원사.

관찰소, 법무부 등이 참가한 피해자-가해자 대화모임에 관한 연구를 수행하였다.[2]

아울러 법무부에서는 2015년 7월부터 사회봉사명령을 통하여 피해자를 지원하기로 하고, 각 보호관찰소별로 진행하고 있는 상황이다. 이는 각 지역의 범죄피해자지원센터, 다문화가족지원센터, 범죄피해 농가 등에서 범죄피해자를 위한 다양한 사회봉사명령을 집행하는 것으로 회복적 사법의 일환이라 할 수 있다.

우리나라의 사회내 처우는 1989년에 도입된 후 30여 년이 경과하면서 그동안 질적·양적으로 급속한 성장을 이루었지만, 실무단계에서 회복적 사법을 실천하기 위한 체계적인 노력이 부족했던 것이 사실이다. 이는 회복적 사법에 대한 전반적인 이해가 부족한 점도 있었지만, 회복적 사법프로그램이 대체로 기소 전 수사단계나 형의 선고 시 다이버전의 조건으로 요구되는 경우가 많고, 형이 확정되고 난 이후의 보호관찰이나 교정단계에서는 회복적 사법의 적용가능성이 제한적인데 기인하는 것으로 보인다.[3]

그러나 일찍이 범죄피해자를 위한 정책을 주도적으로 입안했던 영국과 미국의 예에서 볼 수 있듯이, 범죄자를 처우하는 보호관찰 업무영역에서 피해자의 위치는 매우 명확하고 공고할 뿐 아니라,[4] 보호관찰의 궁극적인 목적이 가해자의 재범방지에 있기 때문에 회복적 사법의 실천이 보호관찰 실무적용을 적극 검토해볼 필요가 있다.

2009년 11월부터 시행된 보호관찰 등에 관한 법률에서 보호관찰대상자에 대한 특별준수사항으로 제32조 제3항 제4호에 '범죄행위로 인한 손해를 회복하기 위하여 노력할 것'을 규정하고 있어, 보호관찰단계에서 회복적 사법의 이념을 실천할 수 있는 기반은 마련되어 있다. 보호관찰 예규에 보호관찰관은 보호관찰개시 초기 피해내용, 가해자 경제여건 등에 대한 객관적 정보를 수집하고, 가해자로부터 피해회복 계획서 징구 및 가해자·피해자를 통한 피해회복 이행상황을 확인하고 피해자에 사죄편지 보내기 등 화해프로그램을 실시하도록 규정하고 있다.[5] 이런 점에서 보호관찰단계에서 피해회복의 구체적 실천방안에 대한 논의가

---

2 김은경(2009), "회복적 소년사법 실천모델의 효과성 연구", 형사정책연구 제79호, 한국형사정책연구원, 10~11쪽.

3 김용세·유병관(2009), 교정단계에서 회복적 사법의 가능성, 한국형사정책연구원. 13쪽.

4 이창한(2004), "보호관찰에 있어 회복적 사법 적용가능성 검토", 피해자학연구 제12권 제2호, 56쪽.

5 법무부(2011), 보호관찰 예규, 범죄예방정책국, 88쪽.

절실히 요구된다고 할 수 있다.[6]

II. 회복적 사법과 사회내 처우

1. 회복적 사법의 정의 및 실천모델

역사적으로 보호관찰은 가해자 중심적으로 범죄피해자 문제에 대해 수동적으로 대처해온 경향이 있었다. 그러나 영국은 1990년 '피해자헌장(Victim Charter)'에서 보호관찰소는 12개월 이상의 수형자에 대해 의무적으로 만나 피해자에게 가해자에 대한 정보를 제공함과 동시에 가석방 단계에서 피해자의 석방에 대한 견해 등을 파악하는 피해자 조사(Victim Investigation)를 실시하고 있다.[7]

보호관찰단계에서 피해자조사 업무를 도입함으로써 범죄자처우에 피해자의 관점을 도입하는 작업이 적극적으로 이루어졌고, 그 결과 많은 보호관찰관들이 피해자에 대한 이해를 높은 수준에서 인식할 수 있게 되었다. 그리고 조사업무를 수행하는 과정에서 피해자와 가해자의 요구에 대응하기 위해 다른 형사사법기관과의 상호 교류가 빈번해지면서 관련기관과의 관계가 공고히 되는 긍정적 효과를 거두었다고 한다.[8]

회복적 사법을 어떻게 정의하고 이론적 배경을 어느 정도 이해하느냐 하는 것은 현장에서 회복적 사법을 실천하는 실무자들에게 매우 중요한 과제라 할 수 있다. 왜냐하면 이것이 실무자들로 하여금 실무를 수행함에 있어서 최소한 '비회복적(unrestorative)'인 개입을 하지 않도록 유도하고, 연구자 입장에서는 잘못된

---

6 한편 2011년 3월 정부안으로 국회에 제출된 형법개정안 제59조 제1항은 "형의 집행을 유예하는 경우에는 보호관찰, 사회봉사, 수강, 치료 또는 피해회복을 명할 수 있다"고 규정하여[국회 홈페이지 의안정보시스템 - 형법일부개정법률안(의안번호: 1811304, 제안일자: 2011. 3. 25)] 형의 집행유예의 조건으로 기존의 보호관찰 명령뿐만 아니라 피해회복에 관한 명령을 부과할 수 있도록 하였으나, 입법화되지는 못하였다[한영수(2011), "수강명령 등 범죄인에 대한 치료적 개입의 성과와 과제", 2011 한국보호관찰 춘계학술대회, 보호관찰학회, 16쪽].

7 B. Williams(2002), "Justice of Victims of Crime", in D. Ward, J. Scott & M. Lacey, Probation - Working for Justice(Oxford University Press), p. 69.

8 이창한(주 4), 69쪽.

연구 설계나 실행으로 회복적 사법이 실패했다는 비난을 피할 수 있다. 따라서 실무자나 연구자에게는 회복적 사법에 대한 정의를 명확히 하는 것이 이를 실천하는 데 있어 꼭 필요하다고 할 것이다. 또 프로그램의 실시 후 이를 평가하고 예산을 배정하는 정부 입장에서도 회복적 사법에 대한 명확한 개념 설정은 꼭 필요하다 할 것이다.

회복적 사법은 처음 등장할 때부터 다양한 이론적 배경이나 실무로 인하여 보편적으로 통일된 개념이 정립되어 있지는 않다. 최근 법원의 피해회복명령에 의한 중재나 회합, 피해자 진술권, 피해자 통지 프로그램 등 회복적 사법이라 할 수 있는 다양한 프로그램이 급속히 증가하고 있는 추세이지만, 회복적 사법의 정체성에 대한 명확한 개념규정을 하기는 어려운 상황이다.[9]

회복적 사법의 모델과 관련해서는 크게 순수모델(Purist Model)과 최대화모델 (Maximalist Model)로 구분할 수 있다. 순수모델과 최대화모델의 중요한 차이점은 강제의 문제와 지역사회의 문제에 관한 것으로, 순수모델은 회복적 사법의 임의성·자발성을 절대적 요건으로 보는데 반하여, 최대화모델은 강제도 회복적 사법에 봉사하기 때문에 회복적 사법의 범주에 포함시킨다. 아울러 순수모델은 지역사회의 관여를 회복적 사법에 있어서 절대적 요건으로 보는 데 반하여, 최대화모델은 지역사회의 관여를 필수적 요건으로 보지 않고 있다.

우리나라에서는 회복적 사법의 출발은 순수모델이 타당하지만, 실질적으로는 회복적 사법이 실천되기 어려운 이상형에 불과하기 때문에 당사자들이 자발적인 참여를 통한 중재가 불가능하면 강제를 통한 회복도 가능하다고 보는 최대화모델이 타당하다는 주장이[10] 일반적이다.

한편, McCold와 Wachtel은 피해자, 가해자 그리고 지역사회의 개입의 범위에 따라 회복적 사법을 '전회복적 사법(Fully Restorative)', '준회복적 사법(Mostly Restorative)', '부분회복적 사법(Partly Restorative)'의 3가지 유형으로 분류하고 있다. '전회복적 사법(Fully Restorative)'은 가족회합(Family Group Conference), 지역사회회

---

9 A. Wilcox, & C. Hoyle(2004), "The National Evaluation of the Youth Justice Boards Restorative Justice Projects", Centre for Criminological Research, University of Oxford, Youth Justice Board, p. 16.

10 박상식·이창호(2008), 범죄피해자와 회복적 사법, 한국학술정보(주), 221~229쪽.

합(Community Conference), 평화모임(Peace Circle), 회복적 회합(Restorative Conference)등
이 포함된다. '준회복적 사법(Mostly Restorative)'에는 피해자-가해자 중재(Victim
Offender Mediation), 피해자지원모임(Victim Support Circle), 피해자 없는 회합
(Victimless Conference), 지역사회치료(Therapeutic Communities), 피해자에 대한 직접
적인 배상(Direct Reparation to the Victim)을 포함하고 있다. '부분회복적 사법(Partly
Restorative)'에는 피해에 대한 변상(Compensation), 피해자지원(Victim Service), 가해자
가족지원(Offender Family Services), 가족 중심의 사회사업(Family Centered Social Work),
속죄(Compensation), 피해자인식(Victim Awareness),[11] 지역사회 배상(Community
Reparation)이 포함된다.[12]

이러한 분류체계는 준회복적 사법이나 부분회복적 사법이 전회복적 사법보다
효과가 없다는 의미로 해석해서는 안 되겠지만, 일반적인 회복적 사법의 분류원
칙에서 다소 벗어난 것은 사실이다. 이러한 분류방식에 대해서 Walgrave는 지
역사회배상(Community Reparation)은 지역사회에 행해진 해악의 회복을 추구하기
때문에 전회복적 사법에 포함시킬 수 있다고 주장하는 반면, Roche는 지역사회
배상이 피해자의 개인적인 피해를 회복시키는 기능이 없기 때문에 엄밀한 의미
의 회복적 사법에 포함시킬 수 없다고 주장하기도 한다.[13]

따라서 회복적 사법의 개념은 피해자와 가해자 간의 물질적·육체적 배상이
나, 화해를 모색하는 전문 프로그램에의 참여, 무보수 강제노동을 통한 지역사
회에 대한 보상 등 피해자에 대한 직접적인 배상뿐만 아니라 지역사회가 입은
손실을 복구하는 과정을 포괄하는 것으로 정의해야 할 것이다. 아울러 회복적
사법의 개념을 순수모델에 국한하기 보다는, 비록 강제적 성격이 있다 하더라도
형사절차가 피해회복에 중점을 두고 있다면 회복적 사법이라고 보는 최대화모델
이 적합할 것으로 보인다. 이것이 아직 회복적 사법에 대한 토양이 부족한 우리
현실에서 회복적 사법을 형사절차에 확대 적용하는 데 도움이 되리라고 본다.

---

11 가해자가 자신의 범죄행위로 인한 피해자의 고통을 깨닫게 하기 위한 인지행동치료이론에 기반
   을 둔 프로그램을 말한다.
12 P. McCold & T. Wachtel(2000), "Restorative Justice Theory Validation", Fourth International
   Conference on Restorative Justice for Juveniles(Tübingen, Germany), pp. 1~4.
13 A. Wilcox & C. Hoyle(주 9), pp. 16~17.

2. 사회내 처우의 개념과 회복적 사법의 적용

(1) 소년 보호관찰

소년 보호관찰의 실시인원은 2009년 37,119명, 2011년 39,044명, 2013년 38,689명, 2018년 35,626명이다.[14]

이러한 소년 보호관찰 대상자에 대한 효과적인 처우를 위해 2011년부터 종래 성인과 구분 없이 운영되어 오던 방식에서 벗어나, 규모가 큰 보호관찰소에서는 관찰과가 3개 이상인 기관은 소년전담과를 도입하고 규모가 적은 보호관찰소에는 소년 전담직원제를 실시함으로써 성인과는 차별화된 처우를 실시하고 있다. 이는 소년과 성인의 보호관찰 실시 방법에 있어 차이가 있고, 소년범이 성인범에 비하여 재범률이 2배 가까이 높다는 점, 소년은 보호관찰관의 개입의 정도에 따라 개선가능성이 높다는 점, 소년은 성인과 달리 성장과정에 있고 일시적인 비행으로 보호관찰의 개입의 정도에 따라 개선가능성이 높다는 점 등의 이유에 따른 것이다.

전국 보호관찰소에서는 소년 보호관찰 대상자의 재범률을 감소시키기 위해 대상자와 교사, 상담전문가, 사회복지사, 법사랑위원(종래의 범죄예방위원), 대학생 등과의 1:1 멘토링을 적극 추진하고, 무직 소년에 대해서는 소년의 현재 상황 및 욕구에 대한 종합적 진단을 통해 복학 주선, 검정고시 지원, 직업훈련 적기 지원 강화을 추진하고 있다. 특히, 소년의 왜곡된 심성을 바로잡기 위한 소년심리치료 프로그램의 매뉴얼을 수정·보완하여 수강명령 대상자뿐만 아니라 일반 대상자에 대한 적용을 확대해 나가고 있다.

그러나 이러한 노력에도 불구하고 소년대상자의 재범률은 2009년의 11.3%, 2011년 11.4%, 2018년 12.3%로 성인 5.1%에 비하여 2배 이상 높은 것으로 나타나고 있다.[15] 이는 불안정한 소년범죄자의 특성과 열악한 보호관찰의 현실에 기인하는 구조적인 결과로 볼 수 있지만, 소년범 처우의 패러다임 변화를 통한 새로운 접근 방법에 대한 시도가 필요하다 할 것이다.

---

14 법무연수원(2020), 2019 범죄백서, 586쪽 〈표 Ⅳ-39〉. 소년 보호관찰 실시인원 현황.
15 법무연수원(주 14), 522쪽 〈표 Ⅲ-130〉. 보호관찰대상자 재범률 현황.

(2) 사회봉사명령

사회봉사명령(Community Service Order)이란 징역형을 대신하여 형의 집행을 유예하는 대신 무보수 강제노동을 통하여 지역사회에 자신의 죄를 속죄하게 하는 제도를 말한다. 사회봉사명령은 1972년 영국의 「형사사법법(Criminal Justice Act)」에서 창안되어 전 세계로 확산되었으며, 우리나라의 사회봉사명령은 1989년 소년범을 대상으로 시작되었다가 1997년 형법 개정으로 성인범에 전면 확대되었다.

사회봉사명령은 사회에 일정한 해악을 발생시킨 범죄인에 대한 처벌적 성격, 그로 인하여 발생한 피해회복에 대한 책임을 묻는 배상적 성격, 그리고 범죄에 대한 뉘우침을 지향하는 속죄적 성격을 통하여 자유형을 대체하거나 보완하고 대상자의 재범을 억제하는 기능을 추구한다.[16]

사회봉사명령은 1989년 소년범에 대한 보호관찰 실시와 함께 만 16세 이상의 소년을 대상으로 단기보호관찰은 50시간 내, 장기보호관찰은 200시간 범위 내에서 실시되어 오다가, 2007년 소년법의 개정으로 연령을 14세 미만으로 낮추고 200시간 범위 내에서 부과하되 보호관찰의 부수처분과 함께 독립된 처분도 가능하게 되었다. 아울러 1994년 제정된 「성폭력범죄의 처벌 및 피해자 보호 등에 관한 법률」에서는 보호관찰처분만 가능하였으나, 1997년 8월 개정된 법률에서 사회봉사명령 부과가 가능하게 되었다. 그리고 전체 성인범에 대해서는 1996년 형법의 개정에 따라 형의 집행유예 부과 시 500시간의 범위 내에서 보호관찰의 부수명령 혹은 독립명령으로 부과할 수 있게 되었다(제62조). 또, 1997년 12월 「가정폭력범죄의 처벌 등에 관한 법률」에서 100시간(2007년 개정으로 최대 400시간), 2004년 「성매매 알선 등 행위의 처벌에 관한 법률」이 제정되면서 100시간 이내의 사회봉사명령을 부과할 수 있게 되었다. 이어서 2009년 9월에는 300만 원 이하의 '벌금미납자'에 대해서도 사회봉사명령으로 대체할 수 있게 되면서 사회봉사명령 대상자 수는 급속히 증가하기에 이르렀다.

사회봉사명령 대상자의 연도별 실시사건을 살펴보면, 1996년 성인범에 확대되기 이전에는 1만 명 수준에 불과하였으나, 1997년에는 3만 명으로 3배 가까

---

16 법무부 범죄예방정책국(2009), 열정과 희망의 발자취 - 보호관찰 20년사, 268쪽.

이 증가하였으며, 그 이후 관련 법령들이 제정되면서 2013년에는 4만 4천 명까지 증가하였다. 2018년의 경우, 적용 법률별 대상자 인원은 형법 적용 대상자가 40,153명으로 가장 많고, 그 다음이 소년법 적용대상자 6,714명, 성폭력범죄자가 1,572명 순을 보이고 있다.[17]

한편 사회봉사명령의 집행 분야는 빈곤계층에 대한 복지지원의 중요성이 국가적·사회적으로 부각되면서 사회복지 분야의 집행비율이 늘어났고, 현재는 사회봉사명령 집행 분야의 대부분을 점유하고 있다. 1996년에 제정된 사회봉사명령집행준칙상의 사회봉사명령 집행방식은 크게 '직접집행'과 '협력집행'으로 나누어 볼 수 있다. '직접집행'은 직원의 인솔 아래 소규모 집단을 이루어 국립공원, 주요 하천, 도로변, 유원지 등에서 집단으로 자연보호활동을 위주로 하고, 협력집행은 사회복지시설이나 공공기관 등 협력기관에 대상자를 위탁하고 직원이 순회하면서 감독하는 방식이다. 성인범 개시 이전에 대상자 규모가 적을 경우에는 직접집행 위주로 이루어졌으나, 1997년 성인범 확대 이후에는 직원의 감독인력 부족으로 인한 협력집행이 주를 이루게 되었다. 그러나 사회봉사명령의 효율적 감독과 엄정한 집행을 통하여 직접집행률을 제고하여 2018년에는 직접집행률이 16.7%까지 낮아졌다.[18]

또, 2015년 7월부터 범죄피해자 가정에 대한 사회봉사명령을 집행하기 위한 방침을 정하고 각 소별로 다양한 활동을 전개하고 있다. 주요 활동내용은 각 지역별 범죄피해자지원센터, 다문화가족지원센터, 지역농협 등과 협력하여 범죄피해자 주거환경개선사업, 자체농장의 농작물을 피해자 가정에 지원 등의 활동을 벌여나가고 있다.

따라서 우리나라에서도 이미 강제적 성격을 띠는 사회봉사명령 제도를 통하여 회복적 사법을 어느 정도 실천해왔다고 볼 수 있다. 사회봉사명령제도는 피해자에 대한 금전적인 배상을 의미하는 피해자배상(Restitution)이나, 피해자와 함께 하는 화해프로그램, 피해자 가구에 대한 직접적인 노동(Direct Reparation to Victim)과 비교할 때, 무보수 강제노동의 대상이 지역사회란 점에서 차이가 있을 뿐 사

---

17 법무연수원(주 14), 421쪽 〈표 III-60〉 사회봉사·수강명령 처분법률별 현황.
18 법무연수원(주 14), 424쪽 〈표 III-63〉 사회봉사·수강명령 집행분야별 현황.

회봉사명령 자체가 회복적 사법을 실현하고 있다고 볼 수 있다. 즉 사회봉사명령이 피해회복을 위한 대상이 피해자가 아니고 지역사회의 불특정 다수인이란 점에 차이가 있을 뿐 추구하는 가치는 동일하다고 볼 때, McCold와 Wachtel 의 회복적 사법 분류 중 '부분회복적 사법'에 해당하는 것으로, 포괄적 의미의 회복적 사법의 범주에 포함시킬 수 있을 것이다. 아울러 사회봉사명령은 회복적 사법의 분류 중 자발적인 모임을 강조하는 순수모델이라고 볼 수는 없으며, 법원의 명령에 의한 강제적인 성격이 짙은 최대화모델에 해당된다고 볼 수 있다.

(3) 수강명령

수강명령(Attendance Center Order)이란 "법원에서 유죄가 인정되거나 보호처분이 필요성이 인정된 자에 대하여 일정시간 동안 강의, 체험학습, 심신훈련, 봉사활동 등 범죄성 개선을 위한 교육을 받도록 명하는 것"(수강명령집행준칙 제2조 제1호)을 의미한다. 수강명령을 부과하는 이유는 범법행위의 주요 원인이 행위자의 잘못된 인식과 오래된 습관에 있다고 보고, 재범을 방지하기 위해서는 이러한 인식과 습관을 교정할 수 있는 교육이 필요하다고 판단하기 때문이다.[19]

1989년 소년법상의 보호처분의 일종으로 처음 도입될 때만 하더라도 수강명령의 개념을 대상자로 하여금 하루 일과 중 일정 시간 교육센터에 출석하여 특정 강의를 의무적으로 수강하도록 하는 영국의 'Attendance Center Order'나 미국의 'Day Center Order'와 같이 비행소년의 훈육에 초점을 두고 있었다.[20] 그러나 집행유예의 조건으로 수강명령을 부과하게 되면서 수강명령은 단순히 특정 강의 출석의무라는 소극적 의미를 넘어 적극적 개입을 위한 보다 적극적 수단으로 활용되기 시작하였다.[21]

수강명령집행준칙 제8조 제3항은 수강명령의 집행을 분야별로 ① 약물·마약·알코올 치료 강의는 주로 약물 등의 오·남용에 대한 이해 증진, 단약·단주 결

---

19 윤웅장(2009), "사회봉사명령과 수강명령의 성과와 과제", 범죄예방정책연구 제21호, 범죄예방정책국, 63쪽.
20 손동권·최영신(1997), 수강명령 프로그램의 운용실태와 개발방향, 한국형사정책연구원, 1998, 28쪽.
21 윤웅장(주 19), 65쪽.

심 유도 및 강화, ② 준법운전 강의는 바람직한 운전습관, 교통사고 재발방지, 음주운전 예방, ③ 정신·심리 치료강의는 인간의 정신심리 기제 인식과 자신에 대한 이해, 심리치료, ④ 성폭력 치료강의는 인지행동적 접근 소개, 성에 대한 왜곡된 생각, 인지적 왜곡수정, ⑤ 가정폭력 치료강의는 가정폭력의 범죄성 인식, 폭력행위 인정 및 재발방지 교육, ⑥ 기타 대상자 범죄성향을 개선할 수 있는 교육 등을 그 내용으로 하도록 규정하고 있다.

이러한 수강명령의 법적 근거로는 소년법, 형법, 성폭력범죄의 처벌 등에 관한 특례법, 아동·청소년의 성보호에 관한 법률, 가정폭력범죄의 처벌 등에 관한 특례법, 성매매알선 등 행위의 처벌에 관한 법률 등에 다양하게 산재해 있다.

수강명령은 크게 '보호처분'과 '형사처분'으로 구분할 수 있는데, 수강명령이 1989년 소년법상 보호처분으로 처음 도입된 후, 1998년에 가정폭력 행위자에 대한 보호처분으로, 2004년 성매매 행위자에 대한 보호처분으로 활용할 수 있게 되었다. 소년보호처분 관련 규정은 2007년 소년법개정으로 대폭 수정되었는데, 종전까지 16세 이상의 소년에 한하여 단기 및 장기 보호관찰의 부수처분으로 부과되던 것이 이제는 12세 이상의 소년에 대하여 독립적인 보호처분(소년법 제32조 제1항 제2호, 제4항)으로 규정되었다. 한편, 형법상의 수강명령은 집행유예의 조건으로 1997년 성인범의 확대와 함께 도입되었다.

이러한 수강명령의 집행현황을 살펴보면, 전체건수는 2005년 15,849건에서 매년 증가하여 2009년에는 25,888건으로 급속히 증가한 후, 2018년에는 41,884건에 이르게 되었다.[22] 특히 소년법상의 보호처분이 2007년 3,819건에서 2008년 7,108건, 2012년에는 13,668건으로 급증하였는데, 이는 개정소년법이 2008년 6월부터 시행되기 시작하면서 법원이 독립보호처분으로 수강명령을 종전의 보호관찰 부수처분으로서의 수강명령에 비하여 훨씬 적극적으로 활용하고 있는 결과로 보인다. 그러나 2018년에는 5,794건으로 절반 이상 줄어들었다.[23]

우리나라의 수강명령은 영국의 'Attendance Center Order'에서 그 명칭을 따왔지만, 원래 취지의 소년범 훈육프로그램으로서의 성격을 벗어나 실제 운영

---

22 법무연수원(주 14), 419쪽 〈표 Ⅲ-59〉 사회봉사·수강명령 처분별 현황.
23 법무연수원(주 14), 421쪽 〈표 Ⅲ-40〉 사회봉사·수강명령 처분법률별 현황.

에서는 대상자의 특성에 따라 약물, 교통, 심리치료, 가정폭력, 성폭력 등 다양한 형태로 운영되고 있음을 알 수 있다.

Ⅲ. 사회내 처우에의 회복적 사법 적용 실태

우리나라에서 형사사법 전반에 걸쳐 회복적 사법의 적용은 아직 미비하고, 특히 보호관찰 분야에서는 체계적인 연구나 실천이 부족한 것이 사실이다. 소년법에 '피해자 진술권'을 보장하고 '화해권고' 조항이 도입됨에 따라 프로그램을 운영하고 있는 초기 단계이고, 보호관찰대상자의 특별준수사항으로 '범죄행위로 인한 손해를 회복하기 위하기 위해 노력할 것'을 규정하고 있지만, 보호관찰단계에서 보호관찰이나 사회봉사·수강명령 집행과 관련하여 회복적 사법의 적용에 관한 매뉴얼이나 통일된 기준은 마련되어 있지 않은 상태이다. 그러나 사회봉사명령 자체가 회복적 사법 구현의 한 방법이라 볼 수 있고, 각종 수강명령 집행단계에서도 회복적 사법과 관련된 내용이 있어 이를 소개하고자 한다.

1. 소년 보호관찰

앞서 살펴본 바와 같이 2009년 한국형사정책연구원에서 평화여성회 갈등해결센터, 서울가정법원 소년부, 서울소년분류심사원, 서울지역 보호관찰소, 법무부 등과 함께 피해자-가해자 대화모임에 관한 연구를 수행한 바 있고, 최근에는 각 지역 보호관찰소별로 청소년을 대상으로 회복적 사법을 실천하려는 움직임을 보이고 있다. 가장 대표적인 것이 서울보호관찰소에서 2018년 7월부터 11월까지 회복적 사법 프로그램을 도입·실시한 것이다.

2. 사회봉사명령

현재 전국 보호관찰소의 사회봉사명령 집행 분야의 80% 이상이 저소득·소외계층을 지원하는 사회복지 분야와 지역사회 지원에 투입되고 있는 현실을 감안하면, 포괄적 의미의 회복적 사법 이념이 현장에 충실히 실천되고 있다고 할 수 있다. 현재 실시되고 있는 사회봉사 집행방식은 보호관찰이 처음 시작된 영국에서 실시하고 있는 집행내용과 큰 차이를 보이지 않고 있다. 다만 영국의 피해회복명령(Reparation Order)의 집행에서 피해자 가구에 직·간접적인 손상을 입힌 경우, 피해자의 동의를 얻어 노동을 통하여 직접적으로 피해를 회복시키는 방법을 사용하고 있는 데 반하여, 아직 우리나라에서는 이러한 실천은 거의 없었던 것으로 보인다. 다만, 사회봉사명령 집행을 범죄피해자를 지원하기 위하여 실시한 사례는 찾아볼 수 있다. 2009년 12월 법무부에서는 사회봉사명령의 집행을 위해 범죄피해자 7개 가구를 선정하여 대상자와 법무부 직원이 함께 피해자 가정의 도배·장판 교체작업에 투입한 적이 있었다. 이는 범죄피해로 어려움을 겪고 있는 대상자의 가구를 선정하여 사회봉사명령을 통해 환경개선을 해 줌으로써 피해자의 고통을 덜어주고 범죄피해자에 대한 사회적 관심을 제고하는 데 그 목적이 있었다.

이후 2015년 7월부터 범죄피해자 가정에 대한 사회봉사명령을 집행하기 위한 방침을 정하고, 각 보호관찰소별로 다양한 활동을 전개하고 있다. 그러나 이는 사회봉사명령 대상자와 직접적인 관련이 있는 피해자가 아닌 일반 범죄피해자의 가구에 대한 봉사란 점에서, 영국의 피해회복명령에 의한 직접적인 피해자에 대한 봉사와 차이가 있다. 그러나 국내에서는 처음으로 범죄피해자의 가정을 대상으로 사회봉사명령을 집행하였다는 데 큰 의미를 부여할 수 있다.

3. 수강명령

외국에서 수강명령을 보호관찰의 준수사항으로 특별한 프로그램에 참가를 강제하는 방식으로 부과하는 것과 달리, 우리나라에서는 독립된 보안처분으로 부과되고 있다. 따라서 형의 집행을 유예하는 조건으로 수강명령이 부과될 수 있지만, 각종 보호사건에서는 독립된 처분으로 부과될 수 있다.

수강명령단계에서 회복적 사법의 실현은 외국의 피해자－가해자 조정 프로그램 등과 같이 독립된 프로그램으로 실시되고 있지는 않지만, 각종 수강명령의 프로그램의 내용 중에는 피해자에 대한 이해나 관계회복을 위한 다양한 내용들이 실시되고 있다.

구체적인 실시 사례를 살펴보면, 교통사범을 대상으로 하는 수강명령 프로그램에서 교통사고 피해자를 초청하여 교통사고로 장애를 가지게 된 강사의 생생한 피해 사례를 접하게 하고 있다. 법무부에서는 2005년 불의의 오토바이 교통사고로 장애인이 된 유명 가수를 명예보호관찰관으로 위촉하여 2006년부터 전국 보호관찰소를 순회하면서 교통사고 예방을 위한 교육을 실시한 바 있다. 유명 연예인이 교통사고의 피해자가 된 후 신체장애를 극복하고 재기하는 과정에서 겪었던 좌절과 아픔, 눈물겨운 재기과정을 진솔하게 전달함으로써 교통사범에 대한 교육 효과가 높아 지속적으로 실시되어 오고 있다.[24]

2010년 개발된 법무부의 표준 프로그램 내용 중 피해자 관련 내용을 살펴보면, 주로 성폭력치료 수강이나 가정폭력 수강명령 프로그램의 내용 중에 회복적 사법과 관련된 부분이 많은 것으로 나타났다.

먼저 성폭력치료 수강명령 매뉴얼 중에는 피해자의 고통 인식하기(예상소요시간 120분)가 있다. 이는 피해자의 고통이 어떠한 것인지에 대한 정보를 간접적으로 습득하기 위한 것으로, 피해자와 관련된 영화를 상영한 후 성폭력 피해자의 고통에 대한 토론, 성폭력 관련 인물 되어보기 등을 실시하고 있다. 또 피해자를 새롭게 이해하는 시간(예상소요시간 60분)이 있는데, 이는 피해자의 입장에서 사건을 바라볼 수 있는 조망능력을 증진하는 데 목표를 두고, 성폭력 피해자의 감정 알아보기, 성폭력 피해자의 가상질문(왜 나에게 이런 일을 했습니까? 등)에 답해보는 방식으로 운영되고 있다. 이 외에도 역할극(예상소요시간 120분)을 통하여 피해자의 상황을 보다 직접적으로 경험함으로써 이해능력을 제고하고 있고, 피해자에 대한 편지쓰기(예상소요시간 120분)를 통하여 피해자에 대한 공감능력을 증진(책임 수용 및 용서구하기)시키고 있다.

가정폭력치료 수강명령은 2012년부터 서울보호관찰소를 중심으로 실시된바 있다. 구체적인 내용은 가해자와 피해자인 부부가 함께 캠프에 참가하여 보호관찰관의 지도 아래 피해자의 피해 정도 및 감정을 이야기하고, 아내폭력 가해자는 자신

---

24 이성칠(2009), "한국 보호관찰에서의 회복적 사법의 적용실태와 전망", 이화여자대학교 법학논집 제14권 제2호, 이화여자대학교 법학연구소, 121쪽.

의 폭력행위의 원인을 밝혀 서로를 이해하는 내용으로, 총 12회에 걸쳐 실시된 바 있다. 실시 후 프로그램의 효과성을 파악하기 위한 재범분석 결과에서 프로그램 참여자의 재범률이 5.9%로서 일반 가정폭력범죄의 재범률 15.9%보다 낮게 나타나 효과가 있는 것으로 나타났다.[25] 또한, 2015년 9월부터 서울보호관찰소에서는 서울가정법원의 요청에 따라 부부상담 프로그램을 실시하고 있다. 이는 총 10회 30시간 동안 부부간 소통을 위한 대화법과 분노 및 욕구 탐색, 감정조절 통제력 향상, 성격 차이에 대한 이해 등을 통한 가해자의 사과·반성, 피해자의 용서·치유로 부부관계 회복에 도움을 주고자 하는 프로그램으로서, 회복적 사법의 구체적인 실천모델로 볼 수 있다. 이러한 가정폭력 프로그램은 가정폭력의 책임을 자기 책임으로 인정하게 하는 능력을 함양하는 한편, 상황극을 통해 역할교대를 통한 상대의 감정을 이해하고 비폭력 행동기술을 습득하는 한편, 피해자에 대한 편지쓰기를 통하여 피해자에 대한 공감능력 증진시키는 데 주안점을 두고 있다.

Ⅳ. 사회내 처우에서 회복적 사법의 적용 방안

1. 소년 보호관찰

소년법 제25조의2와 제25조의3은 가해자의 심리기일에 피해자나 그 대리인에게 의견진술의 기회를 보장하고, 피해자를 보호하기 위하여 필요하다고 인정되면 소년에게 피해 변상 등의 피해자와의 화해를 권고하며, 화해하였을 경우에는 소년부 판사는 보호처분을 결정할 때 이를 고려할 수 있도록 하고 있다. 이에 따라 보호관찰을 비롯한 형사사법 절차에서도 회복적 사법 실천의 활성화가 가능하게 되었다.

한편 보호관찰 등에 관한 법률 제32조 제3항은 특별준수사항의 내용으로 '범죄행위로 인한 손해를 회복하기 위하여 노력할 것'을 규정하고 있다. 이 조항을 근거로 보호관찰 실무에서 보호관찰관은 보호관찰개시 초기 피해내용, 가해자 경제여건 등에 대한 객관적 정보를 수집하고, 가해자로부터 피해회복 계획서징

---

25 이성칠(주 24), 121~122쪽.

구 및 가해자·피해자를 통한 피해회복 이행상황을 확인하며, 피해자에 사죄편지 보내기 등 화해프로그램을 실시하고 있다. 이는 가해자의 피해자에 대한 피해회복 노력 의무를 강조한 것으로, 비록 갈등해소를 위한 적극적인 조항으로 해석하기는 어렵지만 피해자 보호를 위한 회복적 사법에 대한 실천의지를 분명히 한 것으로 보호관찰분야의 회복적 사법의 적용에 있어서는 의미 있는 조항이라 할 수 있다.[26] 따라서 이러한 법적 근거를 통하여 소년법원을 비롯한 사법절차과정에서 회복적 사법의 도입을 위한 다양한 노력이 가능하게 되었다.

2012년 대구보호관찰소에서는 청소년폭력예방재단 대구지부와 공동으로 가해청소년 30명과 피해자 4명이 참석하여 '용서와 화해'를 통해 피해회복의 목적을 달성하기 위한 프로그램을 실시한바 있다. 피해자의 적극적인 참여를 끌어내는데 한계가 있었지만, 나름대로 성과를 거둔 것으로 평가받고 있다.

2018년 서울보호관찰소에서는 소년범 가해자에 대한 응보적 처벌만으로는 범죄예방과 문제해결에 한계가 있다는 인식과 함께 그동안 간과했던 피해자와 관계있는 공동체까지 문제해결에 주체로 참여하여 화해와 관계회복을 도모하고자 회복적 사법 프로그램을 최초로 보호관찰 현장에 도입하게 되었다. 대상은 성인보다 개선가능성이 높다고 판단되는 보호관찰 소년을 선정하였으며, 보호자를 동반한 임의적인 '보호관찰 대상자집단'과 보호자를 미동반한 다수의 '수강명령부과 대상자집단'으로 크게 두 개의 집단으로 구성하였고, 프로그램의 효과적 진행과 분석을 위해 각각 전문기관인 한국평화교육훈련원과 숭실대학교 한국회복적 사법센터가 주관[27]하여 2018년 7월부터 11월까지 1, 2차로 나누어 실시되어 좋은 성과를 거둔 바 있다.[28]

성공적인 프로그램을 진행하기 위해서 가장 중요한 것은 적정한 대상자 선정과 훌륭한 조정자의 확보라 할 수 있다. 대상자 선정을 위해서는 결정전 조사

---

26 이성칠(주 24), 129~131쪽.
27 2018년 7월 19일 서울보호관찰소·한국예탁결제원 나눔재단·회복적 사법센터·한국평화교육훈련원은 보호관찰 소년에 대한 회복적 사법 프로그램을 적용을 위한 업무협약을 체결하고, 나눔재단의 재정지원으로 본 프로그램을 실시하게 되었다.
28 성우제(2019), "회복적 보호관찰 및 소년사법 – 그 실천과 과제", 이화여대 법학연구소 회복적 사법센터 설립 10주년 세미나 자료집 참조.

단계에서 피해자 및 가해자와의 심층적인 면담을 통하여 적절한 대상자를 선정하여야 할 것이다. 범죄내용은 학교폭력, 단순폭력, 상해, 절도 등 피해자가 분명해야 할 것이고, 성폭력범죄나 살인 등 범죄피해가 중한 범죄나 약물, 단순 무면허운전 등은 부적절할 것으로 보인다. 따라서 피해자가 명확할 경우 결정전조사 단계에서 반드시 피해자와 접촉하고 피해자와의 피해회복 여부, 현재의 감정, 프로그램 참여의지 등을 면밀히 살핀 후 적절한 대상자라고 판단이 되면, 조사자 의견서에 특별준수사항으로 '피해자의 피해회복을 위해 노력하고 특정 프로그램에 참여할 것'을 요구하고, 소년부 판사가 이를 부과하면 그 대상자들을 중심으로 프로그램을 운영해 나가면 될 것으로 보인다.

조정자 선정에 있어서 보호관찰소에서 상담심리나 관련학문을 전공한 사람이 직접하면 가장 바람직하겠지만, 직원이 직접 모든 과정에 관여하기는 사실상 불가능하기 때문에, 대학에서 상담심리학을 전공한 사람들 중에 의지가 있는 사람을 자원봉사자로 위촉하고, 이들에게 형사사법절차에 관한 기본적인 교육을 받게 한 후 보호관찰소 직원과 유기적인 협력 아래 진행해야 할 것으로 보인다. 장기적으로 영국처럼 회복적 사법관련 전문가를 국가적으로 양성해 나가야 하겠지만, 현재 상황에서는 상담심리 등 관련학과에 대한 기본적인 지식을 갖춘 자원봉사자를 일정교육 후 활용하는 것이 가장 현실적인 방안으로 보인다.

2. 고위험 성폭력 전자발찌 대상자

「후원과 책임의 모임 한국 본부(CoSA Korea)」 프로그램은 캐나다에서 영향을 받아 시작하였는데, 출소예정자와 시민 자원봉사자의 만남을 주선하고 공동체의 삶으로 복귀하는 과정을 후원하도록 돕는다.[29] 위 단체는 2014년부터 교정 당국의 주선으로 교도소 내에서 처음 활동을 시작하였으나, 2018년에는 법무부 범죄예방정책국과 연계하여 전자발찌 부착자로 활동 대상을 확대하여, 총 17명의 전자발찌 부착자들이 핵심 구성원으로 참여하였다. 2019년 12월 기준으로 총 24개의 서클을 운영하고 있는데, 그중 15개의 서클이 전자발찌 부착자를 대상으로

---

29 CoSA Korea에 대한 상세는 제11장 참조.

운영되고 있다. 이러한 프로그램은 고위험 성폭력범죄자 출소를 앞둔 상황에서 사회내에서 효과적으로 전자발찌 대상자를 관리할 수 있는 좋은 대안으로 보인다.

3. 사회봉사명령

현재 실시하고 있는 다양한 내용의 사회봉사명령 집행은 비록 피해자에 대한 직접적인 배상은 아니지만, 무보수 강제노동을 통하여 지역사회에 기여한다는 측면에서 어느 정도 회복적 사법을 실현하고 있다고 볼 수 있다.

그러나 중요한 것은 지금까지 정책입안자나 실무자들이 사회봉사명령을 집행 하면서도 회복적 사법에 대한 인식이 거의 없었다는 사실이다. 따라서 사회봉사 명령의 개념정의를 지금의 지역사회에 속죄하는 개념에 국한하지 말고, '무보수 강제노동을 통하여 피해자 또는 지역사회에 속죄하는 제도'로 피해자를 포함하 는 폭넓은 개념으로 정의함으로써 회복적 사법에 대한 인식을 보다 확고히 할 수 있을 것으로 보인다.

회복적 사법의 실무현장에서는 간접적인 조정보다 사건의 당사자들이 직접 접촉하는 것이 성공률(재범방지)이 높다고 한다.[30] 사회봉사명령 집행에 있어서 지 역사회에 배상하는 것보다는 피해자에게 직접 배상하는 것이 회복적 사법의 이 념에 보다 충실할 수 있다고 본다면, 피해자에 대한 직접적인 노동봉사의 실시 방법도 강구할 필요성이 있어 보인다.

이를 위해서 바로 법령 개정이나 규칙 제정이 필요할 것으로 보이지는 않으 며, 현행법체제 아래에서도 피해자의 동의를 구하고 적절한 작업내용이 확보된 다면, 시행에 큰 어려움은 없을 것으로 보인다. 그러나 이를 위해서는 피해자의 가해자에 대한 감정이나 프로그램에 대한 동의 여부, 일정한 작업분량 확보, 가 해자의 노동능력 등이 판결·결정전조사나 상담조사 등을 통하여 정확하게 파악 되어야 할 것이다. 아울러 이를 실행하기 위해서는 보호관찰소에서 피해자 가정

---

30 김은경(2009), "회복적 소년사법 실천모델의 효과성 연구", 형사정책연구 제79호, 한국형사정책 연구원, 65쪽(영국의 Kittering 지역을 중심으로 '직접조정'을 받은 가해자 집단과 '간접조정'만 받은 가해자 간의 재범률 자료를 비교한 결과, 전자가 15.4%, 후자가 21.6%를 보여 직접대면 의 효과의 중요성을 일깨워 준다).

을 방문하여 구체적인 작업내용을 파악하고 작업에 필요한 각종 자재나 기술을 지원할 수 있는 봉사자를 확보해야 할 것으로 보인다. 그러나 지금의 사회봉사 명령 집행방식이 특정시설에 위탁하여 집행하거나 직원의 인솔 아래 특정한 작업 장소에서 10명 내외의 대규로 운영되고 있는 실정임을 감안한다면, 전면적인 확대 실시는 직원의 업무 부담을 가중시킬 수 있을 것으로 보인다. 그러나 직접적인 피해자를 대상으로 하는 사회봉사자의 숫자는 그리 많지는 않을 것으로 보여, 피해자 가정을 잘 선정하여 순차적으로 확대해 나간다면, 회복적 사법의 이념에 보다 충실한 집행이 될 수 있다고 본다. 그리고 법무부에서 사회봉사명령 대상자를 투입한 2015년 범죄피해자 가정을 지원하기 위하여 전격적인 시도는 큰 의미가 있다고 보이며, 앞으로 수혜가구의 만족도나 실시상의 문제점 등을 파악한 후 그 범위를 확대시켜 나가야 할 것이다.

4. 수강명령

현재 수강명령에서의 회복적 사법의 실천은 수강명령의 유형별로 실시되고 있는 프로그램 중에 자신의 범죄로 인한 피해자의 고통을 이해하고 행동개선을 위한 인지행동치료가 활용되고 있는 점에 비추어, '부분회복적 사법' 중 인지행동치료 이론에 기반을 둔 프로그램인 '피해자인식(Victim Awareness)'에 해당하는 수준에 그치고, '전회복적 사법'에 해당하는 전문적 피해회복 프로그램은 아직 실시되고 있지 못한 실정이다.

앞으로 2011년에 발의된 형법개정안과 같이 피해회복명령을 부과할 수 있도록 법이 개정되어 피해회복을 명할 수 있는 전문 프로그램이 실시될 필요가 있다. 그 경우 기존의 수강명령과 다른 피해회복 프로그램의 내용을 어떻게 개발하느냐가 관건으로 보이며, 프로그램이 개발되면 대상자의 유형에 따라 법원에서 특정 프로그램에의 참가를 선고하면 될 것이다.

V. 마치는 말

우리 현실은 보호관찰 분야에 회복적 사법의 이념을 제대로 실현하기 위한 토양이 미흡한 것이 사실이다. 앞으로 회복적 사법의 개념을 정의함에 있어서는 순수모델보다는 최대화모델을 적용함으로서 피해자의 피해회복과 관련이 있는 모든 형식의 절차를 회복적 사법의 개념에 포함하는 것이 바람직할 것으로 보인다. 이렇게 하는 것이 회복적 사법의 기본적인 토양이 부족한 우리 현실에서 이를 실천할 수 있는 기반을 더욱 공고히 할 수 있기 때문이다.

형사사법 절차에서 회복적 사법을 성공적으로 실천하기 위해서 제도적으로 정비되어야 할 부분이 산재해 있지만, 무엇보다 중요한 것은 회복적 사법의 도입 필요성에 대한 국민적 공감대 형성과 함께 정책당국의 강한 실천의지가 중요하다.

특히 보호관찰단계에서의 회복적 사법 실천은 보호관찰의 인적·물적 인프라 구축이 취약하고, 보호관찰 현장에서 피해자가 가해자와 직접적인 대면을 바라지 않는 경향이 있으며, 가해자의 용서를 받아들이거나 허용하는 사회관계를 지역사회에 기대하기 어렵고, 가해자와 피해자의 자발적인 참여를 기대하기 어려울 뿐 아니라, 조정자 역할을 수행할 민간자원봉사자의 확보가 어려운 점 등[31] 여러 가지 제약 요인으로 인하여 본격적인 실천에는 다소 어려움이 있을 것으로 보인다.

그러나 지금까지의 응보적 형벌관이 범죄자를 진정으로 사회에 재통합하는데 한계를 보인 만큼, 가해자와 피해자의 화해를 통해 양자뿐만 아니라 지역사회까지 참여하여 진정한 사회적 재통합을 이루고, 이를 통해 궁극적으로 재범률을 낮추어 나갈 수 있는 회복적 사법의 이념은 보호관찰 분야에 있어 포기할 수 없는 과제라 할 수 있다.

따라서 현재 실시되고 있는 현장의 보호관찰, 사회봉사·수강명령 집행에서 회복적 사법과 관련된 집행내용들을 더욱 보완하여 실천하는 한편, 앞으로 회복적 사법과 관련된 새로운 프로그램을 개발하고 인적·물적 인프라를 구축하는데 많은 노력을 기울여 나가야 할 것이다.

---

31 도중진·원혜욱(2009), 보호관찰관계에서의 회복적 사법이념의 실천방안 – 형사화해제도를 중심으로, 한국형사정책연구원, 215~220쪽.

소년원에서의 회복적 생활교육 실천 이야기

한영선

Restorative Justice
회복적 사법

제13장 소년원에서의 회복적 생활교육 실천 이야기

한영선*

I. 들어가는 말

2013년 5월 서울소년원장으로 처음 부임했을 때 가장 먼저 방문한 곳이 징계실이었다. 징계실은 일정기간 동안 혼자서 근신하며 지내도록 만들어진 곳이다. 문을 열고 징계실을 들여다보니 방 안에는 깨끗이 정돈되어져 있었다. 방 안에는 세면도구 이외의 다른 아무것도 없었다. 학생은 머리를 푹 숙이고 아무 말이 없었다. 학생에게 얼굴을 들어보라고 했다. 마지못해 드는 얼굴표정에는 '나 화났으니까 건드리지 마세요.'라고 말하는 듯 했다. "넌 여기 왜 들어왔니?"라고 물어보니 "잘못해서 들어왔는데 그 정도로 잘못하지는 않았거든요."라고 부루퉁하게 대답하고 얼굴을 다시 숙였다. 학생이 화가 단단히 나있는 것을 알 수 있었다. 읽고 싶은 책이 있는지 물어보고는 선생님에게 원하는 책을 가져다주라고 이야기한 뒤 징계실을 나왔다. 징계로 인한 감정의 긴장은 여기서 그치지 않는다. 징계학생이 자기 생활실로 돌아가기 2~3일 전 즈음이 되면 그 학생이 있던 생활실은 초 긴장상태에 돌입한다. 그 학생이 다시 돌아오는 것이 불편할 뿐만 아니라 분명히 새로운 문제를 일으킨다는 것을 경험을 통해서 알고 있기 때문이다. 징계의 끝이 또 다른 징계의 시작점이 된다. 일반적인 징계로는 문제를 해결하지 못하는 것이다.

부임한 이후에 학생들 간의 갈등이 생겼을 때 회복적 사법에 따른 질문을 하였다. 지금까지의 '왜 그랬니?'라는 질문 대신에 "무슨 일이 있었니?"라고 물었

---

* 경기대학교 경찰행정학과 교수, 전 서울소년원장.

다. 그러자 놀라운 일이 생겼다. "제가 먼저 그런 게 아니거든요.", "저 억울합니다."라는 변명 대신에 설명을 하기 시작하였다. 피해학생과 가해학생, 선생님의 생각과 감정을 이해하는 발판이 되었다. 강요에 의해서가 아니라 자발적으로 학생들이 멋쩍은 웃음을 보이면서 누가 먼저랄 것 없이 "그런 줄 몰랐어, 미안해."라고 이야기하고, 오히려 피해학생이 "선생님 한 번만 용서해주시면 안될까요?"라고 먼저 선처를 구하는 상황이 발생했다. 그리고 피해를 회복하기 위하여 어떻게 해야되는지에 대한 질문에 각자가 자신들의 입장에서 할 수 있는 일들을 약속했다. 피해가 발생하고 규칙을 위반하였으므로 징계를 피할 수는 없으나 화해와 피해회복의 약속을 참작하여 징계수준을 조금 감경하였다. 그리고 며칠 후에 징계실을 방문했다. 학생의 얼굴이 환하게 웃고 있었다. 손에는 책이 들려있었다. 학생이 속한 생활실은 가해학생이 돌아올 때가 가까워오니까 친구가 고생했다며 어떻게 환영할까라는 회의를 했다. 어떤 학생들은 고봉(서울소년원의 학교명) 축구리그의 전력이 강화된다면서 좋아했다. 같은 벌을 받아도 결과는 완전히 달랐다. 질문을 달리했을 뿐인데, 아이들은 변명 대신에 사건에 대해서 설명을 하게 되었고, 피해자와 가해자 그리고 반 동료들이 모두 상대방의 이야기를 들으면서 친구들이 아파하고 싫어하는 부분이 무엇인지 알게 되었다. 싸움이 발생할수록 학생들이 더 성장하게 된 것이다.

II. 서울소년원에서의 실천 사례

1. 용어와 관련된 단상

소년원에서 실천 사례를 소개하기 전에 '회복적 사법'이라는 용어에 대해서 살펴보고자 한다. 처음 회복적 사법이라는 용어를 들은 것은 2006년 미시건 주립대학교 석사 3학기 '성인 및 소년 교정학(adult and juvenile correction)'이라는 수업이었다. 현재 우리나라에서는 'restorative justice'를 '회복적 사법' 또는 '회복적 정의'로 번역하여 사용하고 있다. 'justice'를 '정의'로 번역할 것인지 또는 '사법'으로 번역할 것인지에 대해 의견이 일치하지 않는다. 일반적으로 법률전문가는 '회복적 사법'으로, 지역사회의 실천가는 '회복적 정의'로 번역하여 사용하고 있다. 그러나 'justice'보다는 'restorative'에 더 관심을 기울여야 된다고 생각된다. 기존의 'justice'에 새로운 의미를 부여한 것이 'restorative'이기 때문이다. 우리나라에서는 'restorative'를 '회복적'으로 번역하였다. '회복적'이라는 것은 '회복된다'는 의미가 강하다. 그러므로 '회복적 사법'은 회복되는 사법쯤으로 느껴진다. 사법이 회복되어야 한다는 것인지, 회복되는 사법이라는 것인지 회복 그 자체가 정의라는 것인지 아니면 사법이 회복적이라는 의미인지 모호하다. 영어사전을 찾아보면 'restorative'의 동사원형인 'restore'는 타동사로써 "~을 회복시키다'라는 뜻이다. 그러므로 'restorative'는 '회복적'이라기보다는 '회복시키는'으로 번역하는 것이 맞다. 그렇다면 'restorative justice'는 '회복적 사법'보다는 '회복시키는 사법'으로 번역하는 것이 정확할 것으로 생각된다. 현재 회복적 사법이라는 용어가 어느 정도 정착되어 있으므로 앞으로 'restorative justice'를 '회복적 사법'으로 사용하겠지만, 뜻은 '회복시키는 사법' 또는 '회복시키는 정의'로 이해하는 것이 좋을 것으로 생각된다.

2. 소년원의 환경과 회복적 대화모임의 필요성

(1) 총체적 기관과 소년원

Goffman에 의하면 정신병원, 교도소 등은 총체적 기관이라고 한다. 총체적 기관은 생활의 모든 면이 동일한 장소에서 단일한 권위 아래에 수행되며, 일상적 활동을 다수의 타인과 함께 동일한 처우와 동일한 일을 한다. 즉, 일상 활동의 모든 면이 계획에 따라 진행된다. 구성원의 욕구는 계획되고, 전체로 조직해서 관료적 관리를 하는 곳이다. 이러한 총체적 기관에서는 일에 대한 동기가 왜곡되고 일에 대한 충성심이 없어짐으로써 도덕 감각이 마비된다. 그리고 일에 대한 보수의 구조가 깨어지고, 집단생활로 인해 가족이라는 핵심가치가 상실된다.[1]

총체적 기관에서 피수용자와 직원은 폐쇄된 시설이라는 환경 속에서 정해진 일과와 규칙에 따라 생활하며, 서로 영향을 미치게 된다. 특히 총체적 기관은 단

---

1 Goffman. E./심보선 역(2018), 수용소, 문학과 지성사, 15~26쪽.

순히 피수용자를 수용하는 기능을 수행하는 것이 아니라, 공식적으로 공표된 몇몇의 목표를 수행하는 기계로 설계되어 있다. 그 일 중의 하나가 사람과 관련된 일이다. 직원들은 피수용자가 공격성을 띠고 있어서 위험하다고 인식한다. 이런 공격성의 문제는 예컨대 정신병원의 경우, 직원과 환자가 친밀해진다고 하여 해결될 수 없다. 총체적 기관에서 직원과 환자는 친밀해지기 어려운 맥락이 존재한다. 직원들이 재조사들에 대해 인간적 처우 기준을 준수해야 할 의무가 있다는 것을 알고 있으며, 직원들이 재소자들을 정서적으로 관계를 맺을 수 있는 이성적이고 책임 있는 존재로 본다는 사실에도 불구하고 정신병원에는 항상 극단적인 방식으로 자신의 이익에 반하는 행동을 하는 대상자들이 존재하기 때문이다. 때문에 직원들은 자기 자신에게서 가혹하고 고압적인 사람의 이미지를 발견하게 되며, 이는 자기 혐오와 사기 저하로 이어질 수 있다.[2] 이러한 자기 혐오는 소년원 학생에게도 마찬가지이다. 옆의 동료의 모습에서 자기 자신의 모습을 발견하며, 수치심을 느낀다. 계속되는 긴장 속에서 자존감을 지켜야 하는 인간관계가 가장 힘든 과제가 된다. 폐쇄적인 공간에서 이러한 긴장과 스트레스는 누적되고 자아가 손상된다. 신체적으로 오염될 뿐만 아니라 강제적인 집단생활 속에서 개인의 권리는 소멸되고, 사적 친밀함이 제거됨으로서 관계도 오염된다.[3]

(2) 회복적 사법의 필요성

Goffman의 정의에 의하면 소년원도 총체적 기관이다. 여기서는 소년원 원장으로써 소년원에서 운영한 회복적 사법 실천 사례를 소개해 보고자 한다. 소년원 학교는 스트레스가 많은 공간이다. 범죄로 인하여 자유가 제한되기 때문이다. 학생들은 24시간 같은 시간과 공간을 공유한다. 잠자는 곳과 공부하는 곳, 식사하는 곳 등 모든 장소를 함께 사용하여야 한다. 모든 것이 조화로운 상태라면 문제될 것이 없이 평범한 일상이라고도 할 수 있다. 그러나 갈등이 생긴다면 서로의 얼굴을 보지 않고 피할 수 있는 공간이 없다는 의미가 된다. 강제적으로 모든 것이 공개 및 공유되고 자신만을 위한 공간은 없다. 학생들은 끊임없이 상

---

2 Goffman. E./심보선 역(주 1), 98~108쪽.
3 Goffman. E./심보선 역(주 1), 41~44쪽.

대방의 눈치를 살피면서 심리적 에너지를 소모하게 된다. 어떤 소년원 학생들은 소년원에서 가장 힘든 것이 다른 사람과의 관계에 신경 쓰는 일이라고 한다. 누가 굳이 잘못하지 않아도 눈에 거슬리고 스트레스가 쌓인다. 참아보기도 하지만 한계가 있다. 결국은 폭발하여 싸움이 발생한다. 가해자와 피해자를 조사해서 징계를 하더라도 문제가 해결되지 않는다. 진상을 조사해보면 서로의 갈등에는 숨어 있는 이야기들이 있어서 어느 한쪽이 일방적으로 잘하거나 잘못한 일은 드물다. 따라서 가해자와 피해자로 쉽게 구분할 수 없다. 그럼에도 불구하고 잘잘못을 가려서 벌을 주어야 하고, 결과적으로 모두가 불만족의 상태에 이른다. 상황은 더욱 나빠진다.

사람이 사는 곳에서의 갈등은 자연스러운 현상이고, 소년원과 같이 폐쇄된 환경에서는 더 자연스러운 현상이다. 그러므로 갈등을 억제하려는 접근이 아니라 이토록 자주 발생하는 갈등을 학생들이 성장하는 계기로 바라보는 갈등전환적 접근방식이 필요하다.4 따라서 소년원 학교에서는 가해자의 징계가 목적이 아니라 가해자와 피해자의 관계회복을 목적으로 하고, 갈등이라는 소재를 활용하여 보다 높은 성장을 이룰 수 있는 회복적 대화모임의 활용이 어떤 곳보다 더 절실하다.

소년원에서의 회복적 대화모임은 크게 2가지로 구분하여 진행하였다. 소년원 학교 내에서 발생한 갈등을 대상으로 한 소년원 내에서의 회복적 대화모임과 흔하지는 않지만 소년원 학교에 들어오기 이전의 범죄피해자와의 만남을 통한 피해자-가해자 대화모임이다.

3. 서울소년원 내에서의 회복적 사법 실천 사례

(1) 회복적 대화모임의 대상자 선정과 운영절차

① 적용 대상 및 사건

회복적 대화모임의 적용 대상은 서울소년원 학교에 재학 중인 학생이 서울소년원 내에서 일으킨 사건으로 한정한다. 대상사건은 폭력사건, 상해사건, 괴롭힘

---

4 Lederach, J./박지호 역(2014), 갈등을 바라보는 새로운 패러다임 갈등전환; 하워드 제어/조균석·김성돈·한영선 역(2015), 회복적 정의 실현을 위한 사법의 이념과 실천, KAP 참조.

사건을 우선적으로 적용하되, 성범죄 관련 사건은 제외한다. 다행히 성범죄는 한 건도 발생하지 않았다.

② 적용대상 선정 시 고려사항

범죄의 사실관계가 분명하게 드러나야 한다. 조사는 통상적인 절차에 따라 진행한다. 조사에 파악된 사건에서 누가 가해자이고 누가 피해자인지에 대해서 관련자 모두가 인정하여야 한다. 가해자가 사건의 자체를 부인하거나 일부만을 시인하는 경우나 자신의 잘못은 인정하지만 책임을 부정하는 경우는 회복적 대화모임의 대상으로 선정해서는 안 된다. 사건의 외형적 사실뿐만 아니라 가해자와 피해자가 그동안 가지고 있었던 갈등요소, 생활태도 등에 관한 정보를 수집한다.

③ 회복적 대화모임 적용 여부 결정

담임교사가 해당 사건이 회복적 대화모임의 대상사건으로 적격하다고 판단하면, 해당 사건을 생활지도계에 신청하고 교무과장이 결정한다. 생활지도계는 사건을 조사한 결과 징계에 회부하기 이전에 회복적 대화모임에 회부하는 것이 바람직하다고 판단될 경우, 이를 직접 교무과장의 결재를 받아 회부한다.

④ 회복적 대화모임의 진행

진행 시 조정자는 회복적 사법 운영전문가가 되어야 하나, 사정이 여의치 못할 경우 회복적 사법 워크숍에 참여한 담임교사가 된다. 참여자는 조정자, 가해자 및 피해자, 피해자가 속한 반의 모든 학생, 담임교사이다. 조정자는 시작단계에서 사실관계가 적시된 사건을 낭독하고 확인한다. 회복적 질문에 따라 둥글게 앉은 순서대로 발언한다. 발언은 순서대로 하되, 토킹스틱(talking stick)을 가진 사람만이 한다.

⑤ 합의 및 종결

참여자들이 충분히 발언하고 원만히 합의에 도달하면, 합의서를 작성한 후에 서로 서명날인하고 사건을 종결한다. 회복적 대화모임이 종결되면, 조정자는 대화모임 종결보고서를 작성하여 생활지도계를 경유하여 교무과장에게 보고함으로써 절차를 종료한다. 생활지도계는 합의내용이 준수되는지를 수시로 확인하고, 준수되지 않을 경우 해당사건을 정식 징계에 회부한다.

⑥ 매뉴얼의 개발

회복적 생활교육에 대한 효과에 대해서 담임선생님들이 깨닫게 되면서 관심도 점점 커져갔다. 2014년에는 모든 선생님들이 누구나 쉽게 활용할 수 있도록 경기도 교육청의 '회복적 생활교육 매뉴얼'[5]과 이재영·정용진이 번역한 Amstutz와 Mullet의 '학교 현장을 위한 회복적 생활교육'[6]을 참고하여 소년원 학교에 맞는 참고 매뉴얼을 개발하였고, 업무연구 최우수 기관상을 받았다. 관련된 자료는 법무부 소년보호업무연구논문집에 수록되었다.

(2) 실천 사례

[사례 1] 똥쟁이라고 놀린 사건

소년원 학교는 행동하는 것이 자유롭지 못하다. 처음 들어왔을 때는 모든 것이 낯설고 조심스러울 수밖에 없다. 김응빈(가명) 학생도 마찬가지였다. 김군이 신입반에 있을 때 속이 불편하여 화장실을 급히 사용하려고 하였으나 때마침 화장실을 청소하는 시간이어서 참아야 했다. 나중에는 참지 못하고 바지에 똥을 살짝 지리게 되었다. 신입반 때 같이 지냈던 이동찬(가명) 학생이 이 사실을 다른 학생들에게 말하면서 시작되었다.

2013년 11월 점심 식사 시간에 식당에서 배식을 받아서 지나갈 때 김군의 입장에서는 처음 보는 임도훈(가명)이 김응빈(가명)에게 "똥쟁이"라고 놀렸다. 김군은 부끄러운 마음에 화가 나서 싸우려는 마음이 있었지만 참고 지나갔다. 하지만 이 사건에 대해 김군은 계속 화가 나고 억울한 감정이 가시지 않았다.

다시 2일이 지나서 아침 식당에서 급식을 받아 지나가던 김군은 임군이 자신을 쳐다본다고 느꼈고, 먼저 "씨×놈아, 쳐다보지마"라고 하였다. 임군이 대응하면서 서로 싸우려고 하였으나 주변에서 말려서 몸싸움으로 번지지는 않고 다툼이 종료되었다. 점심을 먹고 난 이후, 세면시간에 김군이 양치를 하고 있을 때

---

5 경기도교육청(2014), 평화로운 학교를 위한 회복적 생활교육 매뉴얼.
6 Amstutz, L. S. & Mullet, J. H./이재영·정용진 역(2014), (학교 현장을 위한) 회복적 학생생활교육, 대장간.

임군이 복도에서 다른 학생에게 "김웅빈 불러봐"라고 한 뒤 이상한 표정을 지으며 손가락을 하늘로 올리며 약을 올렸다. 김군이 세면장을 나가서 손을 들어 치려는 시늉을 하자 임군이 "쳐봐, 쳐봐" 하였지만 참고, 다시 양치를 하러 들어 갔다. 임군은 자기 생활실에 들어가서 김군을 바라보며 휴지를 들고서 앉았다가 일어서며 용변을 보는 시늉을 하며 웃었고, 그 반 아이들도 덩달아 웃었다. 김군은 화가 났지만 참았다. 그 날 저녁 식사 시간에 임군이 또다시 김군 옆으로 지나갈 때 "똥쟁이"라고 놀렸고, 김군이 식판을 내려놓고 "그만 까불어"라고 말했으나, 임군이 "쳐봐, 쳐봐"라고 하자 김군이 참지 못하고 몸싸움을 하면서 김군이 임군의 얼굴을 1회 때렸다. 이 일로 임군의 코뼈에 실금이 가는 상처가 생겼다.

회복적 대화모임은 회복적 서클에 의한 3가지 질문을 중심으로 진행되었다. 어떤 피해가 발생하였는가라는 질문에 처음 김군이 똥을 지린 사실을 소문낸 이동찬(가명)은 김군의 비밀을 지켜주지 못해 죄책감을 느낀다고 말했다. 김군은 똥쟁이라는 별명이 창피하고, 이 사건으로 벌점을 받아서 성적이 떨어진 것이 속상하다고 말했다. 또 임군은 코를 맞아서 실금이 갔다는 사실이 부끄럽고, 김군과 같이 벌점을 받아서 성적이 나빠졌다고 했다. 담임은 이 사건을 미리 막지 못했다는 죄책감이 굉장히 컸고, 이 사건이 같은 생활실 안에서 일어난 사건이 아니라 다른 생활실 사이에서 일어난 일이라 나중에 다른 생활실 간의 패싸움으로 번질 가능성을 상당히 걱정하는 모습을 보였다.

서로의 관계 회복을 위하여 임군은 상대방이 싫어하는 별명을 지어서 놀리지 않아야 되겠다고 생각하고, 앞으로 행동을 조심하고 일상적으로 평범하게 말을 걸어야 한다고 했다.

대화모임이 끝난 후 학생들은 반 학생들 전체적으로 이 사건으로 인해 반 분위기가 흐려진 것에 대해 담임선생님께 민망함·죄송함을 가지고 있으며, '관계 회복을 위해 무슨 노력을 해야 하는가?'라는 질문에 학생들은 '믿음직한 행동하기, 비밀 지키기, 신뢰감 회복하기, 과거의 일 잊기' 등과 '사건이 일어날 것 같을 때는 주저 없이 선생님이나 다른 어른들께 미리 말씀드리고 도움을 청하기'로 응답하여 상대방의 약점을 가지고 놀리는 것이 상대방에게 큰 괴로움이 된다는 사실과 놀리는 사건이 반복되어 사건이 커질 것을 느꼈다고 응답하여 책임감과 민감성이 다소 향상된 것으로 나타났다.

이후의 이야기

김군은 회복적 서클을 통하여 서로의 관계가 회복되었으나 상해를 입힌 만큼 징계를 피할 수는 없었다. 김군은 소년원 학교에 들어오기 전에 ADHD와 야뇨, 주의력 결핍 등으로 다른 아이들과 잘 어울리지 못했다. 서클 진행을 통해서 모든 것이 한번에 좋아질 수는 없다. 김군은 징계를 받고 있을 때에도 답답한 모습과 반항적인 태도를 보였다. 특히, 징계실에서 계속해서 노래를 불러서 선생님들을 힘들게 했다. 선생님들은 김군이 반성은 커녕, 반항하느라고 시끄럽게 노래를 하는 것이라고 생각했다. 그런데 김군이 부르는 노래가 좀 특별했다. 유행가가 아니라 영화 '파바로티'에서 나오던 '공주는 잠 못이루고'라는 아리아였다. 김군의 노래는 원래의 음높이인 '하이 B'의 고음을 내고 있었다. 근무를 서고 있는 선생님들에게 아주 시끄럽게 느껴졌음을 짐작하게 하는 대목이다. 같이 벌을 받고 있는 학생들도 잠을 자지 못하겠다고 불평을 했다. 소란이 계속되었다. 추가로 징계를 해야 된다는 의견도 나왔다. 그러나 이런 소란 속에서 김군의 노래가 누군가에게 전달되었다. 음악선생님이었다. 반복되는 시끄러운 노래에서 김군의 '답답함'과 '가능성'을 들은 것이다. '만남'이 이루어졌다. 손승혁 음악선생님의 만남을 통하여 나중에 권성동 교수라는 후원자와 연결되었고, 김군에게 새로운 길이 열렸다. 김군은 이제 출원해서 권성동 교수의 집에서 숙식을 함께 하며 음악수업을 하고 있으며, 소년원 학교의 외부 봉사활동에도 열심히 참여하고 있다.

궁금한 이야기 Y에 출연한 웅빈이, 웅빈이의 이야기는 SBS 궁금한 이야기 Y에서 다시 볼 수 있다.
출처: http://blog.naver.com/PostView.nhn?blogId=readercat&logNo=140211214849

[사례 2] 갈등의 누적

김효선(가명)군과 너인준(가명)군은 오랫동안 같이 생활하며 서로 불편한 사이였다. 첫 번째 사건은 운동장에서 발생했다. 평소 김군의 건망증으로 인하여 너군은 김군의 말을 신뢰하지 않는 상태였는데, 김군이 계속해서 5·8호 처분 등 보호처분에 대해 부정확한 사실을 말하였다. 이를 따지는 과정에서 화가 난 너군이 김군을 먼저 때리면서 싸움이 시작되었다. 이 사건 이전에도 김군이 생활실에 배치된 이후 김군이 영어로 욕을 하거나 부모 욕을 하는 경우가 있어, 너군이 김군을 할퀴거나 때리는 등의 사건이 간헐적으로 있었다. 이때마다 담임교사는 훈계, 화해유도 또는 복도에서 잠시 동안 서있도록 하는 등의 임시적인 조치를 하였다.

두 번째 사건은 그로부터 며칠 후에 발생했다. 평소에는 따로 떨어져서 자는 너군이 김군의 옆자리로 이동하였다. 당연히 긴장이 높아졌다. 너군이 김군의 얼굴을 툭툭 건드리는 등 괴롭히자 김군이 화를 내면서 "나가서 할 짓 없는 병×새×야"라고 욕을 하였고, 20여 분이 지난 후에 너군이 갑자기 자리에서 일어나 호실 입구에 있는 빗자루를 들고 와서 앉아 있는 김군을 3회 때렸다. 김군이 왼팔로 막으면서 다행히 상처는 찰과상에 불과하였다. 이 사건으로 모두 징계를 받았다.

세 번째 사건은 약 1개월 후에 발생하였다. 김군이 너군에게 같이 게임을 하자고 제안하였다. 그러나 너군이 바쁘다면서 거부하고 푸르미방송에 보낼 편지를 쓰자, 김군이 비꼬면서 "똥× 빠×"라고 말하였다. 너군이 "그만해라"라고 하면서 일어나서 김군에게 달려가 무릎으로 배를 한 대 찼고, 생활실 동료들이 말려서 몸싸움은 진정되었다. 나중에 김군이 먼저 싸움을 건 사실에 대해서 너군에게 미안하다고 하였으나, 너군은 화가 풀리지 않아 자신에게 말을 걸지 말라고 했다. 이 말을 듣고 김군이 "나는 좋게 이야기 했는데 니 표정 뭐냐"고 말하자 또 다시 너군이 자기 명찰을 방바닥에 던지고 발바닥으로 김군의 관자놀이를 1회 차고, 이어서 주먹으로 김군의 머리를 3대 때렸다. 이렇게 사건이 여러 차례 발생하였다. 소년원 환경에서는 이러한 일들이 자주 발생한다. 마음에 맞지 않는 친구가 있어도 피할 방법이 없고, 어쩔 수 없이 서로 눈치를 살피면서 지낼 수 밖에 없다. 이런 경우에 가장 중요한 것이 오해를 풀고 관계를 회복할 수 있도록 도와주는 것이다.

피해자와 가해자 그리고 반 동료들이 함께하는 회복적 대화모임을 진행하였다. 대부분의 학생들은 같은 반에서 계속해서 갈등이 발생한 것에 대하여 선생님에게 미안하게 생각하였다. 너군은 자신의 충동조절에 문제가 있다는 것을 인정하였고, 특히 김군은 자신의 감정에 대해서 솔직하게 이야기 할 수 있어서 후련하다고 하였다. 다른 동료들은 "반에서 싸움이 일어나려고 하면 말려주고 옆에서 컨트롤을 해주겠다"고 약속했다. 담임선생님은 갈등이 발생할 때 피해사실을 선생님에게 신고하는 것이 고자질이라는 나쁜 행위가 아니라는 이야기를 많이 했고, 반 학생들 모두가 더 큰 사건으로 확대되기 전에 신고를 하거나 대화 또는 다른 방법으로 해소하도록 노력하기로 약속하였다.

[사례 3] 정신질환 소년의 구타사건

정신질환이 있는 소년도 회복적 대화모임이 가능할까? 소년원 학교의 많은 학생들이 우울증과 분노조절 장애 등을 앓고 있다. 2014년부터는 국립서울병원과 MOU를 체결하여 전문가들이 돕고 있지만, 소년원이 척박한 환경이라는 사실은 변함이 없다. 이곳의 학생들은 다른 학생들이 이런 정신질환을 앓고 있을 경우 명찰에 표시를 하기 때문에 이런 사실을 알고 있다. 그러나 여전히 갈등은 발생한다.

가해자인 김창희(가명) 학생은 고1때 칼로 자신의 친부를 찌른 적이 있고, 살기 싫다고 아파트 10층에서 뛰어내렸으나 8층 난간에 다리가 걸려 목숨을 건진 경험이 있다. 김군은 양극성 정동장애, 우울증 등의 질환을 앓고 있다는 판정을 받았다. 김군은 신체가 건장하여 힘으로는 다른 학생들에게 지지 않는다. 반 학생들을 여러 차례 폭행한 경력이 있다. 반 동료가 "창희야 빨리 와"라고 하며 자신의 이름을 불렀다는 이유, 자신의 몸을 터치했다는 이유, 자신에게 따졌다는 이유 등이다.

대화모임이 시작되기 전에는 김군이 정신질환이 있으므로 자신의 분노를 참지 못하고 문제를 일으킨 것으로 생각되었다. 그러나 피해를 당한 학생이 피해를 유발한 면이 있다는 것이 밝혀졌다. "나에게 동생이 화를 내며 사과하라고 따진다면 나라도 사과하고 싶은 마음은 사라지고 오히려 더 화가 났을 것 같다. 그리고 이번에 풋살장에서는 내가 창희 형에게 욕을 하고 대들었는데 내가 정말 잘못한 일인 것 같다. 앞으로는 지금과는 달리 형들에게 대들지 않고 열심히 생활 할 수 있게 노력할 것이다." 진실된 대화가 마음의 문을 열었다. 김군은 대화 모임을 통해서 마음속으로는 항상 폭력은 정당화될 수 없음을 되새기는데, 당하는 사람의 입장을 한 번도 생각해보지 못 했다는 게 이번 일의 시작이었던 것 같다고 말했다. 반 전체 학생의 일반적인 의견은 김군이 신체접촉에 예민하지만 어느 정도는 참고 넘어가는 이해력이 필요하다고 했고, 반 학생들도 김군을 조금 더 이해하려고 노력하기로 약속하였다. 김군도 우울증 등이 있으므로 약을 잘 먹고 개별 전문상담에 잘 임하겠다는 약속을 하면서, "이제는 화가 나도 참는 버릇을 들이고 같은 반원들과 서로 이해할 수 있는 그런 사람이 되도록 노력하겠다"라고 하였다.

다음은 학생들이 회복적 대화모임에서 나눈 이야기들을 그대로 옮긴 것이다. 학생들의 생각과 감정을 어느 정도 이해할 수 있을 것으로 생각된다.

"다 같이 죄 짓고 왔는데… 누구는 다 시키고 앉아 있지만 누구는 당하는 것이 싫다. 힘들게 사는 게 싫다. 다들 똑같이 죄짓고 왔는데 시키지 않았으면 좋겠다."

"서로 배우면서 지내고 싶다. 생활실 사람들한테 너무 고맙고 앞으로는 장난도 줄이고 잘 지냈으면 좋겠어요."

"남들 보기엔 까칠하고 다가가기 힘들겠다고 하는데… 이젠 그러는 거 없이 함께 얘기하고 솔직했으면 좋겠다."

"한명씩 생활실 친구들과 1:1로 상담을 해주고 싶다. 사과편지를 쓰겠다."

"가장 큰 피해를 받은 사람은 담임선생님이다. 너무 죄송하고 우리의 행동 때문에 다른 선생님들께 찍히고 호실 동료에게 많이 미안하다. 내가 할 일을 하지 않으면서 그렇게 되었다. 생각 없는 행동으로 선생님들에게 피해를 주었고 생활실 아이들에게 불만만 가져서 미안하다."

"이번 일을 계기로 말투가 안 좋으면 고치도록 노력하고 사과하겠다. 가해자들의 사과를 받아 줄테니 친하게 지냈으면 좋겠다."

"저는 처음에는 장난으로 했는데 징계방에 들어가서 자세하게 생각해 보니까 전부에게 미안한 것 같다. 좀 억울했지만 지금은 많이 반성하고 있다."

"처음에는 징계를 받으면 막 생활하려고 했는데 생각을 다시 해보니까 징계 받게 되더라도 열심히 생활하겠다. 처음 소년원에 들어왔을 때의 마음가짐으로 마지막까지 가겠다."

"솔직히 이번 일로 너무 열 받고 진짜 생활실 애들을 때리고 싶었지만 막상 오늘 회복 프로그램을 하면서 애들의 얼굴을 보고 얘기를 들어보니 열 받는 마음은 아예 들지 않고 그저 미안한 마음밖에 들지 않았다."

"내가 다시 호실에 돌아가서도 장난이 심하면 장난이 심하다고 솔직히 말해주면 좋겠고, 장난을 줄일 수 있게 도와줘라. 호실에 돌아가면 친구, 동생들한테 잘해야겠다. 원래 처음에는 '아 누가 뻘렸을까(신고행위를 소년원 학생들이 비하해서 쓰는 용어이다.)'라고 생각하며 때리고 싶었는데 그렇게 생각한 제가 한심했던 것 같다. 이제 생활실에 돌아가면 장난 안 칠건데 서로 의지하면서 지냈으면 좋겠다. 다들 미안해."

학생들이 평소 행동하고 생활하는 것들을 보고 있으면 아무 생각없이 지내는 듯 보이지만 회복적 대화모임을 통하여 생각이 성장하는 것을 많이 느낄 수 있었다.

4. 소년원 학교 밖 범죄피해자와의 회복적 사법 실천 사례

김군은 중학교 1학년 때까지는 키는 145cm에 몸무게는 75kg이었다. 작은 키에 뚱뚱해서 외모에 대한 자신감이 없었고, 공부에 대한 열정도 없었다. 못생겼다는 이유로 교우들로부터 따돌림과 폭력을 당하였다. 2학년이 되어서는 20cm 정도 키가 커지고 싸움을 잘하는 교우와 어울리면서 속칭 왕따에서 벗어나게 되었다. 2학년 때에도 많은 친구가 있는 것이 아니라 마음이 맞는 친구가 딱 1명 있었다. 그 친구와 장난도 치면서 만족스러운 학교생활을 할 수 있었다. 그러나 3학년에 올라가면서 친한 친구와는 헤어지고, 자신을 괴롭히던 학생들과 같은 반이 되면서 스트레스가 심해졌다. 반 친구들과 그룹으로 해야 하는 방학

생활 중의 과제가 있었는데, 아무도 소년과 같은 그룹을 하겠다는 학생이 없어서 방학 숙제를 하지도 못했다. 사건은 개학 1일 전에 발생했다. 개학 후의 친구들과 어울리지 못하고 다시 왕따가 될 수 있다는 불안감이 극심해졌다. 집안에 있던 과도를 가지고 옥상으로 올라가서 자살을 하여야 되겠다는 생각을 하였다. 그러나 자살이라는 생각을 지우기 위하여 1층부터 옥상까지 약 1시간 가량 계단을 뛰어다녔으나 두려운 마음은 없어지지 않았다. 혼자 죽는 것을 두려워하고 있던 중, 같은 주택에 거주하던 아주머니가 빨래를 걷기 위해서 옥상에 올라온 것을 발견하고, 과도로 아주머니를 찔렀다. 아주머니가 넘어지자, "아줌마 죄송해요. 아줌마 폭발할 것 같아요. 아줌마 죽이고 싶어요."라고 말하고, 도망가는 아주머니를 뒤쫓아 가서 목과 가슴을 수 회 찔렀다. 사건은 이웃 주민의 신고를 경찰이 출동하면서 일단락되었다.

소년은 소년원 학교에서 생활하면서 소극적이지만 조용하고 예의바르고, 이곳에서 고입검정고시에 합격하는 등 자신감도 어느 정도 되찾고 있다. 처음에는 소년원 학교에 와서 불안과 우울증상으로 약물을 약 3개월 정도 복용하였으나 이후 안정을 되찾았고, 성실하게 생활하여 모범학생으로 2번씩이나 선정되는 등 모범적으로 생활하고 있다.

김군과 상담을 하면서 피해자 아주머니와 만나서 용서를 구할 생각이 있는지를 먼저 확인하였다. 김군은 울먹이며 아주머니에게 용서를 구하고 싶은 마음이 있으나, 그것이 아주머니에게 새로운 피해가 될 것을 걱정했다. 다음은 김군의 말이다.

> "우선 제가 사과를 하면… 만약에 사과를 받아주신다면 죄책감 같은 것이 좀 없어질 것이라고 생각하는데, 제가… 형사재판 때 아주머니가 한번 오셨어요. 그 때가 아마… 증인자격으로 오셨을 거예요. 법정이라고 해야 되나, 들어갔을 때 아주머니랑 아주머니 남편 분이랑 오셨는데 저를 보자마자 쓰러지셨어요. 제가 생각을 해봤는데… 제가 그분 앞에 나타나면… 이제는 시간이 지나서 좀 나아지셨을 거잖아요. 그런데 제가 다시 가서… 저를 본다면 다시 그때의 기억이 되살아나서 힘들지 않을까요?"

김군의 말을 통해서 소년이 현재 가지고 있는 죄책감과 피해자인 아주머니가 느끼고 있을 고통이 얼마나 큰 지를 짐작할 수 있다. 회복적 대화모임을 통하여 진정한 사죄와 용서가 이루어질 수 있도록 김군과 피해자를 돕기로 하였다. 본 사건에 대한 범죄피해자와의 대화모임을 진행하기 위해서는 몇 가지 확인을 할 필요가 있다. 먼저 소년이 미성년자이므로 보호자와 범죄피해자의 참여의사를 확인하는 것이 필요하다. 김군의 어머니는 하던 일을 그만두고 소년의 문제를 해결하기 위하여 전념하고 있다. 현재 소년원 학교에서 운영하는 가족치료프로그램에 자발적으로 참여하고 있다. 1주일에 1회, 2시간씩 12회로 진행되는 프로그램이다. 프로그램에 참석한 이후에 김군의 어머니를 만날 수 있었다. 순박한 얼굴이었고, 근심과 불안이 얼굴에 나타나있었다. 사건이 발생한 이후에 피해자의 치료비를 마련하기 위하여 가지고 있던 연립주택을 처분하였다는 이야기를 들을 수 있었다. 그러면서 소년의 어머니는 피해자와 손해배상 등 민사소송이 아직 끝나지 않았다며 피해자를 만나는 것에 대하여 두려움을 표시했다. 회복적 서클은 손해배상 여부와 관계없이 진행될 수 있으며, 소년과 피해자의 회복을 위한 것이라는 설명과 함께 시간을 갖고 생각을 해보도록 권유했다. 회복적 사법 소책자를 주고 1주일 후에 다시 만날 것을 약속했다. 회복적 대화모임을 진행하기 위해서 피해자와의 접촉 이전에 가해자의 의사를 먼저 확인하는 것이 중요하다. 피해자와 먼저 접촉했다가 이후에 가해자의 거부로 대화모임이 이루어지지 않는다면 피해자에게 또 다른 상처가 되기 때문이다.

일단 가해소년의 어머니가 피해자를 만날 의사가 없으므로 시간을 가지고 진행하여야 하는 상황이다. 가해소년과 어머니를 계속 만나서 좀 더 건강해지도록 도와주는 과정이 필요한 것으로 생각된다. 외국의 사례에서도 보면 중범죄의 회복적 대화모임은 짧게는 2년 길게는 10여 년이 걸리기도 한다. 가해학생과 어머니가 피해자를 만날 준비가 된다면, 피해자에 대한 연락과 만남은 가정법원과 인천피해자지원센터를 통하여 접촉할 계획이다.

Ⅲ. 마무리하며

소년원 학교에서는 평균 15개월 정도를 생활한다. 자연스럽게 신입과 고참의 구조가 생겨난다. 새로 온 학생은 모든 것이 낯설고 어설퍼서 오래 생활한 학생이 이것 저것 챙겨주고 가르쳐 주게 된다. 여기까지는 좋다. 그러나 시간이 지나면서 신입학생은 고참에게 의존하게 되고, 자연스럽게 신입학생에 대한 고참학생의 권한(power)이 커진다. 이 과정에서 힘의 불균형이 발생한다. 이제는 도와주는 것이 아니라 점점 지시하는 것이 된다. 도와줄 때와 달리 지시할 때는 기준이 엄격해진다. 상대방이 기준을 맞추지 못하면 한심하게 보이고 짜증이 난다. 자신을 무시하는 것으로 생각이 들기도 한다. 고참이 신입을 괴롭히는 것을 고참문화라고 하는데, 고참문화는 이런 구조에서 자연스럽게 발생한다. 폐쇄적인 구조가 이런 문화를 만들어내기 때문에 조금만 방심해도 금새 다시 생겨난다. 폐쇄적인 구조를 바꾸지 않는 상태에서 행동과 문화를 바로잡는다는 것은 쉬운 일이 아니다. 끊임없는 의식적인 노력이 있어야만 한다. 그런데 회복적 대화모임이 계속되면서 다른 소년원 학교에는 없는 매우 특별한 현상이 생겨났다. 학생들 간의 갈등은 계속해서 발생하는데, 이전에는 고참학생이 신입학생을 괴롭히고 때렸다면 지금은 3개월 미만의 신입학생들이 고참학생들을 때리는 일이 많아진 것이다. 징계처우심사회의에 참석해서 이야기를 들어보면 가해학생(신입학생)은 자신의 힘을 과시했다는 면을 은연 중 나타낸다. 반면에 피해학생(고참학생)은 이렇게 말한다.

> "자기도 나중에 다 알게 되겠죠, 뭐."
> "싸운 거… 어머니가 아시면 속상하시잖아요."

피해학생의 대화 속에서 이들이 어지간한 일은 참을 수 있는 힘이 생겼다는 것을 알 수 있다. 가해학생들이 피해학생의 이런 얘기를 들으면 눈이 동그래지고 부끄러워한다. 이들도 통찰이 생기고 관계가 건강해진다. 그렇다고 해서 소년원에서 싸움이 없어지지는 않는다. 소년원 학교는 여전히 힘든 환경이고, 잔뜩 스트레스를 받고 화가 나있는 새로운 학생들이 날마다 들어오기 때문이다.

레더락은 갈등을 인간관계에 있어서 자연스러운 현상으로 본다. 갈등은 사람이 살아있기 때문에 발생하는 것이며, 갈등을 긍정적으로 받아들이고, 적절한 개입을 한다면 갈등이 발생하기 이전에는 기대할 수 없었던 변화와 성장이 일어난다고 한다.

소년원 학교는 24시간 같이 생활하기 때문에 갈등이 많은 곳이다. 날마다 다툼이 일어난다. 갈등에 대하여 적절하게 개입할 수만 있다면, 소년원 학교야말로 학생들이 놀랍게 변화되고 성장할 수 있는 최상의 공간이다. 회복적 대화모임이 불가능을 가능으로, 절망을 희망으로, 갈등을 성숙으로 이끌고 있다.

14

민간에서의 회복적 정의 실천

안성훈

Restorative Justice
회복적 사법

14장 민간에서의 회복적 정의 실천

안성훈*

Ⅰ. 민간에서의 회복적 정의 실천 배경

"회복적 정의는 사법의 대안적 제도가 아니라 삶의 새로운 패러다임이다!"
- 하워드 제어(Howard Zehr)

최근 국가의 전유물로 여겨져 왔던 형사사법시스템에 많은 변화가 일어나고 있는데, 그 변화의 중심에 '회복적 정의'가 자리매김하고 있다.[1] 주지하다시피 회복적 정의는 범죄피해자의 관점을 중요시하면서도 한편으로 피고인의 권리와 균형을 맞추고 그들의 니즈(needs)와 함께 지역사회의 니즈까지도 반영하려는 실천의 하나로, 범죄와 관련하여 영향을 받는 사람들 모두가 문제해결의 주체로 참여하여 범죄로 인해 입은 상처를 최대한 회복하고자 하는 것에 목적이 있다.

이러한 회복적 정의의 이념이 등장하게 된 배경은 매우 다양하지만, 우리나라에서 회복적 사법에 관한 논의와 실천은 일반적으로 범죄피해자 보호지원과 관련하여 발전하여 왔다.[2] 특히 1990년대 범죄피해자에 관한 논의 중 피해자에 대한 범죄피해 회복에 관한 논의는 회복적 사법에 관한 논의의 기초를 형성하였다. 1990년대 말 이후에는 형사절차상 범죄피해자 보호라는 주제에서 한 걸음 더 나아가 새로운 대응방식으로서 회복적 사법이 학계의 논의의 중심이 되었다.

---

* 한국형사·법무정책연구원 선임연구위원. 법학박사.
1 김성돈(2008), "범죄피해자보호·지원을 위한 회복적 패러다임의 실천방안", 피해자학연구 제16권 제1호, 13쪽.
2 김성돈(주 1), 16쪽.

이러한 논의의 활성화에 따라 2000년대 이후 우리 학계에서 회복적 사법 내지 회복적 사법과 관련한 실무 프로그램에 관한 많은 연구3가 쏟아져 나왔고, 대학과 국책연구기관을 중심으로 회복적 사법 영역에서 본격적인 연구와 실천들이 이루어지기 시작하였다. 민간에서의 회복적 정의의 실천 또한 비슷한 시기에 한국아나뱁니트스센터[KAC(KOPI 모체)]와 갈등해결센터와 같은 비영리단체에 의해 시작되었다.

특히 2000년대 중반에 민간 영역의 회복적 정의 운동과 국책연구기관인 한국형사정책연구원과의 공동 프로젝트가 시작되면서 본격적인 회복적 정의 실천모델에 대한 개발이 이루어졌다. 개발된 실천모델의 몇 년간의 시범사업의 결과로 소년재판에서의 '화해권고' 제도가 도입되는 계기가 되었고, 현재 '화해권고' 제도는 전국 단위로 확대되어 실시되고 있다.4

2010년 이후부터는 회복적 정의 운동이 학교의 생활교육 영역으로 확대되기 시작하여, 많은 학교와 교육청 등에서 '회복적 생활교육'이란 이름으로 교육훈련과 실천이 이루어지고 있다.5 2015년 이후에는 학교뿐만 아니라 가정, 단체, 지역사회 등의 각종 영역에서 갈등해결을 위한 새로운 대안으로 자리잡으면서 전국적으로 회복적 정의를 실천하는 단체와 기관들이 생겨나 활동가의 교육과 프로그램 개발, 회복적 정의의 적용범위 확대를 주도하고 있다. 우리나라에서 민간에서의 회복적 정의의 실천은 이제 더 이상 새로운 도전의 대상이 아니라 확대·발전의 대상으로 그 위치를 명확히 해 가고 있다.

---

3 예컨대 김성돈(2001), "형사절차상 피해자 - 가해자 조정(Victim - Offender Mediation) 제도의 도입방안", 피해자학연구 제9권 제1호, 153쪽 이하; 김용세(2004), "회복적 사법의 개념과 활용 가능성에 관한 소고", 피해자학연구 제12권 제2호, 27쪽 이하 등.
4 그 외에도 사법영역에서 경찰의 '회복적 대화 프로그램', 검찰의 '형사조정제도', 법원의 '형사화해 제도' 등을 통해 회복적 정의 시도가 이뤄지고 있다.
5 특히 2011년 12월 대구학생자살사건으로 학교폭력이 심각한 사회문제로 부각되면서 학교폭력 문제해결을 위한 새로운 시도로서 회복적 정의가 주목을 받기 시작하였고, 여러 지역에서 교사를 위한 '회복적 생활교육연구회'가 구성되어 활동하고 있다.

II. 회복적 정의를 실천하는 민간단체

1. 한국평화교육훈련원(KOPI, Korea Peacebuilding Institute)[6]

한국평화교육훈련원(KOPI)은 회복적 정의의 가치를 기초로 평화롭고 안전한 세상을 만들기 위한 이론교육과 실천훈련을 제공하는 전문교육 훈련 기관으로서, 2000년부터 국내 민간영역에서 최초로 회복적 정의 패러다임을 알리고 실천 프로그램 연구개발 및 적용을 해오고 있다.[7]

구체적인 활동내용으로, KOPI는 회복적 정의 실천가 양성을 위한 워크숍, 분쟁조정자 양성훈련, 회복적 정의 패러다임을 학교에 적용한 회복적 생활교육

표 14-1 한국평화교육훈련원의 활동 내용

년 도	활동내용
2020	남양주 회복적 도시 시범사업 실시 / 영국회복적정의협의회 회원단체 등록 / 제5회 회복적 정의 해외연수 실시(영국)
2019	서울보호관찰소 / 구리남양주교육지원청 갈등조정자 교육 / 경기도교육청 갈등조정자 문단 교육 / 경상남도 8개도시 마을교사 양성과정 실시 /경찰청 회복적 경찰활동 시범사업 지정기관 / 제4회 회복적 정의 해외연수 실시(캐나다 온타리오)
2018	회복적 아파트 프로젝트 실시 / 회복적정의 국제컨퍼런스 회복적도시 "헐" 전문가초정 강연회 / 동북아 청소년 평화캠프 실시(일본) / 서울보호관찰소와 MOU 체결 및 학생교육 / 남양주 경찰서 표준 선도프로그램 "사랑의교실" 운영 / 제3회 회복적 정의 해외연수 실시(미국 버지니아/펜실베니아)
2017	경상남도교육청과 회복적 생활교육 MOU 체결 / 회복적 병원 만들기 프로젝트 실시 / 제2회 회복적 정의 해외연수 실시(미국 오하이오)
2016	제2회 회복적 정의 컨퍼런스 개최 / 대검찰청 형사조정위원 교육 / 회복적 생활교육 경기, 전분, 경남 직무연수 / 회복적 도시 만들기 프로젝트 진행 / 회복적 조직 만들기 프로젝트 진행
2015	제1회 회복적 정의 컨퍼런스 개최 / 경남도 교육청 '회복적 생활교육연구회' 설립 및 훈련 지원 / 피스빌딩 건축 및 사무실 이전 / 피스빌딩 출판사 설립 / [회복적 생활교육 학급운영 가이드북] 출간

---

6 한국평화교육훈련원(KOPI)의 자세한 활동내용은 홈페이지 http://kopi.or.kr/?page_id=5 참조.
7 최근에는 비영리 사단법인 '한국회복적정의협회'를 설립하여 회복적 정의 관련연구를 지원하고 있다.

워크숍, 동북아 청소년 평화캠프, 동북아 평화교육훈련 등 국내·외의 다양한 평화교육 프로그램을 연구·개발하고 있고, 또한 회복적 정의와 관련된 자료를 출판하여 회복적 정의 가치를 가정과 학교, 사법기관, 지역사회 등에 전달하는 사업을 진행하고 있다. 최근 5년간 활동내용은 [표 14-1]과 같다.

2. 회복적 서클대화협회(RCDA, Restorative Circle Dialog Association)[8]

회복적 서클대화협회는 고양시 교육지원청의 교육프로그램중 하나인 '회복적 생활교육' 학부모연수에 참여한 학부모와 회복적 정의 전문가, 고양·파주 지역의 학부모가 주축으로 이루어진 단체이다. 본 협회는 학교폭력에 대한 해결방법이 기존의 응보적인 처벌방식에 머물러있는 것에 문제를 제기하면서, 갈등과 폭력상황에 대하여 처벌방법에만 집중해서는 근본적인 문제해결이 될 수 없기 때문에, 행위자와 피행위자 모두가 갈등해결과정에 참여하여 관계가 회복될 수 있는 방법을 모색하고자 하는 데 목적을 두고 있다.

서클대화협회는 학교신뢰서클, 학부모서클, 학생자치위원회대상 리더쉽 서클, 교사서클을 운영하고 있으며, 이를 위해 서클진행자(키퍼)들을 위한 7단계 입문, 심화과정 등을 개설 중이다.

3. 한국NVC(Nonviolent Communication, 비폭력대화)센터

한국NVC센터는 NVC 창시자인 마셜 로젠버그(Marshall Rosenberg)[9]가 설립한 CNVC(Center for Nonviolent Communication)의 국내 지역조직으로, 비폭력대화(NVC)의 정신을 배우고 실천하는 것을 지원함으로써 개인과 조직 안에서 발생하는 갈등을 평화로운 방법으로 해결하는 것을 지원하고, 모든 사람의 니즈가 평화롭게

---

8 회복적서클대화협회의 자세한 활동내용은 홈페이지 http://rcda.kr/를 참조.

9 마셜 로젠버그는 「비폭력대화: 일상에서 쓰는 평화의 언어, 삶의 언어(Nonviolent Communication: A Language of Life)」의 저자이며, 임상심리학박사로서 지난 40여 년 동안 NVC를 활용하여 가족, 교육기관, 건강·위생산업, 사회복지기관 등에서 갈등을 평화롭게 해결할 수 있도록 도와주고 있다. 현재 전 세계 60여 개국에서 NVC 인증지도자들이 활동하고 있다.

존중되는 사회를 실현하기 위해 설립된 비영리단체이다.

한국NVC센터는 회복적 정의의 실천과 관련하여 갈등을 예방하고 평화롭게 해결하는 능력을 길러주는 기술을 실제 삶에 적용할 수 있도록 교육하는 것에 목적을 두고 있는데, 현재 학교, 경찰, 가정법원, 지역사회 등 많은 분야에서 갈등해결사업(학교, 기업, 단체, 지역사회 등에서 발생하는 갈등의 현장에 NVC Mediator를 파견), 치유와 회복사업(피해청소년, 성인 그리고 폭력에 의해 수강명령을 받은 청소년, 성인, 교도소 수감자와 가족 등을 대상으로 함), 교육지원사업(사회적 필요와 재정적 지원이 필요한 개인과 단체에 대한 교육지원), 출판사업 등을 실시하고 있다.

4. 회복적 정의 평화배움연구소[10]

회복적 정의 평화배움연구소는 갈등과 폭력으로 인한 개인과 공동체의 상처를 치유하고 돌봄을 실천하고자 만들어진 연구와 교육, 컨설팅 전문기관이다. 회복적 정의 철학에 기초하여 평화교육과 갈등해결 및 조정을 통해 평화롭고 안전한 가정과 학교, 마을 공동체를 만들어가는 것을 목표로 하고 있다. 현재 회복적 정의 이념의 확산과 실천을 위해 다양한 활동을 진행하고 있는데, 구체적인 활동내용은 아래 [표 14-2]와 같다.

이상의 민간단체 이외에도 서울 YMCA[11]와 평화를 만드는 여성회 갈등해결센터,[12] 비폭력평화훈련센터[13] 등에서 회복적 정의 실천과 실무자 교육 등을 적극적으로 진행하고 있다.

---

10 회복적정의 평화배움연구소의 자세한 활동내용은 홈페이지 http://www.edupeace.net/main/index.html를 참조.
11 http://www.seoulymca.or.kr/.
12 http://www.peacecr.org/.
13 http://peacewave.net/, http://cafe.daum.net/[object%20Object].

표 14-2 회복적 정의 평화배움연구소의 활동 내용

회복적 정의 및 실천을 위한 전문가 양성	• '회복적 정의와 대화모임 전문가' 2급과 1급 민간자격과정 진행 • 회복적 정의 및 회복적 생활교육 전문강사 양성 • 회복적 생활교육 교사연구회 및 동아리 운영
회복적 정의 교육 프로그램 운영	• 교사와 관리자를 위한 '학급을 회복시키는 생활교육' • 학부모를 위한 '행복한 성장을 만드는 자녀훈육' • 학생과 청소년을 위한 '회복적 갈등해결 및 평화교육' • 상담가 및 실천가를 위한 '회복적 실천을 통한 존중의 공동체 세우기'
갈등해결을 위한 대화모임 및 갈등조정	• 학교공동체 구성원들의 갈등해결을 돕는 대화모임 및 갈등조정 진행 • 학생들의 문제행동과 학교폭력으로 인한 상처를 돌보는 회복적 상담 운영 • 학교·마을·지역사회의 갈등해결을 위한 상담 및 코칭
회복적 정의· 생활교육 교구 개발 및 판매	• 토킹피스와 교육용 카드, 포스터 등 다양한 교구 개발 • 회복적 정의 교구 판매 전문 스토어(R스토어) 운영
회복적 정의에 대한 학술연구 및 개발	• 회복적 정의와 회복적 생활교육 실천에 대한 효과성 검증 • 회복적 정의의 실천적 의미에 대한 현장연구 • 회복적 정의와 회복적 생활교육 교육과정 교재 개발

Ⅲ. 회복적 정의 실천 사례 – 한국평화교육훈련원의 사례를 중심으로

1. 회복적 학교

종래의 학교폭력의 해결과정은 회복과 성장보다는 누가 얼마큼 잘못했는가라는 책임과 처벌의 방식으로 다루어져 왔다. 학교폭력 사안이 행정절차 중심으로 진행이 되면서 서로가 처한 고통을 이해하고 회복하는 과정을 갖지 못한 채 처벌 중심의 결론으로 사안이 처리되게 되고, 이는 결국 서로 간의 갈등을 더욱 증폭시켜 이후 학생들의 생활을 더욱 어렵게 하는 결과를 초래하게 된다.

교육이란 사법적 행위가 아니라 배움과 성장을 탐구하는 과정이다. 학생들이 넘어지고 실패하는 그곳에서 배움과 성장을 만들어낼 때 교육은 비로소 자기 전문성을 가지게 된다. 학교폭력은 고통스러운 일이지만 아이들이 갈등해결 과정에서 진정한 회복과 책임을 경험할 수 있다면, 아이들의 삶은 그 이전보다 분명

히 좋아지며 질적인 성장과 발전을 가져올 수 있다.

앞서 언급한 바와 같이 2010년 이후부터 회복적 정의 운동이 학교의 생활교육 영역으로 확대되기 시작하여, 많은 학교와 교육청 등에서 '회복적 생활교육'이란 이름으로 교육훈련과 실천이 이루어지고 있다. 회복적 생활교육은 회복적 정의 가치를 생활지도에 반영하여 교실 안에서 존중의 문화를 높이고 자발적 책임을 강화하여 안전하고 평화로운 교육공동체를 형성하는 새로운 생활지도의 패러다임과 실천을 의미한다. 따라서 회복적 생활교육은 단순한 프로그램의 적용을 넘어 교사와 학생, 교사와 학부모의 관계를 새롭게 정립하고 학교의 공동체성을 높이는 것을 궁극적인 목표로 하고 있다.

이를 위해 회복적 성찰문(또는 사유·관찰·탐구·생각), 존중의 약속 만들기, 신뢰 서클, 문제해결 서클, 학교공동체 회복위원회 운영 등 다양한 형태의 회복적 생활교육이 적용되고 있다. 이러한 회복적 접근이 학급과 학교 운영 전반에 통합적으로 이뤄지도록 교사, 학부모, 학생이 교육을 받고 학교에 창의적으로 적용하는 학교가 회복적 학교(Restorative School)라고 할 수 있다.

(1) 교육 프로그램

① 교사·학부모·상담사

회복적 정의를 기초로 피스빌딩의 과정을 통해 세워지는 건강한 공동체를 회복적 공동체라고 부르며, 학교, 직장, 지역사회, 사법 등 우리 사회의 주요 네 영역에서 회복적 공동체를 실현하고자 노력하고 있다. 이에 해당 영역의 필요와 요청에 특화된 대상별 교육을 진행하고 있다.

- 회복적 생활교육 소개(2~4시간)
- 회복적 생활교육 RD 1 (Restorative Discipline / 15시간)
- 회복적 생활교육에 기초한 학급운영(공동체 형성, 존중의 약속, 문제해결)
- 회복적 생활교육 RD 2 (Restorative Discipline / 15시간)
- 회복적 생활교육에 기초한 학급운영(공동체 형성, 존중의 약속, 문제해결)
- 서클을 통한 교사 치유 프로그램
- 새학기 준비 워크숍(매년 2월)

- 회복적 자녀교육 RP 1 (Restorative Parenting / 15시간)
- 회복적 자녀교육 RP 2 (Restorative Parenting / 15시간)
- 회복적 학교 프로젝트(3년 과정)

　　　1년차: 회복적 학교의 개념 이해와 기본 훈련 단계
　　　2년차: 회복적 학교를 위한 회복적 생활교육 실천 및 사례 축적 단계
　　　3년차: 회복적 학교로 정착하기 위한 시스템 구축 및 구조 운영 단계

② 청소년

회복적 학교를 세우기 위한 청소년 교육은 회복적 정의 이념의 바탕 아래 청소년이 겪는 갈등의 위기를 성장의 기회로 전환하고 평화 감수성과 평화적 갈등 전환 능력을 향상시키는 평화교육·회복적 생활교육 프로그램을 진행하고 있다. 학교와 청소년 기관의 청소년들이 안전하고 평화로운 공동체를 만들어 가는 주체로 참여하여 존중과 책임, 신뢰의 문화를 만들어가는 것을 지향하고 있다. 청소년 교육은 KOPI의 회복적 정의·회복적 생활교육을 이수한 학교 및 기관과 연계된 청소년 대상으로 교육을 진행하고 있다. 교육 진행자는 신청자와의 상담을 통해 청소년 눈높이에 맞는 다양한 평화교육 프로그램을 진행한다.

- 공동체를 세우는 신뢰서클
- 청소년을 위한 회복적 정의
- 공동체를 세우는 서클 진행 훈련
- 회복적 또래조정 훈련

(2) 실천 사례

1학년 학기 초에 전학을 온 학생이 있었다. 이 학생의 경우에 분노, 즉 화난 감정을 말과 몸으로 표현하는 학생이었다. 그리고 자신의 감정에 대해 솔직하고 눈치 보지 않고 표현했다. 이로 인해 여학생인 전학생이 조심성 없이 잘난 체 한다는 이유로 반 전체 학생들로부터 따돌림을 받게 된 상황이 발생하였다. 이 문제를 해결하기 위해 학급 서클을 열었다. 학급 서클은 몇 개의 질문에 대해 돌아가며 이야기하고 주제에 따라서는 반영해주기를 요청하는 활동을 하였다.

① 우리 학급에서 생활하며 즐겁고 행복했던 경험은?

② 우리 학급에서 생활하며 힘들고 마음 아팠던 경험은?

이 질문에서는 반영해주기를 사용하였다. 학생들은 자연스럽게 자신의 고통을 표현하였다. 따돌림을 받던 여학생이 자신의 감정을 솔직하게 표현하였다. 학생들은 각자 자신들의 힘들었던 경험을 표현하고 친구들이 그것을 반영해주는 경험을 한다. 따돌림을 당한 학생의 이야기를 들은 다른 학생들은 그 학생의 문제행동에 대해서 솔직하게 표현한다. 그것을 해당 학생이 반영한다. 그러면서 서로 불편하고 힘든 지점에 대한 이해가 이루어진다. 또 어떤 학생은 자신이 이전에 경험한 따돌림의 경험을 고백하며 따돌림 당한 학생의 마음에 대한 이해를 고백한다. 이런 솔직한 고백 뒤에 관계회복을 위한 새로운 아이디어를 나눈다.

③ 우리가 학급 안에서 서로 안전하고 편안하게 지내기 위해 나 자신이 할 수 있는 일과 친구에게 부탁하고 싶은 제안은?

이 질문에 대해 학생들은 다양한 아이디어를 제시하였다.

- A가 한숨을 크게 쉬는데 그것을 멈추면 좋겠다.
- A가 화가 나면 남학생들을 주먹으로 때리는데 말로 이야기하면 좋겠다.

A의 말: 친구들이 나에 대해 불편한 일이 생기면 직접 말해주면 좋겠다.

나에게 '○○'이라는 별명을 부르지 말았으면 좋겠다.

나는 키 작다고 놀리는 것이 싫어요.

각자 듣기 싫은 말 리스트를 작성해서 붙여놓고 친구들이 서로 그것을 지켜주면 좋겠어요.

친구들이 나를 일진이라고 하는데 나는 그 말을 듣기가 힘들어요(반에서 가장 힘센 학생이 울먹거리며 말함)

이런 아이디어들은 학급 친구들 전체의 동의를 얻어서 이해와 합의를 통해 학급의 새로운 규칙으로 만들어졌다.

2. 회복적 조직

회사, 기관, 비영리단체, 종교단체 등 규모나 형태에 관계없이 조직이 좀 더 발전하고 지속적으로 성장하는 과정에서 갈등을 겪는 것은 불가피하다. 하지만 갈등이 항상 부정적인 것은 아니어서 갈등 과정에도 내부 결속을 다지고 정체성과 소속감을 강화시키는 기회로 활용할 수 있다. 이를 위해 공동체 구성원 간의 존중과 약속이 지켜져야 하고, 또한 지속적이고 참여적인 공동체 대화의 장(서클)이 만들어져야 할 필요가 있는데, 회복적 조직(Restorative Organization)은 회복적 정의의 관점에서 조직이나 공동체의 문제를 바라보고 조직에 내재되어 있는 잠재력을 극대화하여 좀 더 유기적인 공동체로 성장하는 것을 목표로 조직의 지도자뿐만 아니라 구성원 모두에 대한 교육과 훈련을 실시하고 있다.

(1) 프로그램

회복적 조직 RO 1(Restorative Organization)

- 건강한 공동체(조직)란 무엇인가
- 공동체 의식 강화와 조직 구성원의 관계망 형성
- 공동체 구성원의 상호존중과 배려의 Boundary 형성
- 성장과 관계의 균형을 잡는 리더십의 역할
- 신뢰와 관계중심 소통을 위한 서클 진행자 양성

회복적 조직 RO 2(Restorative Organization)

- 회복적 정의의 이해와 건강한 문제해결
- 직종·직급·부서 간 발생하는 현장 갈등을 긍정적으로 전환하기
- 긍정적 탐색과 서클을 통한 공동체적 문제해결 모색
- 조직내 갈등 및 분쟁조정자 양성
- 분쟁조정 전담기구를 위한 시스템 구축

(2) 실천 사례

병원 내 갈등 원인의 80% 이상은 폭언에 있고, 가해자는 대부분 의사직이다. 의사들 대부분은 다양한 사회생활 경험이 별로 없고, 제한된 관계와 공간 속에서 혼자 공부하는 시간이 많다보니 협업·협진을 잘 못한다. 3년차 전공의를 대상으로 한 워크숍 때 많이 나왔던 말이 '아, 나만 힘든 줄 알았는데 너도 힘들었구나.'였다. 그만큼 소통이 쉽지 않다는 것이다.

전국 어디서나 폭언·폭행 이런 조직문화가 많이 있는데, 병원은 특히 정형외과, 신경외과 등이 심하다고 한다. 유명 종합병원인 '○○병원'도 예외는 아니었다.

어느 외래 간호사는 폭언을 일삼는 의사때문에 많은 상처를 받아 어려움을 겪던 중, KOPI의 도움으로 대면모임(회복적 대화모임)을 열게 되었다. 이 대화모임에 나와서 간호사는 그동안 너무 속상한 마음에 눈물을 흘리며 이야기를 했다. 그 상황을 겪고 의사는 오늘 이렇게 대면해서 상대방의 이야기를 들으니 어디 쥐구멍에라도 숨고 싶고 너무 미안하다며 사과를 했다. 그 뒤 다시 한 번 같이 잘 일해보자고 하며 더 부드럽게 대해주어 관계가 편해졌다고 한다.

'○○병원'에는 성희롱·(언어)폭력 신고센터가 있다. 성희롱이나 (언어)폭력 발생에 대한 신고는 실명 접수가 원칙이고, 접수가 들어오면 인사팀 신문화파트에서 피해자·가해자 인터뷰를 통해 사실을 조사한 뒤, 자문위원이 실무를 검토하여 처분의 필요성과 수위를 정한다. 징계가 필요하면 회복적 소통팀에서 갈등조정에 들어가고, 윤리 및 징계위원회에서 징계수위를 논하여 집행하면 사건은 모두 종결된다.

어떤 사람은 "어? 저 신고 됐어요? 아 … 죄송합니다. 제가 사과할게요."하면서, 대면모임을 피하고 싶어 바로 가서 사과하는 사람도 있다고 한다.

어쨌든 이 교육을 시작한 지 3년 만에 병원 안에서는 조금씩 많은 변화가 일어나고 있다.

3. 회복적 도시

회복적 도시(Restorative City)는 회복적 정의의 원칙과 가치를 지역사회의 안전과 평화를 위해 적극적으로 받아들여 구체적인 실천 영역으로 만들어가는 마을이나 도시를 말한다. 이미 영국, 뉴질랜드, 캐나다 등에서 회복적 도시를 구현하고 있고, 마을과 도시의 평화와 안전을 높이는 의미 있는 성과를 내고 있다.

회복적 도시의 구체적인 모습은 회복적 정의 인프라가 구축되어 가정에서부터 학교, 사법, 지역사회에 이르기까지 청소년과 이웃 간의 평화를 만들어가는 제도적 장치가 마련됨으로써 정책지원과 문화적 접근이 일어나는 곳이다. 즉 시청, 교육청, 법원, 경찰서, 청소년 유관기관 등이 협력하여 지역에 회복적 정의의 이해와 교육, 그리고 회복적 정의 프로그램을 진행할 수 있는 진행자와 조정자를 양성하는 역할을 담당하는 회복적 정의 지역센터가 세워지고, 이러한 인프라가 구축되어 가정과 학교, 사법기관, 지역사회의 청소년과 이웃 간의 평화를 만들어가는 구조적·문화적 접근이 강화되는 것이 궁극적인 회복적 도시의 목표이다.

(1) 프로그램

- 회복적 정의에 기초한 마을공동체 형성과정
- 회복적 정의 실천 마을교사 양성과정
- 이웃분쟁 조정자 양성과정
- 회복적 정의 평화학교(방과 후 학교·부모학교)
- 회복적 정의 지역센터 설립

(2) 실천 사례[14]

> 김해 행복교육지구 사업의 하나인 '회복적 도시 만들기' 프로젝트가 김해 봉황초등학교를 중심으로 진행되었다. 전국 최초로 행복교육지구에서 진행되고 있는 이 프로젝트는 2017년 6월에 '아이들이 안전하고 평화로운 학교와 마을 만들기'라는 주제로 열린 시민 강좌(강사: 박윤서 한국평화교육훈련원 부소장)로 시작하였다. 이후 교사와 시민을 대상으로 한 15시간짜리 회복적 생활교육 기초연수와 김해봉황초 4~5학년을 중심으로 학급당 2시간씩 평화감수성훈련 등이 실시되는 등, 회복적 정의의 이념을 학교와 지역사회에 정착시키고자 하는 활동이 지역사회의 지원과 지지 아래 적극적으로 시도되었다.

---

14 김해뉴스 2017년 9월 13일 기사, "봉황초, 회복적 도시 만들기", http://www.gimhaenews.co.kr/news/articleView.html?idxno=19583.

연수에 참가한 교사와 시민, 학생들은

"모든 교사, 학생, 학부모, 지역사회가 꼭 들어야 하는 연수다",

"학교 현장에 절실한 내용이다",

"뇌를 바꾸는 신선한 내용을 들은 기분",

"아이가 어릴 때 응보적 교육을 하고 훈육적 관점으로 바라봤는데 이제 아이에게 회복적정의 관점에서 평등하게 대해야겠다",

"교사와 아이들이 어울려 나눈 귀한 이야기 덕분에 친구들과의 관계가 회복됐고, 안전하고 평화로운 공동체가 무엇인지 경험했다"

고 하는 등 회복적 정의에 대한 매우 긍정적인 반응을 보였다.

Ⅳ. 마치며

"모든 인간은 누구나 자기 내면의 깊은 곳에 품격 있고
행복한 존재가 되고 싶은 선한 열망을 가지고 있다.
그리고 그것을 위해 자신이 무엇을 할 수 있는지는 이미 그 자신이 알고 있다."
- 회복적 서클 현장 이야기 중에서

회복적 정의는 인간에 관한 이러한 관점을 잘 따르고 있다. 문제는 우리가 이것을 얼마나 깊이 받아들이면서 나 자신과 상대방을 동시에 존중할 수 있는가이다. 앞서 살펴본 바와 같이 이러한 문제를 극복하고 우리 사회에 회복적 정의의 이념이 정착되어 갈 수 있도록 회복적 정의 관련 민간단체들은 어려운 여건 속에서도 적극적인 노력을 다하고 있으며, 실제로 우리 사회에 회복적 정의 이념이 정착되고 확대되어 가는 데 핵심적인 역할을 수행하고 있다.

우리나라에서 회복적 정의의 실천은 초기에는 형사사법과 학교 영역에서 시작되었지만, 이제는 회복적 조직과 도시에 대한 관심으로 점차 확대되어 가고 있다. 몇몇 마을과 도시에서 회복적 도시에 대한 비전을 가지고 회복적 정의의 실천이 시도되고 있으며, 궁극적으로 도시의 교육행정과 사법영역을 포함한 회복적 공동체를 구현하는 큰 그림으로 발전해 가고 있다. 이와 같이 회복적 정의 실천의 확산 속도는 매우 빠르게 이뤄지고 있는 상황이지만, 회복적 정의 실천

의 발전적인 미래를 만들어 가기 위해서는 양적인 확대와 함께 질적인 성장을 도모하는 노력이 필요하다는 것은 두말할 나위가 없다. 앞으로 이러한 부분이 보완된다면 민간에서의 회복적 정의 실천의 미래는 매우 발전적일 것으로 생각된다.

15

회복적 사법 프로그램의 평가와 전망

박성훈

Restorative Justice
회복적 사법

15장 회복적 사법 프로그램의 평가와 전망

박성훈*

Ⅰ. 서론

회복적 사법의 개념은 더 이상 낯설지 않다. 회복적 사법에 관심이 있는 학자들과 실무자들은 회복적 사법의 개념이 무엇인지, 그 연원은 무엇인지에 대한 논의보다는 회복적 사법의 이념이 반영된 구체적인 프로그램을 어떻게 현실에 맞게 실천할 것인지 더 많이 고민하고 있다. 관심의 초점이 회복적 사법의 이론 논쟁에서 실제 적용 가능한 프로그램으로 바뀌고 있는 것이다.[1] 이러한 관심의 변화에 따라 프로그램의 사례 소개부터 실험설계에 기초한 프로그램 평가에 이르기까지 다양한 연구가 진행되었다. 이러한 연구 대부분은 회복적 사법 프로그램이 어느 정도 긍정적 결과를 가져오는 것으로 보고되고 있다. 그러나 회복적 사법 프로그램에 대한 평가연구는 양적으로 많지 않을뿐더러 긍정적인 결과 역시 표본선정의 편향성, 비계획적인 실험설계, 명확하고 측정가능한 평가지표 부족 등의 이유로 인해 결과를 있는 그대로 받아들이기 어려운 측면이 있는 것도 사실이다.[2]

회복적 사법의 이념을 실천하기 위해서는 여러 형태의 실효성 있는 프로그램이 필요하며, 프로그램을 운영하기 위한 예산과 인력이 요구된다. 하지만 예산

---

* 한국형사·법무정책연구원 연구위원, 사회학박사.

1 Presser, Lois, and Patricia Van Voorhis(2002). "Values and evaluation: Assessing processes and outcomes of restorative justice programs", Crime & Delinquency 48(1), 162~188쪽.

2 김지선(2006), "회복적 사법 프로그램의 효과에 대한 평가연구 결과와 쟁점들", 피해자학연구 제14권 제2호, 5~40쪽.

과 인력은 제한적일 수밖에 없으므로 자원의 효율적인 배분을 고려한다면, 효과성이 높은 프로그램이 무엇인지에 대한 보다 객관적인 평가가 필요하다. 많은 프로그램이 객관적인 평가를 통해 유용한 프로그램으로 판단되고 이를 근거로 널리 보급된다면, 회복적 사법은 이론적 차원을 뛰어 넘어 현실적 차원에서도 더욱 친숙하게 다가올 것이다. 이러한 점을 고려할 때, 회복적 사법 프로그램의 평가연구는 중요하며, 어떻게 객관적이고 신뢰할 수 있는 평가를 할 것인가의 문제는 프로그램의 실천과 관련하여 더욱 중요하다고 말할 수 있다.

아래에서는 기본적으로 이론·개념·실천과 방법론이 분리된 것이 아니라 불가분의 관계에 있다고 전제하면서, 그동안 회복적 사법 프로그램의 평가연구에서 나타나는 방법론적인 쟁점을 검토하고, 최근 우리나라에서 진행되었던 회복적 사법 프로그램의 평가연구를 소개한 후, 향후 평가연구에서 개선해야 할 점은 무엇인지에 대해 다루고자 한다.

Ⅱ. 회복적 사법 프로그램의 평가방법 검토

하워드 제어는 회복적 사법 프로그램의 평가가 반드시 필요하다고 역설한다. 회복적 사법을 옹호하는 사람들은 회복적 사법의 나쁜 것은 무시하고 좋은 것만 이야기함으로써 회복적 사법을 아름답게만 보려고 하는 경향이 있기 때문이다. 그러나 평가를 하게 되면 좋은 소리이든 나쁜 소리이든 들을 수 있을 뿐 아니라 원래 생각했던 것과 실제 진행되고 있는 것을 비교할 수 있으며, 참여자와 이해관계자가 얼마나 다른 입장에 있는지도 확인할 수 있다.[3]

외국에서는 일찍부터 회복적 사법 프로그램의 성과와 관련하여 다양한 평가연구가 수행되었다.[4] 기존의 평가연구를 검토해 볼 때, 회복적 사법 프로그램에 대한 방법론적 쟁점은 크게 ① 무엇을 측정할 것인가, ② 누구를 대상으로 조사할 것인가, ③ 어느 분석수준에서 평가할 것인가, ④ 외적 변수(조건변수)를 고려

---

3 Zehr, Howard(2005), "Evaluation and restorative justice principles", New Directions in Restorative Justice: Issues, practice, evaluation, p. 300.
4 외국의 평가연구에 대한 검토는 김지선(주 2), 7~17쪽 참조.

할 것인가 등 네 가지 측면에서 논의해 볼 수 있다.

첫째, 무엇을 측정할 것인가는 척도(scales)나 지표(index)와 관련한 문제를 의미한다. 통상 프로그램에 대한 평가는 '과정평가(processes evaluation)'와 '성과평가(outcomes evaluation)'로 구분될 수 있다.[5] 회복적 사법 프로그램과 관련하여 과정평가는 주로 프로그램 참여율, 피해보상 합의율과 이행률로 평가하고, 성과평가는 참여자의 만족도, 공정성에 대한 인식, 재범률 등으로 평가한다.[6]

그러나 현재 사용되고 있는 평가 지표가 과연 회복적 사법의 이념과 개념을 충분히 담고 있는지에 대한 비판이 제기되고 있다. 사실 회복적 사법이 표방하는 회복(restoration), 권한부여(empowerment), 재통합(reintegration), 치유(healing)와 같은 가치와 목표는 전통적인 척도로 측정하기 쉽지 않다. 설령 이러한 개념을 측정할 수 있다고 하더라도 통일된 척도가 없기 때문에 평가연구의 결과를 일관된 것으로 해석하기 어려운 문제점도 안고 있다. 보다 심각한 것은 회복적 사법의 효과를 재범률로 평가함으로써 전통적인 형사사법 프로그램을 평가하는 잣대로 회복적 사법을 평가하는 오류를 범할 수 있다는 사실이다.[7]

둘째, 누구를 대상으로 조사할 것인가는 조사방법(research methods)과 관련된 문제를 포함한다. 회복적 사법 프로그램을 평가(특히, 과정평가)하는데 있어 참여자만을 대상으로 조사를 할 것인지, 이해관계자는 물론 프로그램 운영자(조정자)까지 포함하여 조사할 것인지에 따라 조사설계(research design)가 크게 달라질 수 있다. 평가연구에서 가장 전형적인 조사설계는 무작위표집(random sampling)에 의한 실험설계이다. 그러나 회복적 사법 프로그램 평가연구에서 엄격한 의미의 실험설계는 선택오차(selection bias), 즉 편의적이고 자의적인 표집의 문제가 발생하기 마련이다. 선택오차는 실무자가 범죄자의 처우를 결정하는 과정에서 발생하는 체계선택오차(system selection bias)와 참여자의 자기선택오차(self - selection bias)가 있다. 전자가 전체 대상자 중 긍정적 결과를 가져올 가능성이 높은 경우만

---

5 Clairmont, Don(2005), "Penetrating the walls: implementing a system - wide restorative justice approach in the justice system", New Directions in Restorative Justice: Issues, practice, evaluation, p. 251.

6 김지선(주 2) 및 박상식(2006), "회복적 사법 실천모델의 효과에 관한 연구", 피해자학연구 제14권 제2호 참조.

7 김지선(주 2). 17~19쪽.

선택하는 과정에서 발생하는 오류를 의미한다면, 후자는 전체 대상자 중 프로그램 참여를 거부하는 사람은 제외하고 희망자만 선택하는 경우 발생하는 오류를 의미한다.[8] 실험설계를 계획할 때에는 선택오차를 어떻게 최소화 할 것인지에 대한 고민이 반드시 필요하다. 피해자 혹은 가족·친구·이웃 등 관련자에 대한 조사 여부 역시 가해자가 프로그램에 참여하는지 여부에 따라 결정되기 때문에 결과해석에 주의가 요구된다. 만일 엄격한 실험설계의 적용이 어렵다면, 참여관찰이나 심층면접과 같은 질적 연구방법을 통해 변화양상을 살펴볼 수 있으나, 연구결과를 일반화하기 어렵다는 단점이 있다. 조사대상에 프로그램을 운영하는 실무자 혹은 조정자를 포함시킴으로써 이들의 평가와 가해자/피해자의 평가를 비교하는 방법도 고려해 볼 수 있다. 이처럼 조사대상자를 누구로 할 것인지에 따라 가장 알맞은 조사설계와 조사방법이 마련될 수 있다.

셋째, 어느 분석수준에서 평가할 것인가는 분석단위(unit of analysis)의 문제와 관련이 있다. 회복적 사법 프로그램은 개별 프로그램 수준에서 평가할 것인지, 혹은 전체 프로그램 수준에서 평가할 것인지에 따라 효과의 크기가 달라질 수 있다. 동일한 프로그램이라고 하더라도 특정한 맥락에서는 그 효과가 매우 높은데 비해 다른 맥락에서는 효과가 낮게 나타날 수 있기 때문이다. 이럴 경우 개별 수준에서 프로그램의 효과성을 분석할 것인지, 동일하게 실행된 모든 프로그램의 결과를 합산하여 효과성을 따질 것인지에 대한 고민이 제기된다. 프로그램 평가 시 분석수준은 앞서 언급한 조사설계나 측정의 문제와 관련이 깊다. 평가대상 프로그램이 서로 다른 측정지표를 사용하고, 서로 다른 조사방법을 사용한 것이라면 서로 다른 기준에서 도출된 평가결과를 비교하는 것은 큰 의미가 없기 때문이다. 그렇다고 해서 회복적 사법 프로그램에 대한 메타분석(meta analysis)이 불필요하다는 주장은 아니다. 여러 분야에서 진행된 다양한 프로그램이 양적인 측면에서 충분하게 축적이 된다면, 전체 수준에서 효과를 분석하는 것도 의미 있는 작업이 될 수 있다.

넷째, 프로그램 평가 시 외적 변인을 고려할 것인가의 문제는 제3변인의 통제, 즉 인과성(causation)과 관련이 있다. 하워드 제어에 따르면, 회복적 사법 프로

---

8 김지선(주 2), 21~22쪽.

그램과 관련해 제기되는 이슈 중 하나는 회복적 사법이 지나치게 회합(conference)과 개인(individual)에게 초점이 맞추어져 있다는 사실이다.[9] 그가 볼 때, 많은 연구들이 프로그램에 참여하는 개인의 니즈와 해결에만 관심을 갖다보니 전통적인 형사사법체계와 마찬가지로 문제의 원인을 개인의 잘못으로 돌릴 뿐 정치·사회·경제적 맥락에는 관심을 갖지 못하는 한계에 봉착하기도 한다. 실제로 선행연구를 검토해 보면, 프로그램 효과성 여부는 회복적 사법 프로그램의 개입시점, 조정자의 특성(전문적인 배경과 훈련), 범죄자의 성별과 연령 등 외적 조건에 따라 결과가 다르게 나타나고 있다. 따라서 범죄자의 재범위험성과 관련된 변인(전과 유무), 범죄유형, 가해자와 피해자의 관계, 사건의 성격, 지역적 특성과 같은 외적 변수를 고려하여 과정과 결과를 평가할 필요가 있다.[10] 특히, 회복적 사법 프로그램의 개입이 발생하는 배경과 이유를 반드시 고려해야 할 것이다.

Ⅲ. 평가연구 사례 비교·분석

1. 회복적 사법 실천을 위한 프로그램 사례

(1) 경찰단계에서의 가족회합 실험연구

김은경은 그동안 한국의 회복적 사법을 둘러싼 논의가 주로 법리적 수준에서 이루어진 반면 유효한 실천방법에 대한 고민은 상대적으로 적었다고 비판하면서,[11] 회복적 사법의 이념이 제시하는 실천모델의 하나로 소년사건을 해결하기 위한 가족회합(family conference) 프로그램을 개발하여 그 효과성을 검증하였다(이하, [사례 1]이라 한다.).[12]

---

9 Zehr, Howard(주 3), p. 297.

10 김지선(주 2), 29쪽.

11 김은경(2008), "새로운 다이버전으로서 회복적 사법의 실제와 그 효과: 경찰단계 가족회합 실험 연구 결과를 중심으로", 형사정책연구 제19권 제2호, 94쪽.

12 김은경·김지선·이승현·김성언·원혜욱·이호중(2007), 21세기 소년사법 개혁의 방향과 과제 (Ⅰ), 한국형사정책연구원.

이들은 회합모델, 서클모델, 조정모델 가운데 수치심 승인 과정을 통한 공동체 유대관계의 회복, 친밀한 유대관계에서 비롯된 사건에 적합성, 성인범죄자보다는 소년범죄자의 관계회복 필요성 등을 고려하여 가족회합모델에 가까운 프로그램을 개발하였다.[13] 사전 실험연구를 통해 경찰 초기단계에서 회합모델을 적용하는 것이 성공가능성을 높일 것으로 판단하고[14] 1차 시범실시를 통해 프로그램을 일부 수정한 후 13개 경찰서의 협조를 얻어 가족회합 프로그램을 진행하였다. 총 10건의 학교폭력사건 중 6건이 회합모델을 통해 당사자 간 합의가 이루어진 것으로 나타났다.[15]

이 사례는 우리나라에 회복적 사법이 소개된 이후 학교폭력 및 소년범죄의 특성에 맞는 프로그램을 개발하고, 이를 실제 사건에 적용함으로써 회복적 사법 실천모델의 경험적 효과를 최초로 검증한 사례라고 할 수 있다. 경찰단계에서 회합모델을 여러 측면에서 종합적으로 분석한 결과, 학교폭력 및 소년사건의 해결단계에서 가족회합모델이 피해자 관여 및 회복경험을 증대시키고, 가해자에게는 책임수용을 강화시켰으며, 법위반에 대한 공정한 대응을 위한 지역사회 참여를 증가시키는 데 기여한 것으로 평가하였다.[16]

(2) 검찰단계에서의 형사조정프로그램 효과성 연구

이동원·조용업은 법무부와 대검찰청 주도로 2007년부터 전국 피해자지원센터에서 실시되고 있는 형사조정제도의 실효성을 검토하고 문제점을 개선하기 위해 형사조정프로그램을 평가하였다(이하, [사례 2]라고 한다.).[17] 이들은 형사조정프로그램의 취지가 회복적 사법의 핵심개념을 통해 지속적으로 피드백 과정을 거치면서 점검될 필요가 있다고 주장하면서, 피해자지원센터에서 실시되고 있는 형사조정프로그램이 자율성, 갈등의 해소, 범죄피해의 배상, 공동체의 역할이라는

---

13 김은경(주 11), 97쪽.
14 김은경·김지선·이승현·김성언·원혜욱·이호중(주 12), 19쪽.
15 김은경·김지선·이승현·김성언·원혜욱·이호중(주 12), 28~29쪽.
16 김은경(주 11), 128쪽.
17 이동원·조용업(2008), 새로운 범죄대응전략으로서 화해조정체계구축 (Ⅰ): 형사조정프로그램에 대한 실증적 평가 분석, 한국형사정책연구원, 14쪽.

회복적 사법의 이념을 충실히 구현하고 있는지, 실제 운영과정에서 참여자들의 만족도는 어느 정도인지를 경험적으로 평가하였다.[18]

연구자들은 12개 피해자지원센터의 협조를 얻어 조정회의를 마친 형사조정프로그램 참여자와 조정위원을 대상으로 설문을 진행하여 형사조정의 목표, 과정, 결과 등을 평가하였다.[19] 분석 결과, 참여자들은 형사조정제도의 운용 및 결과 모두 높은 수준의 만족도를 나타냈고, 기존 형사절차에 비해서도 긍정적으로 평가하였다. 특히 피해자 입장을 고려한다는 측면에서 긍정적인 반응을 보인 것으로 나타났다.[20]

이 연구는 형사조정제도가 회복적 사법의 실천과 상당한 거리가 있다는 비판[21]에도 불구하고 현실적인 제약조건 아래에서 형사조정제도가 가지는 긍정적 효과와 실무적 의의를 경험적으로 밝혔다는 데 의미가 있다. 연구자들은 형사조정제도가 보다 발전하기 위해서는 운용 측면에서 조정과정 및 조정위원의 질적 향상이 필요하다는 점을 지적하였다. 실천적 측면에서는 충분한 자율성을 보장하고, 조정실적 위주의 평가를 지양하며, 당사자 간 관계의 복원을 실현하는 데 초점을 맞출 것을 제안하였다.[22]

(3) 법원단계에서의 피해자 – 가해자 대화모임 실험연구

김은경은 2008년 개정된 소년법에서 주목되는 부분으로 제25조의3 화해권고를 지적하면서, 이 규정이 재판절차에서 판사가 가해자와 피해자의 화해를 권고하도록 하고, 그 결과를 보호처분 결정 시 고려할 수 있도록 함으로써 회복적 사법의 이념을 부분적으로 도입했다고 보았다.[23] 다만 이러한 소년법의 개정이 유효한 실천으로 작동되고 있는지, 실질적 의미의 회복적 사법실천으로 이어질 수 있는지에 대해서는 의문을 제기하면서, 소년사건을 다루는 두 가지 과정, 즉

---

18 이동원·조용업(주 17), 16~17쪽.
19 이동원·조용업(주 17), 24쪽.
20 이동원·조용업(주 17), 107쪽.
21 이진국(2008), "회복적 사법의 관점에서 본 형사조정실무의 문제점", 형사정책연구 제19권 제1호 참조.
22 이동원·조용업(주 17), 108~111쪽.
23 김은경(2009), "회복적 사법 실천모델의 효과성 연구: 공식소년절차 참여집단과 '대화모임' 참여집단 간의 비교연구를 중심으로", 형사정책연구 제20권 제3호, 240쪽.

피해자－가해자 대화모임과 기존 소년사법절차의 비교를 통해 효과와 의미를 분석하였다(이하, [사례 3]이라 한다.).[24]

회복적 사법의 기본 원리를 이해당사자들의 자율적 참여 및 대화와 합의에 의한 갈등 해결이라고 보고, 2006년과 2007년 실시한 두 차례의 실험연구를 기반으로 법원단계에서 피해자－가해자 대화모임이라는 회복적 사법의 실천 프로그램을 개발하여 이를 시범 적용하였다.[25] 연구진은 가정법원 소년부에서 10건, 소년분류심사원에서 4건 등 총 14건의 사건을 의뢰받아 피해자－가해자 대화모임을 진행한 결과, 9건이 합의되었고, 2건은 부분합의를 이루었으며, 3건은 대화모임이 이루어지지 않았다.[26]

이 연구는 조사설계의 측면에서 종속설계(사전 - 사후) 및 독립설계(실험 - 통제)를 동시에 적용한 혼합설계의 사례로, 이전 연구에 비해 보다 체계적인 평가를 시도했다는 점에서 중요한 의미를 갖는다. 기존의 소년사법절차를 경험한 집단과 피해자－가해자 대화모임을 경험한 집단의 비교를 통해 사법과정의 공정성, 만족도, 피해배상 및 정서적 치유경험, 가해자 책임인지, 재범가능성 등에서 회복적 사법실천 모델이 보다 효과적이며 긍정적이라고 평가하였다.[27]

(4) 보호관찰단계에서의 모의프로그램 효과성 연구

앞서 살펴본 평가연구 이후 이렇다 할 평가연구가 진행되지 못한 가운데, 최근 소년보호관찰 대상자에 대한 회복적 정의 프로그램을 실시하고 효과성을 검토한 연구가 발표되었다(이하, [사례 4]라고 한다.).[28] 조균석과 김재희는 회복적 사법 대신 회복적 정의로 용어를 대체하면서 회복적 절차를 사용하고 회복적 결과를 추구하는 모든 프로그램을 회복적 정의 프로그램으로 정의하였다. 이들은 잘못을 바로 잡기 위해서는 무엇이 잘못되었는가를 다루어야 하고, 그것을 바로 잡기 위

---

24 김은경(2008), 21세기 소년사법개혁의 방향과 과제 (Ⅱ): 회복적 소년사법 실천모델의 효과성 연구, 한국형사정책연구원, 31∼33쪽.
25 김은경(주 23), 245∼246쪽.
26 김은경(주 24), 109∼110쪽.
27 김은경(주 23), 268쪽.
28 조균석·김재희(2019), "소년보호관찰에 회복적 사법 프로그램 실천을 위한 제언", 형사정책 제31권 제1호 참조.

해 누가 절차에 참여하고 어떤 방식으로 참여하는지가 중요하다는 점을 강조하면서, 소년범의 재범을 낮추는데 회복적 정의를 기반으로 한 프로그램의 중요성을 강조하였다.[29]

이들은 서울보호관찰소의 협조를 얻어 소년보호처분 가운데 장·단기 보호관찰을 부과받은 소년과 보호자를 대상으로 1차 10명(소년 5명, 보호자 5명), 2차 9명(소년 5명, 보호자 4명), 그리고 장·단기 보호관찰 외에 수강명령이 병과된 소년 22명(3차 11명, 4차 11명) 등 41명에게 회복적 정의 프로그램을 실시하였다. 1차와 2차는 써클 모델(circle model)을 활용하여 4회기로 구성된 16시간 프로그램을 진행하고, 3차와 4차는 관계회복 및 중재와 화해를 통한 갈등해결 중심의 40시간 프로그램을 진행하였다.[30]

이 연구는 법원단계 이후 가해자가 책임인정과 의무를 다했다고 생각할 수 있는 사회내 처우단계에서 당사자의 자발성와 지역사회의 참여를 결합한 회복적 정의 모델을 제시하고, 가해소년이 실제 생활에서 닥치는 문제상황이나 갈등상황을 이전과는 다른 방식으로 극복할 수 있는 방안을 제안하였다. 연구자들은 보호관찰소년, 보호자, 강사진 등 회복적 정의 프로그램에 참여자들 모두 보호자와 관계개선, 피해자 공감향상, 자존감의 회복 등 긍정적인 결과를 가져온 것으로 평가하였다.[31]

2. 회복적 사법 실천 프로그램의 평가방법 비교

아래에서는 앞서 언급한 4개의 국내 연구를 조사대상, 조사설계 및 조사방법, 측정지표, 외적 변수 고려 등 네 가지 기준에 따라 특징을 비교했다. 이를 통하여 그동안 시행된 회복적 사법 실천 프로그램의 평가연구에서 발견되는 특징을 구체적으로 살펴본다.

---

29 조균석·김재희(2019), '소년보호관찰 대상자 재범감소를 위한 회복적 정의 프로그램'의 효과성 검토 보고서, 이화여자대학교 법학연구소 회복적 사법센터, 2쪽.

30 조균석·김재희(주 29), 40~45쪽.

31 조균석·김재희(주 29), 136~137쪽.

(1) 조사대상

먼저 조사대상을 살펴보면, [사례 1]은 실험설계에 기초하여 경찰단계에서 회합에 참여한 집단과 일반적인 사법절차를 경험한 집단을 대상으로 비교연구를 설계하였다. 회합집단 참여자는 모두 36명으로 피해소년 8명, 피해소년의 보호자 8명, 가해소년 10명, 가해소년의 보호자 10명으로 구성되었고, 이에 대응하여 사법절차 경험자 역시 피해소년 12명, 피해소년의 보호자 14명, 가해소년 84명, 가해소년의 보호자 74명 등 184명을 비교집단으로 조사하였다.[32]

[사례 2]는 형사조정회의에 참여한 사건당사자 271명과 형사조정위원 23명을 대상으로 형사조정제도의 만족도를 비롯해 형사조정의 효과성에 대한 인식을 조사하였다. 조사에 참여한 사건당사자의 경우 남성이 여성보다 많은 편이었고, 연령별로는 40~50대 비율이 높았으며, 가해자(42.4%)보다는 피해자(56.4%) 비율이 더 많았고, 사건유형별로는 사기(31.3%)와 폭행·상해(18.3%) 비율이 높은 편이었다.[33] 형사조정위원의 경우 남성(84.5%)이 여성(15.5%)에 비해 더 많았고, 연령별로는 40~60대가 대다수를 차지하였고, 학력은 4년제 대학졸업자(38.3%)와 대학원 졸업자(40.9%)가 상당수로 나타났다.[34]

법원단계의 대화모임에 관한 [사례 3]에서는 대화모임 프로그램 참여자와 공식사법절차 경험자로 구분하였다. 대화모임 참여자는 피해소년 10명, 피해소년의 보호자 9명, 가해소년 15명, 가해보호자 15명 등 49명, 공식사법절차를 거친 집단은 가해소년 206명, 가해소년의 보호자 86명 등 292명을 대상으로 조사가 실시되었다. 피해자 표본이 적은 이유는 피해소년 및 보호자의 경우 자신이 외부에 공개되거나 알려지는 것을 꺼리는 경향이 있어 피해자에 대한 정보 자체를 알 수 없었기 때문이다.[35]

보호관찰 소년을 대상으로 써클 형태의 프로그램을 진행한 [사례 4]에서는 보호자를 동반한 보호관찰 집단과 보호자를 동반하지 않는 수강명령 병과 집단으로 구분하였다. 전자의 경우 보호관찰소년 10명, 보호자 9명 등 19명이 참여

---

32 김은경·김지선·이승현·김성언·원혜욱·이호중(주 12), 144쪽.
33 이동원·조용업(주 17), 46~47쪽.
34 이동원·조용업(주 17), 48쪽.
35 김은경(주 24), 181쪽.

표 15-1 회복적 사법 프로그램의 평가연구 비교

평가연구	조사대상		조사설계 및 조사방법	측정지표		외적변수의 고려
	실험집단	비교집단		과정평가	결과평가	
[사례 1] (2007)	[경청단계(회합) 참여자 36명] 피해소년 8명 피해보호자 8명 가해소년 10명 가해보호자 10명	[사법절차 경험자 184명] 피해소년 12명 피해보호자 14명 가해소년 84명 가해보호자 74명	[조사설계] 사후비교: 2집단 독립설계 [조사방법] 설문조사 [분석방법] 빈도분석 교차비교분석	[공정성 인식] 5개 문항 5점 척도	[결과만족도] 2개 문항 5점 척도 [감정변화] 6개 문항 5점 척도	[형사사법단계] 경찰단계 [사건특성] 가해자/피해자 관계
[사례 2] (2008)	[형사조정위원회 참여자 503명] 사건당사자 271명 조정위원 232명	—	[조사설계] 단일집단설계 [조사방법] 설문조사 [분석방법] 빈도분석 평균비교분석	[형사조정과정] 5개 문항 5점 척도	[형사조정목표] 4개 문항 5점 척도 [형사조정결과] 3개 문항 5점 척도	[형사사법단계] 검찰단계 [조정위원특성] 조정위원 태도 조정위원 자질
[사례 3] (2008)	[법원단계대화모임 참여자 49명] 피해소년 10명 피해보호자 9명 가해소년 15명 가해보호자 15명	[공식 사법절차 경험자 292명] 가해소년 206명 가해보호자 86명	[조사설계] 사후비교: 2집단 독립설계 사전사후비교: 2집단 혼합설계	[자율성] 1개 문항 5점 척도 [공정성] 3개 문항 5점 척도	[범죄피해·존중] 2개 문항 5점 척도 [심리적 치유] 4개 문항 5점 척도	[형사사법단계] 법원단계 [사건특성] 범죄사건의 심각성 피해의 정도

사례	대상	조사설계·방법	측정변수		결과
	(대화모임참여, 15명) 및 (공식사법절차, 19명) [조사방법] 설문조사 [분석방법] 빈도분석 평균비교검증 등	[표현욕구] 1개 문항 5점 척도 [용서와 화해] 3개 문항 5점 척도 [과정만족도] 2개 문항 5점 척도 [사법신뢰도] 3개 문항 5점 척도	[정서변화] 5개 문항 5점 척도 [책임인정] 1개 문항 5점 척도 [재범가능성] 2개 문항 5점 척도		가해학생의 상승성·결과 전과 가정환경 학업태도 등 [형사사법단체] 보호관찰단체
[사례 4] (2018)	[소년보호관찰 대상자 19명] 가해소년 10명 가해보호자 9명 [수강명령 대상자 22명] 가해소년 22명	—	[조사설계] 단일집단설계 [조사방법] 면접조사 참여관찰 [분석방법] 내용분석	[과정만족도] 존중감 편안함 [관계만족도] 자기성찰 보호자이해 피해자이해 책임인식 용서와 화해	[참여완료율] 집행완료인원/ 배치인원(%) [재범가능성] 회복적 사법 이해 재범억제 노력

하였고, 후자의 경우 소년 22명이 참여하였다.[36] 이 연구에서 효과성 분석은 개별면담에 기초한 질적 평가로 이루어졌다. 연구진에 따르면, 프로그램에 참여한 소년 32명 가운데 15명(보호관찰소년 10명, 수강명령 병과 5명)이 개별면담에 참여하였고, 보호자는 9명 중 5명이 참여하였다.[37]

(2) 조사설계 및 조사방법

[사례 1]에서는 실험집단과 통제집단 등 독립설계를 통해 두 집단을 최대한 유사하게 구성하고, 경찰단계에서 진행된 회합 프로그램을 시행한 실험집단과 그렇지 않은 통제집단의 결과를 비교하는 조사설계를 기획하였다. 통제집단의 경우 몇 년 동안 학교폭력사건을 경험한 피해자와 가해자로서 보호관찰 개시교육 시간을 이용하여 동의를 구하고 조사를 시행하였다. 회합 참여자의 경우 피해자와 가해자 모두를 대상으로 조사를 실시하였다.[38]

[사례 2]는 형사조정에 참여한 집단과 참여하지 않은 집단을 비교하거나(독립설계) 형사조정에 참여하기 전과 후를 비교하지는(종속설계) 않아 프로그램의 효과성을 분석하기 위한 실험설계라고 보기는 어렵다. 즉, 실험집단과 통제집단의 효과성 차이를 비교하기 어려운 조사설계이다. 다만, 형사조정프로그램에 참여한 집단을 사건당사자와 형사조정위원으로 구분함으로써 두 집단 간 형사조정프로그램에 대한 인식의 차이는 확인할 수 있다. 이들 역시 사건당사자와 형사조정위원을 대상으로 자료를 수집하였다. 추가적으로 연구진이 직접 관찰자로 참여하여 진행과정을 관찰한 후 그 결과를 구조화된 조사표에 기입하여 설문조사의 내용을 보완하기도 하였다.[39]

[사례 3]은 경찰단계의 회합 프로그램의 조사설계와 마찬가지로 두 집단 비교를 위한 독립설계 외에 사전-사후조사를 위한 종속설계를 동시에 고려한 혼합설계를 기획하였다. 서울가정법원과 서울소년분류심사원의 협조를 얻어 조사명령 및 상담조사를 받은 사건당사자를 대상으로 조사의 취지를 설명하고 참여

---

36 성우제(2019), "회복적 보호관찰", 회복적사법센터 설립 10주년 국제학술세미나 발표자료집, 이화여자대학교 회복적 사법센터, 40쪽.
37 조균석·김재희(주 29), 92쪽.
38 김은경·김지선·이승현·김성언·원혜욱·이호중(주 12), 143쪽.
39 이동원·조용업(주 17), 24쪽.

에 동의한 소년과 보호자를 대상으로 사전조사를 실시하였다. 대화모임 프로그램 시행 후 공식사법절차를 거친 대상자와 사후비교를 하였다. 사전조사는 가해소년 247명, 가해소년의 보호자 198명, 피해소년 12명, 피해소년의 보호자 12명 등 469명이 참여하였다.[40] 실험집단과 통제집단의 사전–사후조사는 가해소년 34명, 가해소년의 보호자 20명, 피해소년 10명, 피해소년의 보호자 9명 등 73명이 참여하였다.[41] 이러한 혼합설계는 다소 복잡하기는 하나, 회복적 사법 프로그램 효과를 평가하기 위해 가장 충실한 조사설계라고 볼 수 있다.

[사례 4]는 기본적으로 사전–사후조사를 통한 종속설계로 계획되었다. 연구진은 양적 접근이 아닌 질적 접근을 취하면서 프로그램이 진행되기 전 사전면담을 실시하였다. 사전면담에서는 교육에 대한 정보제공, 부모동행에 대한 부담, 회복적 질문을 통해 연구진과 소년들 간의 신뢰와 유대를 형성하였고, 프로그램 시행 이후 보다 심층적인 사후면담으로 이어질 수 있도록 하였다. 보호자 면담은 보호관찰이 부과된 소년의 보호자를 대상으로 프로그램 참여소감, 이해정도, 교육적 효과, 해당문제에 대한 책임인식 등을 평가하였다.[42]

(3) 측정지표

[사례 1]은 경찰단계 회합 실험연구를 사건처리과정과 사건처리결과로 구분하여 평가하고, 추가로 사건종결 후 참여자의 감정변화를 살펴보았다. 과정평가의 지표는 처리과정에서 공정성 인식과 사건처리과정 만족도 등 5개 문항을 측정하였다. 두 집단 간 비교를 위해 공통된 문항을 활용하였으나, 일부 문항은 실험집단과 통제집단의 문항이 다르게 사용되기도 하였다. 결과지표로서 처리결과에 대한 긍정적 경험과 만족도 문항을 사용하였다. 이들은 회복적 사법 실천 프로그램이 피해자와 가해자 간 감정적 해소 및 관계회복에 기여한다고 보고, 사법절차 혹은 회합과정을 통한 사건처리 경험 이전과 이후 정서상태를 측정하였다.[43] 사건종결 후 감정변화는 6개 문항으로 측정하였다. 여기서 사용한 측정지

---

40 김은경(주 24), 179~183쪽.
41 김은경(주 24), 186쪽.
42 성우제(주 36), 49쪽.
43 김은경(주 11), 125쪽.

표의 구체적인 문항과 그 결과는 다음과 같다.

표 15-2 경찰단계 회합 프로그램 평가를 위한 측정문항 및 분석 결과[44]

구분		문항	사법 절차집단 (평균값)	회합 참여집단 (평균값)
과정지표	1	모든 면에서 사실을 확인하기 위한 공정한 기회를 가졌다	2.72	4.30
	2	경찰(※조정자)는 나와 상대방을 공정하게 대우하였다	2.58	4.53
	3	사건처리 과정동안 나는 경찰을 신뢰할 수 있다고 느꼈다 (※사법절차집단) 조정자는 나의 요구에 진지한 관심을 가지고 있는 것처럼 보였다 (※회합참여집단)	2.70	4.44
	4	경찰은 사건을 공정하게 처리하려고 애썼다 (※사법절차집단) 피해자(※가해자)와의 만남을 준비하는 방식에 만족한다 (※회합참여집단)	2.84	4.03
	5	피해자(※가해자)로서 내 입장과 감정을 진솔하게 표현할 기회를 가졌다	2.86	4.17
결과지표	1	사법절차는 내 문제를 해결하는데 도움이 되었다 (※사법절차집단) 사건 처리(회합) 과정의 결과에 대해서 만족한다 (※회합참여집단)	2.87	4.06
	2	사건 처리 과정은 폭력사건으로 인한 불편한 감정을 해소 하는데 어느 정도 도움이 되었다	2.93	4.06
	3	피해자(※가해자)에 대한 분노감이 줄어들었습니까, 오히 려 증가하였습니까?	2.90	1.14
	4	경찰에 대한 신뢰감에 어떤 변화가 있었습니까?	2.76	3.39
	5	사람들에 대한 신뢰감에 어떤 변화가 있었습니까?	2.82	3.80
	6	사법체계에 대한 존중감에 어떤 변화가 있었습니까?	2.96	3.67
	7	자존감에 더 상처를 받았습니까, 아니면 다소 회복되었습니까?	2.71	3.34
	8	당신(자녀)을 비난하는 사람들(※가해자)에게 되갚음(보 복)을 하고 싶다는 감정이 누그러졌습니까, 오히려 더 증 가하였습니까?	2.79	1.74

---

44 김은경·김지선·이승현·김성언·원혜욱·이호중(주 12), 145~149쪽에서 재구성.

[사례 2]는 검찰단계의 형사조정프로그램의 평가를 목표, 과정, 결과로 구분하여 각 영역에 포함되는 문항을 5점 척도로 평가하였다. 목표에 대한 평가는 당사자의 갈등해소와 관계회복, 당사자 중심의 조정, 반성과 손해배상, 검찰업무 부담 경감, 가해자의 반성과 피해자의 손해배상에 대한 기회제공 등 회복적 사법의 이념 구현을 평가하고자 하였다. 과정에 대한 평가는 조정과정에서 당사자를 배려하는 회의진행, 조정위원의 역할과 공정성 등 조정회의 구체적인 과정을, 결과에 대한 평가는 조정회의를 통한 당사자 간 갈등해소와 관계회복, 반성과 사과의 기회제공, 피해자의 피해회복 등 형사조정이 목표로 하는 성과를 얼마나 달성했는지를 분석하였다.[45] 형사조정의 목표와 결과는 결과평가의 지표로, 과정은 과정평가의 지표로 볼 수 있다. 이들은 세 가지 영역의 측정문항을 사건당사자와 조정위원으로 나누어 목표 4문항, 과정 5문항, 결과 3문항 등 총 12문항으로 형사조정을 평가하였다. 이들이 사용한 측정문항과 그 결과는 다음과 같다.

표 15-3 검찰단계 형사조정 프로그램 평가를 위한 측정문항 및 분석 결과[46]

구분		문항	조정위원 (평균값)	사건당사자 (평균값)
과정지표	1	조정위원의 발언시간이 피해자와 가해자의 발언시간보다 긴 편이다(※조정위원) 조정위원의 발언시간이 상대방과 나의 발언시간보다 긴 편이었다(※사건당사자)	3.63	3.47
	2	시간이 부족하여 당사자들의 이야기를 충분히 듣지 못할 때가 많다(※조정위원) 시간이 부족하여 상대방과 내가 이야기를 충분히 하지 못한 것 같다(※사건당사자)	3.76	3.89
	3	솔직히 조정과정에서 피해자와 가해자를 공정하게 대우하기 어렵다(※조정위원) 조정위원들이 상대방과 나를 공정하게 대우하지 않는 것 같다(※사건당사자)	3.31	4.24

---

45 이동원·조용업(주 17), 90쪽.
46 이동원·조용업(주 17), 102~104쪽에서 재구성.

	4	조정위원은 단순히 조정자의 역할에 머무르지 않고 심판자의 역할을 수행할 수밖에 없다(※조정위원)	3.47	3.75
		조정위원은 단순히 조정자의 역할에 머무르지 않고 심판자의 역할을 수행하는 것 같았다(※사건당사자)		
	5	가해자는 중한 처벌을 피하기 위해 마지못해 조정안을 받아들이는 경우가 많다(※조정위원)	3.04	3.22
		가해자의 입장에서 볼 때, 처벌을 피하기 위해서 마지못해 조정안을 받아들일 가능성이 크다(※사건당사자)		
결과지표	1	조정회의는 피해자와 가해자의 갈등해소와 관계회복을 주된 목표로 하여야 한다(※조정위원)	4.29	4.23
		조정위원들은 상대방과 나의 갈등해소와 관계회복을 중요하게 여기는 것 같았다(※사건당사자)		
	2	조정위원의 의견보다는 사건당사자의 의견을 중심으로 조정안을 마련하여야 한다(※조정위원)	3.71	4.02
		조정위원의 의견보다는 상대방과 나의 의견을 중심으로 조정안이 만들어졌다(※사건당사자)		
	3	수사와 재판을 거치지 않고 사건을 해결함으로써 검찰의 업무부담을 줄여주는 데 의의가 있다(※조정위원)	1.83	1.99
		조정회의는 수사와 재판 없이 사건을 해결하여 검찰의 업무부담을 줄이는데 의의가 있는 것 같다(※사건당사자)		
	4	조정회의는 가해자를 단순히 처벌하기보다 반성과 손해배상의 기회를 제공하는데 의의가 있다(※조정위원/사건당사자)	4.20	3.92
	5	형사조정은 자칫하면 피해자에게 또 다시 상처를 줄 수 있다(※조정위원)	3.92	3.93
		형사조정은 자칫하면 피해자에게 또 다시 상처를 줄 수 있을 것 같다(※사건당사자)		
	6	형사조정이 성립된 경우에도 가해자와 피해자의 관계회복에는 크게 기여하지 못하는 것 같다(※조정위원)	3.73	3.89
		형사조정회의는 상대방과 나의 관계회복에는 크게 기여하지 못하는 것 같다(※사건당사자)		
	7	조정이 성립된 경우에도 가해자가 진심으로 반성하고 사과하지 않는 경우가 많다(※조정위원)	3.10	3.60
		조정회의는 가해자가 피해자에게 진심으로 반성하고 사과하는 기회가 될 것 같다(※사건당사자)		

[사례 3]에서는 회복적 사법 실천 프로그램에 대한 평가지표가 주로 결과에 치중하면서, 과정에 대한 관심은 적다고 비판하였다. 평가기준을 과정에 대한 평가와 성과에 대한 평가로 나누어 핵심적 성공요소를 판단할 수 있는 요소를 도출해야 한다는 주장이다. 과정평가의 중요한 요소로는 대화, 관계형성, 가치관의 소통을, 성과평가의 중요한 기준으로는 해악의 회복, 가해자의 변화를 언급하였다.[47] 과정평가는 프로그램 참여과정에서 자율성, 공정성, 표현욕구의 실현, 용서와 화해·회복을 고려하였고, 성과평가는 심리·정서적 피해회복, 가해자의 향후 재범억제가능성, 사회재통합으로서 법에 대한 존중과 신뢰감 변화를 측정하였다.[48] 이 연구에서 사용한 측정지표의 문항과 그 결과는 다음과 같다.

표 15-4 법원단계 대화모임 프로그램 평가를 위한 측정문항 및 분석 결과[49]

구분		문항	사법 절차집단 (평균값)	대화 모임집단 (평균값)
과정지표	1	사안이 잘못 다루어질 경우 내가 그것을 바로잡을 수 있다고 느꼈다	2.99	3.16
	2	우리보다 힘 있는 사람들에게 둘러싸여 있다는 압박을 느꼈다	3.13	2.21
	3	모든 면에서 사실을 확인하기 위한 공정한 기회를 가졌다	3.25	4.26
	4	사법관리들(경찰, 검사, 판사 등)은 나와 상대방을 공정하게 대우하였다(※사법절차) 조정자는 나와 상대방을 공정하게 대우하였다 (※대화모임)	3.14	4.55

---

47 김은경(주 23), 249쪽.
48 김은경(주 23), 250쪽.
49 김은경(주 23), 254~262쪽에서 재구성.

	5	재판(심리)과정에서 나의 입장과 감정을 표현할 기회를 가졌다 (※사법절차)	3.17	4.47
		대화모임 과정에서 나의 입장과 감정을 표현할 기회를 가졌다 (※대화모임)		
	6	사법절차(대화모임)를 통해 피해자와 오해(원한)를 풀 수 있게 되었다(※가해자)	2.90	4.14
		가해자에게 직접 이야기하는 것은 피해감정을 회복하는 데 도움이 되었다(※피해자)		
	7	사법절차(※대화모임)를 통해서 가해소년은 잘못을 깨닫고 반성하는데 도움이 되었다	4.01	4.34
과정지표	8	사법절차(※대화모임)는 사건으로 인한 불편한 감정을 해소하는데 도움이 되었다	3.34	3.95
	9	사법기관의 사건처리 방식에 만족한다(※사법절차)	3.12	4.36
		조정자의 대화모임 진행방식에 만족한다(※대화모임)		
	10	사법처리 결과에 대해서 만족한다(※사법절차)	3.53	4.00
		대화모임의 합의결과에 대해서 만족한다(※대화모임)		
	11	나는 경찰을 신뢰할 수 있다고 생각한다	2.84	3.32
	12	나는 검사를 신뢰할 수 있다고 생각한다	3.07	3.72
	13	나는 판사를 신뢰할 수 있다고 생각한다	3.30	3.79
	14	사건 처리 과정을 본 결과, 사법체계에 대한 신뢰감이 높아졌다	3.29	3.90
	15	사건 처리 과정을 본 결과, 법에 대한 존중감이 높아졌다	3.56	3.95
결과평가	1	사법체계에 대한 기대와 신뢰감에 어떤 변화가 있었습니까?	2.98	3.57
	2	사법체계에 대한 존중감에 어떤 변화가 있었습니까?	3.08	3.53
	3	피해자(※가해자)에 대한 분노감이 줄었습니까, 오히려 증가하였습니까?	2.10	1.88
	4	자존심에 더 상처를 받았습니까, 아니면 다소 회복되었습니까?	2.86	3.24
	5	당신(자녀)을 비난하는 사람들(※가해자)에게 되갚음(보복)을 하고 싶다는 감정이 누그러졌습니까, 오히려 더 증가하였습니까?	2.33	2.05
	6	사람들에 대한 신뢰감에 어떤 변화가 있었습니까?	3.03	3.53

[사례 3]은 다른 연구와 다르게 사전-사후 종속설계를 통해 대화모임 참여자의 변화까지도 분석에 포함하였다. 공식사법절차에 참여한 집단과 대화모임에 참여한 집단의 비교를 위한 측정지표와 그 구체적인 결과는 다음과 같다.

표 15-5 법원단계 대화모임 프로그램 사전-사후 측정문항 및 분석 결과[50]

구분	문항	대화모임집단 (평균값, t-test 결과)			사법절차집단 (평균값, t-test 결과)		
본 사건에 대한 정서변화	나쁜 짓을 저지른 것을 후회하고 있다	4.87	4.87	n.s.	4.94	4.78	n.s.
	부모님과 가족을 실망시켜서 부끄럽다	4.53	4.87	t=2.65*	4.76	4.76	n.s.
	학교에 알려질까봐 불안하다	2.93	3.00	n.s.	3.94	3.44	n.s.
	친구에게 알려질까봐 불안하다	2.80	3.20	n.s.	3.17	2.94	n.s.
	앞으로 사회적으로 성공하는데 지장이 될까봐 걱정된다	4.20	3.80	n.s.	4.83	4.44	t=2.12*
책임수용도	본 사건에 대한 책임인정	1.27	1.20	n.s.	1.16	1.16	n.s.
재범가능성 인식변화 [가해자]	본 피해자에 대해 재범할 가능성	3.00	3.00	n.s.	2.79	3.00	n.s.
	향후 재범할 가능성	2.87	2.87	n.s.	2.68	3.00	n.s.
재범가능성 인식변화 [피해자]	본 피해자에 대해 재범할 가능성	2.16	2.74	t=3.28**			
	향후 재범할 가능성	1.68	2.47	t=4.03***			

* $p<0.05$ ** $p<0.01$ *** $p<0.001$

[사례 4]는 면담과 관찰에 의한 질적 평가를 활용하였다. 과정평가는 프로그램 진행과정에서 회복적 사법이 목표로 하고 있는 가해자의 피해자에 대한 공감, 잘못에 대한 가해자의 책임인정, 가해자 부모로서 책임감, 부모와 자녀의 의사소통 및 관계 회복, 프로그램 진행과정에서 존중받는 느낌과 편안함 등 프로그램 진행과정에서 참여자의 표현욕구와 만족도를 중심으로 평가가 이루어졌다. 결과평가를 위한 지표로는 프로그램 참여 및 완료율이 사용되었다. 소년보호관

---

50 김은경(주 23), 264~265쪽에서 재구성, 재범가능성의 평균값이 낮을수록 재범가능성이 높음.

찰대상자의 경우 1차, 2차 모두 100% 완료율을 보였고, 소년수강명령 대상자 역시 일반 소년수강 프로그램의 완료율이 평균 57.0%로 저조한데 비해 2차례 회복적 사법 실천 프로그램의 평균 완료율이 87.0%로 높은 수준을 나타냈다.[51]

표 15-6 보호관찰단계 회복적 사법 실천 프로그램의 참여 및 완료율 비교[52]

구 분			배치인원(명)	집행완료(명)	부분집행(명)	탈락(명)	완료율(%)
참여집단	보호관찰	1차	5	5	0	0	100.0
		2차	5	5	0	0	100.0
	수강명령	1차	11	10	0	1	90.9
		2차	11	9	0	2	81.8
비교집단	수강명령	1차	17	10	6	1	59.0
		2차	16	7	6	3	43.8
		3차	13	5	7	1	38.5
		4차	11	10	1	0	90.9

(4) 외적 변수의 고려

외적 변수는 회복적 사법 실천 프로그램의 효과를 보다 정교하게 설명하기 위한 맥락변수라고 볼 수 있다. 선행연구에 따르면, 중요한 외적 변수 중 하나가 회복적 사법 프로그램의 개입시점이다. 앞서 살펴본 4개의 연구는 형사사법단계의 개입시점이 다르다. 각 단계마다 긍정적 연구결과를 제시하고 있으나, [사례 3]은 2년 동안의 시범운영을 종합해 볼 때, 적어도 소년사법절차의 경우 사건발생 직후 개입이 빠를수록 피해자의 손상회복이라는 측면에서, 가해자의 책임의식 및 재사회화 측면에서 실질적 도움이 될 것이라고 보았다.[53] 이들은 형사사법단계에 따른 차이가 존재한다는 사실을 주장하면서 시범운영 과정상의 특징을 다음과 같이 비교하였다.

---

51 성우제(주 42), 49쪽.
52 성우제(주 42), 49쪽에서 재구성.
53 김은경(주 23), 269쪽.

표 15-7 2007년 경찰단계 및 2008년 법원단계 시범운영 과정상의 특징 비교[54]

	경찰단계	법원단계
접수시기	사건발생 후 1개월 이내	사건발생 후 3~8개월 후
당사자 참여의지	대체로 높음 피해자와 가해자 모두 빠른 해결과 종결 원함	대체로 낮은 편 특히 피해자는 사건의 좋지 않은 기억을 새롭게 떠올려야 하므로 더 이상 시달리고 싶어하지 않음
부모의 역할	소년개선과 변화를 위한 지지자	제2차 분쟁으로 인한 사건당사자
관심의 초점	사과와 용서(배상문제는 부차적) 이해소통의 욕구	물질적 배상에 더 관심이 많음 감정표출의 욕구
상대방에 대한 태도	분노하거나 원망하지만 직접 대화의 필요성 인정	분노와 갈등으로 서로 다시 접촉하고 싶지 않음
피해자 욕구	화해를 통한 종결 추구 회복의지	울분과 억울함에 대한 이해(호소) 문제회피로서의 종결 추구
예비조정	1회에 대화모임 동의하는 경우가 대부분	감정 다스리기, 자연스러운 동의를 위해 1회 이상 필요함
대화모임의 기대	수사 중이기 때문에 영향력에 대한 기대 큼	사건발생, 수사 후 일정기간이 지났기 때문에 피해자나 가해자 모두 일정 정도의 처분예상 대화모임의 결과에 대한 기대가 크지 않음
대화모임의 태도	현재 어려움이므로 손상의 회복을 위한 의지 크고 대화에 솔직함	과거문제이므로 직면하기 어려움 가해자 경우 솔직한 감정표현보다 처분에 유리한 방식으로 대화에 응하는 경향
과정상 특징	학교차원 혹은 경찰단계의 담당 경찰의 적극적 개입이 대화모임 성공률에 지대한 영향 미침	치료비의 상이한 계산법으로 인해 새로운 분쟁의 시발점(2차 분쟁발생) 의사소통과 정보, 지원체계 부족 당사자 보호자 간 고소 및 배상을 둘러싼 분쟁이 추가로 발생하는 경우 많음

---

54 김은경(주 24), 249쪽에서 인용.

프로그램의 개입시점 외에 경찰단계의 회합에 참여한 사건의 경우 피해자와 가해자의 관계가 언급되고 있다. 예를 들어, 경찰단계의 회합에 참여한 피해자 중 일부는 가해자와 평소 친구관계를 유지하면서 지내오다가 어느 날 피해자와 가해자로 나뉜 것으로 파악되었다.[55] 하지만 가해자와 피해자의 관계가 회합 프로그램의 효과성을 평가하는 데 맥락변수로 활용되지는 않았다.

[사례 2]는 형사조정위원에 대한 사건당사자의 평가를 고려하였다. 조정위원들의 자세나 자질, 태도에 대해서는 대체로 긍정적이었으나, 조정성립 여부에 따라서는 조정위원에 대한 평가에 차이가 발견되어 조정위원들이 사건당사자를 무시하는 태도를 보이거나 합의를 강요할 경우 조정성립에 부정적 영향을 미칠 수 있음을 지적하였다.[56]

[사례 3]에서는 적격사건의 선별조건으로 범죄사건의 심각성 정도, 피해자에게 야기된 피해의 정도, 가해학생의 상습성 여부 및 전과, 가정환경 학업태도 등의 요인을 일반적인 고려사항으로 언급하면서, 성폭력사건이 결부된 경우 마약과 연관된 사건, 일진회 등 폭력조직이 연루된 경우, 가해소년의 상습성이 인정되고 다수의 범죄를 저지른 경력이 있는 경우, 가해소년이 구속된 사건 등은 법원단계의 대화모임에 부적격한 사건으로 분류하였다.[57] 이처럼 사건관련 내용이 외적 변수로 언급되고 있으나 프로그램의 참여를 위한 사전조정단계에서 활용될 뿐 실제 효과성 분석에서는 고려하지 않았다.

Ⅳ. 평가연구의 방법론적 쟁점과 대안

1. 평가연구 사례의 쟁점

첫째, 조사대상의 다양성 측면에서 살펴보면 소년집단에 편중된 현상이 발견된다. 4개의 평가연구 가운데 [사례 2]를 제외한 3개의 연구는 모두 소년들을

---

55 김은경 · 김지선 · 이승현 · 김성언 · 원혜욱 · 이호중(주 12), 72쪽.
56 이동원 · 조용업(주 17), 81쪽.
57 김은경(주 24), 96쪽.

대상으로 하고 있다. 평가연구가 시작될 당시 학교폭력에 대한 사회적 관심이 높았고, 다양한 정부대책의 실효성에 의문이 제기되면서 학교폭력사건의 대안적 해결방안으로 회복적 사법 실천 프로그램이 소개되었기 때문으로 해석될 수 있다.[58] 이러한 맥락에서 [사례 1]과 [사례 3]은 소년사법의 경찰단계, 법원단계에서 실천 프로그램의 효과를 분석하였고, [사례 4] 역시 보호관찰단계에서 실천 프로그램을 적용하고자 하였다. 그러나 소년을 대상으로 한 효과성 평가연구는 성인을 대상으로 한 프로그램에 적용하기에 분명 한계가 있다. 성별 측면에서도 소년들 대상 평가연구는 남자 소년에 한정된 경우가 많아 여자 소년에까지 일반화시키기에는 한계를 갖는다고 볼 수 있다.

둘째, 조사설계의 측면에서 독립설계와 종속설계를 동시에 고려한 혼합설계의 비중이 낮다. 4개의 평가연구 중 [사례 3]만 혼합설계에 기초하여 대화모임 집단과 공식사법절차 집단을 비교하였고, 대화모임 및 사법절차를 경험하기 이전과 이후 비교를 통해 효과성을 평가하였다. 하지만 [사례 2]와 [사례 4]는 효과성 평가를 위한 독립설계마저 기획하지 못하였다. 경찰단계에서 회합 프로그램을 적용한 [사례 1]에서 독립설계는 구성하였으나 종속설계까지는 실시하지 못한 한계가 있다. 이러한 조사설계의 한계는 경찰 등 형사사법기관의 제도적 한계, 사전기획의 어려움 등 다양한 요인에 기인한다. 그러나 효과성 평가를 위한 기본설계는 실험집단과 통제집단의 비교라는 점을 감안할 때, 아직까지 국내 평가연구는 면밀한 조사설계를 고려하지 못한 것으로 보인다.

셋째, 표본크기 측면에서 양적 분석에 필요한 표본 수(특히 실험집단 표본)가 충분히 확보되지 못하고 있다. 4개 연구 가운데 [사례 2]를 제외하고 나머지 3개 연구는 소년 및 보호자를 포함한 실험집단의 표본 수가 50명을 넘지 않는다. 이 역시 회복적 사법 실천 프로그램을 시범적으로 적용할 수 있을 뿐 본격적으로 실시하기에는 제도적·실무적으로 한계가 있기 때문으로 보인다. 반면, [사례 2]는 이미 제도화된 형사조정위원회를 대상으로 하고 있기 때문에 프로그램 참여자를 충분히 확보할 수 있었다. 회복적 사법 실천 프로그램의 평가연구가 다양

---

58 김은경·이호중(2006), 학교폭력 대응방안으로서 회복적 소년사법 실험연구, 한국형사정책연구원 참조.

한 측면에서 분석되기 위해서는 보다 많은 수의 참여자, 즉 표본의 크기가 충분히 확보되어야 할 것으로 여겨진다.

넷째, 측정지표의 측면에서 모든 회복적 사법 실천 프로그램을 아우를 수 있는 공통의 지표개발이 부재하다. 여기에서는 비교의 편의를 위해 측정지표를 과정지표와 결과지표로 구분하고는 있으나, 엄밀한 의미에서 프로그램의 과정과 성과를 측정할 수 있는 합의된 지표가 존재하는 것은 아니다. 사실 외국에서도 회복적 사법 의미에 대한 개념적 불명확성과 합의의 부재로 인해 어려움을 겪고 있다. 그러나 회복적 사법의 이념을 실천하고자 하는 프로그램이 공통적으로 가져야 하는 요소를 찾아내고 그것을 현실에서 구체적으로 측정하는 도구를 만들어내는 것은 매우 중요한 과제이다.[59] 우리나라에서 이루어진 평가연구를 고찰해 볼 때, 프로그램이 진행되는 동안 참여자가 느끼는 공정성, 만족도는 공통적 요소로 측정되고 있다. 이에 비해 결과지표는 프로그램마다 다양하게 측정되고 있고, 서구에서 중요한 지표로 여겨지는 재범 여부 혹은 재범가능성은 많이 사용되고 있지 않다.

다섯째, 프로그램의 적절한 대상을 선정하는 기준으로 외적 변수가 고려되고 있으나, 프로그램 효과성을 분석하는 데 있어서는 외적 변수가 고려되고 있지 않다. 외국의 경험을 통해 볼 때, 프로그램의 효과는 프로그램 진행자, 범죄의 유형, 가해자와 피해자의 관계 등 다양한 맥락 속에서 평가되어야 한다. 하지만 우리나라의 사례에서는 외적 변수가 사전조정단계에서 일부 고려될 뿐, 실제 효과성 분석에서는 고려되고 있지 않다. 이러한 한계는 다양한 분석을 위한 충분한 사례수가 확보되지 못한 점, 외적 변수로서 다양한 정보가 연구자에게 충분히 제공되지 못하는 점 등이 작용했기 때문으로 여겨진다. 그러나 실천 프로그램의 고유한 효과를 정확히 분석하기 위해서는 결과에 영향을 미칠 수 있는 다양한 변인이 충분히 고려되어야 할 것이다.

---

59 이동원·조용업(주 17), 20쪽.

2. 향후 평가연구를 위한 대안

지금까지 우리나라에서 시행된 회복적 사법 실천 프로그램을 평가(evaluation)라는 관점에서 비교하고, 쟁점과 한계에 대해 살펴보았다. 하워드 제어는 자신이 비록 평가자는 아니지만 평가연구의 옹호자라는 점을 천명하면서,[60] 회복적 사법은 다양한 방법(multi - method)과 다양한 초점(multi - focus)에 따라 이루어져야 한다고 보았다. 평가는 과정과 성과를 모두 포괄하면서, 목표와 조직의 기능도 평가해야 하며, 현재 진행되고 있는 실천 프로그램이 애초 생각했던 회복적 사법의 이념에 얼마나 부합하는지를 비교해야 한다고 본 것이다.[61] 여러 학자들이 평가연구의 중요성과 필요성에 동의하면서 계속해서 평가연구를 개선하고 발전시키기 위해 고민하고 있다. 여기서는 향후 회복적 사법 실천 프로그램의 평가연구가 발전하기 위한 몇 가지 대안을 제시하면서 마무리하고자 한다.

첫째, 회복적 사법 실천 프로그램의 평가연구를 기획하는 데 있어 기본적으로 실험설계의 원칙이 반드시 고려될 필요가 있다.

프로그램 평가를 위한 이상적인 실험설계는 프로그램이 시행되기 이전과 이후의 결과를 비교하는 종속설계, 그리고 무작위 배정(random assignment)을 통해 프로그램 참여집단과 비참여집단을 구분하는 독립설계가 결합된 혼합설계가 기본이라고 할 수 있다([그림 15 - 1] 참조).[62] 그러나 최근에는 실제 현장에서 프로그램의 효과성 평가를 위한 무작위 배정이 어렵다는 사실을 고려하여 성향점수매칭(propensity score matching) 분석이 활용되기도 한다. 성향점수매칭은 무작위 배정의 원칙이 충족되지 못하고 선택편의(selection bias) 문제가 발생하는 자료에서 프로그램 효과를 제외한 다른 특성이 유사한 두 개의 비교집단을 사후적으로 구성하여 마치 실험설계와 같은 상황에서 프로그램 효과를 분석하는 방법으로 여러 분야에서 널리 활용되고 있다.

둘째, 조사방법과 관련하여 양적 평가연구와 질적 평가연구를 동시에 고려할

---

60 Zehr, Howard(주 3), p. 296.
61 Zehr, Howard(주 3), p. 300.
62 Weiss, Carol H.(1998), Evaluation methods for studying programs and policies(2nd ed.), New Jersey: Prentice Hall, p. 183.

그림 15-1 실험의 다이어그램(Diagram of an Experiment)[63]

		실험 전 before	실험 후 after	
무작위 배정 random assignment	프로그램 참여자(실험집단) program participants	a	b	$b-a=y$
	프로그램 비참여자(통제집단) control group	c	d	$d-c=z$

* y가 z보다 크면, 프로그램은 긍정적 효과를 가짐

뿐 아니라 두 가지 연구방법이 적절히 혼합됨으로써 프로그램 효과를 밝히는 데 최적의 연구방법이 고안될 필요가 있다.

많은 경우 프로그램 평가를 위해 양적 설계를 선호하지만, 질적 설계는 의도하지 않거나 기대하지 않은 결과를 확인할 수 있다는 장점이 있다.[64] 나아가 질적 연구를 통해 제공된 정보는 처음에 기대한 프로그램과는 다른 유용한 대안적 프로그램을 개발하는 데 활용될 수도 있다.[65] 그러나 질적 평가연구의 주관적 특성은 양적 평가연구에서처럼 객관적이고 일관된 평가기준 및 평가결과를 제시하지 못하는 한계도 갖고 있다. 이러한 문제의 대안으로 최근에는 질적 평가연구와 양적 평가연구를 결합한 평가연구도 대안으로 제시되고 있다. 국내연구 중에서 일부 연구는 양적 평가와 함께 참여관찰, 심층면접 등의 방식을 동시에 사용하였다. 혼합방법을 평가연구에 완성도 있게 적용하기 위해서는 양적 연구의 객관적 원칙을 질적 연구에도 그대로 적용하는 방식, 양적 연구와 질적 연구의 결과를 비교하는 방식, 프로그램의 과정평가는 질적 방법을 활용하는 반면 결과평가는 양적 방법을 활용하는 방식 등[66] 양적인 연구방법과 질적인 연구방법이

---

63 Weiss, Carol H.(주 62), p. 183에서 인용.
64 Weiss, Carol H.(주 62). p. 181.
65 Weiss, Carol H.(주 62). p. 266.
66 Weiss, Carol H.(주 62). pp.267~268.

다양한 방식으로 결합되도록 연구자의 깊은 고민이 필요할 것이다.

셋째, 회복적 사법 실천 프로그램의 평가연구가 협소하게 효과성 여부에만 초점을 맞출 것이 아니라 프로그램을 둘러싼 제도, 환경, 맥락까지 고려할 필요가 있다.

유럽에서 피해자와 가해자를 연결하는데 초점을 맞춘 Building Bridges(BB) 프로그램을 시행하고 평가한 연구자들은 회복적 사법 실천 프로그램의 평가원칙을 다음과 같이 제시하였다. 첫째, 평가의 정의를 보다 넓고 개방적인 의미로 확대할 것, 둘째, 프로그램의 결과를 기대했던 목표를 얼마나 달성했는지에 대한 효과성(effectiveness)과 프로그램이 기대하지 않았던 결과를 포함하여 프로그램이 미친 영향이 얼마나 바람직했는지에 대한 효과(effects)로 구분하여 평가할 것, 셋째, 프로그램이 의도했던 결과를 얼마나 달성했는지에 대한 성과뿐만 아니라 그러한 결과를 달성하기까지의 구체적인 활동에 대한 과정도 평가할 것, 넷째, 피해자, 가해자, 조정자는 물론 형사사법종사자, 일반인에 이르기까지 프로그램을 둘러싼 이해관계자, 프로그램이 속해 있는 형사사법체계, 프로그램에 대한 경제적 지원, 프로그램이 시행되는 시점의 정치적 분위기 등 다양한 사회적 환경(social ecology)을 고려할 것 등이다.[67]

회복적 사법의 실천은 결코 사회적 진공 속에서 이루어지는 것이 아니다. 이들의 주장은 프로그램의 효과에만 주목한 나머지 프로그램을 둘러싼 이해관계자, 제도적 한계, 정치사회적 맥락을 놓쳐서는 안 된다는 조언으로 해석된다. 향후 회복적 사법 실천 프로그램 평가연구에서는 제도적 · 정치적 · 사회적 요인도 함께 고려되어야 할 것이다.

---

67 Brennan, Iain and Gerry Johnstone(2018), Building Bridegs: Prisoners, Crime Victims and Restorative Justice, Eleven International Publishing, pp. 125~128.

회복적 사법 관련 주요 문헌*

[연속간행물]

강경래(2006), "소년사법에 있어서의 회복적 사법의 적용 가능성", 소년보호연구 제9호, 25~54쪽.

강경래(2009), "소년사법과 회복적 사법", 피해자학연구 제17권 제1호, 241~266쪽.

강예선, 배임호(2016), "청소년범죄에 대한 재범방지와 예방을 위한 교정복지 연구 — 회복적 사법정의(Restorative Justice) 관점으로", 사회복지법제연구 제7권 제2호, 79~100쪽.

강욱, 이주락, 정석진(2014), "학교폭력에 대한 경찰의 대응방안: 회복적 정의와 응보적 정의의 관점에서", 한국범죄학 제7권 제2호, 35~56쪽.

강욱, 정석진(2012), "학교폭력에 대한 경찰의 대응방안: 회복적(restorative) 정의와 응보적 (retributive) 정의의 관점에서", 범죄학회학술대회, 101~112쪽.

강인구, 김광수(2015), "회복적 생활교육 개입이 학급응집력에 미치는 효과", 초등상담연구 제14권 제1호, 43~61쪽.

강지명(2012), "소년법상 화해권고제도 규정의 문제점과 개선방안", 형사정책 제24권 제3호, 99~130쪽.

강지명(2017), "소년법상 보호처분의 체계적 정비방안 — 회복적 공동체 사법에 의한 연령별 보호처분 마련을 중심으로", 공공사회연구 제7권 특별호(통권 제20호), 93~127쪽.

강지명, 이유진(2013), "성폭력범죄 가·피해 아동·청소년에 대한 회복적 사법의 적용에 관한 연구", 소년보호연구 제22호, 33~69쪽.

강호성, 이승원(2011), "보호관찰 단계에서의 회복적사법 적용 방안에 관한 연구", 교정담론 통권 제5권 제1호, 267~300쪽.

김기헌, 정현주, 윤주리(2015), "기소유예청소년을 위한 회복적 사법 실천전략으로서 예술 — 음악의 회복적 기능", 청소년학연구 제22권 제5호, 275~300쪽.

김문귀(2015), "경찰에 의한 회복적 사법의 실천사례와 의의, 강원지방경찰청의 '너와함께

---

* 김복기 평화저널 「플랜 P」 발행인이 정리한 자료를 기초로 한 것이다.

(With You) 프로그램", 법학연구 제23권 제4호, 23~48쪽.

김문귀(2015), "소년범죄에 대한 경찰에서의 회복적 사법의 실천방안 및 해결과제", 한국치안행정논집 제12권 제2호, 1~22쪽.

김문귀(2016), "Etude sur la justice restaurative en France − l'analyse critique de la mesure de médiation pénale 프랑스의 회복적 사법에 관한 연구 — 형사조정처분에 관한 비판적 분석을 중심으로", 한국법학회 법학연구 제16권 제3호, 137~173쪽.

김문귀(2018), "벨기에의 회복적 경찰활동", 법이론실무연구 제6권 제4호, 125~147쪽.

김문귀(2018), "회복적 사법과 변호인의 역할", 법이론실무연구 제6권 제3호, 107~133쪽.

김문귀(2019), "성폭력범죄자에 대한 회복적 사법적용사례 — 지원과 책임 서클을 중심으로", 법이론실무연구 제7권 제2호, 203~225쪽.

김문귀(2020), "회복적 경찰활동에 관한 연구 − 회복적 경찰활동 관련 위법성 및 책임 문제를 중심으로 −", 법이론실무연구 제8권 제3호, 251~279쪽.

김문귀(2021), "회복적 경찰활동의 올바른 방향성 제시", 법이론실무연구 제9권 제2호, 119~140쪽.

김문귀, 임형진(2020), "회복적 경찰활동의 법제화방안에 관한 연구", 한국법학회 법학연구 제20권 제2호, 237~274쪽.

김범식(2015), "현행 형사조정제도의 과제 — 현행의 형사조정은 과연 회복적 사법의 이념에 입각하고 있는가?", 피해자학연구 제23권 제3호, 27~50쪽.

김성돈(2005), "우리나라 소년사법에 있어서 가족집단협의(family group conferencing) 제도의 도입방안", 피해자학연구 제13권 제2호, 139~167쪽.

김성돈(2005), "형사사법과 회복적 사법", 성균관법학 제17권 제1호, 405~436쪽.

김성돈(2008), "범죄피해자보호·지원을 위한 회복적 패러다임의 실천방안", 피해자학연구 제16권 제1호, 5~35쪽.

김성돈(2009), "회복적 사법형 형사조정제도의 법제화 방안", 성균관법학 제21권 제2호, 261~305쪽.

김성돈(2012), "우리나라 범죄피해자 우호적 형사정책의 과거, 현재 그리고 미래", 피해자학연구 제20권 제1호, 105~130쪽.

김성중, 김주찬(2013), "회복적 사법 실천모델에 관한 연구, 경찰단계 소년범죄를 중심으로", 경찰학연구 제13권 제2호, 51~77쪽.

김성진(2009), "회복적 사법에서 형사조정의 의미", 중앙법학 제11집 제3호, 213~239쪽.

김세광(2015), "대학생을 위한 '회복적정의' 교과목 개발", 기독교교육논총 통권 제43집, 47~76쪽.

김수진, 김광수(2016), "회복적 서클 프로그램이 초등학교 아동의 용서수준에 미치는 영향", 초등상담연구 제15권 제3호, 257~276쪽.

김영식(2016), "회복적 교도소 프로젝트에 관한 연구", 교정담론통권 제10권 제3호, 127~146쪽.

김용세(2002), "회복적 사법(Restorative Justice)의 개념과 발전과정", 새울법학 제5권 제2호 (통권 6호), 85~123쪽.

김용세(2003), "한국의 형사사법체제와 회복적 사법", 형사법연구 제20호, 347~375쪽.

김용세(2004), "회복적 사법의 개념과 활용가능성에 관한 소고", 피해자학연구 제12권 제2호, 27~52쪽.

김용세(2005), "형사제재 시스템과 회복적 사법: '회복적 사법의 이념과 형사제재체제의 개편(이호중)'에 관한 의견을 겸하여", 형사법연구 제23호, 224~253쪽.

김용세(2006), "형사화해제도에 관한 형사사법 실무자의 인식", 피해자학연구 제14권 제1호, 275~305쪽.

김용세(2010), "한국의 회복적 사법", 이화여자대학교 법학논집 제15권 제1호, 1~16쪽.

김용세(2011), "영국의 회복적 교정 실무현황과 도입가능성", 피해자학연구 제19권 제1호, 175~205쪽.

김용욱(2007), "형사조정제도에 관한 소고", 비교법연구 제2권, 7~32쪽.

김용욱(2008), "한국의 형사조정: 회복적사법 프로그램인가?", 형사정책연구 제19권 제2호, 205~229쪽.

김웅수(2016), "범죄에 대한 회복적 정의와 교회의 사회복지적 접근방안", 한국기독교신학논총 제99집, 321~348쪽.

김은경(2007), "21세기 소년사법 개혁과 회복적 사법의 가치", 형사정책연구 제18권 제3호, 1159~1188쪽.

김은경(2008), "21세기 소년사법개혁의 방향과 과제 (Ⅱ) 회복적 소년사법 실천모델의 효과성 연구", 형사정책연구원 연구총서.

김은경(2008), "새로운 다이버전으로서 회복적 사법의 실제와 그 효과: 경찰단계 가족회합 실험연구 결과를 중심으로", 형사정책연구 제19권 제2호, 93~145쪽.

김은경(2009), "소년법상 화해 제도의 문제점과 개선방안, 경찰단계 및 법원단계 회복적 사법 실험연구결과를 중심으로", 소년보호연구 제13호, 51~95쪽.

김은경(2009), "회복적 사법 실천모델의 효과성 연구", 형사정책연구 제20권 제3호, 239~272쪽.

김은아(2017), "회복적생활교육에 근거한 활동중심갈등해결프로그램이 초등학생의공동체의식에 미치는 효과", 행동분석·지원연구 제4권 제1호, 49~73쪽.

김은주(2004), "청소년 범죄자의 수치심에 영향을 미치는 요인에 관한 연구", 피해자학연구 제12권 제2호, 233~268쪽.

김이문(2018), "학교폭력 예방에서 회복적 사법의 투영방안: 가·피해학생 회복적 정의 중심으로", 자치경찰연구 제11권 제1호, 66~88쪽.

김재민(2010), "경찰의 소년범 다이버전 정책에 관한 고찰 — 회복적 사법 이념의 반영 가능성을 중심으로", 소년보호연구 제15호, 219~252쪽.

김재중(2007), "청주지역 화해사례를 통해 본 범죄피해자-가해자 화해제도의 발전방향", 피해자학연구 제15권 제1호, 111~140쪽.

김재희(2020), "피해의 회복과 회복적 책임", 향서법연구 제31권 제1호, 33~62쪽.

김정진(2008), "회복적 군사법제도의 도입에 관한 연구", 한국법학회 법학연구 제31집, 455~473쪽.

김종환(2008), "회복적 사법의 교정 복지 적용에 관한 연구", 한국법학회 법학연구 제30집, 469~488쪽.

김준수(2011), "교회의 화평사역과 회복적정의", ACTS 신학과선교, 523~548쪽.

김지선(2006), "회복적 사법 프로그램의 효과에 대한 평가연구 결과와 쟁점들", 피해자학연구 제14권 제2호, 5~38쪽.

김지연, 하혜숙(2015), "학교상담의 관점에서 바라본 회복적 사법 — 학교폭력을 중심으로", 청소년학연구 제22권 제7호, 491~517쪽.

김태명(2011), "다이버전의 발상·전개와 경찰다이버전의 도입", 경찰학연구 제11권 제2호, 73~100쪽.

김항곤(2009), "경찰단계 "회복적 사법제도"의 시범운영을 통한 소년사법제도 발전방향 모색", 이화여자대학교 법학논집 제14권 제2호, 29~51쪽.

김혁(2011), "회복적 사법의 이념 규현을 위한 경찰의 경미소년사건처리", 경찰학연구 제11권 제1호, 61~86쪽.

김혁(2017), "영국에서의 다이버전과 회복적 사법의 최근 동향 및 그 시사점", 경찰학연구 제17권 제1호, 9~34쪽.

김혁(2020), "뉴질랜드에서의 회복적 사법의 최근 동향 및 그 시사점", 형사정책연구 제31권 제14호, 75~102쪽.

김혁(2020), "호주에서의 회복적 사법의 최근 동향 및 그 시사점", 소년보호연구 제33권 제2호, 73~102쪽.

김현(2009), "검사실에서의 회복적 사법모델 적용사례 연구", 북부검찰실무연구: 검사연구논문집 제2집, 95~114쪽.

김현(2009), "형사사법에서의 회복, 참여, 예방 — 검찰실무를 중심으로", 이화여자대학교 법학논집 제14권 제2호, 53~68쪽.

김혜정(2006), "범죄피해자보호의 영역에서 "피해자－가해자 화해제도"의 의미에 관한 고찰: '피해자－가해자 화해제도'와 '회복적 사법'의 개념을 중심으로", 법조 제55권 제4호, 77~102쪽.

남상철(2007), "회복적 사법에 기반한 한국 교정복지 정책 구현 방안 연구", 교정 제51권 제4호, 76~98쪽.

노성호(2002), "가족회합과 범죄피해자", 피해자학연구 제10권 제1호, 105~135쪽.

노성호(2002), "소년범처우에 있어서 가족회합제도의 도입방안", 한국공안행정학회보 제13호, 65~97쪽.

도중진(2012), "학교폭력의 분쟁조정과 회복적 사법 — 학교폭력예방 및 대책에 관한 법률 및 시행령상의 분쟁조정 제도의 실효적 개선방안을 중심으로", 형사법의 신동향 통권 제35호, 52~90쪽.

문영희(2008), "회복적 사법제도 고찰을 통한 교정복지 개선방안", 교정복지연구 제12호, 103~119쪽.

민수현(2017), "중국의 회복적 사법과 형사화해제도", 충북대학교 법학연구 제28권 제1호, 413~434쪽.

민영성(2003), "회복적 사법의 의의와 그 수용가능성", 부산대학교 법학연구 제44권 제1호(통권 제52호), 241~259쪽.

박강우(2007), "성폭력 피해자를 위한 회복적 사법의 적용", 형사정책연구 제18권 제2호, 49~74쪽.

박광민, 강지명(2007), "교정단계에서의 회복적 사법의 실현", 피해자학연구 제15권 제2호, 157~178쪽.

박광섭(2007), "북미의 회복적 사법에 대한 고찰", 피해자학연구 제15권 제2호, 379~400쪽.

박광현(2014), "회복적 사법의 형사조정에 관한 고찰", 제주대학교 법과정책연구소 법과정책 제20권 제1호, 259~285쪽.

박미숙(2000), "회복적 사법과 피해자보호", 피해자학연구 제8권, 201~225쪽.

박상식(2004), "회복적 사법의 이론적 모델과 실천모델", 법학연구 제12집, 163~196쪽.

박상식(2005), "배상과 화해에 관한 실증적 분석", 피해자학연구 제13권 제2호.

박상식(2005), "범죄피해자와 회복적 사법의 모델", 피해자학연구 제13권 제1호.

박상식(2007), "교정단계에서의 회복적 사법의 실천가능성", 교정복지연구 제10호, 109~131쪽.

박상식(2009), "교정과 피해자관점에서 본 사형제도에 관한 고찰", 한양법학 제25집, 333~357쪽.

박상식(2014), "소년사법의 재범 감소를 위한 회복적 사법의 도입 — 화해권고제도를 중심으로”, 교정복지연구 제35호, 153~182쪽.

박상열(2012), “뉴질랜드의 소년사법제도”, 소년보호연구 제18호, 27~54쪽.

박상열(2012), “소년보호관찰과 가족의 역할”, 소년보호연구 제19호, 57~93쪽.

박선영(2017), “교정의 측면에서 본 관계회복: 회복적 교정”, 제25회 (사)아시아교정포럼춘계공동학술대회, 11~39쪽.

박성민(2017), “형사사법에서의 회복주의의 발견과 확산”, 경상대학교 법학연구 제25권 제1호, 173~190쪽.

박성철(2010), “현행 형사조정제도에 대한 비판적 소고 — 경찰수사단계에서의 형사조정제도의 도입과 관련하여”, 중앙대학교 법학논문집 제34집 제3호, 129~152쪽.

박수선(2010), “한국에서의 회복적 사법 ‘피해자-가해자대화모임’ 시범운영 사례”, 이화여자대학교 법학논집 제15권 제1호, 107~128쪽.

박연규(2016), “교정에서 회복적 정의의 관계윤리 — 콜슨, 제어, 레비나스를 중심으로”, 교정담론 제10권 제2호 113~144쪽.

박윤석(2010), “독일과 우리나라의 형사조정제도연구”, 비교법연구 제10권 제2호, 81~113쪽.

박재원(2012), “학교폭력 예방을 위한 새로운 패러다임: 회복적 정의를 소개합니다”, 열린충남 제85호, 73~76쪽.

박정성, 김효진(2012), “민영교도소에 있어서 교정과 회복적 사법”, 한국치안행정논집, 제9권 제3호, 87~110쪽.

박주상(2006), “재범방지를 위한 출소자의 효율적 관리에 관한 연구 — 갱생보호제도를 중심으로 재범방지를 위한 출소자의 효율적 관리에 관한 연구”, 한국범죄심리연구 제2권 제1호, 121~142쪽.

방상식(2006), “회복적 사법 실천모델의 효과에 관한 연구”, 피해자학연구 제14권 제2호, 39~68쪽.

배임호(2007), “회복적 사법정의(restorative justice)의 배경, 발전과정, 주요프로그램 그리고 선진교정복지”, 교정연구 제37호, 137~169쪽.

배임호, 임웅수(2011), “소년보호처분의 전문성 강화방안 — 사회복지관점을 중심으로”, 보호관찰 제11권 제2호, 74~108쪽.

변종필(2015), “형벌이란 무엇이며, 무엇을 지향해야 하는가? 응보, 예방, 그리고 회복과 연계하여”, 강원대학교 비교법학연구소 강원법학 제46권, 1~44쪽.

손외철(2011), “사회봉사·수강명령에서의 회복적 사법 적용방안”, 이화여자대학교 법학논집 제16권 제1호, 88~107쪽.

손외철(2011), “한국 소년보호관찰에서 회복적 사법의 실천방안”, 보호관찰 제11권 제2호, 109~145쪽.

손진(2020). "경찰의 회복적 사법에 대한 비판적 검토", 피해자학연구 제28권 제1호, 29~60쪽.

손진희, 최윤진(2015), "비행청소년의 재범방지를 위한 회복적 사법 — 뉴질랜드의 회복적 사법제도를 근거로", 사회복지법제연구 제6권 제1호, 123~146쪽.

신관우(2009), "형사법상 회복적 사법의 적용과 한계", 인권복지연구 제5권, 99~121쪽.

신양균(2011), "다문화가정내 가정폭력과 회복적 사법", 전북대학교 법학연구 제34호, 351~374쪽.

신용해(2009), "교정에 있어 회복적 사법의 적용실태와 발전방향", 이화여자대학교 법학논집 제14권 제2호, 139~153쪽.

신재은, 현명호, 박지선(2014), "비정의, 보복적 정의, 회복적 정의 조건에서 불공평함의 지각, 부정적 정서, 반추의 차이", 한국심리학회지: 사회 및 성격, 제28권 제3호, 81~92쪽.

심보영(2020), "회복적 경찰활동 운영 성과와 향후 과제", 피해자학연구 제28권 제1호, 213~238쪽.

안성훈(2012), "회복적 사법과 재범방지에 관한 소고 (1)", 범죄와 비행 제3권, 71~83쪽.

양경규(2008), "형사상 화해·조정제도에 관한 연구", 한국경찰연구 제7권 제4호, 185~215쪽.

양문승(2003), "매 맞는 여성 신드롬(BWS)의 피해자화이론과 회복적 사법", 피해자학연구 제11권 제1호, 21~57쪽.

에밀리 가더(Emily Gaarder), 로이스 프레서(Lois Presser)/장원경 역(2011), "정의의 여성주의적 관점? 여성을 위한 회복적 사법의 문제점과 가능성", 아세아여성법학 제14권, 241~267쪽.

오경식(2008), "한국의 회복적 소년사법에 관한 연구", 비교형사법연구 제10권 제2호, 513~536쪽.

오경식(2015), "보호관찰에서 회복적 사법의 실현방안", 교정연구 제67호, 45~72쪽.

오영근(2004), "소년사법제도의 문제점 및 개선방안", 소년보호연구 제7호, 3~41쪽.

오영근(2008), "개정소년법의 과제와 전망", 형사정책연구 제19권 제2호, 5~24쪽.

오윤성(2012), "회복적 사법을 통한 비범죄화에 관한 연구 — 병사 간 언어폭력과 영내폭행을 중심으로", 한국경찰학회보 제14권 제6호, 151~187쪽.

오향숙(2015), "캐나다 소년사법과 회복적 사법", 소년보호연구 제28권 제2호, 127~152쪽.

옥필훈(2015), "피해자를 위한 회복적 사법의 실무상 운용실태와 교정복지의 정책적 과제에 관한 연구", 교정복지연구 제37호, 69~88쪽.

원혜욱(2006), "외국의 회복적 사법제도의 고찰을 통한 우리나라 소년사법정책의 방향", 피해자학연구 제14권 제1호, 307~324쪽.

원혜욱(2011), "보호관찰단계에서의 회복적 사법의 평가와 실현방안", 이화여자대학교 법학논집 제16권 제1호, 111~127쪽.

유정우(2017), "교도소 안의 관계회복 — 소망교도소 법률고충상담 운영을 통한 회복적 정의 원리의 한국화 시도", 교정담론 제11권 제2호, 2017, 31~67쪽.

윤영철(2007), "형사절차에서의 가해자 – 피해자 – 조정제도에 대한 비판적 고찰", 형사법연구 제19권 제3호 – 하: 별책, 849~876쪽.

윤태현(2017), "회복적 정의를 통한 학교폭력예방 및 대책의 발전방안 연구", 소년보호연구 30권 제2호, 89~123쪽.

윤희중(2004), "소년사법정책에 있어서 회복적 사법과 지역공동체", 피해자학연구 제12권 제1호, 143~165쪽.

이가영(2019), "회복적 정의 관점에서 본 학교폭력 사안처리 실태 및 개선 방안: A지역의 FGI 분석과 J중학교의 사례분석을 중심으로", 교육법학연구 제31권 제2호, 41~72쪽.

이강민(2013), "여성대상범죄와 회복적사법", 이화젠더법학 제5권 제1호, 45~72쪽.

이경원(2019), "회복적 생활교육과 도덕교육 — 회복적 생활교육을 통한 치유", 초등도덕교육 제65권, 339~362쪽.

이경원, 이용훈, 김순자, 박균열(2017), "회복적 생활교육을 통한 또래중재프로그램 개발연구", 2017년 한국윤리교육학회 춘계 학술대회, 295~324쪽.

이대성(2013), "학교폭력문제의 사회과교육적 접근의 가능성과 한계: 회복적 정의론의 관점에서", 사회과교육연구 제20권 제1호, 67~86쪽.

이동원(2007), "피해자지원센터의 화해중재 프로그램에 대한 평가연구", 피해자학연구 제15권 제2호, 77~110쪽.

이동원(2009), "형사조정프로그램과 조정위원의 역할", 형사정책연구 제20권 제1호.

이동원(2010), "형사조정프로그램의 이상적인 모델구성과 적용방안", 한국공안행정학회보 제19권 제1호, 140~169쪽.

이동원(2011), "형사조정위원의 역할에 관한 고찰", 경찰학논총 제6권 제1호, 401~428쪽.

이동원(2017), "형사조정을 통한 가해자와 피해자의 관계회복에 대한 경험적 연구", 한국경찰학회보 제19권 제1호, 95~119쪽.

이동원, 윤현석, 류채형(2020), "형사조정에서 분리조정의 실시 및 효과 평가에 관한 연구", 인문사회21 제11권 제2호, 1271~1284쪽.

이동진, 조준하(2015), "효율적 고소 사건 처리를 위한 경찰의 회복적 사법", 경찰학논총 제10권 제1호, 505~530쪽.

이민수, 이장규(2009), "상담조사 및 기소결정전 조사에 있어서 회복적사법(Restorative Justice) 도입에 관한 연구: 제25조의3(화해권고)를 중심으로", 소년보호논집 제9집, 555~629쪽.

이백철(2002), "회복적 사법: 대안적 형벌체제로서의 이론적 정당성", 한국공안행정학회보 제13호, 137~171쪽.

이백철(2007), "교정학 담론의 인문학적 모색: 평화주의 범죄학과 회복적 사법", 교정담론 제1호, 1~12쪽.

이백철(2014), "200년 구금형제도의 재조명과 인본주의 형벌체계의 탐구: 평화교정학", 교정담론 제7권 제2호, 1~32쪽.

이보영(2015), "회복적 사법의 실천으로서 형사조정", 한양법학 제26권 제4집, 57~81쪽.

이성기(2017), "학교폭력에 대한 법 제도적 개선방안 ― 회복적 사법 이념을 반영한 학생규칙 제정을 중심으로", 외법논집 제41권 제3호, 221~242쪽.

이성칠(2009), "한국보호관찰에서의 회복적 사법의 적용실태와 전망", 이화여자대학교 법학논집 제15권 제1호, 111~137쪽.

이세원(2017), "아동학대범죄에 대한 새로운 사법적 지향: 회복적 사법의 적용", 교정복지연구 제50호, 197~228쪽.

이수진(2014), "가정폭력의 효율적인 대처방안에 대한 제언", 조선대학교 법학연구원 법학논총 제21권 제2호, 37~69쪽.

이순래(2018), "회복적 사법에 대한 비판적 검토", 동의대학교 지방자치연구소 공공정책연구 제34집 제2호, 1~22쪽.

이승협(2019), "회복적 경찰활동 도입방안에 관한 연구", 경찰학연구 제19권 제1호, 211~239쪽.

이승호(2007), "회복적 사법과 우리나라의 형사제재체계", 형사법연구 제19권 제3호 ― 상: 별책, 339~358쪽.

이승호(2009), "형사사법의 담론과 법원운용의 시스템", 형사정책연구 제20권 제1호, 807~832쪽.

이영란(2010), "소년사법절차에 관한 연구 ― 소년경찰의 다이버전을 중심으로", 소년보호연구 제15호, 1~30쪽.

이영호(2009), "소년보호기관에서의 회복적 사법 실천방안", 이화여자대학교 법학논집 제14권 제2호, 87~110쪽.

이영훈(2009), "재판에서의 회복적 사법의 현재와 미래", 이화여자대학교 법학논집 제14권 제2호, 69~86쪽.

이완희, 이승연(2016), "회복적 사법 범죄관리 시스템 도입을 위한 토대연구", 한국경찰학회보 제56권, 237~261쪽.

이용식(2012), "회복적 정의와 형사사법 정의 ― 두 정의의 절충은 가능한 것인가?", 동아법학 제54호, 417~448쪽.

이유진(2014), "학교폭력해결을 위한 회복적 정의모델 모형개발연구", 소년보호연구 제28권 제4호, 169~207쪽.

이유진, 이창훈 강지명, 이상희(2014), "학교폭력해결을 위한 회복적 정의 모델도입 방안연구", 한국청소년정책연구원, 1~341쪽.

이윤호, 김지연(2006), "최근 소년사법의 경향에 따른 소년범에 대한 효과적인 대응방안의 모색", 한국공안행정학회보 제22권, 322~348쪽.

이인곤(2018), "학교폭력예방 및 대책으로서 회복적 사법제도에 관한 연구", 법이론실무연구 제6권 제3호, 253~292쪽.

이재영(2018), "회복적 정의로 이루는 평화", 가톨릭평론 11－12월호, 29~38쪽.

이종원(2011), "응보적 정의와 회복적 정의 — 사형제도를 중심으로", 신학과실천 제28호, 879~901쪽.

이지혜(2018), "회복적 정의 관점에서의 청소년 참여법정에 대한 논의", 법과인권교육연구 제11권 제3호, 53~74쪽.

이진국(2006), "회복적 사법과 형사사법의 관계에 관한 소고", 피해자학연구 제14권 제2호, 69~88쪽.

이진국(2006), "회복적 사법이념의 실천방안에 관한 고찰", 형사정책연구 제17권 제4호, 471~504쪽.

이진국(2007), "범죄피해자와 회복적 사법", 형사법연구 제19권 제3호－상: 별책, 359~384쪽.

이진국(2008), "회복적 사법의 관점에서 본 형사조정실무의 문제점", 형사정책연구 제19권 제1호, 5~31쪽.

이진국(2009), "개정소년법상 회복적 사법 제도에 관한 비판적 검토", 피해자학연구 제17권 제2호, 355~375쪽.

이진국(2014), "피해자중심 형사사법의 실천을 위한 입법적 과제", 형사정책연구 제25권 제2호, 185~209쪽.

이창한(2004), "보호관찰에 있어 회복적 사법 적용가능성 검토", 피해자학연구 제12권 제2호, 53~83쪽.

이창한(2011), "회복적 보호관찰에서의 범죄예방위원의 역할 제고 방안", 이화여자대학교 법학논집 제16권 제1호, 129~149쪽.

이창훈(2016), "'때린 거 미안해'와 '때린 건 미안한일이야' — 갈등해결을 위한 수사학(Rhetoric)과 회복적 사법의 융합", 교정담론 제10권 제1호, 23~49쪽.

이태호(2006), "소년사법의 회복적 사법 도입 방안", 청소년정책연구 제6호, 85~96쪽.

이형우, 이창훈(2011), "합리적 민주주의의 실현기회로서 참여적 관리론: 교정의 회복적 사법 행정에 대한 정책제안", 교정담론 제5권 제2호, 147~184쪽.

이혜경, 최중진(2018), "회복적 생활교육이 초기청소년의 학급응집력과 교우관계에 미치는 영향", 청소년학연구 제25권 제6호, 27~53쪽.

이혜리(2008), "회복적 사법의 적용 영역", 동국대학교 비교법연구 제9권 제1호, 331~353쪽.

이호중(2000), "피해자에 대한 물질적 지원: 피해구조와 배상적 화해의 간극", 피해자학연구 제8권, 402~429쪽.

이호중(2001), "배상과 화해의 형사사법을 위하여 1: 형사제재의 다양화 모색", 경찰저널 제62호, 30~33쪽.

이호중(2001), "회복적 사법(Restorative Justice): 이념과 법이론적 쟁점들", 피해자학연구 제9권 제1호, 27~51쪽.

이호중(2004), "소년범죄자에 대한 경찰단계의 비범죄화 정책제안: 경찰의 전문가 참여제와 회복적 공동체사법(restorative community justice)", 형사정책연구 제15권 제3호, 5~44쪽.

이호중(2004), "회복적 사법 이념과 형사제재체계의 재편: 트로이목마의 투입? 값싼 형벌신상품의 개발?", 형사법연구 제22호, 495~516쪽.

이호중(2007), "한국의 형사사법과 회복적 사법: 과거, 현재, 그리고 미래", 형사법연구 제19권 제3호-상: 별책, 297~338쪽.

이호중(2009), "회복적 사법의 이념과 실무", 이화여자대학교 법학논집 제14권 제2호, 1~27쪽.

이훈동(2007), "태국에서의 회복적사법", 외법논집 제28호, 39~64쪽.

이훈동(2010), "교정단계에서의 회복적사법의 과제와 전망-벨기에의 사례를 중심으로-", 외법논집 제34권 제4호, 101~112쪽.

이훈재(2013), "소년사건의 합리적 처리를 위한 개선방안 연구", 소년보호연구 제23호, 188~217쪽.

임재연(2019), "화해 진행자가 경험한 학교폭력 피해·가해학생의 화해와 회복의 요인에 관한 합의적 질적 연구", 목원대학교 교육심리연구 제33권 제3호, 509~535쪽.

임재연(Lim jae youn), 이주연(Lee ju yeon), 김정애(Kim jung ae)(2013), "학교폭력 피해자·가해자의 화해조정 사례연구", 한국복지실천학회지 제4권 제1호, 133~158쪽.

임형진, 김문귀(2020), "회복적 경찰활동(회복적 대화 프로그램) 평가: 진행자를 중심으로", 한국공안행정학회보 제81호, 367~405쪽.

장규원(2014), "학교문제와 회복적정의 모델에 대한 고찰", 소년보호연구 제26호, 271~295쪽.

장규원(2016), "회복적 사법과 범죄이론", 피해자학연구 제24권 제1호, 289~309쪽.

장규원(2021), "회복적 경찰활동에 대한 비판적 검토", 피해자학연구 제29권 제1호, 25~48쪽.

장규원, 김명대, 김종호(2018), "회복적 사법과 노인 대상 범죄의 대책", 한국민간경비학회보 제17권 제3호, 165~190쪽.

장규원, 백일홍(2014), "회복적 교정을 통한 피해자와 가해자의 관계개선에 관한 연구—

만남 프로그램(Victim – Offender Conferencing)의 제안", 피해자학연구 제21권 제2호, 313~333쪽.

장규원, 백일홍(2014), "회복적 이념의 형성 과정에 관한 고찰", 피해자학연구 제22권 제2호, 175~199쪽.

장규원, 윤경희(2008), "형사조정제도의 실효성 확보방안 연구", 피해자학연구 제16권 제2호, 31~50쪽.

장규원, 윤현석(2011), "회복적 사법과 소년보호관찰", 소년보호연구 제17호, 1~34쪽.

장규원, 윤현석(2012), "회복적 사법의 한계에 대한 고찰", 동아법학 제57호, 119~144쪽.

장규원, 윤현석(2013), "회복적 교정 프로그램의 활용 가능성에 관한 고찰", 교정연구 제58호, 7~33쪽.

장다혜(2013), "성폭력과 회복적 사법", 젠더리뷰 2013 여름호, 24~34쪽.

장다혜(2015), "회복적 사법의 관점에서 성범죄자 사후관리의 재구성 ─ 보호관찰의 의의와 역할을 중심으로", 2015 한국보호관찰학회 춘계학술대회, 33~61쪽.

장다혜, 조성현, 나진녀(2017), "공동체 규범 및 분쟁해결절차와 회복적 사법의 실현방안 (1) 직장 괴롭힘을 중심으로", 형사정책연구원 연구총서, 1~444쪽.

장안식(2017), "가정폭력 사건에 대한 새로운 접근 ─ 유럽의 회복적 정의 실천을 중심으로", 국제학논총 26, 49~79쪽.

前野育三 저, 김용세 역(2002), "修復的司法: 日本における將來像＝회복적 사법: 일본의 전망", 비교형사법연구 제4권 제2호, 775~799쪽.

前野育三 저, 강경래 역(2005), "修復的司法とは", 피해자학연구 제13권 제2호.

전종익, 정상우(2013), "학교폭력 예방 및 대책에 관한 법률 개선 방안 연구: 교육과 예방 및 회복 기능을 중심으로", 교육법학연구 제25권 제1호, 205~229쪽.

정용균(2019), "필리핀과 기타 원주민사회 분쟁해결문화에 대한 탐색적 연구: 회복적 정의의 관점을 중심으로", 분쟁해결연구 제17권 제1호, 45~73쪽.

정준영(2013), "치유와 책임, 그리고 통합 ─ 우리가 회복적 사법을 만날 때까지", 저스티스 제134권 제3호, 522~549쪽.

정진연, 김정진, 김옥희(2008), "진정한 용서를 통한 회복적 군사법제도", 피해자학연구 제16권 제2호, 147~166쪽.

정현미(2010), "가정폭력등 관계폭력에 대한 회복적 사법의 적용 가능성", 이화여자대학교 법학논집 제15권 제1호, 355~378쪽.

정현미(2010), "소년사법에서 회복적 사법의 운영모델 ─ 경찰과 검찰단계를 중심으로", 이화여자대학교 법학논집 제15권 제1호, 19~34쪽.

정현미, 권수진(2006), "뉴질랜드의 회복적 사법", 이화여자대학교 법학논집 제11권 1호,

204~215쪽.

정희철(2011), "소년법상 화해권고제도의 운영방안과 문제점", 소년보호연구 제17호, 91~113쪽.

조광훈(2008), "형사조정제도에 관한 연구", 법조 제57권 제5호, 351~401쪽.

조균석(2016), "형사조정제도의 과거, 현재, 미래", 피해자학연구 제24권 제3호, 201~224쪽.

조균석(2021), "회복 조건부 기소유예제도의 도입 방안", 피해자학연구 제29권 제1호, 1~23쪽.

조균석, 김재희(2019), "소년보호관찰에 회복적 사법 프로그램 실천을 위한 제언", 형사정책 제31권 제1호, 345~371쪽.

조극훈(2017), "헤겔철학에서 용서담론과 회복적 정의", 문화와 융합 제39권 제5호, 953~984쪽.

조상제(2013), "학교폭력과 회복적 사법", 안암법학회 제41권, 315~342쪽.

조윤오(2011), "소년범죄자에 대한 회복적 사법 연구 — 미국의 피해자 – 가해자 조정 (VOM) 프로그램을 중심으로", 이화여자대학교 법학논집 제16권 제1호, 151~179쪽.

조인실, 김세광, 안지영(2017), "다문화 공감교육 실천 사례 연구 — 비폭력대화와 회복적 정의를 중심으로", 한국초등도덕교육학회 초등도덕교육 제55집, 89~130쪽.

조희문(2017), "라틴아메리카의 회복사법", 중남미연구 제36권 제3호, 195~224쪽.

주재웅(2014), "우리나라 형사조정제도의 실태 및 효과성 분석", 한국법이론실무학회 법률실무연구 제2권 제2호, 211~275쪽.

차훈진(2005), "경찰의 회복적 사법 제도에 관한 연구", 한국경찰학회보 제7권 제1호, 229~253쪽.

최관(2018), "영국의 회복적 사법제도에 대한 비판적 분석: 이론, 국가정책, 소년사법을 중심으로", 한국경찰연구 제17권 제3호, 227~248쪽.

최영승(2007), "현행 형사화해제도의 실태 및 문제점", 피해자학연구 제15권 제1호, 69~92쪽.

최오수, 이민수, 이장규(2008), "소년보호정책의 회복적사법 도입에 관한 연구", 소년보호논집 제8집, 283~358쪽.

최윤수(2003), "회복적 사법의 모델에 관한 연구", 사회과학논총 제8집, 229~250쪽.

최응렬, 정우일, 차훈진(2006), "회복적 사법의 도입방안에 관한 연구: 캐나다 경찰의 비사법 처분을 중심으로", 형사정책연구 제17권 제1호, 5~46쪽.

최중진(2014), "학교폭력의 해결과 예방을 위한패러다임의 전환: 회복적, 생태체계적,그리고 성장지향적 개념틀을 중심으로", 교정담론 통권 제7권 제2호, 129~164쪽.

최진호(2020), "군형사법상 회복적 사법 도입 여부에 관한 고찰", 형사법연구 제32권 제2호,

179~204쪽.

太田達也(2011), "일본에서의 보호관찰과 회복적 사법 — "피해자 심정 전달 제도"를 중심으로", 이화여자대학교 법학논집 제16권 제1호, 59~86쪽.

하워드 제어 저, 최희중, 이재영 역(2011), "회복적 정의의 현재와 미래", 이화여자대학교 법학논집 제16권 제1호, 1~31쪽.

하태선, 배임호(2014), "소년범죄 피해자 및 가해자의 관계회복 경험에 관한 사례연구", 한국학교사회복지학회 학교사회복지 제28권, 167~193쪽.

하혜숙(2007), "회복적 사법 개념이 대학 상담에 주는 시사점 연구: 성희롱 상담을 중심으로", 아시아교육연구 제8권 제3호, 307~322쪽.

한영선(2015), "소년원에서의 회복적 대화모임 실천 이야기", 교정담론 제9권 제2호, 31~52쪽.

한종욱(2020), "회복적 경찰활동의 활성화를 위한 정책방안 연구", 한국공안행정학회보 제80호, 411~438쪽.

허경미(2007), "회복적 사법과 지역사회 교정에 관한 연구", 교정연구 제36호, 95~118쪽.

허경미(2016), "캐나다의 회복적 사법 교정제도에 관한 연구", 한국공안행정학회보 제25권 1호, 130~161쪽.

허수진, 오인수(2018), "초등교사의 회복적 생활교육의 효과 요인 및 도전 요인에 대한 개념도 분석", 아시아교육연구 제19권 제3호, 767~793쪽.

홍봉선, 남미애(2014), "학교폭력문제해결을 위한 학교 차원의 회복적 사법의 적용", 형사정책 제26권 제2호, 45~79쪽.

홍봉선, 남미애(2016), "학교폭력 예방을 위한 회복적 정의 실천모형 적용에서의 학교사회복지사의 실행연구", 학교사회복지 제35권, 303~337쪽.

홍봉선, 남상철(2006), "한국 교정복지 구현을 위한 회복적 사법의 적용 가능성 연구", 교정연구 제32호, 119~142쪽.

황일호(2013), "소년법상 화해권고제도의 현황분석과 개선과제", 중앙법학 제15집 제3호, 139~171쪽.

황정용(2019), "전문기관 중심 청소년 선도프로그램 운영에 관한 연구 — 회복적 정의에 기반한 민·관협력을 중심으로", 한국경찰연구 제18권 제2호, 209~236쪽.

황태정, 김혜정(2016), "회복적 사법 이념의 경찰단계 구현방안", 피해자학연구 제24권 제3호, 225~245쪽.

George Mousourakis 저, 김희균 역(2005), "Restorative justice conferencing for juvenile offenders", 피해자학연구 제13권 제2호, 77~137쪽.

Hwayeon Helene SHIN(2010), "Conceptualising Institutional Safe Space for Adaptive

Management of Shame from the Restorative Justice Perspective", 이화여자대학교 법학
논집 제15권 제1호, 147~210쪽.

Kathleen Daly, Julie Stubbs 저, 최은하 역(2007), "회복적 사법상의 여성문제", 동국대학
교 비교법연구 제8권 1호, 409~431쪽.

Marc Groenhuijsen 저, 한영선 역(2008), "정의와 범죄피해자 지원을 위한 "UN 협약" 초
안: 회복적 사법 조항과 관련하여=The draft UN convention on justice and support
for victims of crime, with special reference to its provisions on restorative justice",
피해자학연구 제16권 제2호, 241~278쪽.

Meier, Bernd-Dieter/김희균 역(2006), "독일의 회복적 사법 제도: 법 규정과 도입성과의
개관=Restorative Justice in Germany: An Outline of the Legal Framework and the
Empirical Findings", 피해자학연구 제14권 제2호, 139~172쪽.

Mousourakis, George/김희균 역(2006), "소년범죄에 대한 뉴질랜드의 가족단위협의회: 정
책과 연행 실무의 개관=Family Group Conferences with Juvenile Offenders in New
Zealand: Critical Perspectives on Contemporary Policy and Practice", 피해자학연구 제
14권 제2호, 89~138쪽.

Timothy Michael Kane, Bo Hyuk Kim(2015), "Inhumane Acts and International
Restorative Justice=전쟁, 범죄와 국제간 회복적 정의의 실현방안에 관한 연구", 인하대
법학연구 제18권 제2호, 209~244쪽.

[단행본 및 학위논문]

강영은(2008), 회복적 소년사법에 관한 연구, 서울대학교 대학원.

강현경, 김승아, 김준호, 노슬기, 박수미(2018), 회복적 생활교육으로 학급을 운영하다: 학
생과 공동체의 건강한 성장을 위한 관계의 집짓기, 교육과실천.

김민자, 이순영, 정선영(2019), 학교를 살리는 회복적 생활교육, 살림터.

김선문(2008), 회복적 사법의 관점에서 지역사회 교정복지의 활성화 방안에 관한 연구: 광
주·전남 지역 교정공무원들의 인식을 중심으로, 조선대학교 대학원.

김영식(2016), 회복적 교정에 관한 연구, 전북대학교 대학원.

김용세(2009), 회복적 사법과 형사화해, 진원사.

김용세, 류병관(2006), 교정단계에서 회복적 사법의 가능성, 한국형사정책연구원.

김은경(2004), 각국의 회복적 소년 사법 정책동향, 한국형사정책연구원.

김은경, 이호중(2006), 학교폭력 대응방안으로서 회복적 소년사법 실험연구, 1, 한국형사정
책연구원.

김정진(2008), 우리나라 군형사사법제도 연구: 회복적 군사법제도의 도입 시론, 상지대학교

대학원.

김혜진(2008), 소년보호정책에서 회복적사법의 도입가능성 연구, 전남대 행정대학원.

김홍식(2009), 경찰단계에서 회복적 사법의 실천방안에 관한 연구, 원광대학교 행정대학원.

노성호(2000), 외국의 새로운 소년범 처우제도: 가족회합제도를 중심으로, 한국형사정책연구원.

대검찰청(2018), 형사조정의 이론과 실무(증보판).

데이비드 카프, 마를린 아머 공저, 손진 역(2020), 대학에서의 회복적 정의, 대장간.

도중진, 원혜욱(2006), 보호관찰단계에서 회복적 사법이념의 실천방안: 형사화해제도를 중심으로, 한국형사정책연구원.

로레인 수투츠만 암스투츠 저, 한영선 외 역(2015), 피해자 가해자 대화모임, 대장간.

로레인 수투츠만 암스투츠, 쥬디 H. 뮬렛 공저, 이재영·정용진 역(2011), 학교현장을 위한 회복적 생활교육, 대장간.

리사 셔크, 데이비드 캠트 공저, 진선미 역(2014), 공동체를 세우는 대화기술, 대장간.

린지 포인터, 캐틀린 맥고이, 해일리 파라 공저, 안은경 역(2021), 회복적 정의를 어떻게 배울 것인가, 대장간.

마거릿 소스본, 페타 블러드 공저, 권현미, 조일현 역(2017), 회복적 생활교육 어떻게 실천할 것인가, 애듀너티.

박광섭, 김성돈(2006), 각국의 회복적 사법 실무운용 자료집, 한국형사정책연구원.

바바라 데이비스 저, 김영식 역(2000), 교도소에서의 회복적 사법, 대장간.

박광섭, 윤민석(2007), 형사화해제도: 법제와 운용실무, 충남대학교 출판부.

박상식(2004), 회복적 사법에 관한 연구, 경상대학교 대학원.

박상식, 이창호(2008), 범죄피해자와 회복적 사법, 한국학술정보.

박성용(2018), 회복적 서클 가이드 북, 대장간.

박성용(2021), 회복적 서클 플러스, 대장간.

박성철(2006), 회복적 사법에 관한 연구, 충남대학교 대학원.

박숙영(2014), 회복적 생활교육을 만나다, 좋은교사.

배임호(2000), 비행청소년을 위한 범죄피해자–가해자 중재(mediation)프로그램 가능성과 운영방향, 한국청소년개발원.

법원행정처(2013), 외국사법제도연구 — 각국의 회복적 사법제도.

비폭력평화물결, 서울통합형회복적생활교육연구회 편(2019), 갈등전환과 공동체를 세우는 회복적 서클 현장이야기, 대장간.

사법정책연구원(2021), 형사재판에서의 회복적·치료적 사법에 관한 연구.

서정기(2011), 학교폭력에 따른 갈등경험과 해결과정에 대한 질적 사례연구, 연세대학교

대학원.

신교임(2008), 소년범죄의 현황 및 합리적 처리 방안에 대한 검토: 회복적 사법 제도 도입과 관련하여, 한양대학교 대학원.

앨런 맥래, 하워드 제어 저, 하태선·김성호·배임호 역(2019), 가족집단 컨퍼런스, 대장간.

윤민석(2006), 형사화해제도에 관한 연구, 충남대학교 대학원.

윤종걸(2008), 소년사법에 있어 회복적 사법에 관한 연구, 충남대학교 대학원.

이재영(2020), 회복적 정의 – 세상을 치유하다, 피스빌딩.

이주영, 고흥락(2018), 회복적 생활교육을 위한 교실 상담, 지식프레임.

이진국 외(2006), 형사사법분야에서의 갈등현상과 해소 전략: 갈등해소의 수단으로서 회복적 사법, 한국형사정책연구원.

이진국, 오영근(2006), 형사사법체계상 회복적 사법이념의 실천방안, 한국형사정책연구원.

임수희(2019), 처벌 뒤에 남는 것들: 임수희 판사와 함께하는 회복적 사법 이야기, 오월의봄.

임용연(2004), 회복적 사법(Restorative Justice): 일반적 개관(An Overview), 연세대학교 대학원.

장다혜, 김정연, 강지명, 설경옥(2016), 공동체 규범 및 분쟁해결절차와 회복적 사법의 실현방안, 한국형사정책연구원.

장다혜, 김정연, 강지명, 설경옥(2017), 공동체 규범 및 분쟁해결 절차와 회복적 사법의 실현방안 2, 한국형사정책연구원.

정미화(2007), 회복적 사법을 적용한 범죄피해자복지에 관한 연구, 부산대학교 대학원.

정진(2016), 회복적 생활교육 학급운영 가이드북: 회복적 학급운영에 관한 교사 플래너, 피스빌딩.

조균석 편(2021), 회복적 사법의 실천과 과제, 박영사.

조현지(2008), 형사상 화해·조정에 관한 연구, 이화여자대학교 대학원.

존 폴 레더락 저, 박지호 역(2014), 갈등전환, 대장간.

존 폴 레더락 저, 유선금 역(2010), 화해를 향한 여정, KAP.

주다 오드숀, 로레인 수투츠만 암스투츠, 미셸 재컷 공저, 김재희·조현지 공역(2020), 성학대와 회복적 정의, 대장간.

쥴리 프리센, 웬디 멕 공저, 김가연 역(2021), 노인을 위한 회복적 정의, 대장간.

찰스 콜슨 저, 홍병룡 역(2002), 사람과 공동체를 회복시키는 정의, KAP.

캐롤린 보이스 – 왓슨, 케이 프라니스 공저, 이병주·안은경 역(2018), 서클로 나아가기 ― 교육공동체를 회복하는 서클 레시피, 대장간.

캐롤린 요더 저, 김복기 역(2014), 트라우마의 이해와 치유, 대장간.

캐서린 에반스, 도로시 반더링 공저, 안은경 역(2020), 회복적 교육, 대장간.

케이 프라니스 저, 강영실 역(2012), 서클 프로세스, 대장간.

케이 프라니스, 마크 웨지, 배리 스튜어트 공저, 백두용 역(2016), 평화 형성 서클, KAP.

하워드 제어 저, 조균석 외 역(2015), 회복적 정의 실현을 위한 사법의 이념과 실천, 대장간.

하워드 제어, 바브 토우즈 편저, 변종필 역(2014), 회복적 정의의 비판적 쟁점, 한국형사정 책연구원.

하워드 제어 저, 손진 역(2019), 우리 시대의 회복적 정의 – 회복적 정의란 무엇인가(25주 년 개정판), 대장간.

하태선(2012), 소년범죄 피해자 및 가해자의 경험에 관한 다중 사례 연구 – 서울가정법원 화해권고제도 참여자를 중심으로, 숭실대학교 대학원.

한국평화교육훈련원(2020), 회복적 정의 해외연수: 영국의 회복적 도시로부터 배우다, 피스 빌딩.

한국형사정책연구원(2001), 형사화해제도 도입을 위한 입법론적 연구.

한국형사정책연구원(2004), 21세기 형사사법개혁의 방향과 대국민 법률서비스 개선방안, 형사사법개혁의 기본방향 2.

황지태, 노성호(2006), 회복적 소년사법 조정실무가 실행지침, 한국형사정책연구원.

히즈키아스 아세파 저, 이재영 역(2012), 평화와 화해의 새로운 패러다임, KAP.

UNODC, 김재희 외 역(2021), 회복적 사법 프로그램을 위한 핸드북(제2판), 박영사.

찾아보기

집필진 약력

강지명(경상남도교육청 사무관, 법학박사)
김　혁(부경대학교 법학과 교수, 전 경찰대학교 교수)
김복기(평화저널 「플랜 P」 발행인)
김영식(부산구치소장, 법학박사)
김재희(성결대학교 파이데이아학부 교수, 서울중앙지방검찰청 형사조정위원)
김차연(제주법률사무소 진솔 변호사)
김혜정(영남대학교 법학전문대학원 교수, 한국형사법학회 회장)
박성훈(한국형사·법무정책연구원 연구위원, 사회학박사)
손외철(부경대학교 공공안전경찰학과 교수, 전 서울보호관찰위원회 상임위원)
신동주(서울중앙지방법원 판사)
신한미(서울중앙지방법원 부장판사)
안성훈(한국형사·법무정책연구원 선임연구위원, 법학박사)
이동원(원광대학교 경찰행정학과 교수)
임수희(수원지방법원 안산지원 부장판사)
조균석(이화여자대학교 법학전문대학원 교수)
한영선(경기대학교 경찰행정학과 교수, 전 서울소년원장)
황태정(경기대학교 경찰행정학과 교수)

회복적 사법의 실천과 과제

초판발행	2021년 11월 30일
중판발행	2022년 10월 20일
엮은이	조균석 외
펴낸이	안종만 · 안상준
편 집	이승현
기획/마케팅	조성호
표지디자인	Benstory
제 작	고철민 · 조영환
펴낸곳	(주) **박영사**
	서울특별시 금천구 가산디지털2로 53, 210호(가산동, 한라시그마밸리)
	등록 1959. 3. 11. 제300-1959-1호(倫)
전 화	02)733-6771
f a x	02)736-4818
e-mail	pys@pybook.co.kr
homepage	www.pybook.co.kr
ISBN	979-11-303-3723-4 93360

* 파본은 구입하신 곳에서 교환해 드립니다. 본서의 무단복제행위를 금합니다.
* 편저자와 협의하여 인지첩부를 생략합니다.

정 가   25,000원

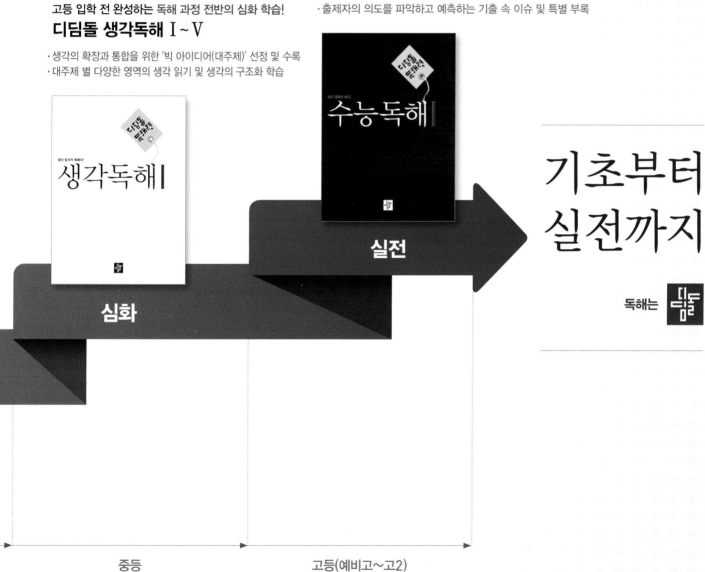

고등 입학 전 완성하는 독해 과정 전반의 심화 학습!
디딤돌 생각독해 I ~ V
· 생각의 확장과 통합을 위한 '빅 아이디어(대주제)' 선정 및 수록
· 대주제 별 다양한 영역의 생각 읽기 및 생각의 구조화 학습

수능국어 실전대비 독해 학습의 완성!
디딤돌 수능독해 I ~ Ⅲ
· 글쓴이의 작문 과정을 추론하며 생각을 읽어내는 구조 학습
· 출제자의 의도를 파악하고 예측하는 기출 속 이슈 및 특별 부록

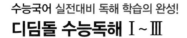

생각독해 I

수능독해 I

심화

실전

기초부터
실전까지

독해는 디딤돌

심화

중등

고등(예비고~고2)

한걸음 한걸음 디딤돌을 걷다 보면
수학이 완성됩니다.

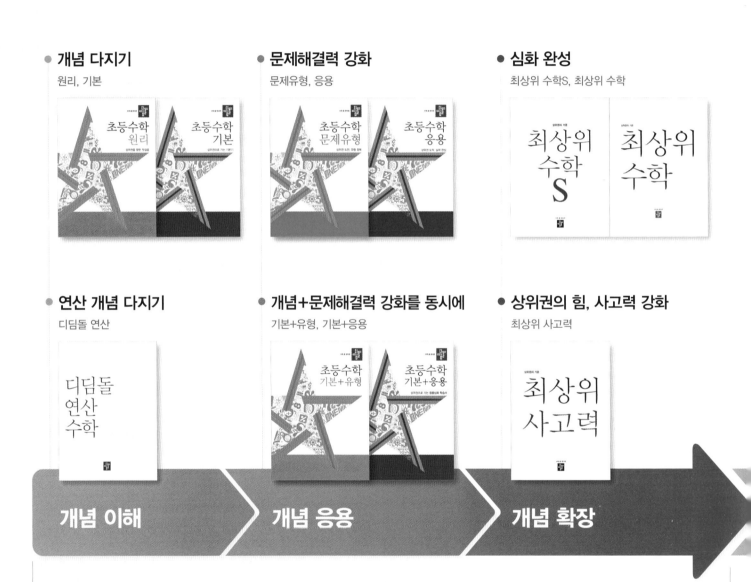

- **개념 다지기**
  원리, 기본

- **문제해결력 강화**
  문제유형, 응용

- **심화 완성**
  최상위 수학S, 최상위 수학

- **연산 개념 다지기**
  디딤돌 연산

- **개념+문제해결력 강화를 동시에**
  기본+유형, 기본+응용

- **상위권의 힘, 사고력 강화**
  최상위 사고력

개념 이해

개념 응용

개념 확장

학습 능력과 목표에 따라
맞춤형이 가능한 디딤돌 초등 수학